氢能产业技术与发展

张　钊　师菲芬　著

中国石化出版社
·北京·

内　容　提　要

本书系统总结了氢能产业的主要技术路线，包括氢能的制取、氢能的储存、氢能的利用，以及氢储能新材料的应用，梳理了国内外相关产业的政策和经济信息，展望了氢能产业的未来发展趋势。

本书可供从事新能源及氢能行业的学者和有关单位学习使用，也可以供政府机构决策者、部门管理人员、科研院所的研究人员、相关院校的师生阅读、参考。

图书在版编目(CIP)数据

氢能产业技术与发展／张钊，师菲芬著．—北京：中国石化出版社，2023.8
ISBN 978-7-5114-7195-6

Ⅰ．①氢…　Ⅱ．①张…　②师…　Ⅲ．①氢能-能源发展-产业发展-研究-中国　Ⅳ．①F426.2

中国国家版本馆 CIP 数据核字(2023)第 150034 号

中国石化出版社出版发行
地址：北京市东城区安定门外大街 58 号
邮编：100011　电话：(010)57512500
发行部电话：(010)57512575
http://www.sinopec-press.com
E-mail:press@sinopec.com
北京柏力行彩印有限公司印刷
全国各地新华书店经销
*
710 毫米×1000 毫米 16 开本 14.25 印张 254 千字
2023 年 9 月第 1 版　2023 年 9 月第 1 次印刷
定价：60.00 元

目 录
CONTENTS

第1章

导　论

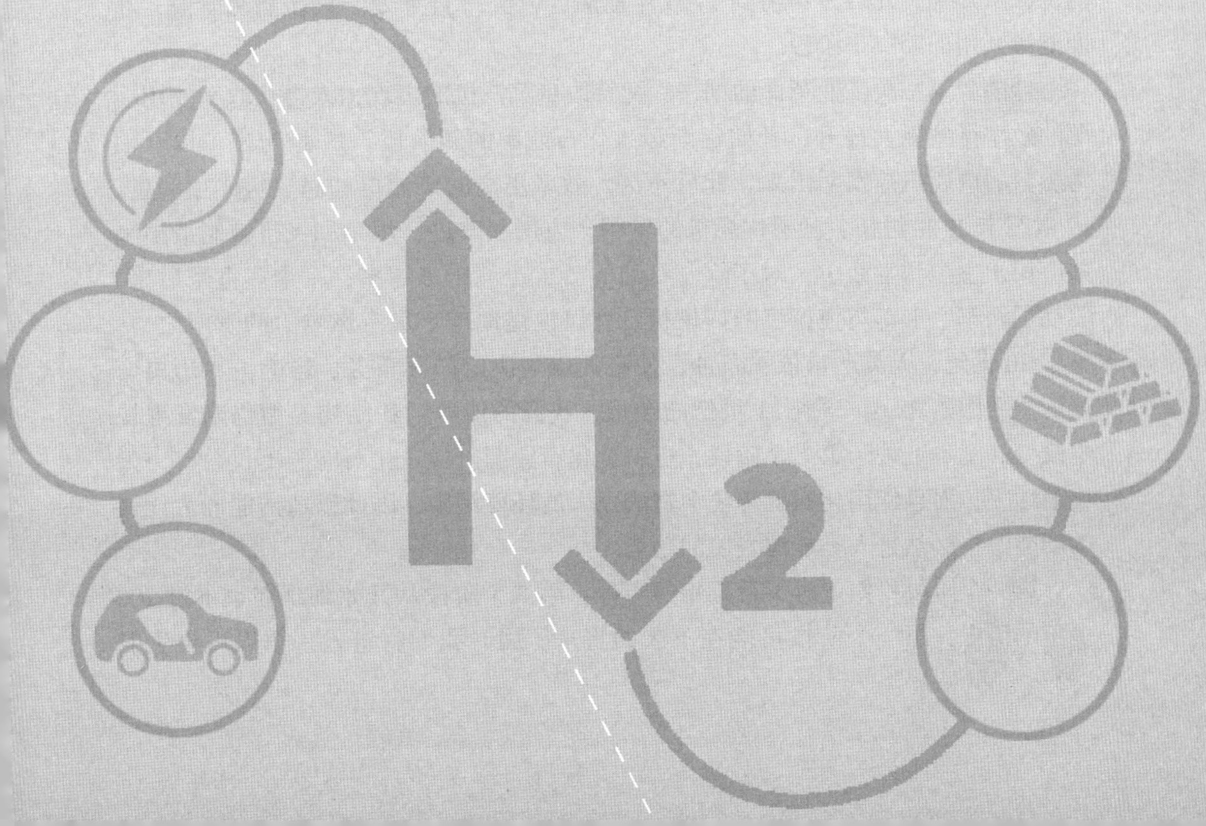

1.1 能源是人类发展的基石

人类的发展史就是一部能源史。历史上曾经历多次重大能源变革，每一次新能源的开发利用和技术突破，都极大地促进了生产力的提高和文明的进步。人类探索利用新能源及开发新的能源利用技术的脚步从未停止过。能源的开发和利用是人类文明史的重要内容之一，能源更是关乎各国民生与可持续发展乃至国家安全的重大战略问题。原始社会里火作为最重要的一种“工具”成为人类最早运用能源的一种形式。农业文明时代，通过种植作物与驯养家畜，人类更有效地把太阳能转化为食物、热量和动力。农业文明时代的燃料是薪柴，动力有人力、畜力、风力和水力等。距今约 6000 年前，乌克兰大草原上的人们将马驯化为驮兽，来拉运货车和战车，用以骑乘。公元 1000 年前后在波斯出现了风车，在中国沿海及荷兰等多风地区，也经常能看到风车。1650 年的荷兰，在需要抽水的农村，至少矗立着 8000 座风车。水车源自中亚和东亚，从欧亚大陆到北非，在大河溪流之畔，经常能看到水车。古人类在 70 万年前就已经开始使用柴、木作为燃烧能源，从几十、几百万年前到 1790 年前后，人类一直都处于柴薪能源阶段，亦即能源利用的第一个阶段。

伴随着第一次工业革命的到来，瓦特改良蒸汽机的出现，人类获取和使用能源的效率得到极大提升，开始逐渐迈入化石能源的新阶段。19 世纪末，以石油为燃料的内燃机被发明出来。此后不久，效率更高的柴油机和涡轮机先后问世。19 世纪末 20 世纪初，随着内燃机的发明、应用和改进，汽车和飞机被制造出来并应用于生产和生活中，对于煤、石油的需求也就越来越多；一个多世纪以来，驱动了轿车、卡车与拖拉机的内燃机，可以说是地球上最有影响力的发明之一。整个 20 世纪，人类严重依赖石油，使石油成为决定国际事务、影响世界历史变迁的主要因素之一。直到 21 世纪的今天，我们的能源消耗结构类型仍未发生根本改变，基本上处于第二个阶段，也就是化石能源阶段。化石能源不仅总有一天会消耗完，而且使用化石能源还会造成巨大的环境污染，因此以清洁能源为代表的新能源也必然是人类能源发展的趋势。

第一个阶段我们走过了百万年的历程，第二个阶段从开始到现在也不过 200 多年的历史，第三个阶段可能在不久的将来，届时我们将进入一个以可再生能源、清洁能源为主的新能源阶段。虽然新能源全面取代目前的化石能源还稍显困难，但种种迹象都显示出新能源的巨大发展潜力。

1.2 近代能源历史的发展

随着科学技术的进步和社会的发展，对于能源的利用形式也越发高效、多样。天然气是储藏于地层中的烃类和非烃类气体混合物。现代意义上的天然气开发利用始于20世纪20年代的美国，最初主要作为照明、取暖和炊煮的燃料。在美国，二战后特别是20世纪70年代以来，随着输送管道网络的发展，天然气在居民生活和工业中得到广泛应用。1965年以后，天然气在西欧一些国家也得到较快发展。如今，天然气在很多国家都成为一种不可或缺的能源，特别是在民生领域。

19世纪中叶，对更为便捷灵活的动力和交通运输条件以及更充足照明的需求促进了人类历史上新的一次重大能源进步的发生——电力的发明和应用。到19世纪末，西方社会迅速进入了电气化时代。电力被人类学家视为现代文明的重要标志和象征。

20世纪尤其是20世纪下半叶，人类在能源开发利用的道路上又取得了重大突破，通过控制原子核的变化——核裂变和核聚变来获取巨大的能量。20世纪三四十年代，纳粹德国和美国等都进行了核裂变实验。通过实施曼哈顿工程，美国取得成功并在日本广岛和长崎投下两颗原子弹。二战后人类希望和平利用核能。20世纪50年代，苏联、英国和美国先后建设用于发电的核反应堆。其后，世界大部分工业化国家纷纷建造自己的核反应堆用来发电。然而，频发的核事故消解了人们对核电的热情，发展核电也遭遇了越来越大的阻力。

回顾人类对能源开发利用的历史，可以得出以下几点启示。首先，人类开发利用的能源类型一直在拓展，能源开发利用技术也在不断进步。这种拓展和进步的动力源于既有能源结构对人类生存和发展的制约。从根本上说，为人类对更有效率的生产和更便捷生活的追求提供了原动力。其次，能源结构的演进有历史的阶段性。能源的转型往往是一种缓慢的、长期的过程，一个新能源时代的到来并不意味着原有能源利用方式的消失。再次，在历史发展的进程中，能源的丰富与能源类型的转换固然重要，但更重要的是能源技术的创新及能源新用途的发现。

在很多情况下，并非因获得丰富的能源，而是能源技术创新造就了不同国家和地区发展的差异。最后，随着经济社会的发展和人口的增加，人类对能源的需求也一直在增长，不断增长的需求与能源稀缺构成了一对矛盾，由此也成为引发各种社会冲突的一大根源。

目前，在能源问题上人类依然面临诸多挑战：首先是对煤炭、石油和天然气等化石能源的过度依赖。目前尚无其他足够丰富廉价的能源取代化石燃料，由此也导致化石能源短缺与巨大的能源需求的矛盾。其次，化石燃料是导致空气污染和引起气候变化的二氧化碳等有害气体的主要来源，这将使对流层温度升高，南北极冰盖消融和海平面上升，进一步破坏全球生态平衡，引发一系列环境问题。

基于化石能源短缺及其环境影响，推动实现能源转型和替代显得十分紧迫。迄今，能源多样化已经成为一种现实选择和趋势，诸如太阳能、海浪能和潮汐能及地热能等，都已成为人类利用的新能源。不过，这些能源在现有能源利用结构中仅占很小比重，而且还存在着不少局限。另外，挖掘现有能源潜力的技术创新也是解决能源短缺的一条重要途径。对于个人来说，应增强能源节约意识，转换消费观念，倡导极简生活方式，减少能源消耗和浪费，为建设生态文明作出贡献。

1.3 氢能时代已悄然而至

氢技术已经存在了几个世纪。在 18 世纪早期的几十年里，许多工程师利用这种神奇的元素发明了他们的第一台发动机。然而迄今为止，人类能源利用的历史已经选择了不同的技术路线来供给日常的取暖、交通和工业化需求。

为什么氢作为一种能量载体扮演着如此重要的角色？最直观地说，氢气分子提供了单位质量最高的储能值：其燃烧热达到 120MJ/kg，并随着产出水的冷凝上升到 142MJ/kg。这一价值是其他任何化学物质所无法超越的。

此外，氢具有许多优点，它的来源广泛，并且可以通过清洁和高效的途径转化为其他形式的能源。当然，氢能也有一些尚待解决的不足：氢气作为一种轻质气体，与甲烷（$36MJ/m^3$）相比，每体积储存的能量很低（$11MJ/m^3$）。因此，为了储能，氢气必须被压缩或液化，管道运输需要移动更大的体积。作为一种反应活性极高的气体，氢气的储运需要有足够的防护措施。而大量的科研与产业技术人员，正在着力研发技术解决方案克服这些困难，以推进氢储能技术更多地应用于工业和民用领域。

我们与能源的关系历史似乎是一部追求降低碳含量的历史，尽管并非有意为之。人类文明的每一步似乎都意味着碳排放的减少，从而朝着纯氢态解决方向迈进。每一次能源系统的更迭都源于知识、技术的跨越式发展，以满足更高的能源需求。我们从木材开始探索，然后转向煤炭。石油的发现带来了能量密度更高的燃料，推动了交通革命。接下来的天然气让我们离氢更近了一步，以天然气资源为能源载体的需求迫使我们研发了新的储存、运输和利用技术。与此同时，每一次能源载体的更迭都使得新材料和新技术爆发式进步，并朝着高效能、复杂化和协同化方向演进，将化石资源的利用方式从纯粹的能源转化变为更广泛的材料来源，深刻地影响着建筑、能源、化工、医药等行业以及与我们日常生活相关的方方面面。

第2章

氢能的基本属性

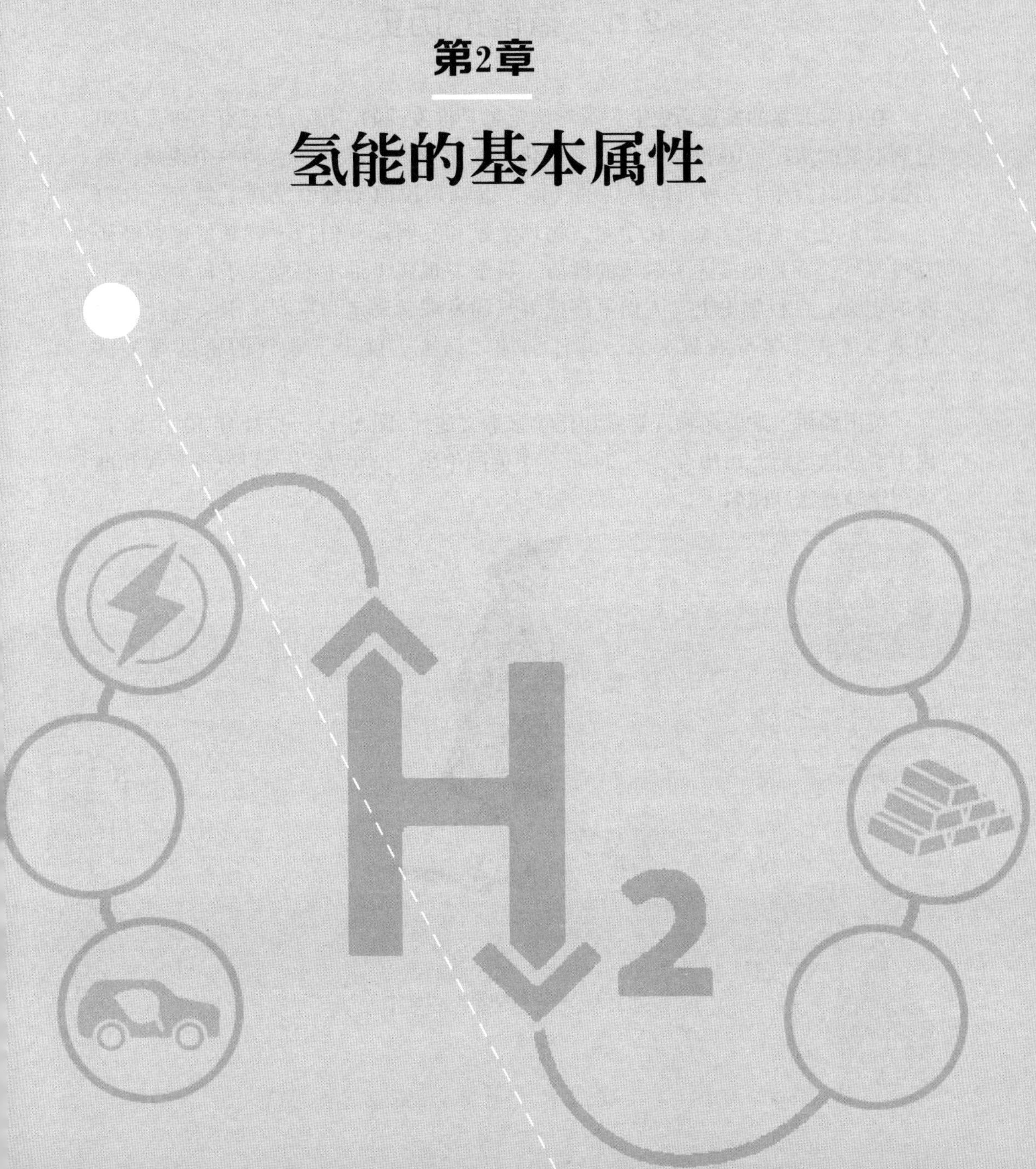

全球气候变化、环境污染、资源紧缺等问题日益凸显，加强对环境、社会、治理的关注已成为全球共识。氢能是一种来源丰富、绿色低碳、应用广泛的二次能源，正逐步成为全球能源转型发展的重要载体之一。

2.1 氢能的历史

在化学元素的发现历史上，很难确定氢是谁发现的，因为曾经有不少人从事过制取氢的实验。16 世纪末期，瑞士化学家帕拉塞尔苏斯注意到一个现象，酸腐蚀金属时会产生一种可以燃烧的气体，也就是说他无意中发现了氢气。1671 年，爱尔兰著名哲学家、化学家、物理学家和发明家罗伯特·玻义尔也曾经研究过氢气，而且他描述了氢气的性质。科学发现属于谁主要取决于科学发现本身的定义。在科学史上，人们最终把氢气的发现者确定为亨利·卡文迪什。因为是他最先把氢气收集起来，并仔细加以研究，确定了氢气的密度等关键性质。

英国剑桥大学著名物理学家和化学家卡文迪什(图 2-1)，1731 年 10 月 10 日出生于法国尼斯，1810 年 2 月 24 日卒于英国伦敦，享年 78 岁，以发现氢气和准确测定地球密度闻名。

图 2-1 英国科学家卡文迪什

1766年，卡文迪什把一篇名为《论人工空气》的研究报告提交给英国皇家学会。在这一论文中，所论及的除碳酸气外，主要讲的就是氢气。卡文迪什用铁和锌等与盐酸及稀硫酸反应的方法制取氢气，并将氢气用水银槽法收集起来。他发现，用一定量的某种金属与足量的各种酸作用，所产生的氢气量总是固定不变的，与酸的种类和浓度无关。他还发现，氢气与空气混合点燃会发生爆炸。所以卡文迪什称这种气体为"可燃空气"。并指出，这种气体比普通空气轻11倍，不溶于水或碱溶液。

1781年，英国化学家普利斯特里在做有关"可燃空气"的实验时，发现它和空气混合爆炸后有液体产生。普利斯特里把这一发现告诉了卡文迪什，卡文迪什用多种不同比例的氢和空气的混合物进行实验，证实了普利斯特里的发现，并断定所生成的液体是水。卡文迪什指出，如果把氢气和氧气放在一个玻璃球里，再通上电，就生成水。当氧气被发现后，卡文迪什用纯氧代替空气重复以前的实验，不仅证明氢气与氧气化合成水，而且定量地确认大约2体积氢气与1体积氧气恰好化合成水，该结果发表于1784年。由于卡文迪什是燃素学说的虔诚信徒，所以他认为，金属中含有燃素，当金属在酸中溶解的时候，金属所含的燃素释放出来，形成了这种"可燃空气"。尽管卡文迪什首先发现了氢气，并首先证明了氢气和氧气反应的定量关系，但由于受到传统理论的束缚，他并没有正确认识到氢气发现的重要价值。

法国著名化学家劳伦斯·拉瓦锡重复了卡文迪什的实验，明确提出正确的结论，水不是一个元素，而是氢和氧的化合物。拉瓦锡于1787年确认氢是一种元素，将这种气体命名为氢，意思是"成水元素"。拉瓦锡1794年5月8日死于断头台上，成为现代科学史上的重大灾难。

2.2　什么是氢能

位于元素周期表中第一位的元素氢（H），是宇宙间最丰富的元素。氢气（H_2）是世界上已知的最轻的气体，其密度仅为空气的1/14，难以液化（沸点−252.87℃，临界温度−239.9℃，凝固点−259.14℃），化学性质活泼、能燃烧、能与许多金属和非金属直接化合，被誉为"21世纪的终极能源"。

氢能是氢的化学能，即氢元素在物理与化学变化过程中所释放的能量。氢气和氧气可以通过燃烧产生热能，也可以通过燃料电池转化成电能。由于氢气必须从水、化石燃料等含氢物质中制得，而不像煤、石油和天然气等可以直接从地下开采，因此是二次能源。氢在地球上主要以化合态的形式出现，是宇宙中分布最广泛的物质，它构成了宇宙质量的75%，还具有导热良好、清洁无毒和单位质量热量高等优点，相同质量下所含热量约是汽油的3倍。

2.3 氢能的特性

氢能在全球应对气候变化和碳减排中被寄予厚望，主要由于其具有以下几大特性，如图2-2所示。

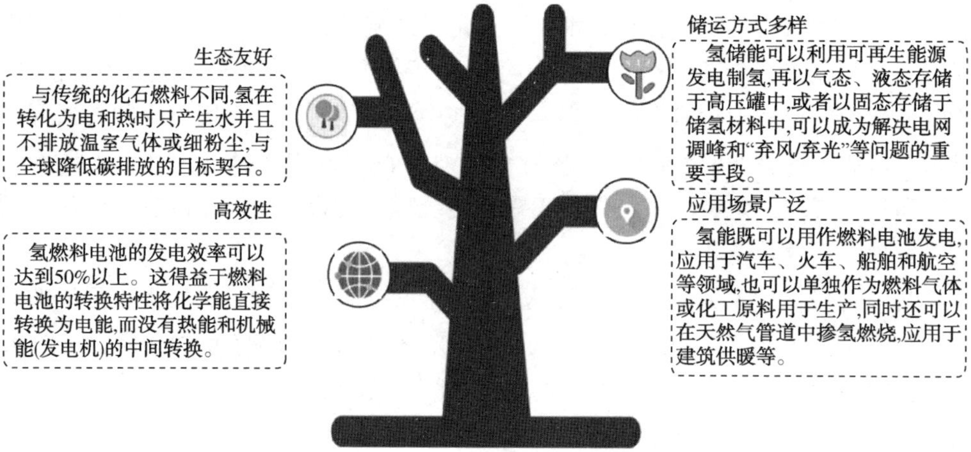

图2-2 氢能特性示意图

氢是地球上分布最广的元素之一，以化合态存在于各种化合物中，如水、煤、天然气、石油及生物质中，被誉为21世纪的终极能源。但氢气易造成钢设备的氢致开裂及氢腐蚀，叠加其每立方米释放热量较低的性质，在氢气压缩和氢气储运技术尚未成熟前，影响了人们对氢气的认知。实际上，氢能是高效环保的二次能源，能量密度与相对安全性高于其他燃料和能源存储形式（如图2-3所示）。其能量密度高，是汽油的3倍多；其使用效率高，燃料电池的能量转换效率是传统内燃机的2倍；其反应产物是水，排放产物绝对干净，没有污染物及温室气体排放；安全性相对可控，引爆条件比汽油更为严苛；其储备丰富，未来氢能的制取存在更多的可能性。

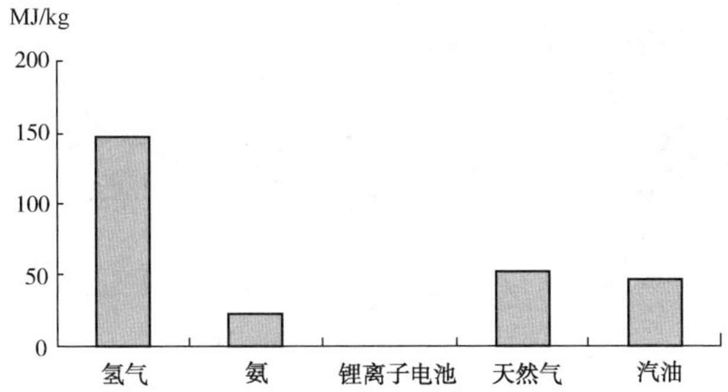

图 2-3 氢气与其他能源形式的能量密度对比图

氢气和汽油、天然气热值与相对安全性对比见表 2-1。

表 2-1 氢气和汽油、天然气热值与相对安全性对比

项目	氢气	汽油	天然气
常温下的物理状态	气体	液体	气体
热值/(MJ/kg)	120	41.84	46.03
点火能量/MJ	0.02	0.2	0.29
扩散系数/(m^2/s)	6.11×10^{-5}	0.55×10^{-5}	1.6×10^{-5}
爆炸极限/%	4.1~75	1.4~7.6	5.3~15

数据来源：中国氢能联盟。

2.4 氢能助推实现零碳经济

纵观能源发展史，人类社会经历了三次工业革命，三次能源的升级换代体现了“三大经济”形态。瓦特发明蒸汽机，促使能源从木柴向煤炭的第一次重大转换，表现为“高碳经济”；戴姆勒发明内燃机，完成从煤炭向油气的第二次重大转换，呈现出“低碳经济”；现代科技进步与当今环保要求推动传统化石能源向氢能等非化石新能源的第三次重大转换，全球有望逐步迈向“零碳经济”，如图 2-4所示。

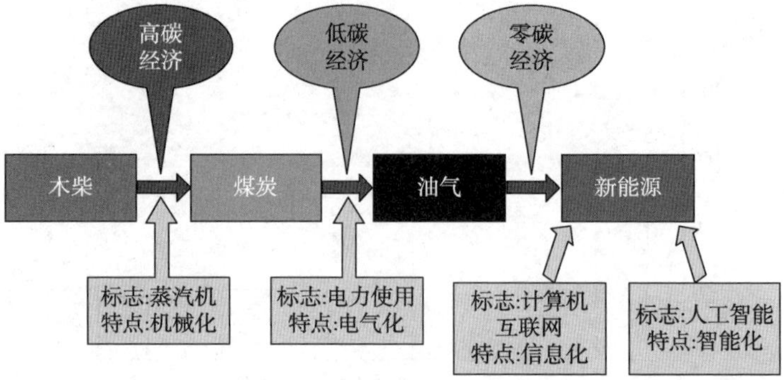

图 2-4　全球能源体系转型示意图

从全球能源结构看，化石能源在整个体系中占比最高(如图 2-5 所示)。2021 年全球终端能源消费中，石油、天然气、煤炭分别占 31.96%、25.21%和 27.77%，化石能源消费共占比 84.94%，是全球碳排放的主要来源。其中可再生能源占比从 2011 年的 2.05%上升至 5.70%，上涨幅度为 178%，但核能、水电、可再生能源等清洁能源占比仅从 12.16%上升至 15.06%，总体增长幅度较为缓慢。

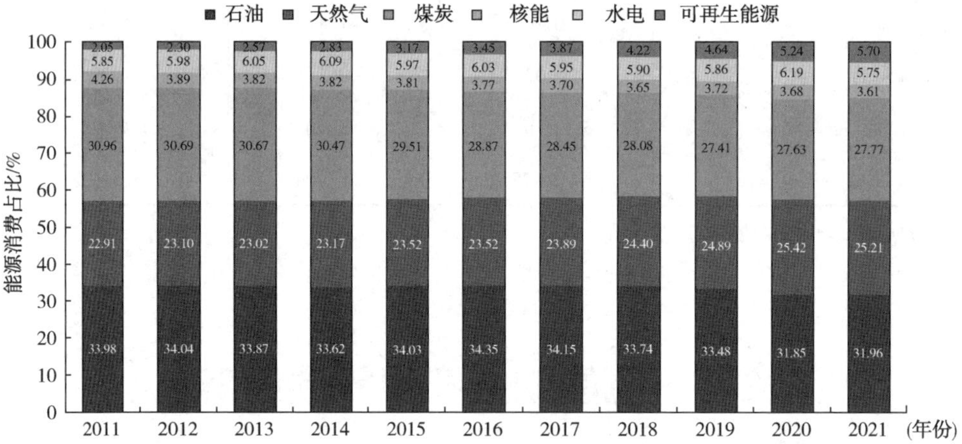

图 2-5　全球终端能源消费占比

若想实现 2050 年迈入“零碳经济”的愿景，未来全球能源结构的重大调整势在必行。能源过渡委员会(ETC)预测，2050 年零碳场景下，直接电力和氢气将成为未来全球能源结构中最为重要的两个组成部分，分别占比 68%和 13%；氢基氨合成燃料占比 5%，其他能源如生物质等占比 14%。预计到 2050 年，全球每年将需要 5 亿~8 亿 t 清洁氢，是当前氢气消耗的 5~7 倍。氢气(及其衍生品)将作为直接电力最为重要的补充，在钢铁、长途航运、储能、化肥生产等领域发挥不可替代的作用。

2.5　氢能未来市场规模

2016 年《巴黎协定》正式签署，提出 21 世纪后半叶实现全球净零排放，同时提出控制全球温升较工业化前不超过 2℃，并努力将其控制在 1.5℃以下的目标(下文简称 1.5℃目标)。为了实现 2℃的温升目标，全球碳排放必须在 2070 年左右实现碳中和；如果实现 1.5℃的目标，全球需要在 2050 年左右实现碳中和。截至目前，已有超过 130 个国家和地区提出了实现“零碳”或“碳中和”的气候目标，其中包括欧盟、英国、日本、韩国在内的 17 个国家和地区已有针对性立法。零碳愿景成为全球范围内氢能发展的首要驱动力，大力发展绿氢是实现碳中和路径的重要抓手。

2.5.1　全球市场规模

在全球低碳转型的进程中，清洁氢能将发挥重要作用。根据高盛公布的报告，目前全球氢能市场的总规模约为 1250 亿美元，到 2030 年将在此基础上翻一番，到 2050 年达到万亿美元市场规模。随着可再生能源制氢技术的突破和成本的降低，氢能在全球能源市场中的占比也将进一步提升。

国际能源机构针对 2050 年氢能在全球能源总需求中的占比进行了预测(如图 2-6 所示)，其中最乐观的为氢能委员会和彭博新能源财经，预测到 2050 年氢能在总能源中的占比将达 22%，其余几家机构的预测值在 12%~18%间不等。不管基于哪个预测，与氢能目前在全球能源中约 0.1%的占比相比，都将实现质的飞跃。

以国际可再生能源机构 12%的占比预测为例，清洁氢能产量将从目前几乎可以忽略不计的基础提升到 2050 年的 6.14 亿 t，在氢能的几大行业重点应用领域，包括交通、工业和建筑中清洁氢能的总消耗量也将在目前基础上得以大大提升。目前清洁氢能在交通业总能源中的占比约为 0.1%，预计到 2030 年将上升到 0.7%，到 2050 年将达到 12%的占比(表 2-2)。

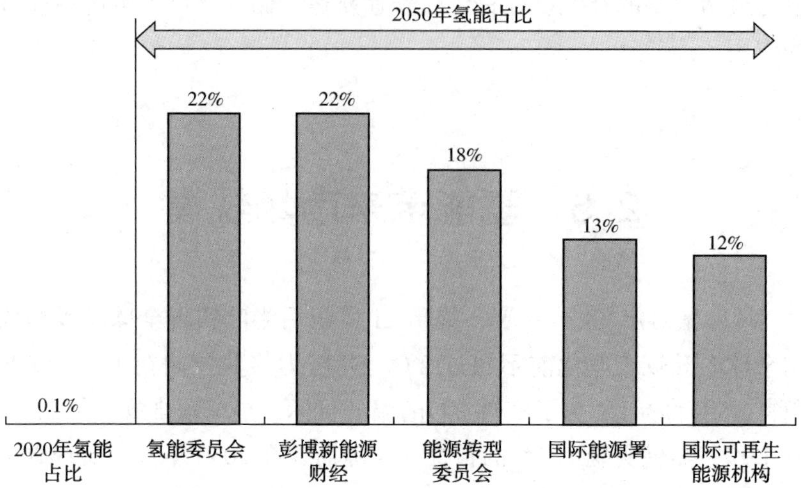

图 2-6　国际能源机构对 2050 年氢能在全球能源总需求中占比的预测图

数据来源：毕马威分析 Statista。

表 2-2　国际可再生能源机构对实现 1.5℃目标情境下的全球氢能预测

核心指标	2020 年	2030 年	2050 年
清洁氢能产量/(亿 t/a)	0	1.54	6.14
清洁氢能在总能源消耗中的占比/%	<0.1	3	12
清洁氢能在交通业总能源消耗中的占比/%	<0.1	0.7	12
氨、甲醇、合成燃料在交通业总能源消耗中的占比/%	<0.1	0.4	8
清洁氢能在工业中的总消耗量/(EJ/a)	>0	16	38
清洁氢能在建筑业中的总消耗量/(EJ/a)	0	2	3.2
氢能及其衍生物的总投资/(10 亿美元/a)		133	176
氢能及其衍生物对能源行业碳减排的贡献率/%			10

此外，国际氢能贸易的发展潜力也不容忽视。国际可再生能源机构预计，到 2050 年，全球约 25%的氢能可以跨境交易，主要依靠现有天然气管道的改造及氨船进行运输。氢能的进出口将形成新的贸易网络，该机构预计到 2050 年，通过管道输送氢气的主要出口国将包括智利、北非和西班牙，它们合计将占管道贸易市场的近 3/4。北非和西班牙拥有太阳能资源和靠近欧洲西北部的优势，欧洲地区对氢的需求量很大，但可再生资源贫乏，也有现成的天然气管道可以利用。日本、韩国等国将成为氢能的主要进口国。

2.5.2 中国市场规模

自 2020 年“双碳”目标提出后，我国氢能产业热度攀升，发展进入快车道。2021 年中国年制氢产量约 3300 万 t（如图 2-7 所示），同比增长 32%，成为目前世界上最大的制氢国。中国氢能产业联盟预计到 2030 年碳达峰期间，我国氢气的年需求量将达到约 4000 万 t，在终端能源消费中占比约为 5%，其中可再生氢供给可达约 770 万 t。到 2060 年碳中和的情境下，氢气的年需求量将增至 1.3 亿 t 左右，在终端能源消费中的占比约为 20%，其中 70%为可再生能源制氢。

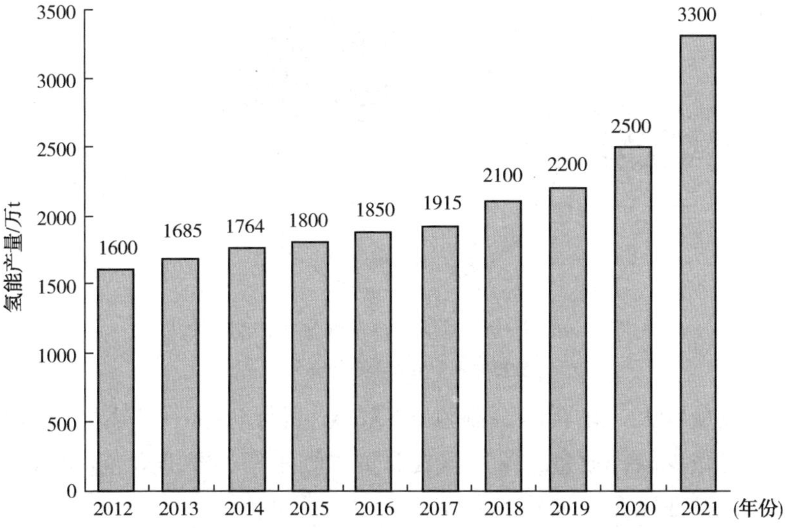

图 2-7 中国历年氢能产量

数据来源：中国煤炭工业协会、毕马威分析。

从图 2-8 的氢气产量结构来看，我国氢气总产量达到 2500 万 t，主要来源于化石能源制氢（煤制氢、天然气制氢）；其中，煤制氢占我国氢能产量的 62%，天然气制氢占比 19%，而电解水制氢受制于技术和高成本，占比仅 1%。从全球制氢结构来看（如图 2-9 所示），化石能源也是最主要的制氢方式，其中天然气占比 59%，煤占比 19%。

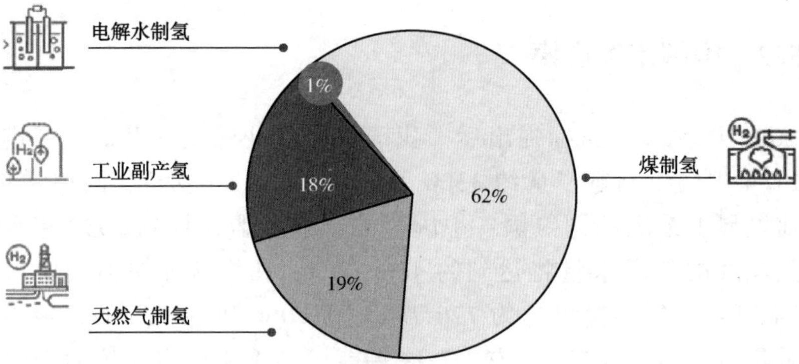

图 2-8　我国不同制氢技术的氢气产量结构图

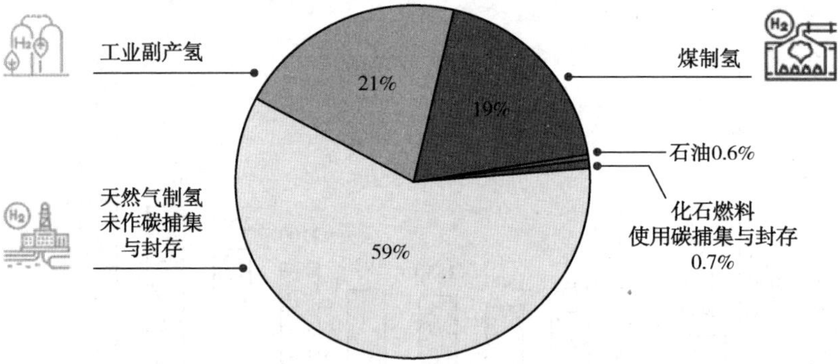

图 2-9　全球不同制氢技术的氢气产量结构图

数据来源：IEA、毕马威分析。

因碳排放量巨大，化石能源制氢在"双碳"目标进程中将逐渐被淘汰，而工业副产氢既可减少碳排放量，又可以提高资源利用率与经济效益，可以作为氢能发展初期的过渡性氢源加大发展力度。

第3章

氢能的制取技术

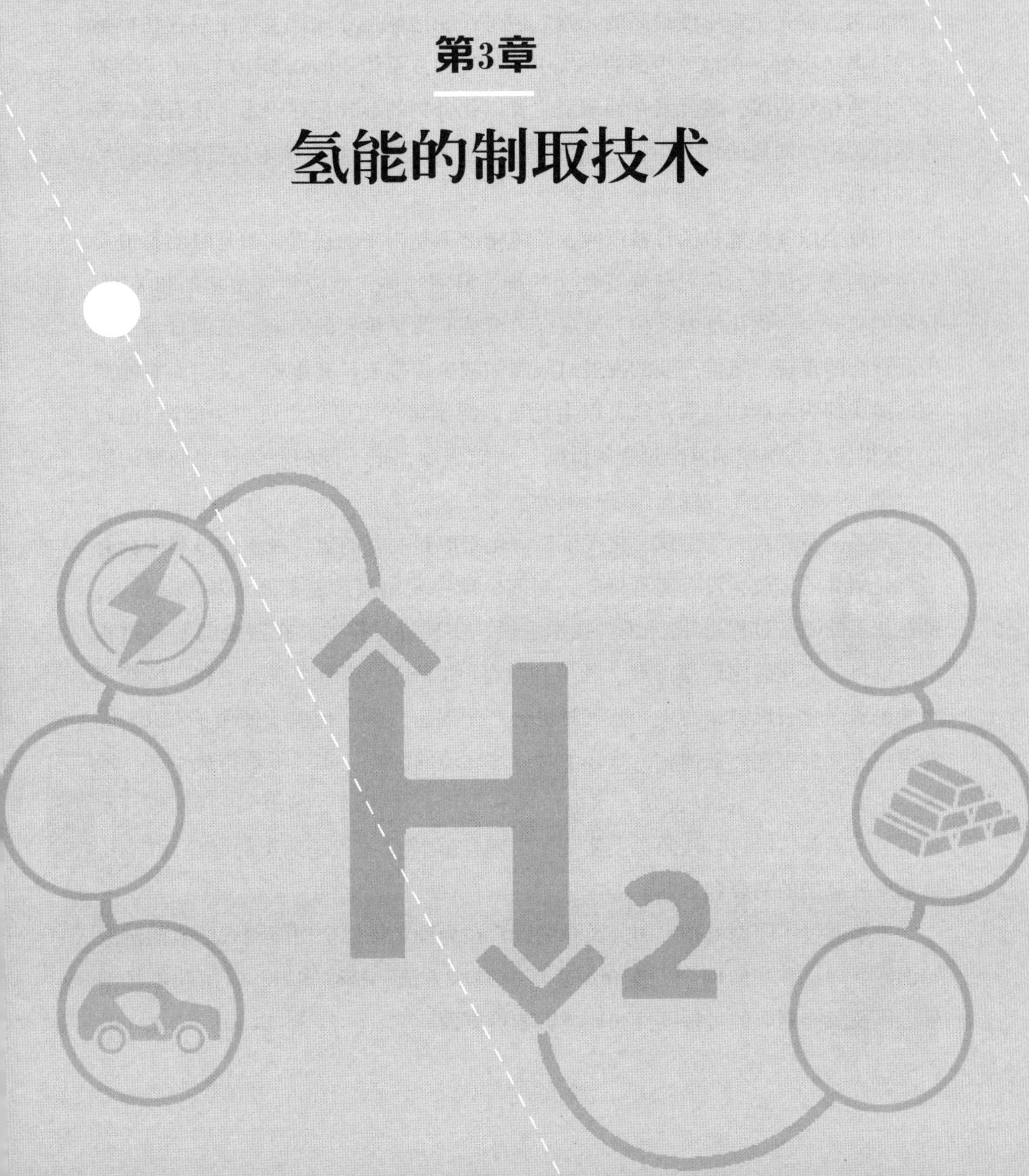

在距今约 140 亿年前，宇宙处于一片混沌，伴随着“宇宙大爆炸”的发生，诞生了质子、中子、电子等构成物质的基本粒子，以及位于元素周期表上第一位的元素——氢。接着，氢元素中含有多个中子的氘和氚在高温和高压下聚变生成质子数为 2 的氦元素。而生成的氦和氢继续反应，最终，在核聚变与核裂变的作用下，形成了构成多姿多彩世界的各种元素。氢(H)的原子质量为 1.0079u，是最轻的元素，也是宇宙丰度最高的元素。但是，在地球上和地球大气中只存在极稀少的游离状态氢，在地球表面的空气中，氢气约占总体积的 0.5×10^{-6}。由于氢的化学性质相对活泼，氢元素在地球上主要以化合物的形式存在于水、化石燃料等自然资源中，而氢能作为一种二次能源，需要通过现代制氢技术进行提取储存，并加以利用。

随着全球气候危机的日益严峻，碳减排已不是未来的挑战，而是眼前紧迫需要应对的现实议题。应对气候变化、减排、温室气体，能源领域是基础和关键，保障能源安全、优化能源结构、发展绿色清洁能源是重要的措施，氢能日益受到国际社会的重视，氢能产业的发展对限制和减少碳排放具有重要意义。而氢能产业的源头即为氢能的制取，氢可以由化石能源制得，也可以由可再生能源(电解水)获得。人们根据制氢全过程的低碳、清洁程度，把不同的制氢技术制得的氢气分别以灰氢、蓝氢、绿氢来进行划分。

灰氢，是煤炭、天然气、化工工厂等化石原料制备的氢，在生产过程中会有二氧化碳等的排放，没有实现低碳，当前全球主要制氢产能都属于灰氢。蓝氢，是在灰氢的制备过程采用“无碳”技术手段，实现近零排放，在蓝氢的制备过程中可以将二氧化碳副产品捕获、利用和封存(CCUS)，从而实现碳中和。虽然天然气也属于化石燃料，在生产蓝氢时也会产生温室气体，但由于使用了 CCUS 等先进技术，温室气体被捕获，减轻了对地球环境的影响，实现了低排放生产。绿氢，主要是通过水电解(光伏、水电、风电等可再生能源和核电)进行制氢，实现制氢的无碳、绿色，从源头上实现了二氧化碳零排放，是纯正的绿色新能源，也是发展氢能的初衷和目标。

本章通过不同制氢技术的分类介绍，旨在为读者提供全面而深入的氢能制取知识，从理论和实践两个方面介绍氢能的制取方法、基础知识、应用和市场前景，以及氢能制取的可持续性和环境影响等方面。

3.1 化石能源制氢

3.1.1 煤制氢

众所周知，我国的能源资源呈现多煤少油贫气的特征，煤炭目前仍是我国的主要能源之一，也是我国制氢的主要原料。虽然煤焦化副产的焦炉气也可用于制氢，但煤气化制氢目前在国内氢气生产中占据主导地位。煤气化制氢是指煤在高温常压或加压下，与气化剂反应转化成合成气。气化剂为水蒸气或氧气(空气)，气体产物中含有氢气等组分，其含量因不同气化方法而异，再经水煤气变换分离处理以提取高纯度的氢气。煤气化制氢的工艺过程一般包括煤气化、煤气净化、CO 变换以及氢气提纯等主要生产环节，如图 3-1 所示。

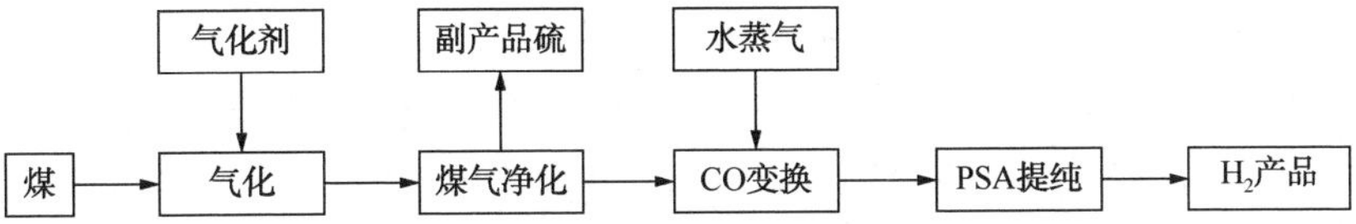

图 3-1 煤气化制氢的工艺过程示意图

用煤制取氢气的关键核心技术是先将固体的煤转变成气态产品，即经过煤气化技术，然后进一步转换制取氢气。气化过程是煤炭的热化学加工过程，它是以煤或煤焦为原料，以氧气(空气、富氧或工业纯氧)、水蒸气作为气化剂，在高温高压下通过化学反应将煤中的可燃部分转化为可燃性气体的工艺过程。气化时所得的可燃气体成分为煤气，作为化工原料用的煤气一般被称为合成气。除了煤炭外，还可以采用天然气、重质石油组分等为原料。进行气化的设备称为煤气发生炉或气化炉。

煤炭气化包含一系列物理、化学变化。一般包括干燥、热解、气化和燃烧四个阶段。干燥属于物理变化，随着温度的升高，煤中的水分受热蒸发。其他属于化学变化，煤在气化炉中干燥以后，随着温度的进一步升高，煤分子发生热分解反应，生成大量挥发性物质(包括干馏煤气、焦油和热解水等)时煤黏结成半焦。煤热解后形成的半焦在更高的温度下与通入气化的气化剂发生化学反应，生成以一氧化碳、氢气、甲烷及二氧化碳、氮气、硫化氢、水等为主要成分的气态产物，即粗煤气。气化反应包括很多的化学反应，主要是碳、水、氧、氢、一氧化碳、二氧化碳相互间的反应，其中碳与氧的反应又称燃烧反应，提供气化过程的热量。

气化过程的主要反应如下：

（1）水蒸气转化反应

$$C+H_2O \longrightarrow CO+H_2 \tag{3-1}$$

（2）水煤气变换反应

$$CO+H_2O \longrightarrow CO_2+H_2 \tag{3-2}$$

（3）部分氧化反应

$$C+0.5O_2 \longrightarrow CO \tag{3-3}$$

（4）完全氧化(燃烧)反应

$$C+O_2 \longrightarrow CO_2 \tag{3-4}$$

（5）甲烷化反应

$$CO_2+4H_2 \longrightarrow CH_4+2H_2O \tag{3-5}$$

其中，一氧化碳变换作用是将煤气化产生的合成气中一氧化碳变换成氢气和二氧化碳，调节气体成分，满足后续工序的要求。一氧化碳变换技术随着反应催化剂的发展而得到长足进步，反应催化剂的性能决定了一氧化碳变换流程及其效率。基于Fe-Cr系催化剂的一氧化碳变换工艺，称为中、高温变换工艺，其操作温度为350~550℃。这种体系的操作温度较高，原料气经变换后CO的平衡浓度高。Fe-Cr系变换催化剂的抗硫能力差，适用于总硫含量较低的气体组成。采用Cu-Zn系催化剂的变换工艺操作温度较低，可以在200~280℃发生反应，称为低温变换工艺。这种催化变换工艺通常串联在中、高温变换工艺之后，目的是将CO含量由3%左右进一步降低到0.3%左右。但是，Cu-Zn系变换催化剂的抗硫能力较差，仅适用于硫含量低于0.1×10^{-6}的气体。采用Co-Mo系催化剂的变换工艺，操作温度为200~550℃，称为宽温、耐硫变换工艺。其操作温区较宽，特别适用于高浓度CO变换且不易发生超温现象。Co-Mo系变换催化剂的抗硫化能力强，对气体中硫含量无上限要求，变换反应的能耗取决于催化剂所要求的汽气比和操作温度。在上述3种变换工艺中，耐硫宽温变换工艺在这两方面均为最低，具有能耗低的优势，且其特别适用于处理较高氢气浓度的气体。

煤气化合成气经一氧化碳变换后，主要为含氢气、二氧化碳的气体，以脱除CO_2为主要任务的酸性气体脱除方法主要有溶液物理吸收、溶液化学吸收、低温蒸馏和吸附四大类，其中以溶液物理吸收和溶液化学吸收最为普遍。溶液物理吸收法适用于压力较高的场合，溶液化学吸收法适用于压力相对较低的场合。国外应用较多的溶液物理吸收法主要有低温甲醇洗法，国内应用较多的溶液物理吸收法主要有低温甲醇洗法、NHD（聚乙二醇二甲醚）法、碳酸丙烯酯法。工业上应用较多的溶液化学吸收法主要有热钾碱法和MDEA法。溶液物理吸收法中以低温甲醇洗法能耗最低，可以在脱除CO_2的同时完成脱硫。低温甲醇洗工艺采用冷甲醇作为溶剂来脱除酸性气体的物理吸收方法，气体净化度高、选择性好，甲醇溶剂对CO_2和氢气的吸收具有很高的选择性。气体的脱硫和脱碳可在同一个塔内分段、选择性地进行。

在得到粗制氢气后，进一步的氢气提纯方法主要有深冷法、膜分离法、吸收-吸附法、钯膜扩散法、金属氢化物法及变压吸附法等。在规模化、能耗、操作难易程度、产品氢纯度、投资等方面都具有较大综合优势的分离方法是变压吸附法（PSA）。目前国内PSA技术在吸附剂、工艺、控制、阀门等诸多方面已开展了大量的基础研究和工业应用，相关水平已跨入国际先进行列。

煤制氢技术路线成熟高效，可大规模稳定制备，是当前成本最低的制氢方式。其中，原料煤是煤制氢最主要的消耗原料，约占制氢总成本的50%。煤制氢需要大型的气化设备，煤制氢一次装置投资价格较高。只有规模化生产才能降低成本，在大规模制氢条件下，其投资与运营成本能够得到有效摊销。煤制气的核心设备是气化炉，该设备也是煤化工项目中的核心设备，其投资额往往占到煤化工装置总投资的1/4到1/3。煤气化炉按物料接触方式分为固定床、移动床、气流床三大类（如图3-2所示）。德国于20世纪50年代完成了第一代气化工艺的研究与开发，有固定床的碎煤加压气化Lurg炉、流化床的常压Winkler炉和气流床的常压KT炉。第一代气化炉的炉型都以纯氧为气化剂，实行连续操作，大大提高了气化强度和冷煤气效率。第二代炉型的显著特点是加压操作，第三代仍处于实验室研究阶段，如煤的催化气化、等离子体气化、太阳能气化和核能余热气化等。

我国开展煤气化制氢技术研究已有近百年历史，技术成熟，被广泛应用于煤化工、石化、钢铁等领域。我国作为煤炭大国，煤炭资源丰富易得，并且已建立了大量煤炭开采基础设施。全球约有130座煤炭气化厂在营，其中80%以上在中国。在煤气化制氢的成本中，资本支出约占50%，燃料需求占15%~20%，煤的可用性和成本对煤制氢项目的可行性起着决定作用。同时，煤气化制氢过程中，也不可避免地会产生CO_2，但这种高压、高纯度的CO_2（接近100%）完全区别于化石燃料普通燃烧过程产生的常压、低浓度CO_2，可以更经济地实现CO_2的“封存”与利用。中国煤炭资源相对丰富、成本较低，配备 CCUS 的煤制氢工艺可以是向清洁制氢中的一个合理过渡。

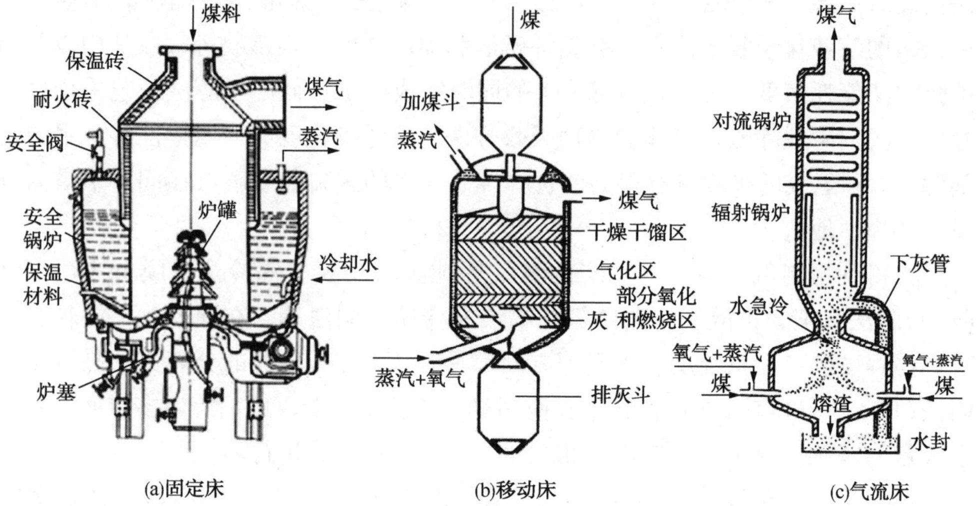

图 3-2　煤制氢气化炉结构示意图

3.1.2　天然气制氢

天然气是重要的气体形态化石燃料，其主要成分是甲烷。地球有着丰富的天然气资源，世界天然气已探明的储量为 1×10^6亿 m^3。按目前的开采速度，已探明的储量至少还可用 60~70 年。天然气可以在国内及国家间进行管道运输，我国也有较丰富的天然气资源，目前已探明的天然气储量仅占总资源的 6%。根据国家发展的需要，在开发国内天然气资源的同时，正有计划地引进西伯利亚和中亚的天然气用以工业生产。

天然气储量丰富，并有方便快捷的运输和贸易途径。因此，天然气制氢是生产氢气经济有效的途径。天然气制取氢气的工艺技术根据氧化剂性质的不同主要分为三种：

① 水蒸气重整制氢，采用水蒸气作氧化剂，反应过程需要吸热；

② 部分氧化重整制氢，使用氧气或空气，反应过程放热；

③ 水蒸气重整与部分氧化联合制氢，蒸汽重整和部分氧化的结合，混合空气和水蒸气，并调整两种氧化剂的比例，使之不需要吸收或排放热量。

其中，天然气水蒸气重整(SMR)是目前天然气大规模制氢最常采用的技术路线，被广泛应用于石油炼化厂所需加氢气体的制备和甲醇、乙二醇、合成氨等大宗化工原料的生产。天然气水蒸气重整的基本工艺流程如图3-3所示，天然气和水蒸气的混合高压气体经预热后进入重整炉，通过在炉管内催化剂上进行强吸热的催化反应，生成氢气、一氧化碳和二氧化碳等的混合气，后经分离、纯化得到氢气和其他目标组分。本部分以该技术路线为主进行介绍。

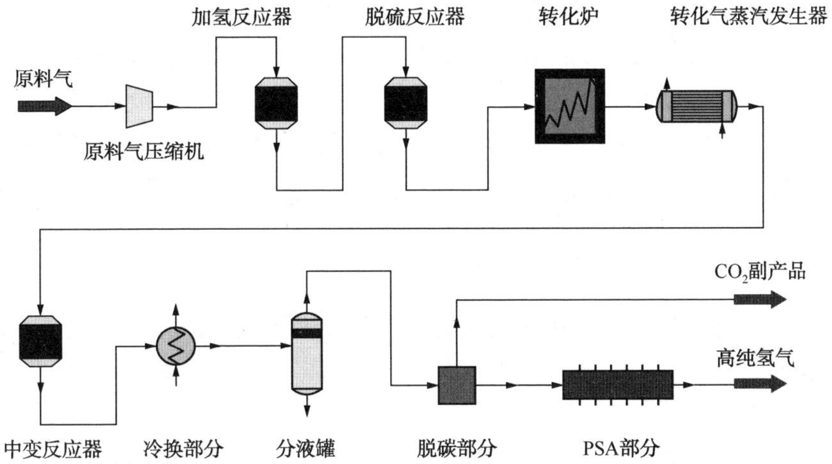

图3-3 天然气水蒸气重整的工艺流程图

天然气蒸汽转化炉是天然气水蒸气重整工艺的核心设备，天然气进料与少量循环氢气混合后由压缩机加压，经过预热后进入加氢脱硫反应器。加氢脱硫反应器内含钴钼加氢催化剂床层和氧化锌吸附剂床层。在钴钼加氢催化剂床层，天然气中所含的有机硫在催化剂作用下与氢气发生还原反应，转化为硫化氢，生成的硫化氢在氧化锌吸附床层中与氧化锌反应，生成硫化锌和水，以此来脱除天然气中的硫。经过脱硫后的天然气与水蒸气以物质的量比1：(2.0~4.0)左右混合，与烟气换热，被预热至500~650℃，进入重整炉炉管。在天然气蒸汽转化炉炉管内，天然气和水蒸气在镍基催化剂作用下发生重整反应，主反应方程式见式(3-6)至式(3-9)。

$$CH_4+H_2O \longrightarrow CO+3H_2 \tag{3-6}$$

$$CO+H_2O \longrightarrow CO_2+H_2 \tag{3-7}$$

$$CH_4+2H_2O \longrightarrow CO_2+4H_2 \tag{3-8}$$

$$CH_4+CO_2 \longrightarrow 2CO+2H_2 \tag{3-9}$$

反应后的合成气出催化剂炉管温度为850~950℃，经下游合成气余热锅炉回收热量，降温至300~370℃，进入一氧化碳变换反应器。在催化剂作用下，发生水煤气变换反应。水煤气变换反应可以使合成气中氢气含量更高，并减少进入变压吸附(PSA)装置的一氧化碳，提高变压吸附效率。合成气经过一氧化碳变换反应器后热量被逐级回收，冷却到约40℃，进入PSA装置进行变压吸附制氢。合成气中85%~90%的氢气经过PSA作为产品氢气输出，剩余氢气与合成气中的一氧化碳、二氧化碳、饱和水一起，返回重整炉的燃烧器，作为燃料燃烧。

天然气蒸汽转化的工业催化剂为镍基催化剂，水碳比为3.0~3.5，反应停留时间极短，转化温度820℃，转化压力3.0MPa左右。过量的蒸汽用来防止催化剂积炭失活，水碳比取决于反应条件与所用催化剂的性质。甲烷蒸汽转化过程中会产生积炭，反应如式(3-10)、式(3-11)所示：

$$2CO \longrightarrow C+CO_2 \tag{3-10}$$

$$CH_4 \longrightarrow C+2H_2 \tag{3-11}$$

其中，影响天然气蒸汽转化效率的工艺条件主要包括压力、温度、水碳比和空间速度等。

(1) 压力

虽然从化学反应转化平衡角度来考虑，宜在低压下进行，但在工业烃类蒸汽转化制合成气装置中，较高的压力可以节约动力消耗、提高过热蒸汽热回收的价值、减小设备容积，因此操作压力均为3.5~4.0MPa。

(2) 温度

不论从平衡还是反应速率来考虑，提高操作温度对转化反应都是有利的，但一段转化炉受管材的耐热限制。一段转化炉的平衡温距为10~22℃。在一定的压力和水碳比的条件下，一段转化炉出口温度的高低直接决定转化气的出口组成。提高出口温度残余甲烷含量降低；反之，则升高。但是，耐热管材的寿命与温度的关系很敏感，当壁温增高时，管材寿命急速降低。

(3) 水碳比

从降低工艺蒸汽消耗和燃料气(或油)消耗角度出发，蒸汽重整应选择较低的水碳比。但这除受管材限制外，还应用高活性和抗结炭催化剂以避免积炭的发生。

(4) 空速

空速(空间速度)表示单位容积催化剂每小时处理的气量。此气量可有不同的表示方法，可以用含甲烷原料标准状态下的体积表示，称为原料气空速；可以甲烷的碳摩尔数表示，称为碳空速；一般而言，空速表示转化催化剂的反应能力。

此外，天然气水蒸气重整(SMR)反应是强吸热反应，反应过程需要吸收大量的热量。因此，该工艺过程具有能耗高的缺点，其所需的热量主要来自天然气和PSA尾气的燃烧。其中，天然气为工厂启动阶段的燃料，并且在工厂正常操作时用作尾气热值不足时的补充燃料。天然气蒸汽转化炉炉膛操作压力多为微负压状态，燃料天然气和含有一定热值的尾气由燃烧器喷入炉膛，与从燃烧器其他通道进入炉膛的空气混合燃烧。烟气出炉膛时的温度约为950℃。下游产品为氢气和一氧化碳两种产品的重整炉，其烟气出炉膛的温度会比单纯制氢的重整炉烟气温度高50~80℃。高温烟气经过烟道回收热量后由烟囱放空。此外，水蒸气重整是慢速反应，且由于空速限制及化学平衡的原因，水蒸气重整反应的转化率有限，反应后气体中的甲烷残余可达4%~10%，因此需要二段转化，提高了投资金额和装置规模。

3.1.3　甲醇制氢

甲醇制氢与甲烷等烃类气体制氢方法相似，主要有三种方法：甲醇水蒸气重整、甲醇分解和部分氧化。甲醇直接分解是工业合成甲醇的逆向反应，该反应是一个强吸热过程，见反应方程式(3-12)，反应需要外部提供大量热量，分解产物是一氧化碳和氢气。部分氧化法是适量氧气与甲醇反应，生成二氧化碳和氢气并放出热量。目前工业上主要采用的甲醇制氢方法是甲醇水蒸气重整法，该方法以甲醇、水为主要原料，经过混合、预热、汽化、过热、重整等工艺步骤制取氢气。甲醇水蒸气重整制氢工艺路线如图3-4所示，总反应方程式如式(3-13)所示。

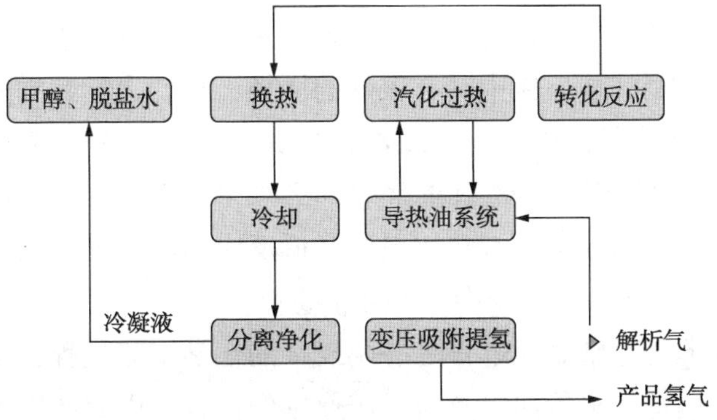

图3-4　甲醇水蒸气重整制氢工艺路线图

甲醇裂解反应：

$$CH_3OH \longrightarrow CO+2H_2 \tag{3-12}$$

甲醇重整反应：

$$CH_3OH+H_2O \longrightarrow 3H_2+CO_2 \tag{3-13}$$

在甲醇水蒸气重整制氢工业装置中，甲醇与水按固定配比进入换热器预热，然后在汽化塔汽化，经换热器过热后，反应通常在250～300℃、1～5MPa、H_2O与CH_3OH摩尔比为1.0～5.0的条件下进行，在转化器内重整制得以H_2、CO、CO_2为主要组分的合成气，再经过CO变换以及H_2提纯等净化过程获得一定纯度的氢气。

甲醇水蒸气重整反应的催化剂研究始于20世纪70年代，活性组分主要集中在Cu基和贵金属材料，后者虽然活性较高，但昂贵的价格和苛刻的反应条件使其难以在工业上广泛应用。而Cu基催化剂，具有成本低、活性高、选择性好的优点，但是，由于传统Cu基催化剂催化活性较低，反应温度较高，因此反应过程中残留的反应物组分含量较高。以甲醇水蒸气重整反应中典型的Cu-ZnO-Al_2O_3催化剂为例，其对氧化环境比较敏感，且必须在200～280℃的低温下才具有活性，需要注意调整反应器温度平衡来保持催化剂的活性状态。通过对反应完催化剂样品进行射线光电子能谱分析（XPS），表明氧化态的Cu^{2+}促进了甲醇的分解。进一步对催化剂活性中心的研究认为Cu^1/Cu^0对是催化活性位，并且其比值越大越好。张新荣等研究表明，随着催化剂组分中铜含量的增加，甲醇转化率和氢气产率增加，当铜质量分数为30.9%时，催化剂表现出最佳活性，而当铜含量进一步增加时，催化剂活性开始下降。Utaka等人利用Cu基催化剂，在有氧气辅助参与的条件下，使用与甲醇水蒸气重整相似的催化剂，甲醇在空气和水蒸气存在的条件下自热重整，几乎完全转化得到高的产氢率，且Cu/Al_2O_3-ZnO催化剂在水煤气变换（WGS）去除CO反应中具有很好的活性，热动力学数据表明在低温下反应可以取得较高的平衡转化率。必须注意的是，由于CO对燃料电池的毒害作用，无论CO的来源如何，在燃料重整中都必须采取措施减小CO的含量。例如可以通过减少接触时间、增加水碳比以及降低反应温度等措施从热动力学特性上抑制CO的形成，进而减小产物中CO的含量。

甲醇水蒸气催化重整制氢过程是一个复杂的化学工艺过程，反应器内存在多相介质的流动、质量热量传递以及与反应速率的耦合，由此产生了诸多非线性动力学问题。与其他烃类重整反应相比，常规尺度的燃料催化重整制氢难以实现设备小型化，压缩反应体积是重整制氢系统满足制氢系统对体积和反应速率的重要要求。甲醇水蒸气重整反应与烃类重整反应相比，具有反应体积小、反应流程短、重整转化温度低、热量利用效率高的特点。煤制氢与天然气制氢反应都需较高的温度，以天然气水蒸气转化制氢为例，反应的温度需在800℃以上，相应的反应器则需要特殊材质。同时，考虑到中小规模氢气用户对能量的利用能力，很难对反应过程的能量加以综合利用，这都会造成成本的上升。甲醇水蒸气重整制氢反应温度可以控制在270℃左右，操作温度相对较低，反应条件相对温和，有利于节约制氢能耗。

3.2 工业副产氢

3.2.1 焦炉煤气制氢

焦炭是炼钢行业的主要原材料，焦炉煤气作为钢铁联合企业焦化过程的副产品，不仅量大价廉，而且其成分中富含大量的氢气，是潜在的优质制氢原料之一。科学有效地利用焦炉煤气，既符合环保节能的时代主题，又能缓解能源、资源和环境问题，为以煤炭为原料和还原剂的现代冶金工业带来巨大的产业提升和转型动力。因此，以钢铁制造流程中产生的焦炉煤气作为氢能制备的原料，不仅是焦炉煤气合理利用的最佳选择，也为规模制备燃料电池用氢提供了一条新的途径。

目前，我国绝大部分钢铁企业中焦化厂的产物分为三大种类，即固态的焦炭、液态的焦油以及气态的焦炉煤气。传统炼焦工业是以获得固态的焦炭产品为主，作为钢铁企业高炉炼铁的原料。煤焦化过程中每1t焦炭可产生约400Nm^{3}的焦炉煤气，其中氢气含量约44%(体积分数)，有40%~50%供焦炉自身加热，有一小部分作为合成氨与合成甲醇的原料，剩下的约39%几乎全部放空。中国是全球最大的焦炭生产及消耗国，按2020年焦炭4.7亿t产量计算，则理论上全国焦化行业可以提供约290万t副产氢。随着可持续发展和循环经济战略的实施，少数大型焦化企业在焦炉煤气的开发利用和产业链优化升级方面取得一些成果(如图3-5所示)，焦炉煤气呈现出向下游利用的发展趋势，建设了焦炉煤气制甲醇再制烯烃、焦炉煤气制乙二醇、焦炉煤气制乙醇等装置，配套副产氢进行资源化利用。

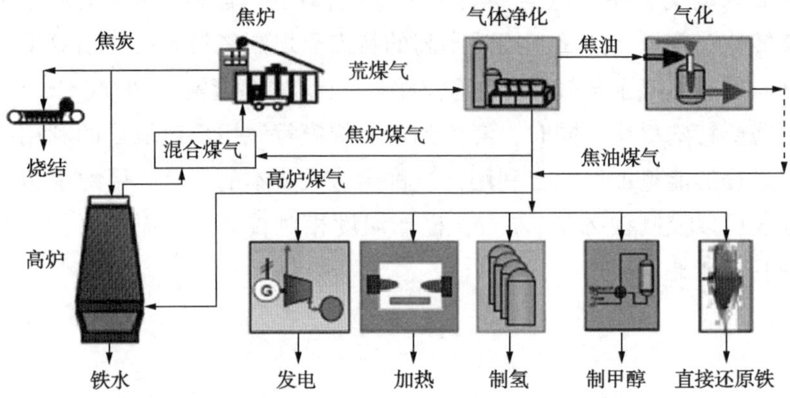

图 3-5　焦炉煤气开发利用新工艺

如前所述，氢气是焦炉煤气中含量最多的组分，随着零碳经济和氢能产业的蓬勃发展，焦炉煤气制氢是焦炉煤气增值化利用的有效途径。工业上常见的制氢工艺主要以天然气、煤和石油为原料在高温下水蒸气转换或部分氧化。相比化石燃料制氢，焦炉煤气制氢工艺更为简单，无须烃类燃料裂解工序，从而具备更高效、经济的优势。

焦炉煤气制氢主要有深冷分离、膜分离和变压吸附三种方法。深冷分离是焦炉煤气制氢应用最早、技术最成熟的方法，适合于焦炉煤气中高纯度氢气的回收，还能分别回收 CH_4、CO 等成分。但其存在设备投资大、能耗高、操作复杂等缺点。膜分离制氢技术具有易于工业化、操作简单、低投资等优点，但是，产品纯度不高、技术不够成熟。目前，应用最广泛的焦炉煤气制氢方法是变压吸附，其制得的氢气纯度可达 99.99%。最普遍利用的焦炉煤气变压吸附制氢工艺流程如图 3-6 所示。变压吸附制氢具有装置自动化程度高、技术成熟及能耗低等优点，可获得高纯度的氢气或高回收率。

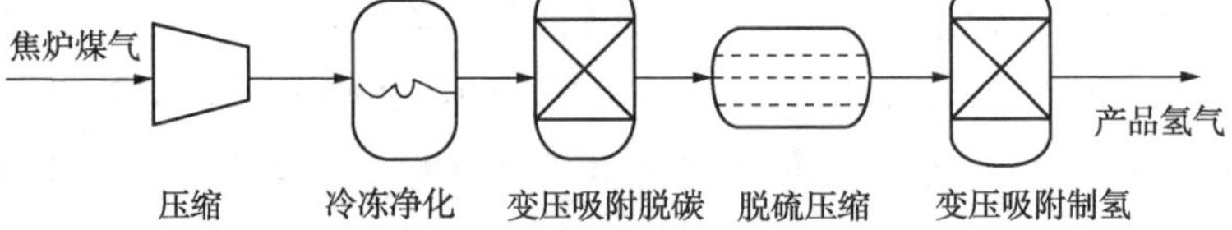

图 3-6　焦炉煤气变压吸附制氢流工艺程图

提氢后的焦炉煤气解吸气返回燃料气管网，也可以用作制液化天然气（LNG）或其他富甲烷气转化原料。焦炉气水蒸气转化制氢流程是在上述流程基础上增加水蒸气转化炉，将焦炉煤气解吸气中的甲烷转化为 CO 和氢气，可最大限度地制取氢气，具体工艺路线与前述天然气水蒸气重整制氢工艺近似。焦炉煤气制氢的关键技术在于焦炉煤气的净化和氢气分离提纯，焦炉煤气组分复杂，通常含有焦油、粉尘、氰化物、硫化物、氨、萘等多种有机/无机组分，经过化学产品回收和净化(脱煤焦油、脱硫、洗氨、脱苯、脱萘等)后的煤气称为焦炉净煤气，因此净化工艺及净化剂的选择至关重要。

3.2.2 氯碱工业制氢

氯碱工业指的是工业上用电解饱和氯化钠溶液的方法来制取氢氧化钠、氯气和氢气，并以它们为原料生产一系列化工产品的传统基础化工原料行业。我国氯碱工业上游为原材料，包括焦炭、原盐、电石、聚乙烯、电力等；中游为氯碱工业产品，主要为烧碱、聚氯乙烯、氢气、氯气等；下游应用于轻工业、纺织业、冶金工业、石油化学等领域，在国民经济中具有不可替代的作用。

氯碱行业通过电解饱和食盐水制取氢氧化钠，反应产生大量的氯气和氢气。我国烧碱年产量基本稳定在3000万~3500万t，副产氢气接近100万t。氯碱行业离子膜烧碱装置每生产1t烧碱可副产280Nm^{3}氢气，尽管大型氯碱装置多数配套盐酸和聚氯乙烯装置以平衡氯气并回收利用副产氢气，但是，仅有60%左右氢气回收生产盐酸、氯乙烯单体和双氧水等，其余氢气大部分被用作锅炉燃料或者直接放空，40%左右的氯碱副产氢被低水平利用，造成了一定的资源浪费。随着氢燃料电池产业的快速发展，氯碱行业的氢能利用兼具经济性和环保性，具有巨大的经济和社会价值。

我国氯碱厂大多采用变压/变温吸附法提纯回收氢气，工艺流程如图3-7所示。氯碱电解副产氢纯度一般在99%以上，CO含量较低且不含有机硫和无机硫，但其中含有微量的氯和少量氧，对燃料电池有毒害作用，使膜电极导电率降低，影响发电效率，且易造成管道设备腐蚀发生安全事故；其还含有惰性气体氮、氩等杂质，长时间使用将造成燃料电池惰性气体累积，对燃料电池发电效率有一定影响。所以将氯碱工业副产氢直接用于燃料电池氢源供给，需对含氢尾气做除氯、除氧、除氮等净化措施。氯碱工业的含氢尾气首先经过烧碱或硫化钠溶液填充的淋洗塔洗涤，除去尾气中的氯气。除去氯气的含氢尾气通过旋风分离器除去多余水分后，进入脱氧器，在钯催化剂的作用下除掉组分中的氧气。而后经过填充不同性能吸附剂的吸附器，除去氮气和少量其他杂质气体，吸附剂可循环再生，保证装置的连续运行。

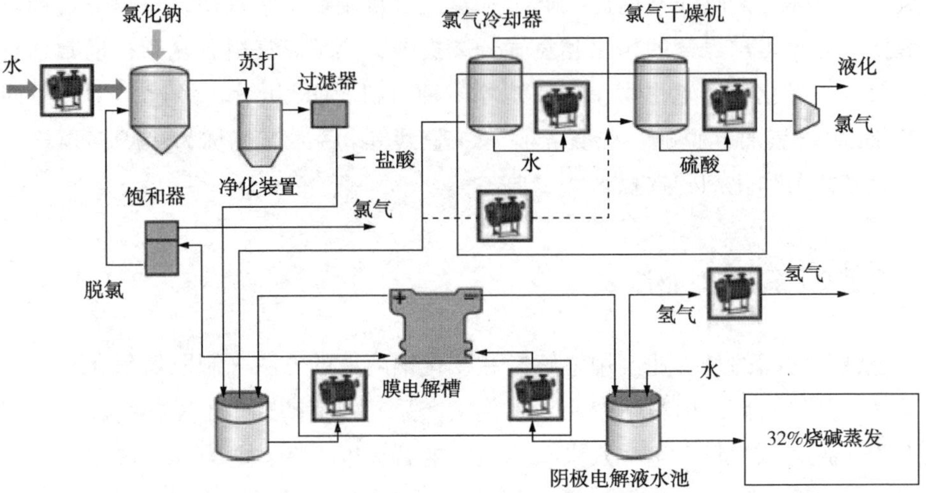

图 3-7　氯碱工业制氢工艺流程简图

采用变压/变温吸附法净化回收氢气，技术成熟，且成本低、品质好、绿色环保，净化后氢气满足氢燃料电池汽车用氢气标准，同时可以用于储能、电力等领域，替代石油、天然气，是减碳降税、推动“双碳”目标实现的有效途径。

3.2.3　合成氨驰放气制氢

氨(NH_3)作为世界第二大化学品，在全球经济中起着至关重要的作用，是生产肥料、染料、药物、塑料以及其他化工产品的重要原材料。20 世纪初，科学家发明的“哈伯-博施”(Haber-Bosch)工艺被誉为 20 世纪最伟大的人类发明之一，即直接用 N_2和 H_2在高温(300~500℃)、高压(200~300atm)的条件下直接合成 NH_3(如图 3-8 所示)。虽然经过近百年的工艺优化和效率提升，但直到目前，“Haber-Bosch”法依然是工业上大规模合成氨所依赖的主要方法，贡献了世界范围内 90%的氨产量。工业合成氨大部分被用于肥料生产，极大地增加了全球粮食产量，促进了世界范围内的人口增长，推动了人类文明的发展，但同时也带来了大量的能源消耗，据统计，每年工业合成氨的能耗占到世界能源总消耗的 1%~2%。

合成氨过程需要大量氢气，这部分氢气目前主要来自煤制氢、天然气制氢等规模化制氢产业。传统“Haber-Bosch”法合成氨由于受到热力学限制，转化率仅有 10%~20%，未参与反应的气体循环使用(如图 3-9 所示)，但其中的惰性气体成分在不断的循环过程中浓缩，从而降低了氢气和氮气的分压，降低转化率，影响合成氨反应的进行，因此需要排放一部分循环气来降低惰性气体的含量。这种合成氨过程中被排出的累积气体称为驰放气(在设备或管道中积聚的不参与反应或无法利用的低品位气体)，其中氢气含量高达50%左右。

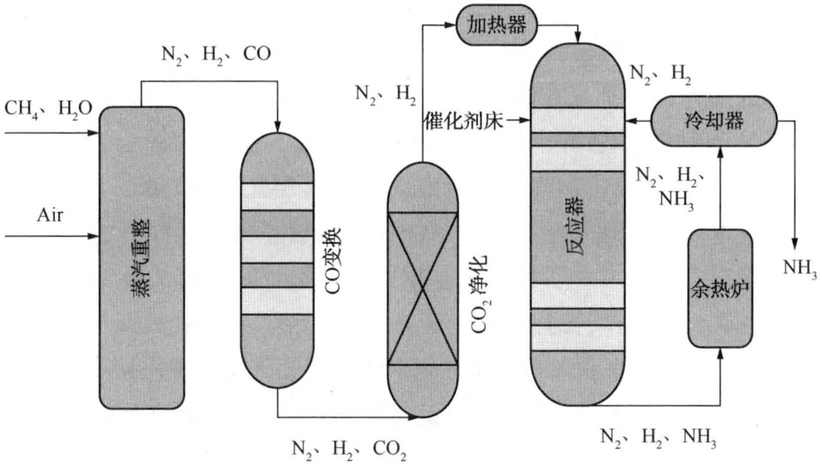

图 3-8　“Haber-Bosch”法合成氨工艺流程图

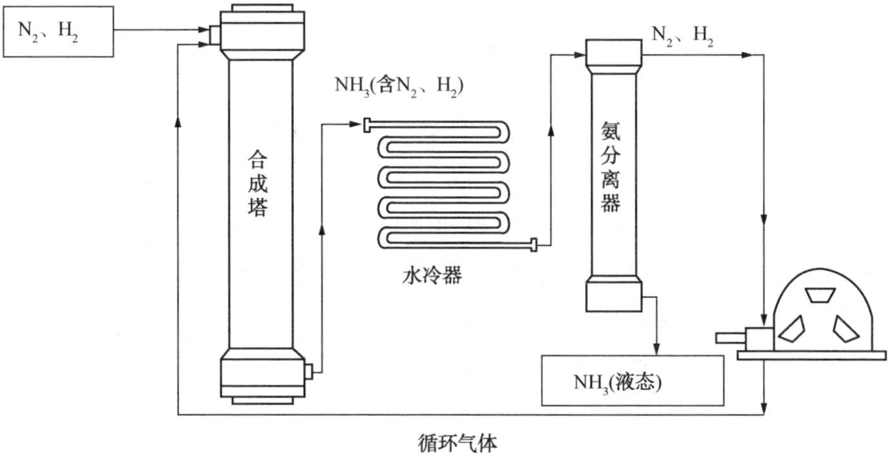

图 3-9　工业合成氨的气体循环示意图

目前工业上采用的氢分离回收工艺主要有深冷法、吸附法、膜分离法等。将合成氨驰放气中的氢气加以回收利用，可以降低氨合成综合能耗，延长合成氨产业产品价值链。我国合成氨生产能力约 1.5 亿 t/a，每吨合成氨将产生 150~250m^3 的驰放气，可回收氢气约 100 万 t/a。

3.3 电解水制氢

前述化石燃料制氢和工业副产氢具有价格和规模生产的优势，但不可避免地带来高碳排放问题，特别是在碳达峰、碳中和目标的引领下，氢能产业的低碳发展离不开绿氢的制取。电解水制氢具有绿色环保、生产灵活、纯度高(通常在99.7%以上)以及副产高价值氧气等特点，耦合可再生能源(水、风、光等)发电的电解制氢技术可以实现零碳排放，解决可再生能源由于其固有的间歇性和波动性导致无法稳定发电、并网等问题。根据国际能源署的预测，到2030年电解水制氢市场份额将从5%左右增长到30%。随着可再生能源的大规模开发利用和电解水技术的不断成熟，电解水制氢技术将在未来的氢能经济发展中占据重要的地位。

电解水制氢技术可以在低温和高温下进行，可在低温下进行的电解水制氢技术主要有碱性水电解池(AE)和固体聚合物电解池(PEM)，在高温下进行的电解水制氢技术有固体氧化物电解池(SOEC)等。

3.3.1 碱性水电解池(AE)

碱性电解水制氢技术(AWE)是一种最为成熟的制氢技术，也是目前商业化应用最广泛的电解水制氢技术，生产成本较低，早在20世纪初就已经应用于MW级别的大规模制氢装置，制氢效率和规模化制造成本也在不断进步。

常规的碱性电解水槽如图3-10所示，主要由电解槽盒、电解液、阴极、阳极和隔膜等组成。

碱性电解水槽主要包括以下两个电化学反应过程。

阴极反应：

$$2H_2O+2e^- \longrightarrow H_2+2OH^-,\ \varphi^{\ominus}=-0.828V \tag{3-14}$$

阳极反应：

$$4OH^- \longrightarrow O_2+2H_2O+4e^-,\ \varphi^{\ominus}=-0.402V \tag{3-15}$$

碱性电解池以碱性电解液为反应基础，阴阳电极分别浸入两个电解槽，两个电解槽之间使用隔膜分隔开来。电解槽结构主要包括电极、隔膜、电解液、电解池四部分，电解液常采用碱性氢氧化钠溶液、氢氧化钾溶液或氢氧化钙溶液。特

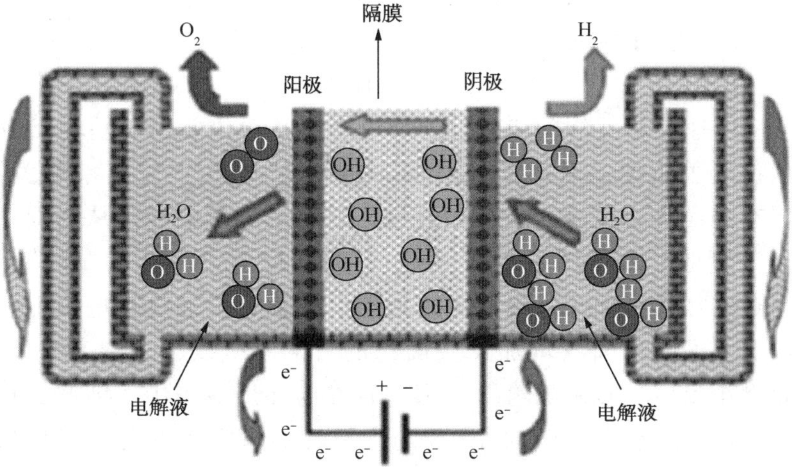

图 3-10　碱性电解水槽原理示意图

定的隔膜将电解池分隔出阴极电解区域和阳极电解区域，阴极区产生的氢气和阳极区产生的氧气彼此不混合，增加了装置的安全性。

在外部电源作用下，碱性电解液中的 OH^- 吸附在阳极催化层，在催化剂的作用下 OH^- 失去电子生成氧气和水，产生的自由电子经阴阳极间的外接电路到达阴极。被吸附在阴极催化层的水分子获得电路供给的电子，生成氢气和 OH^-，完成整个反应过程。碱性电解液中部分 OH^- 和 H_2O 会通过隔膜，在两个电解槽之间发生迁移和扩散，保持槽内离子溶度的平衡，维持两极电解区域的电中性。

但在实际的电化学反应过程中，由于过电位(η)的存在，外电路所施加的电压要大于电解水理论电压。过电位是由阴极(η_c)和阳极(η_a)的动力学阻力和电解液的接触电阻(η_{other})所引起的。其中 η_a 和 η_c 可以采用高效电催化剂进行修饰改性，进而提高析氢反应和析氧反应的反应活性。电解液的接触电阻(η_{other})可以通过优化电解槽装置设计来进行优化。

(1) 析氢反应(HER)机制

基于电解水制氢反应开展了大量的实验和理论研究，析氢反应在碱性介质中可以分为三个反应步骤：

电化学氢吸附过程(Volmer 反应)

$$H_2O+e^- \longrightarrow H_{ads}+OH^- \tag{3-16}$$

电化学脱附过程(Heyrovsky 反应)

$$H_{ads}+H_2O+e^- \longrightarrow H_2+OH^- \quad (3-17)$$

化学脱附过程(Tafel 反应)

$$H_{ads}+H_{ads} \longrightarrow H_2 \quad (3-18)$$

其中反应速控步骤的确定，也即最大动力学活化能垒的基本反应对 HER 反应的效率至关重要。假定 Volmer 反应是决定 HER 反应速率的关键步骤，电极材料在表面具有更多的空穴和边缘，这有助于氢的吸附从而促进电子转移的发生。但是，如果 Heyrovsky 反应或 Tafel 反应是决定反应的速控步骤，则可以通过增加反应面积来提高电解速率，进而可以通过在电极上制造多孔结构提高比表面积来实现增加反应面积的目的。所以，无论 HER 反应的速控步骤是哪个反应，吸附的氢原子都一直参与在反应当中。因此，反应的吉布斯自由能(ΔG_H)作为 HER 催化剂的主要性能指标，决定了催化剂的固有活性。在电流密度与理论计算得出的吸附氢原子吉布斯自由能的函数关系火山型曲线(如图 3-11 所示)中可以发现，性能最优的催化剂体系处在火山的顶部，例如金属铂(Pt)，其 ΔG_H接近于零。

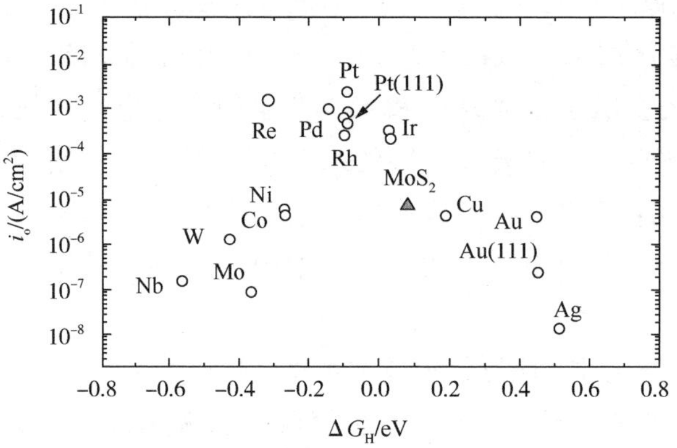

图 3-11　实测交换电流密度与 DFT 计算得到的吸附氢原子吉布斯自由能的函数关系火山图

(2) 析氧反应(OER)机制

在标准状态下，OER 反应的电极电势为 1.23V，但是在实际操作中产生额外的过电位是没有办法避免的。研究发现，除了 IrO_2之外，在催化剂上发生的 OER 过程通常都涉及催化剂表面上 OH^-和 O 的吸附。这个过程与 HER 反应过程类似，通常在碱性溶液中：

$$OH^- + ^* \longrightarrow OH_{ads}+e^- \quad (3-19)$$

$$OH_{ads}+OH^- \longrightarrow H_2O+O_{ads}+e^- \quad (3-20)$$

其中，*代表催化剂表面氢氧根离子的吸附位点，这存在两种产氧反应过程，反应过程如下所示：

一步法生成

$$O_{ads}+O_{ads}\longrightarrow O_2 \tag{3-21}$$

其中两个 O_{ads} 中间体直接形成 O_2。

间接生成

$$O_{ads}+OH^-\longrightarrow OOH_{ads}+e^- \tag{3-22}$$

$$OOH_{ads}+OH^-\longrightarrow O_2+H_2O+e^- \tag{3-23}$$

O_{ads} 第一步先与 OH^- 反应生成 OOH_{ads}，然后与 OH^- 反应生成 O_2。值得注意的是，一步法反应相比于间接反应通常需要较高的热力学能垒。

因此，为了实现高效电解水制氢，降低反应的过电势是主要面对的问题之一。产生过电势的原因主要有三个：一是由于在反应过程中电极表面离子浓度与电解液体相中的浓度不同造成的浓差过电势。二是由于在反应过程中电极与溶液界面往往会形成一层高电阻膜，从而产生电阻过电势。三是由于参加反应的某些物质没有足够的能量来完成电子转移，所以需要活化过电势来活化反应物。其中，浓差过电势和电阻过电势可以分别通过搅拌和内阻补偿等手段降低到忽略不计。而活化过电势是由电极材料自身性质决定的，因此开发和设计性能优异的电极材料就显得特别重要。

除了通过优化电极材料的电催化剂的改性研究以外，电解槽的结构优化设计也对碱性电解水制氢的效率有较大影响。如图 3-12 所示，碱性水电解工艺系统主要由准备系统（制备纯水、配制碱液）、电解系统、氢氧分离系统、电解液循环系统、加水碱系统、冷却水循环系统以及控制系统组成。其中电解液以 KOH、NaOH 水溶液为电解质，电解液的浓度一般为 20%～30%，隔膜采用石棉布、聚砜材料等，以镍基材料为电极，在直流电的作用下，将水电解，生成氢气和氧气。产出的气体纯度约为 99%，需要进行后续脱碱雾处理。

当电解槽接通直流电源，电解电流上升到一定数值时，电解槽内的水被电解成氢气和氧气。来自电解槽内各电解小室阴极侧的氢气和碱液，借助循环泵的扬程和气体升力，进入碱液换热器进行初步冷却分离，进入氢氧分离器，在重力的作用下氢气和碱液分离。分离后的气体进入冷却器，对气体进行冷却和除雾，然后进入氢气纯化装置。碱液在氢分离器和氧分离器中，靠重力作用与氢、氧气体分离后，通过氢氧分离器的连通管汇总，再经碱液过滤器除去机械杂质，然后由碱液循环泵把碱液送入电解槽，形成完整的电解液循环系统。

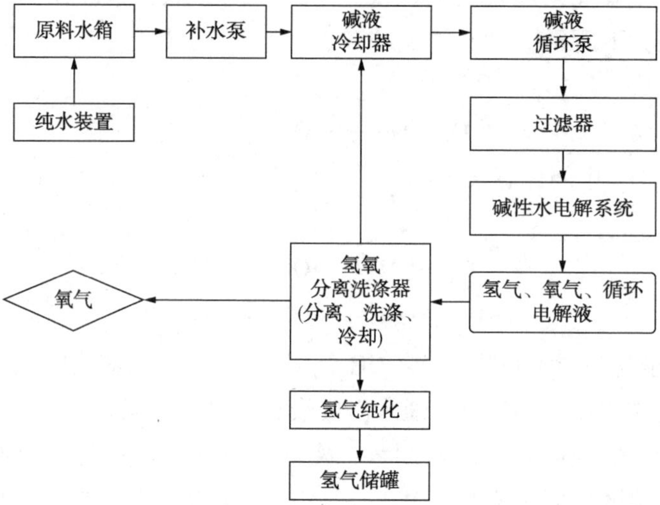

图 3-12　碱性水电解工艺系统简图

压滤式双极性串联结构(如图 3-13 所示)是目前最主流的碱性水电解形式，每块极板在电性上具有双极性，即一面是负极，反面则是下一个电室的正极。每个电室都是由极板、隔膜、阴阳负极板等组成的。压滤式是指每个电解槽是由许许多多电室串联组成的，它们是靠若干根拉紧螺杆的作用力，挤压在两块笨重的端压板之间，形成一个紧凑的结构体。

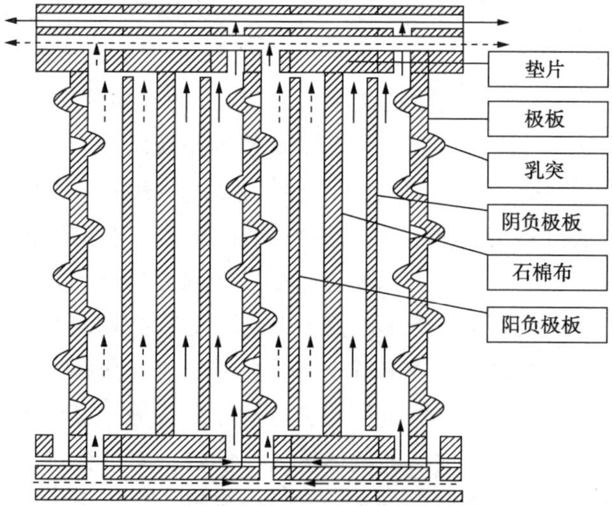

图 3-13　压滤式双极性串联结构碱性电解槽

原料氢气经气水分离器滤除液态水后进入脱氧器，游离水经排水阀排出系统；在脱氧器中，氧和氢经催化剂作用生成水，氧气被去除，生成的水被氢气带出脱氧器，进入冷却器，经冷却器冷凝后随氢气进入气水分离器，液态水在气水分离器内被滤除并经排水阀排出系统，含有饱和水蒸气的氢气则进入干燥器，气态水在干燥器中被分子筛吸附，高纯度的氢气流出干燥器，再经氢气过滤器，滤尘后得到氢气产品。

3.3.2 固体聚合物电解池(PEM)

固体聚合物电解水制氢首先是GE公司在20世纪60年代提出的，由于目前使用的主流固体聚合物薄膜为质子交换膜(PEM)，故又称为PEM电解水制氢技术，该技术最早被用作核潜艇和空间站中的供氧装置。

PEM电解槽的基本结构如图3-14所示，PEM电解槽的主要组成部分包括两块极板和一块膜电极，其中膜电极由两块气体扩散层和一张喷涂有阴阳极催化层的质子交换膜组成。端板起到导电以及传递水、气的作用，阳极端板材料以Ti为主，阴极可以采用石墨、Ti、不锈钢等；扩散层主要用于促进气液的传质和导电，通常由导电的多孔材料构成，如Ti网等；催化层是催化剂、扩散层和质子

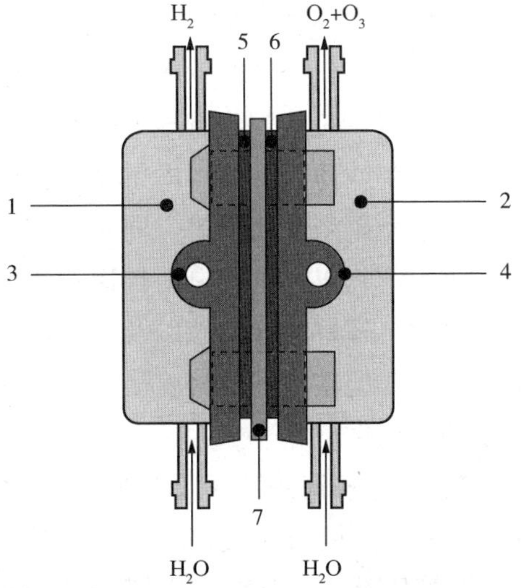

图3-14 PEM电解槽的基本结构示意图

1—阴极水箱；2—阳极水箱；3—阴极；
4—阳极；5、6—电极；7—质子交换膜

交换膜的三相界面；质子交换膜可以阻止电子传递以及氧气与氢气的交叉接触，同时又能将质子从阳极传递到阴极。

PEM 电解制氢装置在工作过程中，水作为电解的原料从阳极极板的流道进入，经过扩散层在一定电压和阳极催化剂作用下析氧，产生的氧气通过扩散层又回到阳极端板的流道被水带出。阳极反应产生的氢离子在水的携带下通过质子交换膜转移到阴极，在阴极催化剂的作用下析氢，产生的氢气和携带过来的水通过扩散层进入阴极流道排出。阴阳极的催化剂分别负载在质子交换膜的两侧，与两片扩散层形成了 PEM 电解池的核心部件——膜电极。

PEM 电解水制氢主要包括以下两个电化学反应过程：

阴极

$$2H^{+}+2e^{-}\longrightarrow H_2 \tag{3-24}$$

阳极

$$2H_2O\longrightarrow O_2+4H^{+}+4e^{-} \tag{3-25}$$

无催化剂状态下，反应的电解电压过高致使电解难以进行。选用合适的催化剂材料，制备后镀在质子交换膜表面，主要的电解化学反应就发生在催化剂层上。催化剂性能的好坏决定了制氢效率和催化反应活性，为降低电能损耗，一般会在膜两侧使用一定载量的阴阳极催化剂，达到降低反应过电势及电解池实际电解电压的效果，提高系统的电解制氢量。固体聚合物电解池的催化剂材料昂贵，且催化剂附着在膜表面。为保护催化层及产物顺利排出，电解池中加载阴阳极扩散层，位于膜两侧。扩散层材料一般选用具有导电性及提供气水通道的特点，且能够在膜电极表面形成一层电解质薄膜，使得电解质与膜电极的接触紧密，从而增大电解面积的材料，如疏水型碳纸或钛网等。同时，扩散层还起到保证电解液在膜电极表面扩散成膜，排出产物以及进行电荷传递的作用。因此气体扩散层须具备合适的空隙率、孔径尺寸，较好的导电性以及在酸性介质中的稳定性，目前实验常用的扩散层是疏水碳纸，但碳纸本身轻脆易碎，考虑到质子交换膜的溶胀性，需要充分验证扩散层的柔韧性。

与碱性电解槽相比，PEM 电解槽用质子交换膜代替石棉膜，气体的交叉扩散问题得到了明显改善，能够获得更高纯度的氢气，同时也使得装置能够在较高的压力下安全工作(阴阳极等压甚至差压)，很多商业化的制氢装置产氢压力可高达 30~70bar。PEM 电解池在结构上更加紧凑，大大减少了电解装置所占的空间。而且，由于质子在膜上的传输对输入功率的响应很快，而不是像在液体电解质中那样被惯性延迟，PEM 电解装置的负荷响应速度更快。由于电解水技术的宽运行功率范围和快电负荷响应速度，与碱性电解槽相比，更有利于匹配波动的可再生能源。

但在PEM电解池中，质子交换膜所提供的酸性环境要求使用一些特定的耐腐蚀材料。这些材料不仅要能抵抗酸性环境（pH约为2）的腐蚀，还要能在一定的过电压（约2V）下稳定存在。此外，又要满足导电性或者电催化性能等要求，只有少数几种材料可供选择，如Pt、Ir、Ru、Ti等。目前阳极侧多使用Ir和Ru等贵金属为基础的多元催化剂（Ir负载量大于2.0mg/cm^2），阴极侧以Pt系列催化剂为主（Pt负载量0.4~1.0mg/cm^2）。而阳极侧端板和扩散层的材料多采用Ti基材料，为了满足阳极气液扩散、催化反应、导电等多重需求，还要对材料进行表面处理。由于对电解槽材料要求高，PEM电解技术的设备成本也因此高于碱性电解技术。

PEM水电解池反应包括阴极氢析出（HER）与阳极氧析出（OER）两个半反应（如图3-15所示），目前商业析氢催化剂为Pt/C催化剂，在电解池长时间运行后，Pt/C催化剂在“Ostwald熟化作用”影响下，电化学活性面积下降，导致Pt/C催化剂的HER活性发生衰减。在固体聚合物水电解池中，由于在强酸性（pH约为2）与1.4~2.0V的电解电压下，以C为载体的催化剂会因C的氧化而衰减，而Mn、Co、Ni等过渡金属易溶蚀，会黏附于膜上，与膜中的磺酸根离子结合，从而降低膜的质子传导能力，也会欠电位沉积于阴极，覆盖Pt的活性位，降低电极的活性。

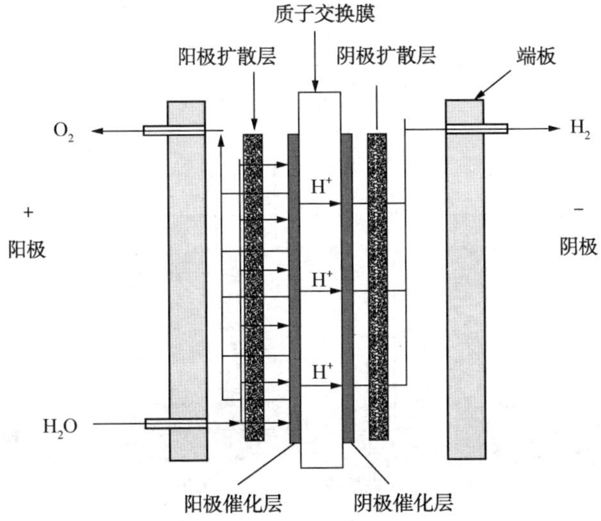

图3-15　PEM水电解池反应原理图

电解槽膜电极的核心部件质子交换膜不仅传导质子，隔离氢气和氧气，而且还为催化剂提供支撑，其性能的好坏直接决定水电解槽的性能和使用寿命。目前水电解制氢所用质子交换膜多为全氟磺酸膜，制备工艺复杂，长期被美国和日本企业垄断，其中 NafionTM 系列膜是目前电解制氢选用最多的质子交换膜。为降低膜成本，提高膜性能，国内外重点攻关改性全氟磺酸质子交换膜、有机/无机纳米复合质子交换膜和无氟质子交换膜。目前成本低廉的非贵金属 HER 催化剂一直受到研究者普遍关注，如过渡金属氮化物、磷化物、硫化物，此类催化剂在价格上具有巨大优势，但导电性和催化性能仍与 Pt/C 催化剂差距较大。

总的来说，PEM 水电解制氢工作电流密度更高，总体效率更高（74%～87%），氢气体积分数更高（>99.99%），产气压力更高（3～4MPa），动态响应速度更快，能适应可再生能源发电的波动性且不需要脱碱，被认为是极具发展前景的水电解制氢技术。但由于垄断，质子交换膜成本较高导致投资和运行成本高仍然是 PEM 水电解制氢亟待解决的主要问题。

3.3.3 固体氧化物电解池

相较于前述两种低温电解池中的电解质需要不断地填充补满，SOEC 中的固态电解质可以一次使用很长时间，且固态电解质系统中由溶液所引起的侵蚀副作用较液体电解质小。固体氧化物电解池的原理如图 3-16 所示，水蒸气和循环氢气被输送到阴极，被吸附在阴极催化层上的水分子，在电流的作用下分解生成 H^+ 和 O^{2-}，其中 H^+ 得到外电路输送的自由电子，还原生成氢气，特定的固体氧化

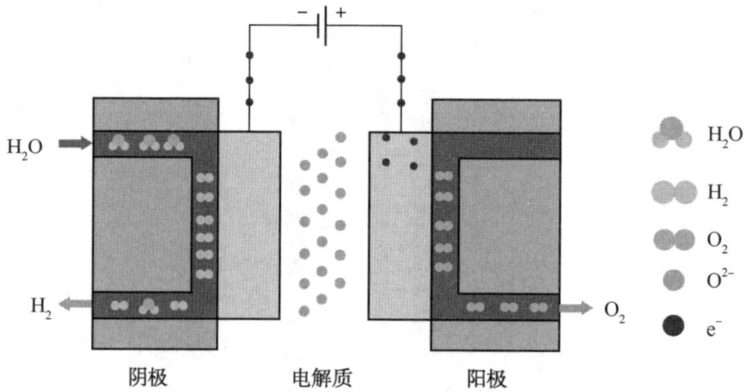

图 3-16　固体氧化物电解池的原理示意图

物电解质促使 O^{2-} 迁移到阳极催化层，O^{2-} 发生氧化转变为氧气，失去的自由电子进入外电源。固体氧化物电解池的工作原理是在高温状态下，利用电离技术，将高温饱和水蒸气电离，产生氢气和氧气。结构上，电极材料需要具备多孔的特点，且电极间的电解质层要求相对致密，且材料耐高温，因为工作温度在700~1000℃，通常采用掺杂8%(摩尔)比例 Y_2O_3 的 ZrO_3 作为电解质，该电解质在高温下可以实现阳离子的传输，并且本身具有良好的热稳定性以及化学稳定性。SOEC 水电解同时高温电解可以在一定程度上降低水的电解电压，从而降低电能消耗，高温电解的这一特性可以使水电解的热力学效率极高，实质就是利用电解技术，将电能和热能转化为氢能。

固体氧化物电解水制氢由于电极间的电解质层情况特殊，固体状态避免了其他电解池因使用液体电解质而具有的腐蚀及损耗问题，简化了装置及设备。同时固态电解质相对降低了电极的材质选用限制，可减少贵金属电极的使用。但固体氧化物电解池存在高温工作环境导致的缺点，例如，由于温度原因，阴极部分材料会出现逐渐烧结的状况；阳极材料随着电解过程中氧气的产生，发生团聚反应，使得电极气孔率发生改变，催化剂的催化活性降低；长时间的高温电解，使得固态电解质与阴极部分界面材料发生反应形成高阻抗，增加能耗；高温对电解池连接材料的要求，同时高温工况造成的热能及水资源损失，增大了电解池选材要求，因此，高温固体氧化物电解池相关装置尚处于基础研究阶段，短期内无法形成大规模的实际应用。

3.4 其他制氢方法

3.4.1 氨分解制氢

氨(NH_3)作为世界上产量较多的大宗基础化工产品之一，是制造硝酸、化肥、炸药的重要原料，随着全球迎来以清洁化、低碳化为主要特征的新一轮能源转型浪潮，氨作为化学储存介质和能量载体属性被广泛探索和应用。氨可以被看作一种储氢介质，它的储氢密度是气态或液态氢质量百分比的100~1000倍，并且每千克的能量密度与化石燃料(如煤和石油)相似。因此，氨分解反应受到越来越多的科研工作者的关注。氨分解反应的产物 N_2 和 H_2 可以在精细化工、浮法玻璃、医药等领域做保护气体，特别是近十年来氢储能领域的快速发展，氨分解制氢引起了氢燃料电池行业的广泛关注。

氨在热化学作用下分解的反应方程式为：

$$2NH_3 \rightleftharpoons N_2+3H_2 \tag{3-26}$$

众所周知，合成氨反应是可逆反应，由于合成氨反应是放热过程，所以氨分解反应为吸热过程，氨分解制氢工艺路线如图 3-17 所示。根据热力学计算，当氨分解反应温度达到 673K 时，NH_3 的转化率对温度的依赖性逐渐减小，当温度为 523K 时，氨的理论转化率可以达到 89%以上，但在实际进行氨分解反应过程时，由于该反应的活化能达到 180kJ/mol 以上，这给该反应在相对低温下氨的转化率造成了难以逾越的障碍，尽管高温下能获得较高的氨分解的转化率，但高温所引发的安全隐患及设备投资大等问题限制了其应用。因此，新型氨分解催化剂的研发，是实现低温、高效热化学氨分解制氢的关键。

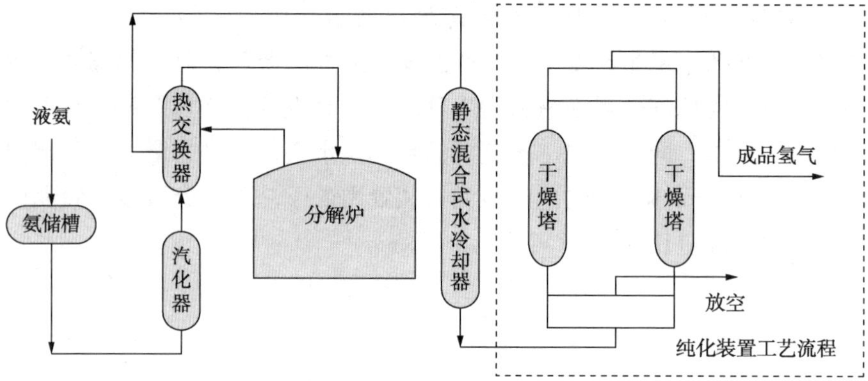

图 3-17　氨分解制氢工艺路线图

目前，钌基催化剂仍是最有效的热化学氨分解催化剂，如 Ru/CNT 催化氨分解过程在 430℃ 时氢气的生成速率为 6350mol(H_2)/mol(Ru)。进一步材料改性可以提高其低温下的催化活性，如 Cs 和石墨化 CNT 的协同作用可以使得氨分解反应的温度大幅降低。但是，由于贵金属 Ru 的价格昂贵、储量少，在实际氨分解制氢生产过程中很少使用钌基催化剂，开发价格低廉、低温催化活性高的氨分解制氢催化剂仍具有重要意义。

总的来说，氨分解制氢反应具有产物纯度高、装置复杂度低、液氨运输安全高效、成本低等特点。然而，氨分解制氢的应用关键是常压低温下具有高活性催化剂的制备，这也是该制氢技术大规模推广应用的关键。

3.4.2 催化水解制氢

催化水解制氢技术是指金属或氢化物在室温条件下可以直接与水反应制备出大量的氢气。常用的水解制氢原料有 $NaBH_4$、$NaAlH_4$、NH_3BH_3、MgH_2、Al 等。催化水解制氢反应不需要高温高压等苛刻的反应条件，因此不同于上文所述化石燃料重整制氢等方法存在较高的技术壁垒，而且产物中没有 CO 等毒化燃料电池的副产物，是非常适合应用在便携燃料电池上的制氢方式。水解原料通常含氢量较高且在常温下稳定存在，可直接作为储氢介质进行储存和输运，因此这种"制储氢一体化"技术的应用可以实现氢气的边产边用和按需在线供氢，以解决目前氢气的储存和运输过程中伴随的高成本和高安全隐患问题。

催化水解制氢技术的应用一方面可以替代大体积、高重量、耐高压或绝热储氢瓶的使用，有效规避高压气态储氢、低温液态储氢及固态金属氢化物储氢在应用过程中暴露出的问题；另一方面，它不依赖于基础设施建设，即制即用，可适用于严苛极端环境，可便携、方便更换、长时续航。但受限于制氢材料的成本以及高效水解制氢催化剂，目前水解制氢技术尚未实现大规模的民用化推广，相关研究主要集中在高性能、低成本水解制氢材料的开发(详见本书第 6 章 6.3 水解制氢材料部分)和高效水解制氢反应器的设计。

水解制氢测试实验通常在玻璃反应器内进行，配合气体定量分析装置进行产氢测试分析，实验装置示例如图 3-18 所示。由于水解制氢过程涉及气液两相反应，且经常伴随着剧烈的水解反应而放出较多热量，所以反应装置要严格密封，通常通过排水测体积法、气泡定量法、气相色谱分析法、重量法等方法测定产出的氢气量。

而面向实用化设计的水解制氢耦合燃料电池电源装置则需要更多关注系统的可控性、集成度和稳定性等方面。该便携氢燃料电池电源系统可以分为氢气发生单元和燃料电池单元。由于燃料电池工作对于氢气的纯度要求高，氢气发生系统主要包括氢气发生器和氢气净化装置两部分。氢气发生器以产氢为主要目的，同时要具备气液分离的能力；氢气净化装置用于去除高效反应过程中随大量水蒸气和水雾溢出的盐碱等成分。通过合理的结构设计，提高系统的可操控性和装置集成度也是水解制氢耦合燃料电池电源系统的难点问题。

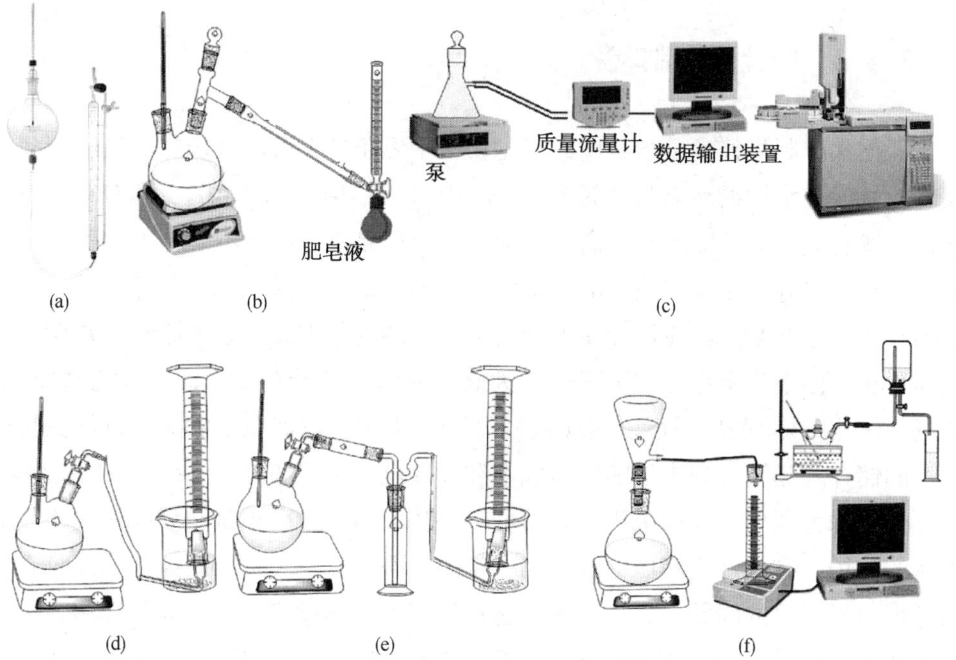

图 3-18 水解制氢测试实验装置示意图

根据水解制氢材料的进料与反应方式不同，研究者开发了不同类型的水解制氢反应系统。Avrahami 等人设计了一种分级进料模式的水解制氢系统(如图 3-19 所示)，水解制氢材料可通过电机带动的叶片轮控制，逐次加入反应液中，实现制氢反应的启停控制和流量控制，耦合控制器和燃料电池后的整体电源能量效率达到 1400W · h/kg。Pozio 等人发明了一种用于硼氢化钠水解制氢的氢气发生器(如图 3-20 所示)。该装置使用具有铁磁性的微米级磁芯作为催化剂载体，将负载型金属催化剂附着于磁芯表面，吸附于磁铁两磁极间，将水解制氢材料($NaBH_4$)配制成碱性水溶液流过两磁极间的通道，在另一端得到所需氢气和其他生成物。该结构有效地提高了金属负载型催化剂的循环使用性能，通过分流水解产物和氢气可作为连续产氢装置使用。

Kim 等人提出了一种喷雾式水解制氢反应装置(如图 3-21 所示)，通过蠕动泵控制酸性反应液的加入量，采用喷雾的形式增大反应液与水解制氢材料的有效接触面，增大反应效率，反应产物分离系统提高系统集成度，使其装置储氢容量比传统水解制氢装置提高 1.44%。张钊等发明了一种基于启普发生器原理的水解制氢系统(如图 3-22 所示)，该系统能够通过气路内外压力差实现水解制氢反应的自动调节和启停，且通过环绕在燃料电池外的盘绕式水管收集燃料电池工作产生的废热和副产物水，可以实现反应热与反应液的循环利用。

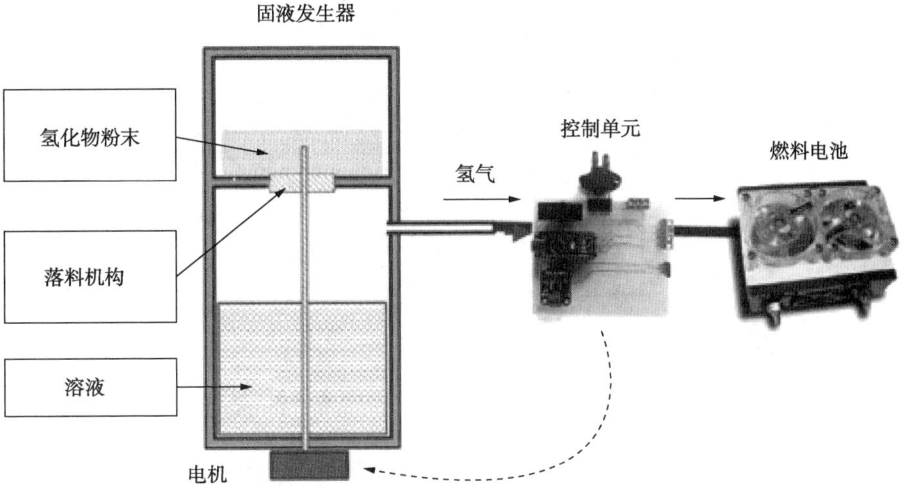

图 3-19　分级进料式水解制氢系统示意图

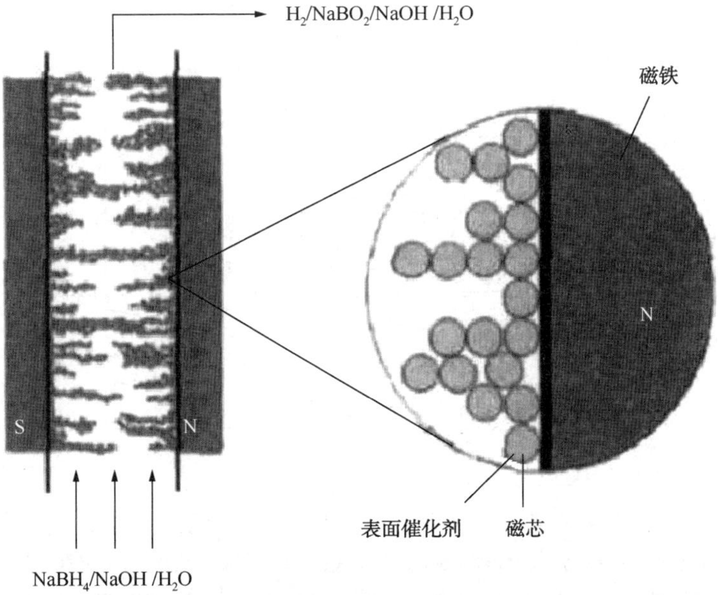

图 3-20　磁吸式催化 $NaBH_4$ 溶液产氢装置示意图

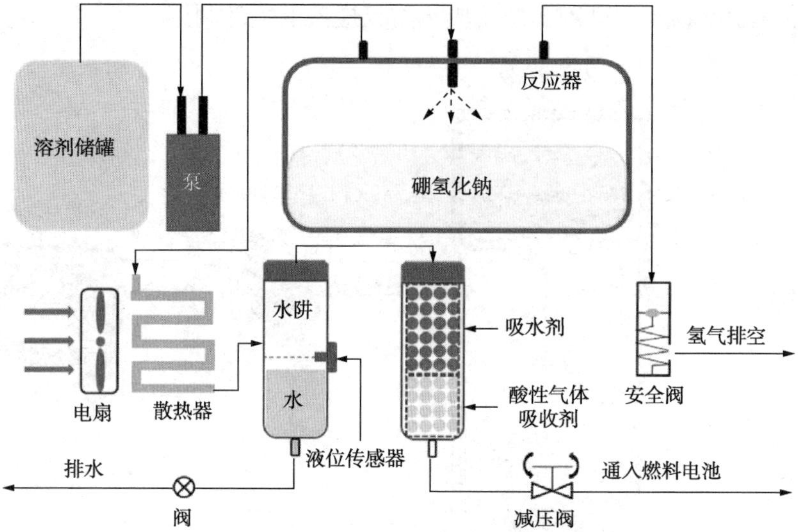

图 3-21　喷雾式水解制氢反应装置示意图

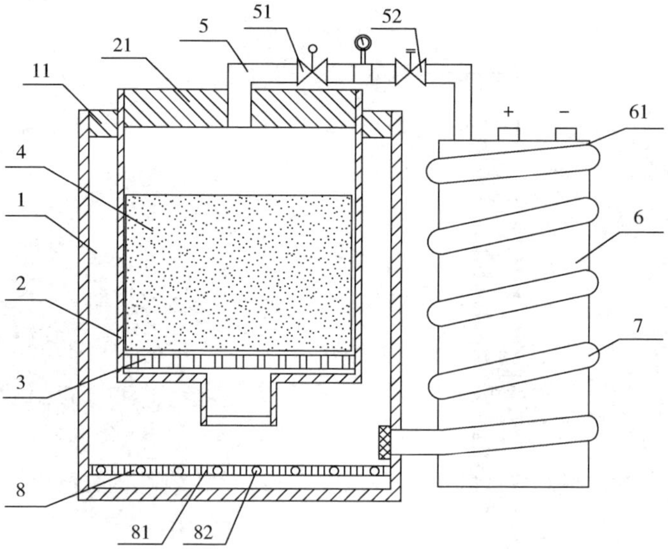

图 3-22　基于启普发生器原理的水解制氢系统示意图

1—储水容器；2—水解反应器；3—微孔滤板；4—水解原料块体；5—氢气导气管；6—质子交换膜燃料电池；7—盘绕式水管；8—沉淀吸附层；11—第一密封塞；21—第二密封塞；51—截止阀；52—压力调节阀；61—单向出水阀；81—过滤网板；82—转动件

3.4.3 生物质发酵制氢

碳水化合物是主要的产氢来源，因此碳水化合物含量较高的原料，如厨余垃圾、食品加工企业的废弃垃圾等，产氢过程具有氢气浓度高、产氢速率快、氢气产率高等特点。生物质发酵制氢过程(如图 3-23 所示)包括生物光解产氢、光发酵以及暗发酵等形式。与其他生物产氢过程相比，暗发酵的方式原料来源广泛，可利用多种工农业固体废弃物和废水。此外，暗发酵产氢的速率高且无须太阳能的输入。因此，从能源和环境角度，利用废弃生物质进行发酵产氢前景广阔。

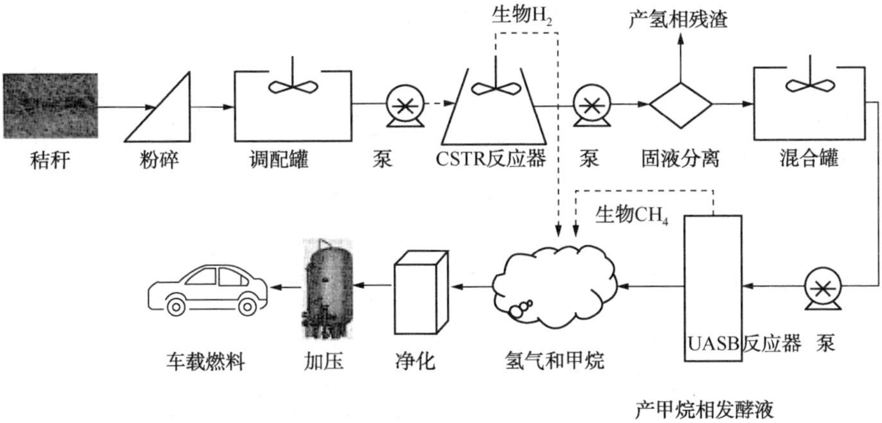

图 3-23 生物质发酵制氢过程示意图

目前，已有多种反应器用于暗发酵产氢，包括连续搅拌反应器(CSTR)、滤床反应器(LBR)、连续旋转鼓式反应器(CRD)、厌氧序批式反应器(ASBR)、上流式厌氧污泥床反应器(UASB)、填充床反应器(PBR)、载体颗粒污泥床反应器(CIGSB)以及厌氧流化床反应器(AFBR)等。

3.4.4 光催化制氢

光催化分解水制氢技术始于 1972 年，由日本东京大学 Fujishima 和 Honda 教授首次报告发现 TiO_2单晶电极光催化分解水从而产生氢气这一现象，从而揭示了利用太阳能直接分解水制氢的可能性，开辟了利用太阳能光解水制氢的研究道路。光催化分解水制氢的反应是利用一些半导体材料如 TiO_2的吸光特性，半导体材料在受到光子的激发后，当辐射的能量大于或相当于半导体的禁带宽度时，半导体内电子受激发从价带跃迁到导带，而空穴则留在价带，使电子和空穴发生分离，然后分别在半导体的不同位置将水还原成氢气或者将水氧化成氧气。反应原理如图 3-24 所示。其在两极的反应如下：

阴极反应

$$2H^{+}+2e^{-} \longrightarrow H_{2} \tag{3-27}$$

阳极反应

$$2H_{2}O \longrightarrow O_{2}+4H^{+}+2e^{-} \tag{3-28}$$

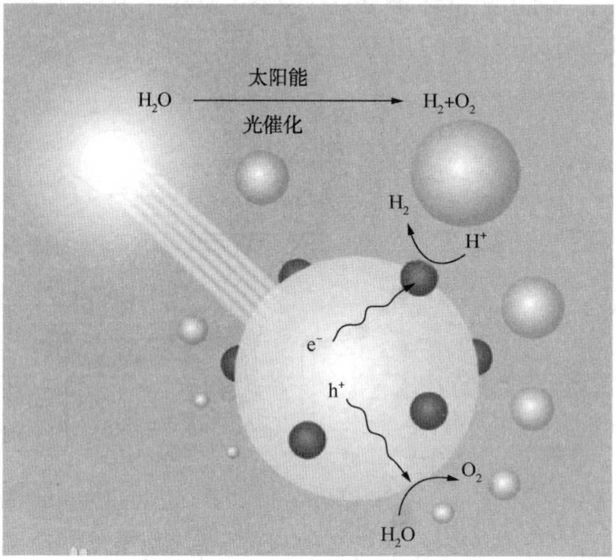

图 3-24　光催化分解水原理示意图

光催化分解是一种绿色环保的制氢方法，可以有效地将光能转化为化学能。在此过程中，催化剂的选择是提高光催化产氢速率的关键，其性能直接影响制氢的效率和成本。目前常用的光催化剂有二氧化钛、氧化铟、氧化锌等。其中，二氧化钛因具有良好的光催化性能和稳定性而最受研究者的青睐，但其光吸收范围较窄，只能吸收紫外光，制氢效率较低。

光催化制氢技术具有广泛的应用前景，其可用于可再生能源的存储利用，也可用于工业废水和氢能生产等领域。目前，光催化制氢技术的研究和应用还主要停留在实验室阶段，其工业化应用还存在一些挑战，如低成本、稳定、高效的光催化剂开发和光电极的耐久性等问题还有待突破。

3.5 氢气的纯化

自然界中没有纯净的氢气，氢总是以化合物的形式存在，因此在氢气制备的过程中不可避免地带有杂质。以焦炉煤气制氢的杂质成分为例，如表 3-1 所示，焦炉煤气中的杂质气体成分与煤的品种有很大关系，副产物中都或多或少含有 S、N 等杂质元素。这些元素对于燃料电池特别是 Pt 催化剂影响较大，如果含量超过标准就会导致催化剂中毒，从而影响燃料电池的使用寿命，因此必须将氢气提纯至 99.999%后方可用于燃料电池。

表 3-1 焦炉煤气主要气体成分

组分	含量/%(体积)	组分	含量/%(体积)
H_2	55.60	N_2	8.75
CH_4	24.65	O_2	0.56
CO_2	2.14	C_nH_m	2.1
CO	6.26		

当采用碱性水电解槽制氢时，氢气产物中常见杂质是水汽和氧气，约占到体积总量的 1%。总的来说，无论用哪种方法制氢，都含有不同程度的杂质。随着高纯度氢在化学工业、半导体、燃料电池领域应用需求的增长，氢的纯化技术日益得到重视。氢的纯化有很多种方法，主要包括金属氢化物分离、变压吸附和低温分离等，每种方法都有其优势和局限性，下面分别简要介绍。

3.5.1 金属氢化物分离纯化

金属氢化物法是利用储氢合金可逆吸放氢的能力提纯氢气。金属氢化物对氢具有高度的选择性，当含氢混合气体与储氢材料接触发生吸氢反应时，氢分子在储氢合金的催化作用下分解为氢原子，然后经扩散、相变、化合反应等过程生成金属氢化物，只有氢能发生氢化反应，杂质气体不参与反应或吸附于金属颗粒之间，而后通过抽真空将杂质气体除去。当升温减压发生脱氢反应时，氢气从晶格里出来，纯度可高达 99.9999%以上。

具有实用前景的储氢合金有稀土系(LaNi)、钛系(TiFe)、锆系($ZrMn_2$)、镁系(Mg_2Ni)等，但不同杂质气体对它们的毒化作用有所不同。稀土类材料易被O_2、H_2O、CO_2、N_2、CH_4所毒化；而钛系材料则更易被CH_3SH、N_2、CH_4等毒化。因此，要根据气体杂质的成分来选择纯化用储氢材料。金属氢化物法同时具有提纯和存储的功能，具有安全可靠、操作简单，材料价格相对较低，产出氢气纯度高等优势，但是，金属合金存在容易粉化，释放氢气缓慢，需要较高的温度等问题，且金属氢化物法处理氢的量不大，目前主要适合实验室使用。

3.5.2 低温吸附纯化法

在低温条件下(液氮温度)，利用吸附剂对混合气源中杂质的选择性吸附作用，可以制取纯度达99.9999%以上的高纯氢气。为了实现连续生产，一般使用两台吸附器，其中一台在使用，而另一台处于再生阶段。根据气源中杂质成分和含量，吸附剂通常选用活性炭、分子筛、硅胶等。以电解氢为原料时，由于电解氢中主要杂质是水、氧和氮，可先采用冷凝干燥除水，再经催化脱氧，然后进入低温吸附系统脱除。

低温吸附纯化系统一般由稳压汇流排、常温吸附净化和超低温吸附净化三部分组成，如图3-25所示。通过稳压汇流排将原料氢气稳压、降压，进而在常温吸附净化装置中将99.5%的工业氢初步提纯成含氧量为$(1\sim5)\times10^{-6}$、露点为-70℃左右的纯氢气。最后经过超低温吸附净化装置，对纯氢中的超微量水、氧、氮和碳氢化合物等进行超强吸附，获得纯度达6N以上的超纯氢气。

我国20世纪50年代开始小批量试制小型深冷空分设备，80年代后由于下游钢铁、有色金属对氧、氮、氩等工业气体的需求得到快速发展，深冷技术扩展到天然气、现代煤化工等行业。目前，国产化低温吸附纯化系统成套装置制造技术已达到国际先进水平。

3.5.3 变压吸附法

变压吸附法(PSA)是利用固体吸附剂对不同气体的吸附选择性及气体在吸附

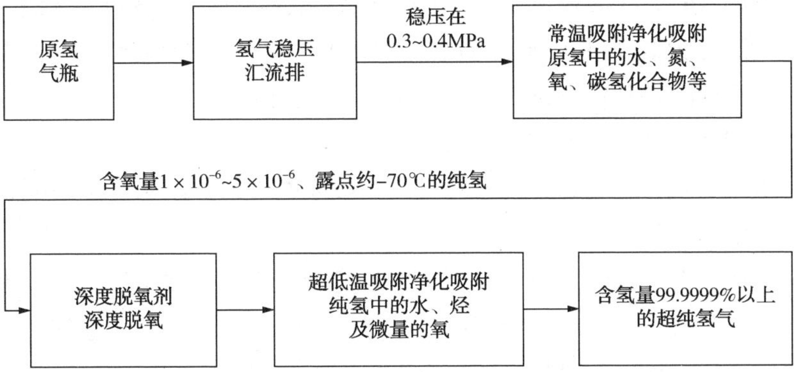

图 3-25　低温吸附纯化系统原理示意图

剂上的吸附量随压力变化而变化的特性，在一定压力下吸附，通过降低被吸附气体分压使被吸附气体解吸的气体分离方法。因为变压吸附法是通过选择性吸附杂质气体而达到纯化氢的目的，它要求待处理的原料气中氢的体积分数要大于25%。

PSA 吸附工艺如图 3-26 所示，将具有一定压力的氢气引入吸附塔达到吸附压力，开始进行吸附，然后降低吸附塔压力从而降低易吸附组分的分压使其从吸附剂上脱附下来，通过冲洗脱除降压后残余在吸附塔内的杂质，使吸附剂再生，

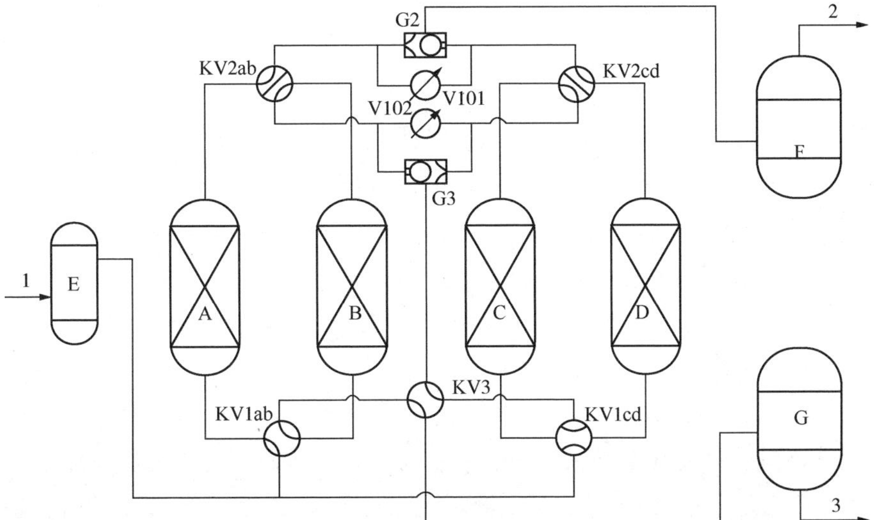

图 3-26　变压吸附法装置原理示意图

完成一次吸附过程。PSA 法装置和工艺相对简单，可一步获得纯度大于 4N 的氢气；对于气源压力要求为 0.8～3MPa，且对于原料气中杂质组分的要求并不苛刻，省去了很多气源的前处理过程。

变压吸附法的特点主要有以下两点：

（1）吸附有选择性。即不同杂质气体在吸附剂上的吸附量有所不同，需要根据气源特性加以选择。

（2）气体组分的吸附量随其在吸附剂上的分压降低而减少。变压吸附本质上就是利用这一特性，在较高压力下进行吸附，此时吸附量较小的氢气作为产品优先通过吸附床层，而吸附量较大的杂质组分则被吸附留在床层；通过降低床层压力，被吸附组分解吸附，吸附剂获得再生。

总的来说，变压吸附的过程可以分解为吸附→降压解吸附→逐级升压→吸附，各吸附塔轮换操作，反复循环此过程即达到纯化氢气产物的目的。

变压吸附法（PSA）相对于其他提纯分离方法，是在规模化、能耗、操作难易程度、产品氢纯度、投资等方面都具有较大综合优势的分离方法。我国自 20 世纪 80 年代开始发展变压吸附法技术，并很快取得突破。随着吸附剂及工艺技术的进步，变压吸附法操作过程中的切换频率、吸附剂利用率均有所提高，装置投资成本逐步降低，目前国内变压吸附法技术与国际先进水平相当。

第4章

氢能的储存技术

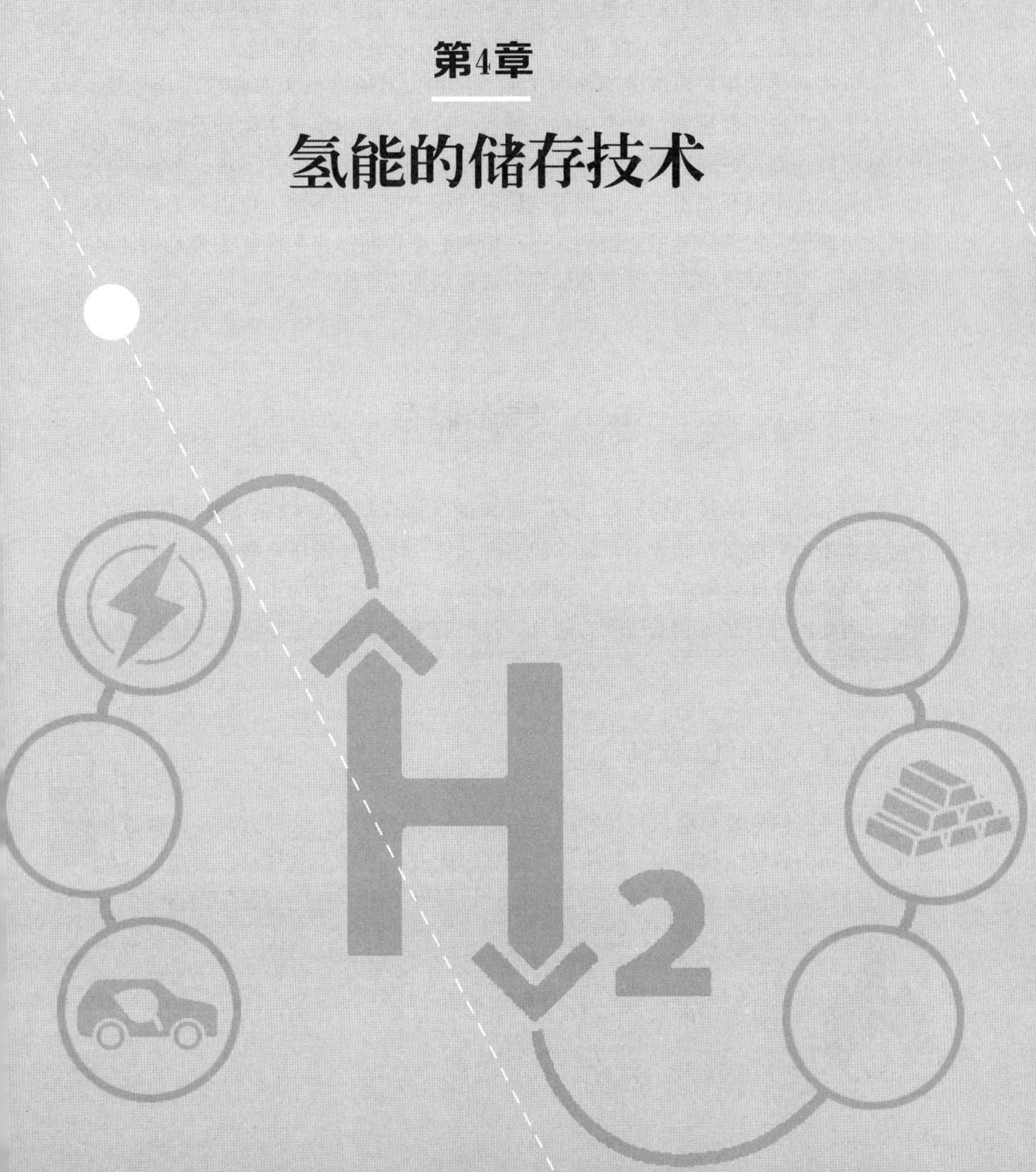

氢作为绿色清洁的能源载体而受到广泛关注的重要原因之一就是其储存能力强，与传统化石燃料相比，汽油的比能量约为10kW・h/L，液化天然气的比能量约为6kW・h/L，氢能的比能量则高达33kW・h/kg。但氢气的密度仅为0.089g/L，导致其体积能量密度非常低，常规采用像天然气一样的低压存储形式，存储4kg气态氢气需要45m^{3}的容积，不具备实用性和经济性。因此，安全高效、便捷、低成本的氢能储运技术是制约氢能经济发展的瓶颈问题之一，提高氢储能的(体积)能量密度是建立氢储能系统和推广氢能技术所必须攻克的难题。

氢气按照终端用户可以分为面向工业、民用以及航空航天等特殊应用场景。其中，工业用户需氢量大，看重成本与规模化效应，民用场景主要涉及移动端或固定式氢能存储，更强调氢气的体积/重量储氢密度。基于用户需求，多种多样的氢气储运技术被开发出来，根据氢气储运过程中的形态不同，可以分为物理储氢和化学储氢。物理储氢主要包括气态存储和液态存储，化学储氢主要是指储氢材料储氢，下面章节对其各种氢能储存方法分别加以介绍。

4.1 气态储存

常温、常压下的氢气为气体状态，常规的气体存储主要依靠压缩气体体积、提高气体压力来提高存储效率，氢气的密度过低，将氢气增压至较高的压力，才具备一定规模化储运效应。因此，根据存储容器内氢气压力的不同，气态储氢又可以分为高压气态储氢和低压气态储氢，其中低压气态储氢主要指管道输运氢和地下岩穴储氢。

4.1.1 高压气态储氢

高压气态储氢是目前最直接和最常用的氢气储存形式，这种方法具备吸放氢速度快、压力容器结构简单、技术成熟度高等优点。但是，氢气难以被压缩，随着氢气储存压力的提高，这种方法的局限性也越发突出。首先，高压存储对氢气增压设备性能要求高，技术门槛较高，且压缩过程能耗大；其次，高压存储对承装容器的要求苛刻，采用传统钢质材料要求壁厚，容器笨重且存在氢脆等安全风险；高压存储的储氢密度不高，氢气的体积密度与其压力和温度的关系如图4-1

所示，氢气的体积储存密度随着温度的降低和压力的升高而增大，室温下氢气压缩至 700bar 状态的体积储氢密度约为 40kg/m³，对比美国能源部(DOE)对车载储氢系统所设定的目标——体积储氢密度为 $62kgH_2/m^3$、质量储氢密度为 6.5%——仍有一定的差距。而实际使用中，一个 40L 的钢瓶存储 150bar 高压氢气也仅能存储大约 0.5kg 的氢气，占高压氢气瓶总质量的 1%，储氢量小，运输成本高，且存在一定的安全风险。

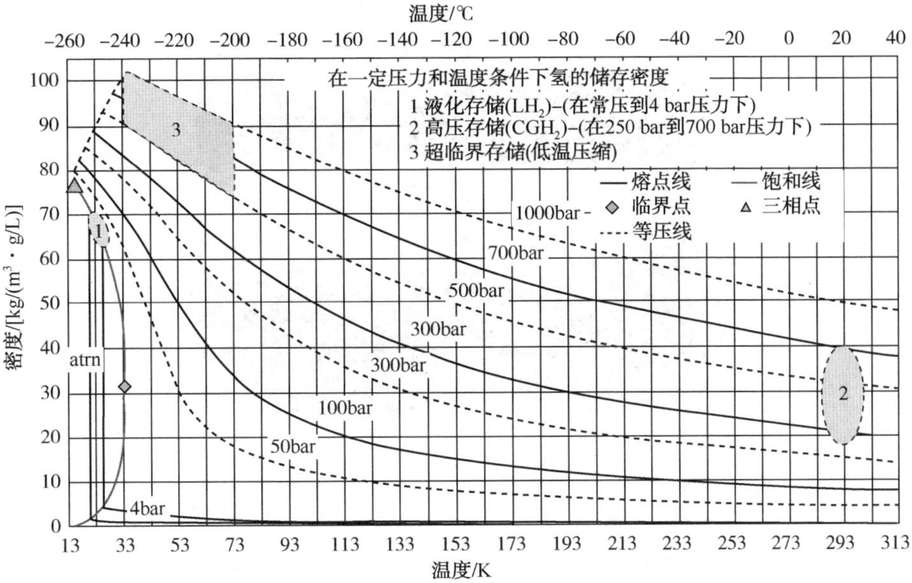

图 4-1 氢气的体积密度与其压力和温度的关系示意图

高压储氢容器根据制造工艺和形式不同主要分为钢带缠绕式(多层包扎)储氢容器、铝内胆纤维和复合材料内胆纤维全缠绕储氢容器等，详细参数见表 4-1。其中，最为成熟且成本较低的技术是钢制氢瓶和钢制压力容器，20MPa 钢制氢瓶已经在工业中广泛应用，且与 45MPa 钢制氢瓶、98MPa 钢带缠绕式压力容器组合应用于加氢站(如图 4-2 所示)。碳纤维缠绕高压氢瓶为车载储氢提供了方案。目前 70MPa 碳纤维缠绕Ⅳ型瓶已是国外燃料电池乘用车车载储氢的主流技术，我国燃料电池商用车载储氢方式以 35MPa 碳纤维缠绕Ⅲ型瓶为主，70MPa 碳纤维缠绕Ⅲ型瓶少量用于我国燃料电池乘用车中，接近全球领先水平。70MPa 储氢罐的低成本、规模化制备是目前我国高压气态储氢容器领域需攻克的难点问题。

表 4-1　高压储氢容器分类表

储氢瓶组类别	Ⅰ	Ⅱ	Ⅲ	Ⅳ
材质	铬钼钢	钢制内胆纤维环向缠绕	铝内胆纤维全缠绕	复合材料内胆纤维缠绕
工作压力/MPa	17.5~20	26.3~30	30~70	30~70
存储 5kg 氢气的瓶体质量/kg	400	250	130	90

图 4-2　钢带缠绕式储氢容器(上)，储氢瓶组(下)

固定式钢制储氢罐一般在加氢站作为主要的大规模储氢容器使用，储存量较大。钢制容器主体由多层钢板包扎焊接而成，如图 4-3 所示，每层筒身部分基本由 3 个筒体(2 个半圆钢板 2 接 1)组成，每层筒身的纵缝、环缝相互错开，封头焊缝坡口呈阶梯状，并通过不同宽度的钢板与筒身焊接在一起。虽然相比于大型高温高压容器，储氢罐的制造工艺要求和成本较低，但由于氢气的原子半径小，高压氢气极易导致氢分子从容器壁逸出而产生氢脆现象。氢通常会降低材料的机械性能，而金属微观结构中氢的存在会导致不可预测的失效，这被称为氢脆或氢致降解现象。材料中氢的存在导致延展性、韧性、拉伸强度降低，最终导致不可预测的材料失效或容器泄漏，这些都是高压储氢容器在制造过程中需要认真对待的问题。因此，为避免氢脆等失效现象的发生，研制新型压力容器材料和先进制造工艺是高压储氢容器开发的主要方向。

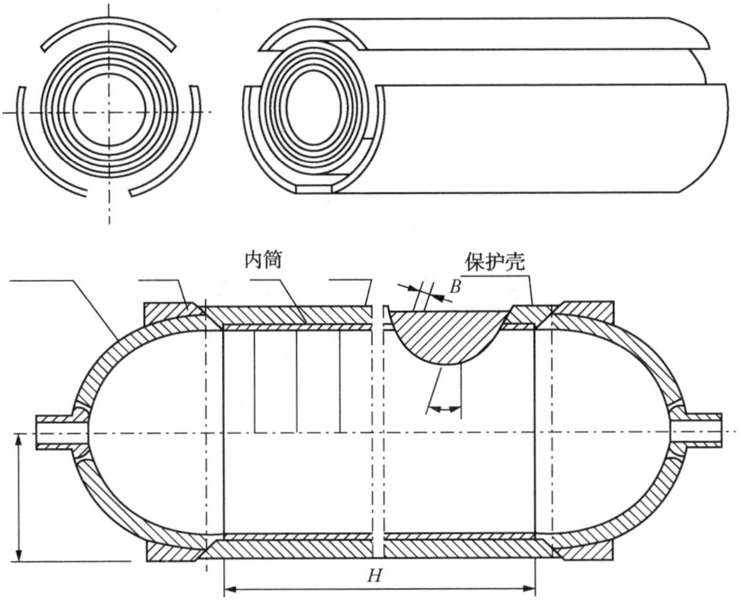

图 4-3 固定式钢带缠绕高压储氢容器结构示意图

加氢站可选用长管拖车、液氢、管道运输或制氢系统等不同方式供氢。目前，高压储氢是加氢站的主要储氢方式。受技术和成本的限制，国内加氢站多采用直充的方式，而未采用高压储氢容器。高压储氢瓶式容器组具有更高的加氢效率以及更长的寿命，因此也被视作加氢站氢气储运的最优解决方案。

加氢站储氢系统的压力主要由氢气充装压力决定。加氢站按技术指标的不同，主要分为 35MPa 和 70MPa 两类，35MPa 加氢站储氢容器的设计压力一般取 45MPa/50MPa，70MPa 加氢站储氢容器的设计压力通常取 82MPa/98MPa/103MPa。若采用 70MPa 的储氢容器则意味着更高的燃料密度，相较于 35MPa 的加注压力可以增加近 60%的储氢量，所以更高加注压力的加氢站建设能够更好地适应车载储氢系统向更高的储氢压力发展的需求，但是，这也会使材料成本和加氢站能耗增加。

4.1.2 管道输运氢气

管道输运氢气是实现氢气大规模、长距离运输的重要方式，管道运行压力一般为1.0~4.0MPa，具有输氢量大、能耗小和成本低等优势。但管道初始投资较大，投资成本较天然气管道高50%~80%。经调研，在全球已建成的4500km输氢管道中，美国有2500km的输氢管道，欧洲已有1569km的输氢管道(主要位于德国，如图4-4所示)，而目前我国则仅有100km输氢管道。

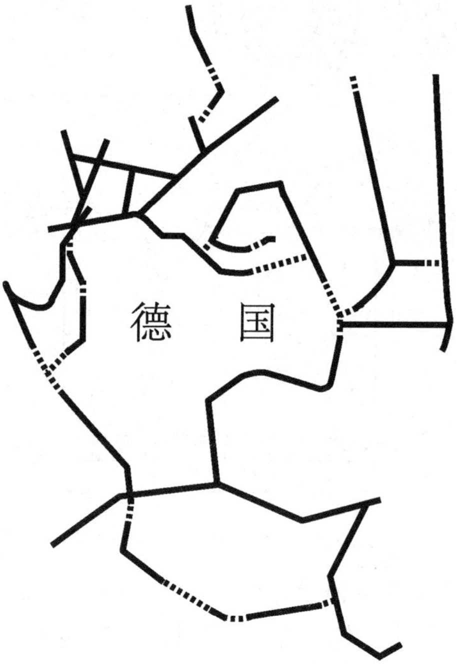

图4-4 德国计划建设中的输氢管道

通过管道在1000km的距离上运输氢气是一种经济高效的能源运输方式。与这些距离上的电力运输相比，氢运输要便宜10倍。在美国能源部的一项研究中，对天然气、氢气、石油、甲醇、乙醇和电力的能源运输成本进行了比较，高压直流输电的容量远远低于通过管道输送液体或气体的容量。此外，由于电缆中的电阻，电力传输过程中的能量损失也是不可忽视的成本因素。对于氢气的管道输运，虽然由于氢气增压需消耗额外的能量，但没有氢气分子的损失。通过提高管道中的氢气流速，可以进一步降低氢气成本，因为氢气比天然气轻，因此在较高的流速下会产生湍流效应，进一步提高氢气的输运能力。

然而，氢气的物化性质明显区别于天然气主要成分甲烷，表4-2对比了二者的相关性质差异。由表4-2可知，较之甲烷，氢气具有更低的密度、更高的热值、更大的扩散系数、更宽的可燃范围和爆炸极限、更低的点火能量、更高的火焰温度，且氢气对金属材料性能有劣化作用(氢脆现象)。氢气的存在增加了天然气管道输送掺氢天然气、合成天然气这类含氢天然气的风险，一旦发生事故，可能会造成重大的人员伤亡和财产损失。

表4-2 氢气与甲烷物理性质对比

名称	标况下密度/(kg/m³)	低热值/(MJ/kg)	分子扩散系数/(m²/s)	可燃范围/%	点火能量/MJ	爆炸极限/%	最高火焰温度/℃
氢气	0.0838	120	6.1×10^{-5}	4~74	0.02	4.1~75	1800
甲烷	0.651	50	1.6×10^{-5}	5~15	0.29	5.7~14	1495

我国新疆于2014年12月正式实施的首个地方标准《煤制合成天然气》(DB 65 3664—2014)中明确规定掺氢混合气中的氢气含量要低于4%(体积)，但实际制得合成气中的氢气含量波动不易控制。此外，对于混合气体中氢气的体积分数限制尚未有定论，恰当的氢气体积分数受到管道材料、管道配件、天然气成分及地理环境等因素的影响，不能一概而论。含氢天然气管道输送的安全性问题涉及多个方面，目前的研究重点主要集中在含氢天然气与材料的相容性、泄漏与积聚、燃烧与爆炸、完整性管理及风险评估与完整性管理等方面，具体如下：

(1) 含氢天然气与材料的相容性问题

含氢天然气与材料的相容性问题即指含氢天然气环境与材料的相互作用及影响问题，是开展管道输送含氢天然气之前需要解决的首要问题，通常只针对金属材料进行研究。这是因为金属材料暴露在含氢气环境中会发生环境氢脆，氢脆会造成材料的力学性能损减，可能导致相应结构过早失效。

需要注意的是，长期工作在氢气环境中的储氢容器、管道等系统，其金属材料通常会发生延性、断裂性能、疲劳性能损减，这种现象称为环境氢脆。区别于传统的氢脆，即氢反应氢脆和内部可逆氢脆，环境氢脆通常由环境中的氢通过气态输运、物理吸附、氢分子离解、化学吸附、金属中的扩散和溶解等过程，产生氢致开裂和塑性损伤，常见于输送纯氢、掺氢天然气和合成天然气等含氢天然气的管线钢中。

(2) 泄漏与积聚性风险

含氢天然气的泄漏通常发生在分配管道系统中，在典型的高分子管道中，氢气的渗透速率一般比甲烷快 4~5 倍，美国燃气技术研究院还测得氢气在钢和球墨铸铁管道密封及焊接位置处的氢气泄漏率约是天然气的 3 倍。而且，在管道输送含氢天然气过程中一旦发生泄漏，通常会产生气体富集的现象，可引起窒息危险，遇明火容易发生爆燃危险，因此必须对该混合气体的泄漏积聚行为进行研究。图 4-5 为输氢管道发生泄漏气体聚集所引发的安全事故。

图 4-5　输氢管道开裂所引发的安全事故

（3）燃烧与爆炸风险

天然气中氢气的加入增大了火焰速度及火焰温度，可导致剧烈的燃烧甚至发生爆炸，对含氢天然气的燃烧爆炸研究将直接为相关系统在安装中规定安全距离提供帮助。危险发生的形式主要包括密闭空间、有限通风空间和通风区域的燃烧爆炸行为以及管道泄漏产生的高速喷射火焰的危险。

（4）风险评估与完整性管理

管道的安全运行离不开完整性管理。良好的完整性管理可以有效减少系统风险，降低安全威胁。完整性管理一般涉及危险因素的识别、缺陷检测、失效评定、缺陷修复、预防保护等。现有的完整性管理都是围绕天然气管道制定的，对于含氢天然气的输送，氢气的加入改变了管道的使用环境，劣化材料性能的同时影响失效模式。因此，完整性管理准则也将发生变化。风险评估作为完整性管理的一部分，需要结合现有的管道数据信息，辨识危险事件与可能导致管道失效的情况，以了解危险事件发生的可能性并评估后果的严重程度。由于影响安全的因素多种多样，最终产生危险的事件也有多种，它们发生的可能性以及后果的严重程度也会因为输送介质、管道类型、操作条件、地理位置的不同而不同，所以很难做出统一的论断。

当前我国专用的氢气管网数量有限。除了建设氢气管线以外，还可利用现有的天然气管道掺氢，将天然气和氢气利用现有的管道一起输送，然后再进行氢气的分离提纯。通过将天然气基础设施重新用于氢气运输，可以实现所谓氢备份，启动速度快，成本效益高。这些氢气主干将连接低成本氢气生产区域，以及其他地方的大规模储存和氢气需求中心。该方法可部分解决氢能基础设施不足的问题，德、法、西班牙等国家已有应用。大多数欧洲天然气分配管道通常由 PVC 或 PE 材料制成，增加氢气压缩机和必要安全维护设备后，输气管道可以容纳纯氢气。德国和荷兰已经计划将其部分天然气输送系统转换为专用氢气主干线路。我国经过大量的前期论证研究发现，掺氢 5%～15%(体积)的天然气混合运输形式，对通用管线没有安全风险，运输期间不会产生氢脆等问题，这样就不必新建输氢管道，只是增加后续氢气分离提纯的费用，将大大节省成本。

4.1.3 地下岩穴储氢

地下岩穴储氢是利用深部地下空间实施氢气的大规模能源储存。与压缩空气储能等深地储能系统类似，大型地下岩穴储氢系统的设计和研究用以应对未来对氢能大规模存储的需求。事实上，在可预见到的未来能源系统中，从可再生能源(风能和太阳能光伏)的过剩电力中大量生产氢气，进而将氢能季节性地储存释放，通过在一年中减少注入和释放周期的措施，利用氢能的高储存容量来补偿冬季至夏季可再生能源发电的季节性波动。该季节性存储系统具有比其他能量存储系统(特别是电力)更高的单位存储能量和较低的成本，并且与存储时间相关的能量损失有限。这将允许系统根据平均需求确定整个氢气系统的生产能力，而不是氢能的峰值需求，以供给因氢气生产能力不足，而临时产生的系统供电需求缺口。

目前，开发最多的地下洞穴是在盐水矿床中获得的洞穴，这些沉积层以圆顶型、枕型或层状形式存在(如图 4-6 所示)。其中，圆顶型盐穴的地层非常厚，更为倾向在垂直方向上发育，直径约为 1km，高度达 10km。而层状盐穴厚度较低(约为 100m)，枕型盐穴的尺寸通常介于上述两种岩穴之间。盐穴是目前较为适合开展大容量、高压氢气存储的地质环境，其他如烃气田(石油或天然气)或煤矿由于存在残余烃和硫化合物等污染物而不适合氢气存储。在英国和德国，岩穴已经被用于储存高压氢气。为了保持穴壁的稳定性，盐穴的结构和物理特性决定了氢气存储和释放的速率。这意味着，压力必须保持在岩石静压的 30%～80%

范围内，并且对高压氢气交换的流速进行一定限制。过高的压力会导致岩石破裂，而过低的压力则会导致洞穴内爆。根据英国地质调查数据及其对使用中盐穴氢气吸放行为的研究，确定了可行的工作压力为100~250bar。

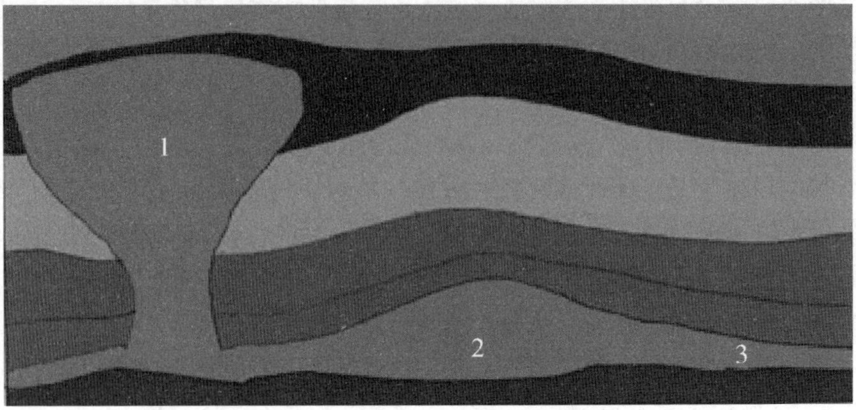

图4-6　不同类型的盐水矿床洞穴

1—圆顶型；2—枕型；3—层状

2023年，我国首个地下岩穴储氢项目落地湖北省大冶市，湖北省具备深地储能的优越地质条件，深部地下储能是保障国家能源安全的重大战略，该项目是结合光伏发电、绿电制氢、岩穴及地下分布式储氢、管道输氢的氢能应用一体化示范，验证了地下岩穴规模具化储氢的技术可行性。

4.2　液化储存

氢气难以液化，从图4-1中可以看出，氢气的体积储氢密度随着环境温度的降低逐步升高，当温度低于33K时，体积储氢密度陡升，开始转变为液化氢状态。低温液态储氢是指在标准大气压下，将氢气置于-253℃的环境下，液化储存于低温绝热液氢罐中，其体积储氢密度可达70kg/m^{3}左右，典型的液氢储罐装置如图4-7所示。但装置一次性投资较大，液化过程中能耗较高，储存过程中有一定的蒸发损失，其蒸发率与容积有关，大储罐的蒸发率远低于小储罐。由于不可避免地漏热，液氢汽化导致罐内压力上升，当压力增加到一定值时必须通过安全阀排出氢气。目前，液氢的损失率达到每天1%~2%。

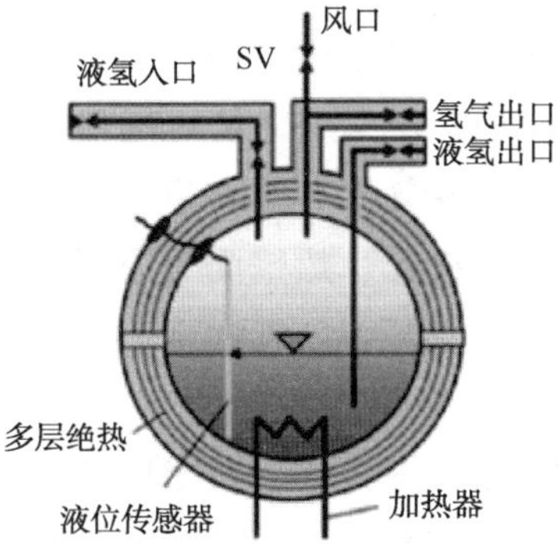

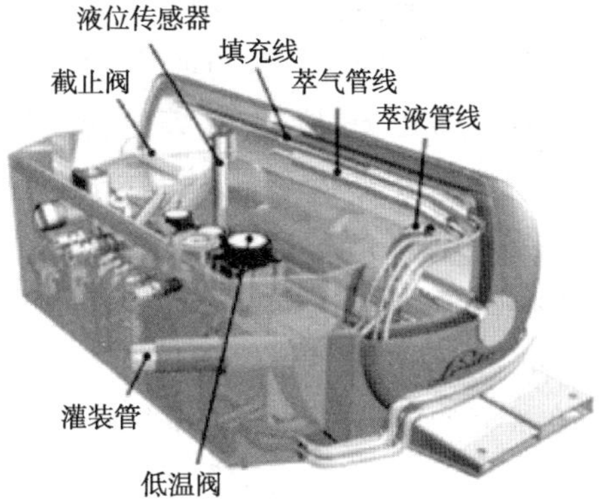

图 4-7　液氢储罐装置示意图

采用低温液化的方式储氢具有以下特点。

① 体积密度大：液氢的密度为常温、常压下气态氢的 800 多倍，体积能量密度远大于高压气态存储。

② 液化耗能大：氢气液化所需的极低温环境，在工程实际中液化耗费的能量占到了总氢能的 30%。

③ 罐体要求高：储槽内液氢与环境温差达 250℃以上，对储槽和绝热材料的选材设计有很高的要求。

④ 蒸发损失高：液氢存储过程中的蒸发损失与储氢罐容积有关，大储罐的蒸发率远低于小储罐。

⑤ 强规模效应：液氢的运氢成本随运输规模增大而大幅降低，随运输距离增大而升高的幅度不大。

此外，液氢是一种高能、超低温的液体燃料，容易汽化、扩散和燃烧爆炸，在静电积累情况下极易发生火灾事故。当液氢生产车间、储罐、输运管道等场所发生泄漏事故时，其汽化形成的低温氢气与空气掺混形成的气云可能导致严重的爆炸事故。对于液氢汽化形成的低温氢气，其危害主要包括人员危害和火灾危害两方面：

（1）低温氢气对人员的危害

低温氢气的危害的起因是液氢泄漏过程吸收了大量热量。一方面，在相变过程中液氢的温度一般为 20K，在泄漏过程中急剧汽化吸热，当工作人员在不知道泄漏事故发生的情况下会造成皮肤冻伤，对人员造成伤害；另一方面，在换热过程中低温氢气温度很低且会迅速地充满周围环境，通过传热使得周围空气中的氧气温度下降并固化，使工作人员处在缺氧的环境中产生窒息。

（2）氢气泄漏燃烧危险性

汽化出来的低温氢气与环境空气产生相互作用，会发生固空或固氧现象，当氧含量在40%以上时具有爆轰的潜在危险。氢气具有4%～75%的可燃极限，同时在氢气泄漏过程中只需要很小的点火能即可引燃泄漏气体。曾有研究人员对氢事故数据库进行了统计分析，结果表明除了碰撞、电火花、热壁面等原因外还有超过半数的氢事故中点火源未被查明。在传播过程中空气中氢气燃烧速度可以达到7.3m/s。此外氢气燃烧还具有火焰不可见、辐射热量小等特点。

在液氢的应用方面，国外尤其是美国在液氢产业发展方面，技术成熟、产能巨大。而国内的液氢产品质量和制造水平与美国还存在较大差距，目前，国际上300多座落成的加氢站中，已有约1/3采用液氢进行储运。国外现存及未来规划液氢储罐示意如图4-8所示。

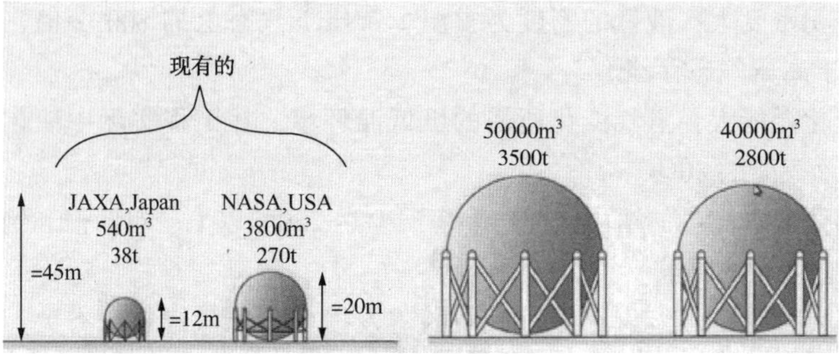

图4-8　国外现存及未来规划液氢储罐示意图

国内民用液氢市场还处于起步阶段，低产能导致中国液氢生产成本远高于美国等发达国家，严重限制了液氢在高端制造、冶金、电子和能源产业等领域的应用，产品质量和制造水平与美国存在较大差距。

总的来说，低温液化储氢由于成本和能耗问题，目前国内还无法规模化利用，技术和应用主要集中在航天和军工等领域。未来的液氢运输可采用车辆或船舶运输，液氢生产厂距用户较远时，可以把液氢装在专用低温绝热槽罐内，放在卡车、机车、船舶或者飞机上运输。在氢能产业规模扩大、配套设备和技术提升之后未来可期，未来液氢应用场景展望如图4-9所示。如在电氢体系建设中，氢既需要大规模储存，也需要长距离输运，而液氢是这些过程的最佳媒介。一旦技术和成本问题实现突破，液氢可与海上风电制氢、光伏制氢等新能源发电结合建立电氢体系，集中向需求密集地区运输氢能，规模产业效益将巨大化，也可实现新能源优势互补良性发展。

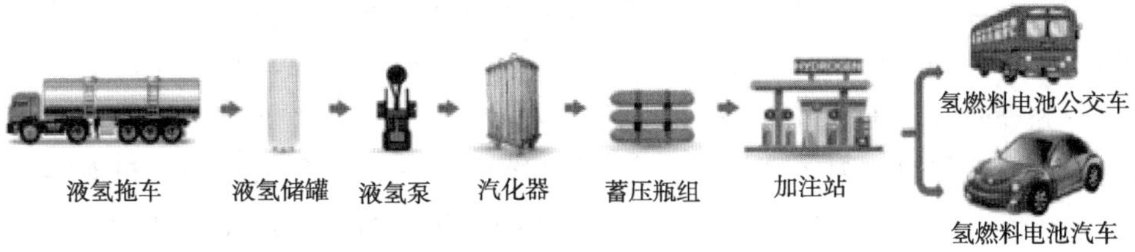

图 4-9 液氢应用场景展望示意图

4.3 储氢材料储存

储氢材料(hydrogen storage materials)通常是指一类能在适当的温度、压力条件下可逆地吸收和释放氢气的材料。它在氢储能系统中作为氢的储存与运输载体，是一个重要的新型前沿研究领域。前述的气态和液化储氢都属于物理方式储氢，是比较传统和成熟的储氢方法，无须任何材料作为载体，只需耐压或绝热的容器承载即可。而储氢材料则更多面向新型材料的研究，利用氢与材料的相互作用实现氢气的可逆吸收和释放，主要包括物理吸附和化学吸附两种储氢方式，研究和开发新型储氢材料已成为世界各国氢能领域的热门研究课题。

虽然储氢材料的发展历史较短，但由于它们具有优异的吸/放氢特性，可以安全、高效地解决氢气储运难题，并且兼具一些其他的功能性质，已有报道的主要储氢材料列于表 4-3 中。从表中可以看到，储氢材料不仅包含金属材料、无机材料、有机材料，同时也涵盖金属间化合物、离子型化合物、共价型化合物。

表 4-3 现有主要储氢材料体系

储氢性质	材料体系	典型材料
物理吸附	纳米结构碳材料	活性炭、纳米碳管、富勒烯、纳米碳纤维
	金属有机骨架(MOFs)材料	
	沸石、微孔聚合物	
化学吸附	储氢合金	MgH_2、La-Ni 系、Ti-Fe 系、T-V 系
	金属络合物	$LiAlH_4$、$Li_2Mg(NH)_2$、$LiBH_4$
	液态有机储氢材料	苯、甲基环己烷、乙基咔唑

但并不是所有储氢材料都能在一定温度和压力的条件下直接进行吸氢和放氢的可逆操作。而只有具有合适热力学性质的储氢材料才能实现可逆吸放氢操作，根据材料能否在适中条件下进行可逆吸/放氢操作，可将储氢材料分为可逆储氢材料和非可逆储氢材料。碳材料、金属有机框架材料、储氢合金、有机液体储氢材料（如苯、甲苯、萘等）、部分金属络合物［如 $NaAlH_4$、$LiBH_4$、$Li_2Mg(NH)_2$ 等］为可逆储氢材料。而水解制氢材料、部分金属络合物等为非可逆储氢材料。非可逆储氢材料的放氢产物不能直接氢化，因此必须运回工厂进行专门的再生处理。虽然这一过程比可逆储氢材料消耗更多能量，但对于那些储氢容量特别高的非可逆储氢材料而言仍具有较高的实用和经济价值，这一部分内容将在第 6 章详细展开介绍。非可逆储氢材料的放氢过程几乎不存在反应平衡，所以它不能像可逆储氢材料那样通过系统地平衡氢压来控制放氢的状态，所以非可逆储氢的应用还需解决放氢速率的控制问题。

根据材料与氢气之间的作用性质可将储氢材料分为两类。一类是通过材料表面与氢气的分子间作用力来储氢，即物理吸附储氢。其储氢性能主要由材料的比表面、孔的结构和大小决定，纳米结构碳材料、金属有机框架材料、微孔有机聚合物、沸石均属于这类储氢材料。另一类是通过材料与氢气发生化学反应来储氢，即化学吸附储氢，其储氢性能主要由材料与氢气的化学反应的热力学和动力学性能决定。

4.3.1 碳基储氢材料

碳基储氢材料是近年来发展起来的一类新型储氢材料，主要是利用其独特的内部结构，通过物理和化学吸附的方式来进行氢气储存。碳基储氢材料主要包括活性炭、碳纤维、碳纳米管、富勒烯、石墨烯等，下面对碳基储氢材料的储氢机理、研究现状及影响储氢量的主要因素加以介绍。

具有高比表面积的活性炭常作为吸附材料而广泛应用于化工领域，其能够物理吸附分子氢的特性也较早被研究者发现，并用作吸氢介质，但这种物理吸附作用通常在低温（低于 -120℃）和高氢压下才能大量吸氢，储氢量可达 5.3%～7.4%。而另一种化学吸附作用则与之不同，以富勒烯（C_{60}）为例，其可与氢产生化学键合作用形成相当稳定的共价键，ΔH 为 285kJ/mol H_2，这就意味着要打破这种键而释放出氢气需要 400℃以上的高温。

以碳纳米管为代表的碳基二维材料由于其多样的理化性质和独特的结构特

点，在器件、催化、能量转化和存储等领域具有广泛的应用前景，同时，碳纳米管因独特的晶格排列，尺寸细小、理论比表面积大等优点，也被认为是较有前景的储氢材料。相较于传统储氢材料，碳基二维材料的储氢量较大，且其中的“空穴”和结构还可通过制备方法进行调控，进而改变氢气在材料表面的吸附强度，为了研究出更加符合实际生产需求的储氢吸附剂，世界各国的科学家都在对二维纳米吸附材料进行不同程度的研究。

二维材料的研究起始于20世纪30年代，Perierals等人研究认为准二维晶体材料由于其本身的热力学不稳定性，在室温下会迅速分解，故无法稳定存在。直到2004年，由Andre Geim和Konstantin Novoselov通过定向剥离石墨的方法，成功地在实验中分离出石墨烯，证明了二维材料存在的事实。石墨烯是一种由C原子以sp2杂化轨道组成六角形呈蜂巢晶格的平面二维材料，由于其良好的强度、柔韧、导电性、导热性及光学特性，在物理学、材料学、计算机、航空航天等领域得到了长足的发展。此外，石墨烯还拥有结构稳定性好、导电性好、表面易杂原子化等特点，与其具有相似特性的其他二维碳基材料，例如石墨化碳氮化物（$g-C_3N_4$、g-CN）和MXenes等，也是可用于储存氢气的理想基体材料，几种储氢用碳基材料的结构示意如图4-10所示。

氢气在碳基二维材料表面发生相互作用，在化学吸附力、范德华力、静电极化力和Kubas力等作用下实现储氢。在化学吸附作用下，氢分子裂解为氢原子并渗透到材料内部，氢的吸附能达到了2eV以上，虽然具有较高的质量密度和体积密度，但其高温的放氢条件也是限制其应用的关键。当氢气以范德华力吸附在材料表面时，H—H键并没有断裂，而是采用准分子模式吸附于基体材料上。然而，碳基材料储氢原理及其应用这种方式极不稳定，例如氢气分子在石墨烯中的吸附能小于0.1eV，在低温下容易脱附。为了克服这一不足，通常采用金属负载在碳基材料表面的方法，使氢气以准分子的形式吸附在基体材料上。使用该技术情形下，相互作用力介于物理吸附与化学吸附之间，吸附能范围为0.1~0.8eV。这种形式的存储需在Kubas作用力或静电极化力下达成。

G. J. Kubas等人的研究表明，碳基材料基体对氢的分子吸附机理是由氢分子向过渡金属原子中未占据d轨道的电荷转移或由过渡金属向氢的反键轨道发生电荷转移所导致的，如图4-11所示。氢分子中两个氢原子之间的键处于被削弱又没有断裂的状态，吸附到基体材料上。此外，被电离的过渡金属产生的电场也会使氢分子发生极化从而形成更强的分子吸附作用。利用Kubas相互作用和极化作用两类机制，可以产生多个氢分子在金属原子上的吸附现象，进而实现高效储氢的目的。

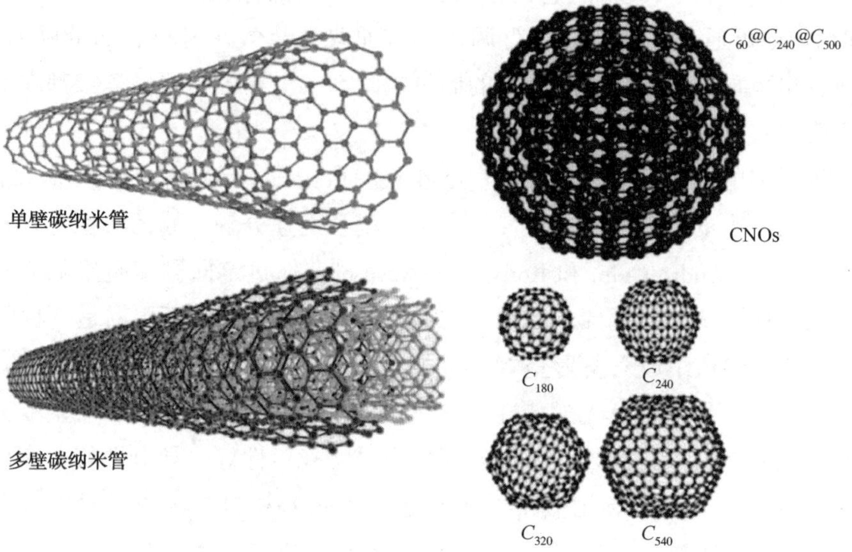

图 4-10　几种储氢用碳基材料的结构示意图

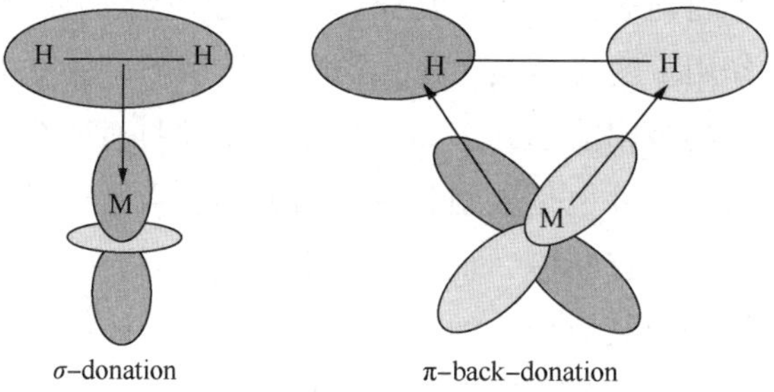

图 4-11　金属-氢分子的 Kubas 相互作用和协同作用示意图

碳纳米管可分为单壁碳纳米管(SWNT)和多壁碳纳米管(MWNT)。与多壁碳纳米管相比，单壁碳纳米管缺陷少、长径比大、结构简单，有很高的强度、明显的量子效应、较高的储氢能力。由于单壁碳纳米管之间存在很强的范德华力，更倾向于形成束状的 SWNT 阵列，所以可以称为二维纳米晶体。在 50 万倍电镜下观察，碳纳米管的横切面由 2 个或多个同轴管层组成，层与层间距为 0. 343nm，此距离稍大于石墨中的碳原子层之间的距离(0. 335nm)。通过 X 射线衍射及理论计算可知，碳纳米管的晶体结构为密排六方(HCP)，$a=0.2456$nm，$c=0.6852$nm，

$c/a=2.786$，与石墨相比，a 值稍小而 c 值稍大，这表明在同一层碳纳米管内原子间有着更强的键合力，同时也预示着碳纳米管有极高的同轴向机械强度。同时，由于碳纳米管中独特的晶格排列结构，其储氢容量可高于传统的储氢材料。碳纳米管间存在一些侧向排列的层板，层间距为 0.337nm，而氢分子的直径为 0.289nm，这些层板间的特殊"中空"结构可以用来大量吸附氢气。此外，由于这些层板与氢分子的结合并不牢固，环境氢压下降所引发的膨胀即可使其放出氢气，吸放氢的条件较为温和。

在碳基二维材料的储氢性能优化方面，加州理工大学的 Ye 等研究了不同条件下的多壁碳纳米管的比表面积与储氢性能的关系。在 80K、10MPa 氢压条件下的储氢密度达到了 8.25%。他们通过机理研究认为，最初时氢气分子吸附在碳纳米管的外表面，当压力大于 4MPa 时，氢气分子吸附在碳纳米管的内外表面，多壁碳纳米管的储氢密度会大幅增加。进一步的研究发现，碳纳米管的表面特性决定了其与氢分子的交互反应，有效的表面处理是获得碳纳米管高表面活性的重要步骤。Zhu 等采用硝酸和 NaOH 对碳纳米管进行表面处理，这种处理工艺有效地增加了表面积和表面活性，储氢性能得到明显增加。该方法是由乙炔-氢混合物在钴基催化剂的作用下 900℃分解生长而成的。硝酸处理后，催化颗粒和其他杂质被去除，同时碳纳米管的端头结点被打开，硝酸处理不会显著影响碳纳米管的表面结构，可以大量增加表面氧官能团的数量。实验表明，采用该工艺处理后的碳纳米管样品在室温、10MPa 下的储氢容量可以从 2.67%提升至 6.16%。

此外，还有多种其他制备和改性碳基储氢材料的工艺方法，如石墨电弧法、化学气相沉积法、激光蒸发法、有机物催化热解法、等离子沉积法、高能球磨法等。总的来说，具有高比表面积的活性炭、碳纤维、石墨烯、单壁和多壁碳纳米管等均具有一定的储氢能力。尽管碳基吸附材料已经显示出一定的性能优越性，然而其大规模进入商业应用还有一段路程要走，开发较高温度下的低成本碳基材料吸附储氢技术是未来研究的主要方向。

4.3.2 金属有机骨架材料

金属有机骨架(metal-organic frameworks，MOFs)材料是由无机金属中心(金属离子或金属簇)与有机配体通过自组装相互连接形成的一类具有周期性网络结构的晶态多孔材料。图 4-12 是 MOFs 材料的合成及化学组成示意图。1995 年 Yaghi 等合成出第一种 MOFs 材料 MOF-5 至今，已有上万种 MOFs 材料被陆续报道。大量的 MOFs 材料被研究应用于各种领域，如气体吸附与分离、重金属吸附、催化、储能和药物缓释等。

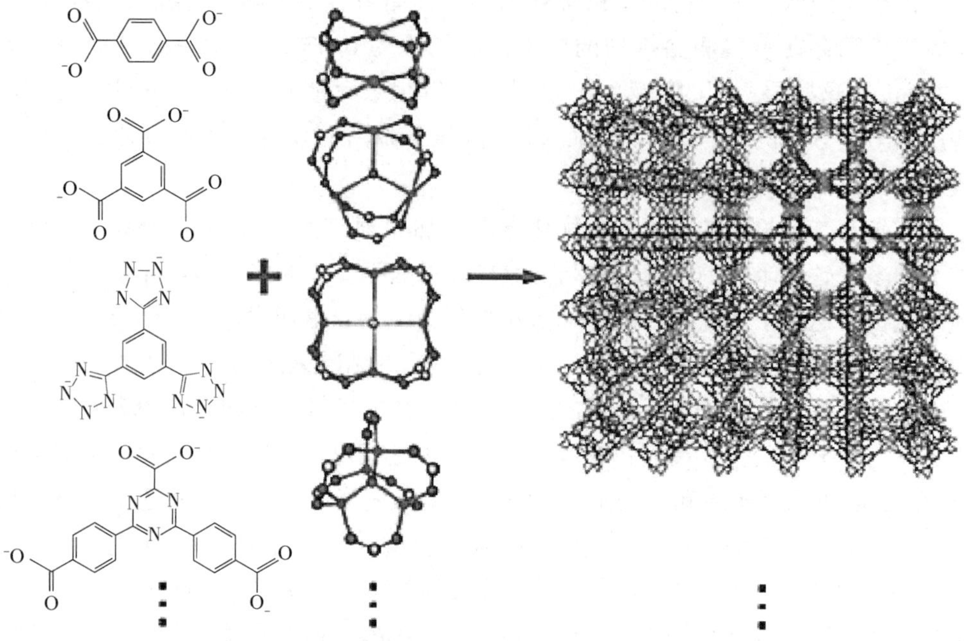

图 4-12　MOFs 材料的合成及化学组成示意图

MOFs 材料因为其超大的比表面积和超高的孔体积被认为是一种很有前景的固态物理吸附储氢材料。MOFs 材料相比于其他物理吸附储氢材料具有以下优势：

① 多孔性。MOFs 材料是由金属盐和有机配体自组装形成的配位骨架材料，因此 MOFs 材料呈现出多孔性，具有大量的孔道，将更有利于气体吸附。

② 比表面积大。影响多孔材料性质的一个重要参数就是比表面积，比表面积越大意味着拥有更多的吸附位点，越有助于气体吸附。

③ 结构多样性。金属离子和有机配体的种类很多，不同的金属离子和有机配体的结合以及由于配体配位能力的不同均可以形成各种各样的结构。此外还有很多影响材料结构多样性的因素，如温度、酸碱度和合成方法等，导致最终生成的材料结构千差万别，这为研究其性能提供了更多的可能性。

④ 不饱和金属位点。在 MOFs 材料的合成过程中，金属离子除了与有机配体配位外，还有部分金属的配位数尚未达到饱和，会形成不饱和的具有酸性或者碱性位的金属位点。

MOFs 材料由于其特殊的结构以及较大的孔容使得其储氢能力能够达到更高

的水平。更重要的是 MOFs 材料作为储氢材料，其潜在的消费较低且密度低而能够更好地达到质量储氢量。MOFs 材料应用在储氢方面需要达到一些基本要求，如稳定的结构、良好的热力学性质以及高效的储氢性能。研究表明，多种 MOFs 材料(HKUST-1、MOF-5、ZIF-8、MOF-177 等)可用于吸附储氢系统，其典型结构如图 4-13 所示。

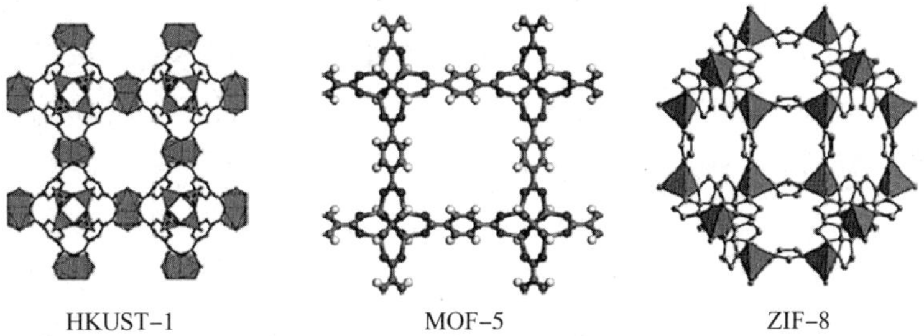

图 4-13 几种典型的可用于吸附储氢的 MOFs 材料结构示意图

Yaghi 首次使用 MOFs 材料作为储氢材料，其研究发现 MOF-5 在 77K 下储氢量达到 4.5%，吸附曲线呈现 I 型吸附，氢气吸附量在一个较低的压力下就达到平衡，表明 MOFs 材料与氢气之间存在相互作用。在室温及 20bar 压力下质量吸附量同样达到 1%，其吸附量与压力呈现出一定的线性关系，并且随着压力的增大仍然有增大的趋势(如图 4-14 所示)。

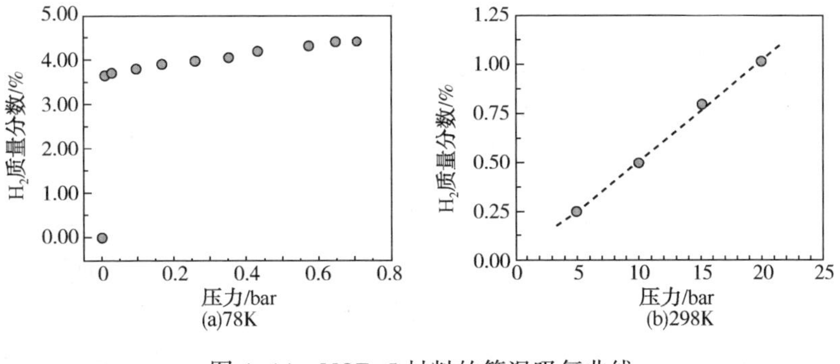

图 4-14 MOF-5 材料的等温吸氢曲线

2014 年 Jihoon Kim 等人为了提高 MOF-5 的水稳定性及储氢能力采用在 MOFs 材料中负载 Pt 纳米粒子和多孔碳，成功地制备出活性炭与 MOF-5 的复合材料。复合材料 Pt/CB-MOF-5 的水稳定性及储氢能力都有所提高。2011 年 Juan A 等人在 MOF-74 材料上负载 Co 离子制备出 Co-MOF-74。实验结果证明随着 Co 负载量的增加，材料对氢气、CH_4、CO_2的吸附性能都显著提升，而且 Co-MOF-74

与氢气的间隙能量降低致使分子筛与 H_2 的吸附热降低，而 Co-MOF-74 与氢气的间隙能量以及吸附热与金属组成 Co/Zn 呈现一定的相关性。并且发现在 MOFs 材料中裸露的活性金属位点在吸附过程中起促进作用。Yaghi 课题组进一步研究发现 MOFs 材料在 77K 下的储氢能力与材料的比表面积呈现出线性关系(如图 4-15 所示)，证明 MOFs 材料的吸附储氢能力可通过提高材料的比表面积来进一步改善。调控 MOFs 材料的比表面积及孔体积有望提高其储氢量。Oh 等人采用配体交换策略合成 MOFs 材料，发现用较长的配体取代短的配体后，材料比表面积可从 984m^2/g 提高到 3154m^2/g，而且在 77K、20bar 的条件下，材料储氢量可以从 1.8%(质量)增加到 4.3%(质量)。在目前所开发出的 MOFs 材料中，MOF-210 由于接近极限的多孔结构，比表面积高达 6240m^2/g，因此 MOF-210 同时保持着最高的氢气吸附量的报道值，其在低温、高压下的储氢量分别达 9.95%(质量)和 8.6%(质量)。但是储氢量较高的 MOFs 同时也存在原料成本昂贵、合成工艺复杂等缺点，限制了其广泛的应用。

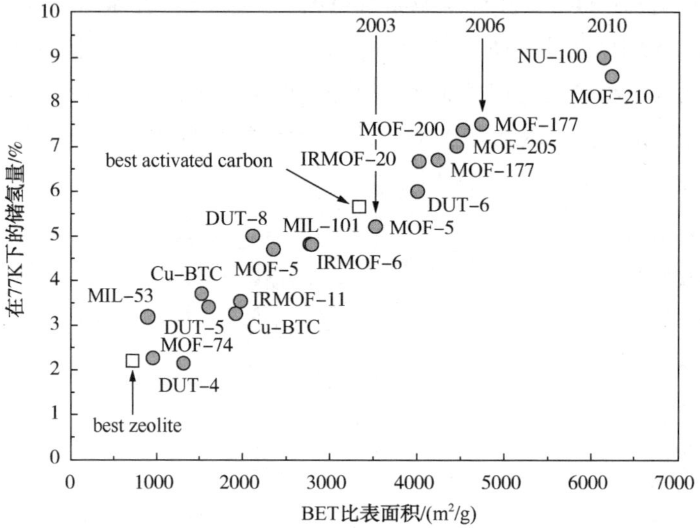

图 4-15 各种 MOFs 材料在 77K 下储氢量与其比表面积的关系图

MOFs 材料的吸氢能力不仅取决于比表面积，还跟孔径大小密切相关。研究发现，由 MOFs 材料结构中大孔笼形成的大的空间往往不利于储氢。一般来说，小孔隙由于孔壁两侧势场重叠，与氢的相互作用更强，对氢的亲和力更大，吸氢能力也更强。在小孔中存在着与氢分子结合较强的吸附位，从而增强了 H_2 与孔道的作用力，提高了氢的吸附热。但是，若孔径过小，材料的孔容积下降，氢的绝对吸附量也会随之下降；若孔径过大，则氢分子与壁面的作用势减小，不利于氢分子的存储。经过理论计算，理想的 MOFs 材料的孔径分布为 0.6~0.7nm，该尺寸下氢分子与壁面的相互作用较强，使储氢量达到最大。这是因为，2~3 倍的氢分子直径孔道，可在一侧吸附饱和后，另一侧在较强的壁面相互作用影响下继续进行吸附，甚至在孔内的空隙处也会出现第三层吸附。这种调控手段可以有效提高 MOFs 材料在 77K、1bar 下的储氢量。Yuan 等人比较了不同孔径的 PCN 系列 MOFs 材料在 H_2下的吸附行为，发现 77K、1bar 条件下孔径最小的 PCN-61 材料具有最高的储氢量[2.25%(质量)]和吸附热。此外，MOFs 材料有机配体的结构也能影响其储氢性能，但是这种方法对配体进行化学设计与合成的过程比较烦琐。

Tyler 等人在室温、50MPa 条件下，考察了氢在多种 MOFs 材料、微孔材料上的吸附行为，发现具有最大比表面积的 MOF-177 的吸附量却小于其他多孔材料，这是因为 MOF-177 的孔径分布主要集中在 1~2.5nm，导致其吸附热过小，常温下吸附储氢的能力弱。此外，通过对比其他 MOFs 材料的吸附行为后，Tyler 认为增强 MOFs 材料与氢分子的结合能力是必要的。通过在 MOFs 材料中引入不饱和配位金属位点、有机配体引入表面官能团、氢溢流以及碱金属掺杂等技术手段，可以有效提升氢在室温下与 MOFs 材料本体的结合能力，但是这种方法需要对配体进行化学设计，修改或设计 MOFs 材料中的有机配体的表面官能团，以增加它们与 H_2相互作用的强度，但合成过程比较烦琐。

经过上述方式修饰或者调整后的 MOFs 材料储氢量得到一定提升，但是依然无法满足室温下的应用条件。还需要引入介于化学吸附与物理吸附的中间状态，即前述的 Kubas 作用，比较典型的是氢溢流效应。氢溢流作用是指氢分子在金属活性中心经催化作用解离为氢原子，随后氢原子扩散到次级受体上达到还原和储氢的目的。氢溢流现象常见于催化领域，在氢催化方面应用是通过氢分子在金属纳米粒子上分解为氢原子然后过渡到吸附剂载体上。通过在高比表面积材料上负载对氢分子具有催化作用的金属粒子作为活性中心，由于氢溢流现象提高材料的储氢能力。

在 MOFs 材料中构筑氢溢流的主要方法是在解离金属与 MOFs 材料之间建立碳桥，比如在 MOFs 材料合成时加入 Pt/C 基质，或者直接将解离金属(如 Pt、Pd、Ni 等前驱体)负载在 MOFs 材料上。Yang 等人首次利用氢溢流效应来改善 MOFs 材料在室温下的储氢性能，他们通过物理研磨的方法向多孔羧酸类 MOFs 材料中加入了活性炭，将其作为碳桥和一次溢流受体，MOFs 材料作为二次受体实现了氢溢流，结果显示 MOFs 材料的室温可逆吸/放氢水平得到了显著提高，在 298K、10MPa 氢压的条件下，复合材料的储氢量达到 4.0%。张军等人用氧化石墨烯(GO)替换活性炭作为一次溢流受体，从而减少对于 MOFs 结晶性能的影响，通过先负载 Pt 在 GO 材料上，再与 MOFs 材料合成为复合材料。少量 GO 的掺杂对 MOFs 材料晶体的影响较小，Pt 粒子在载体表面分散均匀，结果显示氢溢流明显提升了复合材料的储氢量。

金属有机骨架作为新型的多孔晶体材料，因其超高的比表面积、超高的孔隙率以及可调变的拓扑结构使其在气体吸附与分离、催化、药物传送、传感等方面具有很大的应用前景，有希望取代传统多孔材料。但是，以 MOFs 材料作为储氢材料受到诸多方面的限制，虽然 MOFs 材料具有孔结构可调节、拓扑结构穿插以及化学修饰功能性强等特点，但在室温条件下，该类材料尚未得到令人满意的储氢量。

4.3.3 储氢合金材料

金属基材料是发现最早、研究较多，而且发展较快的一类储氢材料。实际上，氢几乎可以与元素周期表中的各种元素反应，生成各种氢化物或含氢化合物。如氢与电负性低的、化学活性大的ⅠA、ⅡA 族等元素反应生成的 LiH、NaH、CaH_2等盐类氢化物，与很多过渡金属生成的间隙性化合物等。大部分盐型氢化物和金属型氢化物都可以采用直接氢化法来制取，即在一定温度条件下与氢直接反应，生成氢化物，其反应通式如下：

$$M+n/2H_2 \longrightarrow MH_n \tag{4-1}$$

常温、常压条件下，金属与氢一般不发生反应。因为金属表面往往有一层氧化物膜，妨碍了氢在金属表面的吸附。但是，如果在氢气气氛下或在真空下加热至一定温度进行活化后，部分金属材料在室温下也可吸氢。此外，如果在金属与氢反应之前，用氢氟酸等腐蚀剂腐蚀后，也易于同氢产生反应，此过程称为活化过程。如果单纯在氢气气氛中或在真空下活化，需要一段时间的孕育期。如果采用腐蚀剂处理后，表面变得光亮新鲜，立即进行氢化时，基本无须孕育期，吸氢反应可以很快发生。金属一旦开始吸氢，其反应便迅速进行，直至金属中氢含量达到饱和为止。金属吸氢后会变得很脆，致密金属也会碎裂成片状，甚至粉状。金属与氢反应的脆化性质，也可以用来制备高纯金属粉。

但并不是所有金属氢化物都能做储氢合金材料，只有那些在温和条件下大量可逆地吸收和释放氢的金属或含金氢化物才能做储氢合金材料。常见的储氢合金材料是由两种元素组成的：一种元素是金属元素 A，易与氢气发生化学反应并生成稳定氢化物；另一种元素是金属元素 B，与氢气的亲和力相对较小、通常情形下不形成氢化物。元素 A 通常包括如 Zr、Ti、Ca 和稀土元素等金属元素，其主要作用为控制储氢量；元素 B 通常包括 Mn、Ni、Al 等金属元素，这类元素在控制吸/放氢可逆性的同时还可以调节分解压和生成热。将元素 A、B 按照合适的化学计量比配制，在一定条件下可得到吸/放氢过程高度可逆的储氢合金。

对于 A 侧元素而言，当氢气与过渡金属，如ⅢB、ⅣB、ⅤB 族的金属，反应生成金属氢化物时，氢的特性介于 H^- 和 H^+ 之间，此时这些不同离子类型的氢会形成氢原子并进入具有间隙性结构的化合物的母体金属晶格内。该金属在反应时吸氢并放出大量的热($\Delta H<0$)，称为放热型金属。

在 B 侧元素方面，氢在与ⅥB、ⅧB 族过渡金属发生化学反应时，常以氢离子的形式形成固溶体。氢原子也进入基体金属晶格中生成间隙型化合物。由于氢溶于该族金属时为吸热反应($\Delta H>0$)，因此称为吸热型金属。

在一定的温度和压力条件下，金属、合金和金属间化合物与气态氢气发生可逆反应生成储氢合金。储氢合金的吸氢反应机理如图 4-16 所示。

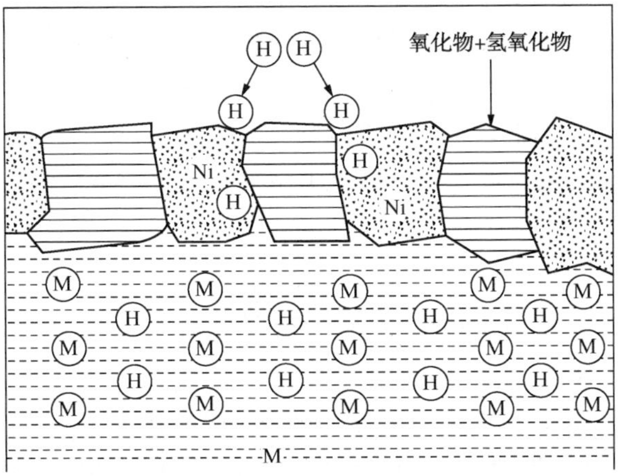

图 4-16　储氢合金的吸氢反应机理示意图

反应共分三步进行。

① 金属材料开始吸收少量氢气后，形成合金固溶体(α 相)，合金结构保持不变，其中氢的固溶度[H]与固溶体平衡氢压的平方根成正比。

② 合金固溶体进一步与氢反应，产生相变，生成氢化物相(β 相)。

③ 继续提高氢压，固溶体中的氢含量略有增加。这个反应是一个可逆反应，吸氢时放热，吸热时放出氢气。不论是吸氢反应，还是放氢反应，都与系统温

度、压力及合金成分相关。根据 Gibbs 相律，温度一定时，反应的平衡压力确定。储氢合金-氢气的相平衡图可由压力(*P*)-浓度(*C*)等温线，即 *PCT* 曲线来表示，如图 4-17 所示。

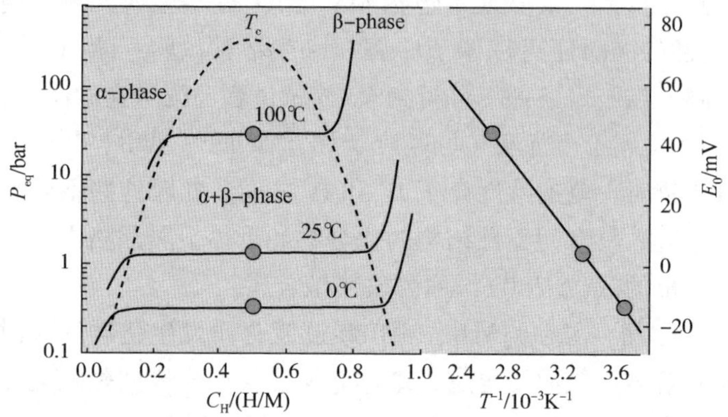

图 4-17　储氢合金 *PCT* 曲线示意图

PCT 曲线是衡量储氢材料热力学性能的重要特性曲线。通过该曲线可以了解金属氢化物中的含氢量和任一温度下的分解压力值。*PCT* 曲线的平台压力、平台宽度与倾斜度、平台起始浓度和滞后效应等特性，既是常规表征储氢合金吸放氢性能的主要指标，也是探索新型储氢合金的重要依据。同时也可以利用 *PCT* 曲线求出体系的热力学性能参数，如反应焓、熵值等。

根据化学平衡和热力学关系，可以得出温度与平衡分压的关系式：

根据

$$\Delta G=\Delta H-T\Delta S \tag{4-2}$$

$$\Delta G=-RT\ln K_P=RT\ln P(P/P_0) \tag{4-3}$$

推导出 Van't Holf 方程

$$\ln(P/P_0)=\Delta H/RT+\Delta S/R \tag{4-4}$$

式中，ΔG 和 K_p 分别表示氢化反应的标准 Gibbs 自由能变化值和平衡常数；R 为气体常数；T 为热力学温度。

储氢合金反应生成氢化物的反应焓值(ΔH)和反应熵值(ΔS)等热力学数据，不但有理论意义，而且对新型储氢材料的研究、开发和利用，也有重要的实际意义。反应熵表示形成氢化物反应进行的趋势，在同类合金中若该数值越大，则其平衡分解压越低，生成的氢化物则越稳定。而反应焓是合金形成氢化物的生成热，数值的负值越大，表明氢化物越稳定。反应焓值的大小，对探索不同使用目的的金属氢化物具有重要的意义。例如，当金属氢化物用作储氢材料时，从能源使用效率的角度看，生成焓值应该小一些，而用作蓄热材料时，生成焓值又倾向于大一些。

常见的储氢合金的热力学性质如表 4-4 所示。

表 4-4 常见的储氢合金的热力学性质

储氢合金	吸氢量/%	分解压/MPa	ΔH/[kJ/mol(H_2)]	ΔS/[J/mol(H_2)·K]
$LaNi_5H_6$	1.4	0.41(50℃)	-30.1	-105.1
$LaNi_{4.7}Al_{0.3}H_{5.9}$	1.3	0.20(50℃)	-30.1	-105.1
$TiFeH_{1.0}$	1.8	1.01(50℃)	-23.0	-90.4
$TiFe_{0.8}Mn_{0.2}H_{2.0}$	1.9	0.88(80℃)		
$TiFe_{0.8}Be_{0.2}H_{1.3}$	1.4	0.25(50℃)	-30.6	-102.1
$TiCoH_{1.4}$	1.3	0.11(130℃)	-57.8	-143.2
$TiCo_{0.5}Fe_{0.5}H_{1.2}$	1.1	0.11(70℃)	-42.3	-123.1
$TiMn_{1.5}H_{2.5}$	1.8	0.507(20℃)	-28.5	-110.5
$TiCr_{1.8}H_{3.6}$	2.4	0.21(-78℃)		
$Ti_{0.75}Al_{0.25}H_{1.5}$	3.4	0.11(-95℃)	-47.3	-273.3
$ZrMn_2H_{3.5}$	1.7	0.11(210℃)	-38.9	-80.8
$VH_{7.0}$	3.8	0.81(50℃)	-40.2	-14.9
$Ti_{0.2}V_{0.8}H_{1.6}$	3.1	0.31(100℃)	-49.4	-141.5
$MmNi_5H_{6.3}$	1.4	3.44(50℃)	-26.4	-110.9
$MmCo_5H_{3.0}$	0.7	0.31(50℃)	-40.2	-133.5
MgH_2	7.6	0.11(290℃)	-74.5	-132.3
$Mg_2NiH_{4.0}$	3.6	0.11(250℃)	-64.5	-123.1
$MgCaH_{3.7}$	5.5	0.51(350℃)	-72.8	-130.2
$CaNi_5H_{4.0}$	1.2	0.04(30℃)	-33.5	-103.0

在储氢合金体系选择中也有一些较为重要的原则，当面向实用化使用要求时，往往把氢的释放条件，即该材料的氢气分解压力为 0.1MPa 时的温度，或者任一温度下的平衡分解压力的高低作为评价储氢材料的实用化性能。从 *PCT* 曲线上可以得出任一温度下的平衡分解压力，对于可逆储氢体系而言，体系在某一温度 T 的平衡氢压力 P 与对应的反应焓值(ΔH)和熵变(ΔS)的关系可用 Van't Holf 方程[式(4-4)]描述。

对于化学储氢方式，实验测得的熵变范围为 90～130J/mol(H_2)·K，因此理想体系在室温(约 25℃)获得 1bar 平衡氢压的脱氢反应焓变为 27～39kJ/mol(H_2)。据此，我们就可以通过储氢合金的热力学性质对其温度和平台压力等参数进行筛选和优化研究。根据储氢合金用途的不同，对其性能的要求也不同。评价一种储氢材料的性能，必须对其进行相应的物理化学测试。这些特性包括：*PCT* 曲线测试、平台压特性、滞后性、吸氢量、反应热、活化特性、膨胀率、反应速度、寿命、微粉碎性、导热率、合金中毒性、稳定性、成本等多个方面。这些特性基本上都可以归为化学热力学和动力学范畴。

4.3.4　金属络合物

1997 年，Bogdanović等报道了 Ti(OBu^n)$_4$ 掺杂的 $NaAlH_4$材料可在适中条件下(100～200℃、150bar 氢压)获得约 4%的可逆吸/放氢容量。从此，金属络合物作为储氢材料进入了研究人员的视野。金属络合物是一种新型的材料，它是由金属和非金属元素组成的复合材料，可用于化学吸附储氢的金属络合物主要有轻金属铝氢化物、轻金属硼氢化物、轻金属氮氢化物等。

$NaAlH_4$体系是目前研究最多也是最接近实用目标的轻金属铝氢化物储氢材料，前述研究发现钛单质、化合物以及部分其他过渡金属，如 Zr、V、Ce 等也具有显著的催化作用，并且将不同催化剂搭配使用还可获得进一步的增强效果，如纳米 Ti 凝胶掺杂的 $NaAlH_4$具有最好的吸/放氢动力学性能，在 100℃、100bar 氢压的条件下 15min 可吸附 5%的氢气，随后在 180℃、1bar 的氢压条件下 30min 内即可放出，不过它的循环稳定性较差，而且纳米 Ti 凝胶的制备过程较为复杂。长周期的循环测试研究发现，掺 Ti 的 $NaAlH_4$体系经 100 次循环后(150℃吸氢、160℃放氢)，容量由 4%逐渐衰减至 3.5%。循环后的样品经 XRD 检测存在少量未知杂相，可能与容量衰减有关。值得注意的是，Ti 掺杂的 $NaAlH_4$体系在当时成功实现了固态物质催化固相反应，由此激发了大量后续基础研究工作的开展以试图揭示其催化机理。$NaAlH_4$脱氢是一个多步反应，并在反应过程中伴随相变。其中，$NaAlH_4$首先在 165～205℃熔化；其次，经过一个吸热反应放出 3.7%的 H_2 并转变为 Na_3AlH_6[反应式(4-5)]；再次，Na_3AlH_6在 250～300℃经过一个吸热反应生成金属 Al、氢化钠和释放出 1.8%的氢气[反应式(4-6)]；最后 NaH 在高于 450℃的情况下分解释放出氢气[反应式(4-7)]。

$$3NaAlH_4 \longleftrightarrow Na_3AlH_6+2Al+3H_2 \qquad (4-5)$$

$$Na_3AlH_6 \longleftrightarrow 3NaH + Al + 1.5H_2 \tag{4-6}$$

$$3NaH \longleftrightarrow 3Na + 1.5H_2 \tag{4-7}$$

反应式（4-5）和反应式（4-6）的脱氢焓值分别为 37.0kJ/mol（H_2）和 47.0kJ/mol（H_2），所以 Na_3AlH_6-2Al 和 3NaH-Al 能够氢化获得 $NaAlH_4$。因此，$NaAlH_4$脱氢中第一步和第二步反应所释放 5.5%的 H_2可循环利用。虽然该材料具有较高的理论储氢量（5.6%），但由于其第二步分解反应产生 1bar 氢压需要 110℃，因此该体系可用于车载燃料电池的有效氢容量只有 3.7%。基于 Ti 基催化剂改性的 $NaAlH_4$的储氢系统在 150℃时储氢密度约为 2%，仍远低于美国 DOE 设定的移动运载储氢目标。

其他轻金属铝氢化物，如 $LiAlH_4$、$Mg(AlH_4)_2$等具有更高的储氢容量，但它们多存在热力学不可逆或放氢动力学阻力过大的问题，限制了它们在储氢领域的应用。

金属硼氢化合物具有很高的氢容量，如 $LiBH_4$、$NaBH_4$、$Mg(BH_4)_2$、$Ca(BH_4)_2$的含氢量分别高达 18.5%、10.6%、14.9%、11.6%，但完全放氢通常需要 500℃以上的高温，且放氢过程复杂，通常伴有硼烷等杂质气体产生。从热力学上计算，上述材料放氢后产物氢化过程较易发生，但实际发现它们的放氢产物的吸氢过程非常困难，通常需要 500℃和数百个大气压的氢压。向材料中掺杂过渡金属可促进放氢反应，但对吸氢过程的改善效果有限。Nakamori 等人对比研究了各种金属硼氢化合物的热稳定性质，总结出金属硼氢化合物的热力学稳定性随中心金属原子 M 的电负性（χ_P）增加而减弱，并发现当$\chi_P<1.5$时，放氢气体产物主要为氢气，而当$\chi_P>1.5$时，气体产物包含氢气和硼烷，改变阳离子的电负性可调节金属硼氢化物的热稳定性。此外，引入第二相反应物也可有效改变反应体系的热力学性质，如 $LiBH_4$与 MgH_2复合后，加热分解可获得更加稳定的 MgB_2放氢产物，从而有效地将体系的放氢反应焓变从 67kJ/mol（H_2）降低至 42kJ/mol（H_2），并显著改善体系的循环吸氢性能。

基于上述热力学调变原理，研究人员对复合硼氢化物和其他的金属氢化物或是金属盐调变储氢性能，相继开发出多种性能改进的复合储氢体系，如 $6LiBH_4$-CaH_2、$2LiBH_4$-MgF_2、$Ca(BH_4)_2$-MgF_2等，改性后的复合体系比未修饰的硼氢体系的储氢性能有大幅度的提高。金属硼氢化物的吸脱氢条件与车载储氢材料的指标还相差甚远，但金属硼氢化物是目前开发出来的具有最高可逆储氢容量的一类材料，因此可调变空间巨大。金属硼氢化物因其较高的氢含量，除了可用于热化学可逆吸脱氢反应，也在水解制氢反应领域具有较大应用前景，相关内容在第 6

章详细展开介绍。

金属氨基化合物在1910年由Dafter等人首次报道，他们采用氮化锂(Li_3N)与H_2反应生成Li_3NH_4，但彼时的金属氨基化合物主要用于有机合成，从未被当作储氢材料考虑，这是因为它们在加热过程中会释放大量的NH_3。直到2002年，Chen等人发现Li_3N具有高达10.4%(质量)的可逆储氢容量。

Li_3N吸脱氢是一个两步反应(如图4-18所示)，反应过程如式(4-8)所示。Li_3N吸收1分子H_2后转变为亚氨基锂(Li_2NH)和氢化锂(LiH)，接着Li_2NH继续吸氢变成氨基锂($LiNH_2$)和LiH。$LiNH_2$-2LiH体系的提出，不仅满足DOE的质量和体积储氢密度要求，同时还引领了金属氮化合物、金属亚氨基化合物和金属氨基化合物作为储氢材料的设想，开辟了一个全新的储氢领域：金属氨基化合物-金属氢化物储氢体系。

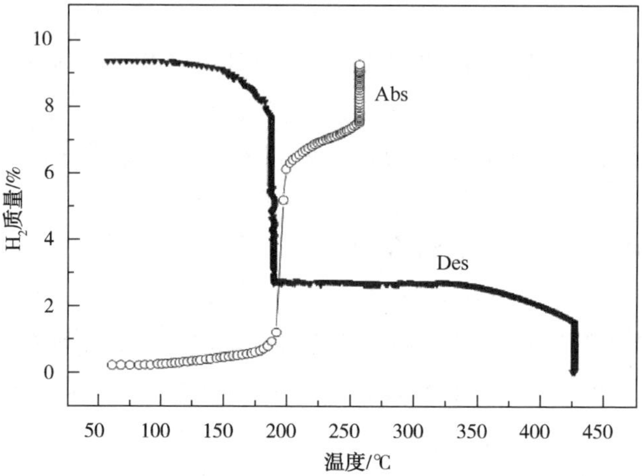

图4-18　Li_3N样品吸脱氢过程中质量变化曲线

$$Li_3N+2H_2 \rightleftharpoons Li_2NH+LiH+H_2 \rightleftharpoons LiNH_2+2LiH \tag{4-8}$$

使用不同金属氢化物和金属氨基化合物分别替代LiH和$LiNH_2$可演变出一系列不同的储氢体系，如$LiNH_2-CaH_2$、$Mg(NH_2)_2-LiH$、$Mg(NH_2)_2-NaH$、$Mg(NH_2)_2-MgH_2$、$Mg(NH_2)_2-CaH_2$、$LiNH_2-LiAlH_4$、$LiNH_2-LiBH_4$等。其中很多体系已被实验证明具有可逆储氢性能，而其中最引人注目的是$Mg(NH_2)_2-LiH$体系。$Mg(NH_2)_2-2LiH$体系具有5.6%的储氢容量，循环吸/放氢性能好，其放氢反应焓变为39kJ/mol(H_2)。由热力学推算该体系在80℃左右可获得1bar的平衡氢压，与车载燃料电池的工作温度相吻合。但是大量研究结果表明，该材料通常需要200℃以上才能获得适中的吸/放氢速率，显示其存在较严重的动力学阻力。吸/放氢循环测试表明，270 个循环后的容量保持率为 75%，其中由放氨造成的容量损失大约为 7%。增大体系中 LiH 的比例可提高体系的储氢容量，如 $Mg(NH_2)_2$-4LiH 体系的可逆储氢量高达 9.1%，同时显著降低放氢中的氨气浓度，但放氢结束温度也随之明显往高温移动。总体而言，金属氮氢化合物储氢材料很有发展潜力，但其应用还需大幅提高吸/放氢动力学性能、抑制副产物氨气产生和改善循环稳定性等。

NH_3BH_3简称 AB，是 1955 年由科学家 Shore 等制备出来的一种白色结晶固体。AB 具有高达 19.6%的储氢容量，且在常温常压下稳定而受到研究者们的青睐。尽管 AB 具有高达 190g/kg 的质量储氢密度和 100~140g/L 的体积储氢密度，但当 AB 中所有的氢气(3 当量的 H_2)全部释放出来时，就会形成氮化硼，从而导致 AB 无法再生。所以一般只释放其中 2/3 的氢(13.1%)。

AB 完全分解温度高且副产物(氨气、硼烷、硼唑等)多，目前大部分的工作集中在改善 AB 的分解动力学、降低其起始分解温度、提高其产物的纯度以及 AB 的再生上。如将 AB 溶于水、有机液体或离子液体中，然后加入各种不同形式的催化剂(过渡金属纳米颗粒或金属有机化合物或路易斯酸)来催化 AB 脱氢。此外，对 AB 进行纳米限域也是较多采用的改性方法，即将 AB 注入纳米骨架材料中(如 SBA-15、碳纳米管等)。纳米限域后 AB 的热力学和动力学性能都得到明显改善，还可有效降低或是抑制挥发性副产物的生成。用碱金属或是碱土金属取代 AB 中的 H^+将会生成一类新的化合物——金属氨硼烷(MAB)。相比氨硼烷，金属氨硼烷具有更优异的热力学和动力学性能，同时还能保持很高的储氢容量。如 LiAB、NaAB 可在 90℃附近快速分别释放约 10.9%和 7.5%的氢气，同时副产物氨气和硼烷的量也得到了明显抑制。金属氨硼烷中的正负氢量不匹配，它们还可以吸附氨气或是肼之类带正氢的物质，形成金属氨基硼烷或金属肼硼烷。新形成的氨基硼烷或肼硼烷的性质与 MAB 相似，具有非常高的储氢容量，但其脱氢过程中也存在较大的动力学阻力。掺杂过渡金属催化剂，如 Pd、Pt、Ni、Co 等金属或其化合物可有效提高脱氢反应动力学性能和抑制挥发性副产物，因此它们也显示出较好的应用潜力。

4.3.5 液态有机储氢材料

液态有机储氢材料(LOHCs)是一种具有可逆加氢/脱氢性能的液态储氢材料，近年来因其低温可逆性和无 CO_2排放而成为氢储能领域的研究热点之一。有机液态储氢材料中氢气的安全、高效储存与释放是基于化合物中不饱和键的可逆催化加氢和脱氢反应来实现。传统的液态有机储氢材料主要是指具有芳香性的苯-环己烷、甲苯-甲基环己烷、萘-十氢萘、二苄基甲苯-全氢化二苄基甲苯等体系。此类传统液态有机储氢分子可通过改变取代基数目、桥连方式等改变有机化合物性质。一些新型液态有机储氢材料主要是指含杂原子(O、N、S)的稠环芳香分子，其中N-杂环体系如喹啉及其衍生物、吲哚及其衍生物、咔唑及其衍生物等是研究最多的新型液态有机储氢材料。

液态有机储氢材料之所以受到关注，主要是由于富氢的LOHCs化合物(Hn-LOHCs)可以实现常压条件下长时间储存氢气且不会造成能量损失。从反应的可逆性和储氢量等角度来看，苯、甲苯和萘是比较理想的液态有机储氢材料。表4-5列出了环己烷、甲基环己烷和十氢萘的物理化学性质及储氢密度。由三种材料的熔点和沸点可知，在常温20~40℃时环己烷为液态，便于储存与运输。因此，富氢的LOHCs化合物与柴油或汽油等原油衍生品具有类似的特性，可以利用现有的液体燃料运输物流网络进行长距离运输。因此，以现有的基础设施向“氢能经济”过渡是十分可行的，LOHCs由于其较低的汽化损失和基础设施改造成本，可以利用船舶进行长距离运输从而降低运输成本。

表4-5　环己烷、甲基环己烷和十氢萘的物理化学性质及储氢密度

特性	环己烷	甲基环己烷	十氢萘
熔点/℃	6.5	-126.6	-30.4
沸点/℃	80.74	100.9	185.5
密度/(g/mL)	0.779	0.77	0.896
理论质量储氢密度/%	7.2	6.2	7.3
脱氢产物	苯	甲苯	萘

如前所述，目前研究较多的液态有机储氢材料主要为环己烷、甲基环己烷、十氢萘等，这是由于这几种芳香族化合物的溶、沸点较为合适，原料属大宗化学品、易制取，储氢容量大、转化率较高。Lazaro等人研究发现甲苯(TOL)和其完全加氢产物甲基环己烷(MCH)储氢体系具有低毒性、无平行反应、低成本、相对较高的沸点，能在较低温度下进行脱氢反应及在循环加脱氢过程中储氢介质的蒸发损失率较小等优点。但甲苯/甲基环己烷储氢体系也具有以下缺点：①较高的反应温度导致脱氢反应中可以观察到断链而生成副产物和积炭的现象；②反应过程中由于所有组分的沸点较低，因此反应物和生成物均为气态，后续还需要大量的冷凝和提纯步骤才能分离氢气和储氢物；③反应组分的闪点低于脱氢温度，

存在安全隐患。尽管甲苯/甲基环己烷储氢体系存在一些不足，但其商业化储运模式仍受到较多关注。日本千代田株式会社(Chiyoda Corporation)在利用化学品运输船长距离海上运输甲基环己烷(MCH)方面取得了里程碑式的突破，基于MCH的氢存储与运输原理如图4-19所示。该示范应用标志着利用甲苯/甲基环己烷储氢体系开发长期储存和运输氢的模式是可行的，这对液态储氢材料的规模化应用具有积极的推动作用。

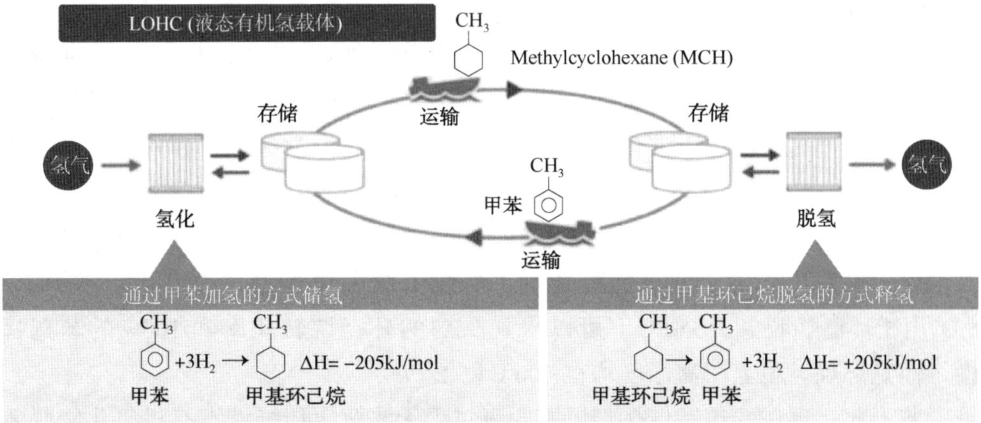

图4-19 基于MCH的氢存储与运输原理示意图

除了甲苯/甲基环己烷体系，Hodoshima等人报道了在过热的液膜反应条件下四氢化萘的反应速率是十氢化萘的4~5倍，因此四氢化萘也是一种具有发展可能的有机液态储氢介质。萘的熔点为80℃，在室温下为固体，但其与苄基甲苯和二苄基甲苯或二苄基甲苯的同分异构体以一定的比例混合时，可使得其混合物在室温下为固体。其混合物的熔点可低至-34℃，沸点可高达390℃，具备很好的热稳定性而解决了甲苯/甲基环己烷储氢体系后续难分离的问题。但是，由于十二氢二苄基甲苯脱氢生成二苄基甲苯需要高达-65kJ/mol(H_2)的反应热，所以目前研究报道的十二氢二苄基甲苯脱氢反应的温度均高于250℃，那么其作为储氢材料就需要稳定的催化剂来降低脱氢反应所需的温度和避免高温导致的催化剂的结焦现象。

由于液态有机储氢体系的复杂性，催化剂在其吸/脱氢过程中的选择性和催化活性尤为重要。传统液态有机氢化物脱氢的催化剂基本分为单金属催化剂和双金属催化剂两类。单金属催化剂研究最多的有Ni、Pt、Pd、Ir、Au等，其中贵金属催化剂的活性普遍较高，非贵金属虽然也能达到相近的催化活性，但是所需的反应温度更高。日本大阪大学Pham课题组比较了Pd和Pt单金属负载催化剂在环己烷、甲基环己烷体系的催化脱氢活性，发现 Pt 基催化剂脱氢活性远高于 Pd 基催化剂。美国 Cromwell 等人比较了贵金属 Ir、Pt、Pd 和非贵金属 Ni 的单金属负载分子筛 USY 催化剂在甲基环己烷体系的脱氢性能，结果表明，在温度 250℃、压力 30bar、质量空速 92.4h^{-1}条件下反应活性大小顺序为 Ir>Pt>Pd>Ni。美国塔夫斯大学 Goergen 等人研究了 Au 负载 Fe_3O_4纳米线催化剂对环己烷氧化脱氢反应的催化性能，结果表明，Fe_3O_4晶型对催化活性影响较大，但催化剂需要在 400℃下才具有较高的活性。美国得州农工大学的 Froment 等人研究了 Pt(111) 晶面对于环己烷的脱氢现象，发现环己烷脱氢和苯加氢反应可同时进行。非贵金属如 NiO/γ-Al_2O_3、MoC、WC 以及双金属 Ni-Cu 催化剂也有被研究，但是其脱氢所需温度过高，低温下催化活性不如贵金属。浙江大学徐国华和安越课题组报道 Raney-Ni 在 320℃下对环己烷有很好的脱氢活性。中国石油大学刘晨光和太原理工大学李晋平课题组分别研究了 Ni_2P 和 Mo/C 负载催化剂用于环己烷的脱氢，其催化效果突出。对于双金属催化剂，浙江工业大学陈银飞教授报道 Ni-Cu/SiO_2用于环己烷脱氢，350℃下可以得到 95%的环己烷转化率和 100%的苯选择性。但是环烷烃脱氢所需温度均在 300℃以上。

鉴于此，现在的铂基催化剂以及脱氢过程无法解决传统液态有机氢化物脱氢温度高、供氢成本高的问题，制约其大规模应用和发展，因此新型的脱氢焓值较低的液态有机储氢体系被陆续开发出来，以实现低温脱氢的目标。2007 年 Cooper 等人提出环己烷中 N 的含量与环己烷脱氢的温度存在一定的关系，N 取代的五元环与六元环相比，脱氢温度显著降低，说明 N 原子结合到环状化合物或被取代到环状化合物中是使得其脱氢温度显著降低的主要原因。2008 年 Pez 等人提出不饱和芳香杂环有机化合物(如咔唑、吲哚)作为储氢介质，这类化合物质量和体积储氢密度较高(5.8%)，已达到车载储氢要求，而且分子中的杂原子可以有效地降低加氢和脱氢反应温度。这是由于分子中引入 N 元素后，可以降低氢化合物的标准生成焓，并且与 N 相邻的 C—H 键键能要低于环烷烃中的 C—H 键键能，从而有利于氢的释放。十二氢乙基咔唑的脱氢反应焓为 50kJ/mol(H_2)，因此乙基咔唑(NECZ)/十二氢乙基咔唑(12H-NECZ)储氢体系是最早发现在 200℃以下可完全加氢/脱氢的有机液态储氢体系，且 12H-NECZ 在 150min 内的脱氢量已达到 5.8%，氢气纯度高达 99.9%，并没有 CO、NH_3等可能毒化燃料电池电极的气体产生。但是 NECZ 的熔点为 68℃，在常温下为固体，为了降低 NECZ 的熔点，Stark 等人将其他氮掺杂的烷基化合物如丙基咔唑、吲哚等与其混合，可将其混合物的熔点降低至 24℃，从而实现其在常温下为液态。这些有机液态储氢物在脱氢过程中也不会产生其他有毒的气体副产物，不会发生催化剂的结焦现象，十分适合作为液态储氢介质。

西安交通大学方涛课题组制备了一系列 Pd-M 双金属催化剂用于 12H-NECZ 脱氢反应，发现 AgPd/rGO 的脱氢催化活性最好，其可在 180℃下反应 4h 得到 100%的最终脱氢产物 NECZ。此外，Pd/rGO 也可在 180℃下反应 7h 得到 100%的最终脱氢产物 NECZ。中国地质大学程寒松课题组比较了贵金属 Pd、Pt 和 Ru 催化剂对 12H-NECZ 的催化脱氢性能，发现 Pd 和 Pt 基催化剂的催化活性较好，且二者均可以得到 100%的最终脱氢产物 NECZ，其中在反应温度为 180℃下活性最高。此外，在 Pd/Al_2O_3催化剂体系中，其在 160~190℃下即可将 8H-NECZ 完全催化脱氢。浙江大学安越等人对 12H-NECZ 的脱氢性能进行了研究，催化剂选用 Pd/Al_2O_3，在反应温度为 220℃时，12H-NECZ 的脱氢转化率为 89%，且随着催化剂的增加，转化率越高，脱氢速率越快，脱氢量越大。

除了催化改性吸脱氢性能，基于热力学改性的新型金属有机化合物材料可逆吸放氢策略也取得进展。中国科学院大连化学物理研究所的何腾研究员等人利用金属修饰氮杂环有机分子(吡咯、咪唑、咔唑等)，试图避免聚合反应的发生。他们提出利用氢化物同上述氮杂环分子中活泼氢反应，生成相应的金属氮杂环化合物，如图 4-20(a)所示。理论计算表明，随着金属电负性减弱，金属供电子性质增强，金属氮杂环化合物的脱氢焓变降低[如图 4-20(b)所示]。这与文献报道的有机环外基团供电子性越强，其脱氢焓变越低的结论是一致的。由于有机物与金属氢化物反应后一般为放热反应，因此有机物的金属化可以稳定有机物。而这种脱氢焓变的降低主要归因于有机材料金属化后，虽然可以同时稳定贫氢有机底物和富氢有机底物，但是由于贫氢底物具有芳香性，可以将金属传递来的电子离域到整个共轭环上，而使体系更加稳定，因此降低了脱氢反应的焓变。从图 4-20(b)中可以看出，金属咪唑盐和金属吡咯盐脱氢焓值随着金属电负性的降低而非常迅速地降低，而金属咔唑盐降低的幅度较慢。这主要是因为咪唑和吡咯只有一个有机环，金属对环中电子密度影响较大。而咔唑有三个有机环，因此平均分散了金属传递来的电子密度。从这三类材料可以看出，金属咔唑盐材料脱氢焓变均位于 26~40kJ/mol(H_2)，显示出优异的脱氢热力学性能。特别是其中的咔唑钠和咔唑锂，它们的脱氢焓值分别为 30.0kJ/mol(H_2)和 33.7kJ/mol(H_2)，正好在最优的储氢材料热力学范围。同时利用量热技术发现，咔唑锂的加氢焓值约为 -34.2kJ/mol(H_2)，与计算结果非常吻合。并且两者的储氢量分别高达 6.0%和 6.5%，因此是非常具有前景的储氢材料。

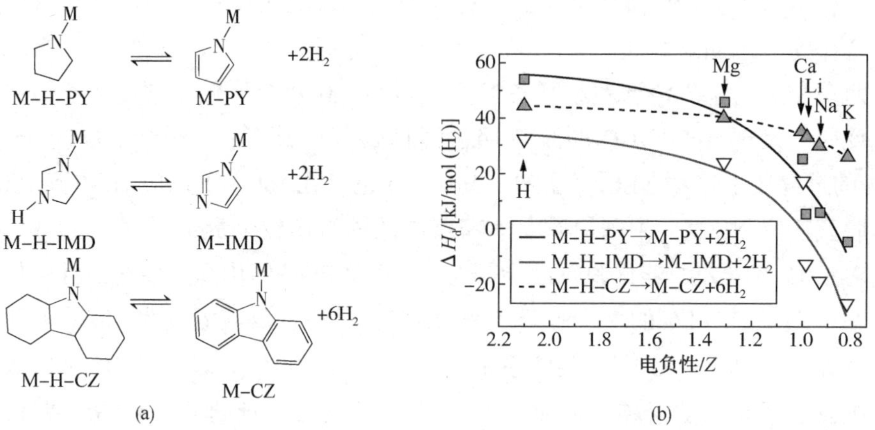

图 4-20 (a)金属吡咯盐、金属咪唑盐、金属咔唑盐三类材料的合成示意图；(b)金属吡咯盐、金属咪唑盐、金属咔唑盐三类材料脱氢焓值与金属电负性、贫氢产物环中电子密度的关系

在实验室条件下，研究人员利用氢化钠同苯胺和环己胺反应，得到了苯胺钠和环己胺钠的固体粉末。储氢性能测试结果显示，苯胺钠可以在 150℃、70bar 氢压下完全加氢，产物为环己胺钠，所用催化剂为自制的 Na 促进的 Ru/TiO_2 催化剂。环己胺钠可以在 150℃下完成脱氢，目标产物苯胺钠选择性>80%。由于脱氢反应为吸热过程，因此脱氢过程一直以来都是液态有机储氢体系较为困难的步骤。因此开发高效脱氢催化剂或双向催化剂，提高反应的转化率和选择性是未来一个重要发展方向。

第5章

氢能的利用技术

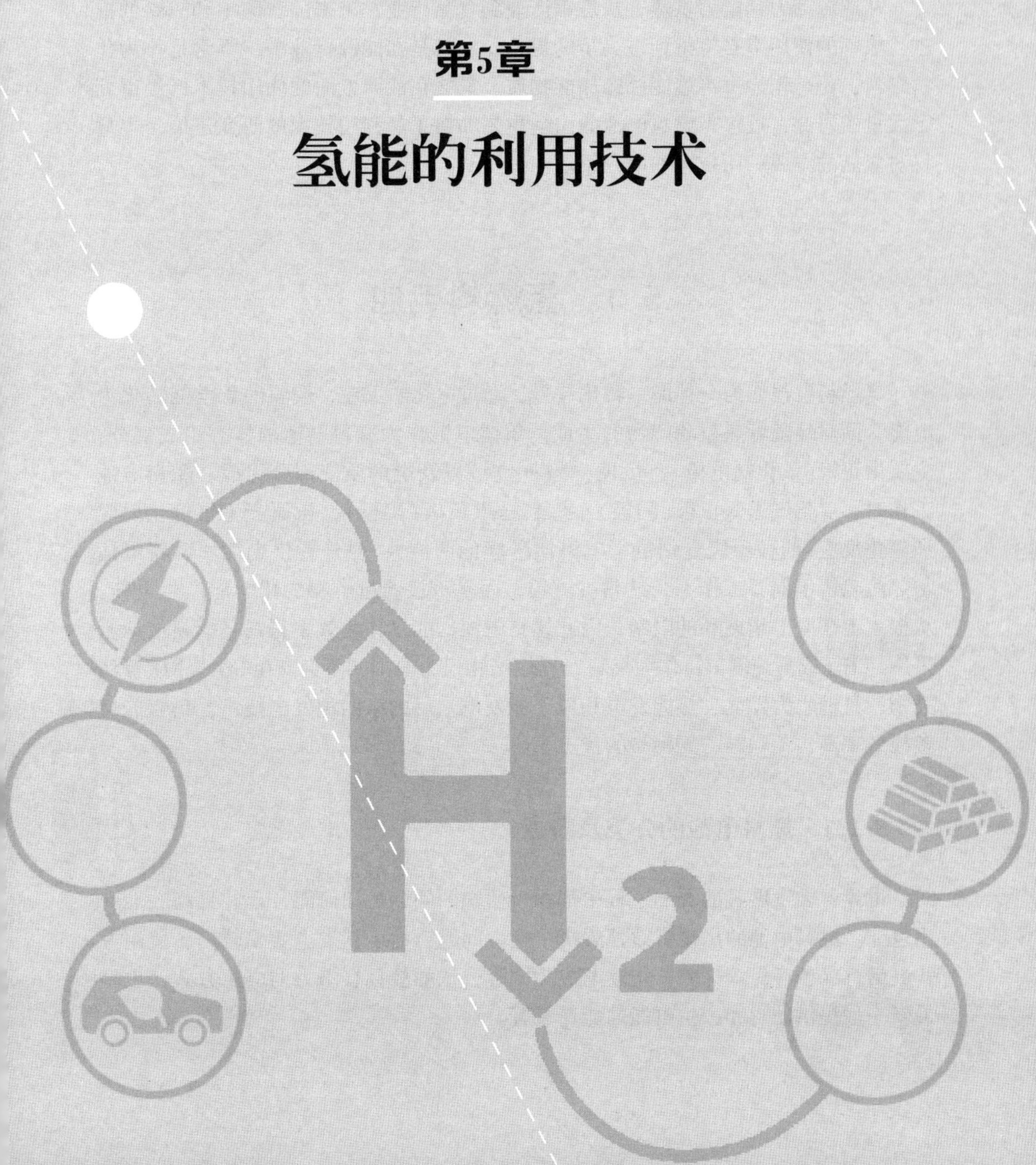

氢的用途很广泛，适用性也很强。它不仅可以用作燃料，而且金属氢化物还具有化学能、机械能和热能相互转换的功能。近年来氢能的利用已有长足进步，自从液氢发动机研制成功以来被广泛应用于航空航天领域，同时氢能在工业上有广泛的应用。随着技术的进步，氢燃料电池技术被应用于交通领域，利用氢能进行储能发电和电网调峰也越来越受行业关注。

从能源动力到电力供热，从炼钢产业到食品行业，未来随着碳中和战略的推进，氢气的使用率必将得到进一步的提升，尤其是在能源行业中，不管是作为化学燃料，还是作为可再生能源的储能物质。氢气在能源方面的使用技术已经得到了大量的研究，近年来燃料电池的出现更是加快了氢利用技术的研究进展，本章将对氢能的主要利用技术加以介绍。

5.1 氢燃料电池

氢燃料电池作为一种能量转化装置，通过电化学反应，燃料的化学能转化为电能，同时伴随着热量和产物的生成。单体电池作为燃料电池的核心组成部分，主要由正极(氧化剂电极)、负极(燃料电极)以及电解质三部分组成。燃料电池工作时，氧化气送入正极(阴极)，燃料送入负极(阳极)，从而产生氢氧化反应和氧化反应(两种反应分别位于电解质隔膜的两侧)，对外提供电能。燃料电池与热汽轮机不同，工作不经过热机过程，而是直接通过燃料的化学能产生电能，从根本上摆脱卡诺循环的限制，因此燃料电池的能量转化效率很高。燃料电池若采用纯 H_2(或高纯度 H_2)作为燃料，反应产物仅为 H_2O，不会产生 SO_x、NO_x等污染物，是继水力发电、热能发电和原子能发电之后的第四种发电技术，具有能量转换效率高、无噪声、无污染的优点。

5.1.1 燃料电池的分类及特点

世界各国发展氢能源的过程中都积极研究的问题是如何能合理并且高效地利用氢能。燃料电池的出现有效地解决了这一问题，鉴于其发电效率较高、使用方式灵活且绿色环保等优势，正逐渐成为国际公认的最具有潜力的应用方式，也是最新一代提供动力和产生电能的能量装置。

燃料电池是在燃料物质不燃烧的前提下，利用初始电能的驱动使存储于氢能之中的化学能转化成为电能以及动力。其基本结构的组成、工作方式和管理都是经过多年的科学验证所得到的，不同于传统电池的使用寿命(一般不会太久，能够长时间使用的传统电池价格贵)，基本取决于电池内部的活性物质；而燃料电池的存在则有效地解决了这个局面，它是由燃料电池堆、供水系统、供气系统以及电能变换系统共同组成的能量发动机，只要反应物充足，就能够不断地对外供电。通过不燃烧的方法将存储于氢燃料中的化学能源源不断地释放，其发电的效率能够达到40%~60%，且电化学反应不产生对环境有害的污染物质。其系统整合如图5-1所示。

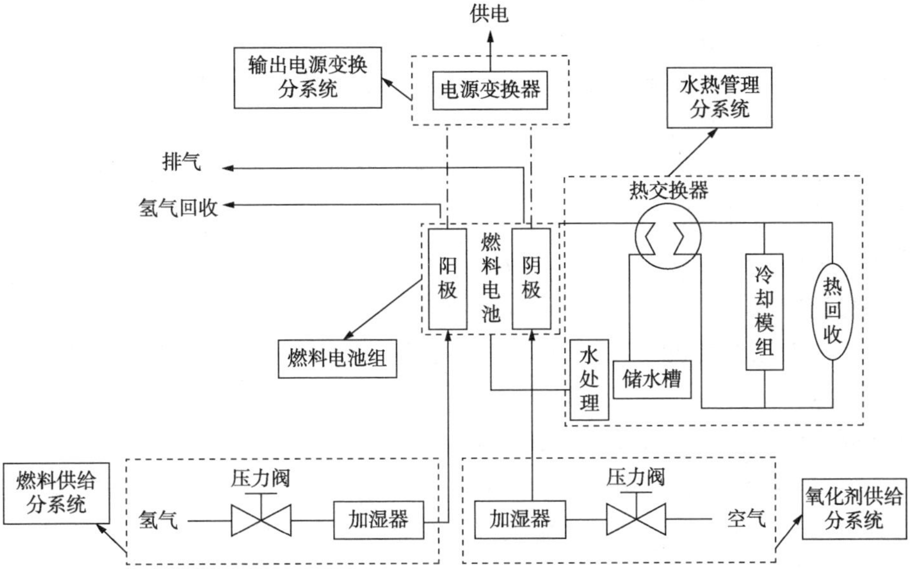

图5-1 燃料电池系统整合图

早在百年前，人类就已经对燃料电池进行了初步的研究，发展至今日，已经有多种燃料电池问世。燃料电池按照燃料种类可以分为氢燃料电池(RFC)、甲醇燃料电池(DMFC)等；按照电解质类型可以分为碱性燃料电池(AFC)、质子交换膜燃料电池(PEMFC)、磷酸燃料电池(PAFC)、熔融碳酸盐燃料电池(MCFC)、固体氧化物燃料电池(SOFC)。不同种类燃料电池的工作特性归类列于表5-1中。

表 5-1 不同种类燃料电池的工作特性

分类	AFC	PAFC	MCFC	SOFC	PEMFC	DMFC
电解质	KOH	H_3PO_4	Li_2CO_3 Na_2CO_3	稳定氧化锆 $ZrO_2+Y_2O_3$	质子交换膜(PEM)	质子交换膜(PEM)
导电离子	OH^-	H^+	CO_3^{2-}	O^{2-}	H^+	H^+
反应环境温度/℃	55~115	155~210	800	1000~1200	常温~1000	常温~130
载体	氢	天然气	甲醇	天然气	氢	甲醇
时长/h	15000	20000	30000	6500	4500	800
腐化能力	强	强	强	弱	无	弱

（1）碱性燃料电池(AFC)

燃料电池的电解质为碱性时，燃料的渗透率会更低，电解质的电流密度会更大，电解质通常为氢氧化钾溶液。AFC 通常使用金属铂(Pt)作为催化剂。对合金催化剂而言，催化剂的稳定性和反应活性因其载体种类、分散度、负载量等因素的差异而受到不同程度的影响。通过掺杂修饰剂可以较好地提高其催化剂性能。一般地，碱性燃料电池正负极反应如下：

阳极反应：
$$2H_2+4OH^-=\!=\!=4H_2O+4e^- \tag{5-1}$$

阴极反应：
$$O_2+2H_2O+4e^-=\!=\!=4OH^- \tag{5-2}$$

AFC 一般工作在 80℃环境下具有相对较好的工作性能，具有启动响应非常迅速的特点，但其能量密度却只有 PEMFC 的十几分之一。AFC 电解质为碱性，故在实际工作中，氧化剂必须使用纯氧。若氧化剂采用空气，实际寿命会因空气中的 CO_2 大大降低，故使商业应用成本大幅度增加。AFC 目前也只是在军用领域上得到应用，其他应用领域较为罕见，其商业应用率不高。

（2）磷酸燃料电池(PAFC)

PAFC 电解质和催化剂分别为浓磷酸和铂，通常工作在 200℃左右，属于中温燃料电池。PAFC 不仅可以采用氢气为燃料，还可以直接使用天然气、甲醇等廉价材料，相比于碱性燃料电池而言，其最大的优点是不需要专门处理 CO_2 的设备，故反应气体可以直接使用空气。PAFC 的燃料采用重整气，将其应用在固定电站等相关领域，具有极大的优势和潜力。

PAFC 的工作原理如图 5-2 所示，其反应过程为：改质器中通入燃料气体，燃料在 800℃反应温度下发生化学反应[$C_xH_y+xH_2O \longrightarrow xCO+(x+y/2)H_2$]转化为 H_2、CO 和水蒸气混合物；与此同时，H_2O 和 CO 经催化剂的催化作用在移位反应器中生成 H_2O 和 CO_2。最后，燃料经处理进入负极的燃料堆，同时空气中的

O_2在燃料堆的正极(空气极)进行化学反应，并通过催化剂的催化，产生电能和热能。化学反应如下。

阳极反应： $H_2+2e^- \longrightarrow 2H^+$ (5-3)

阴极反应： $1/2O_2+2H^+ \longrightarrow H_2O+2e^-$ (5-4)

总反应： $1/2O_2+H_2 \longrightarrow H_2O$ (5-5)

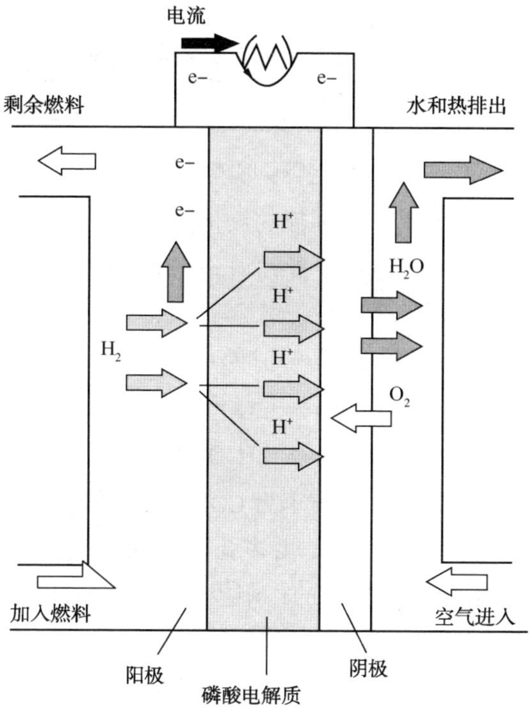

图 5-2 磷酸燃料电池工作原理示意图

PAFC 最初研究和开发是为了控制电网的用电平衡，20 世纪末，侧重于向公民住宅、医院、商场、旅馆等提供热电联产服务。此外，PAFC 还可以用于车辆电源和可移动式电源等。

(3) 熔融碳酸盐燃料电池(MCFC)

通常采用金属 Li、K、Na、Cs 的碳酸盐混合物作为 MCFC 的电解质，MCFC 的结构如图 5-3 所示，其中隔膜材料(多孔陶瓷电解质)$LiAiO_2$多孔陶瓷阴极(氧化镍)、多孔金属阳极(多孔镍)、金属极板等结构与电解质一同组成 MCFC 基本结构。MCFC 因工作温度较高(650~700℃)，所以反应速度加快；而且采用液体电解质，操作简单；重要的是该燃料电池对燃料的纯度要求相对较低，不需要贵金属催化剂，极大地降低了成本。MCFC 一般应用于区域性供电。

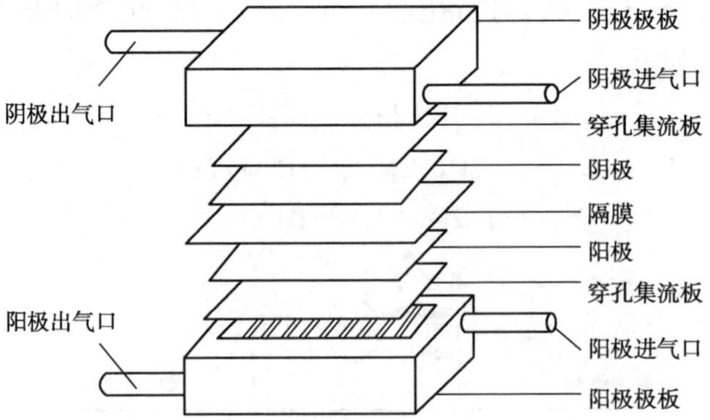

图 5-3 MCFC 的结构示意图

电解质隔膜材料为 $LiAiO_2$，添加锂的氧化镍为正极，多孔镍为负极，这种材料会在 650℃时发生相变产生 CO_3^{2-}，并与 H_2结合从而产生 H_2O、CO_2和电子。化学反应如下。

阳极反应： $CO_3^{2-}+H_2 = H_2O+CO_2+2e^-$ （5-6）

阴极反应： $CO_2+O_2+e^- = 2CO_3^{2-}$ （5-7）

总反应： $2H_2+O_2 = 2H_2O$+电能 （5-8）

由 MCFC 化学反应可知，导电离子为 CO_3^{2-}，CO_2在阴极为反应物，而在阳极是产物。其 MCFC 稳定的三相界面是由多孔电极内的毛细管的压力平衡来建立的。MCFC 工作时，CO_2是不断循环的，阳极产生的 CO_2再返回到阴极，从而确保电池正常连续工作。MCFC 可以作为独立的发电系统，但燃料电池目前不能转换燃料的全部能量，存在一定的损耗等因素，因此作为独立发电系统的 MCFC 效率较低。通常情况下，MCFC 可与燃气轮机进行联合发电，其发电效率和燃料利用率可以提高 60%左右，成本降低。

（4）固体氧化物燃料电池（SOFC）

在常见的几种燃料电池中，固体氧化物燃料电池（SOFC）在理论上能量密度是最高的一种。SOFC 的电解质为固体陶瓷，单体电池由两个多孔的电极和夹在中间的紧密电解质层构成。SOFC 工作时温度非常高，最高运行温度能达到 800~1000℃，所以其电解质具有传递 O^{2-}、分隔氧化剂和燃料的作用。氧气分子在阴极发生还原反应产生 O^{2-}。因在隔膜两侧存在电势差和氧浓度差，O^{2-}会定向跃迁到阳极侧与燃料进行氧化反应。

SOFC 在工作时，阴极侧的氧气因得到电子被还原成氧离子，氧离子因分压受压差作用通过电解质层中的氧空位输送到阳极侧，并与燃料发生氧化反应从而失去电子，其工作原理如图 5-4 所示。

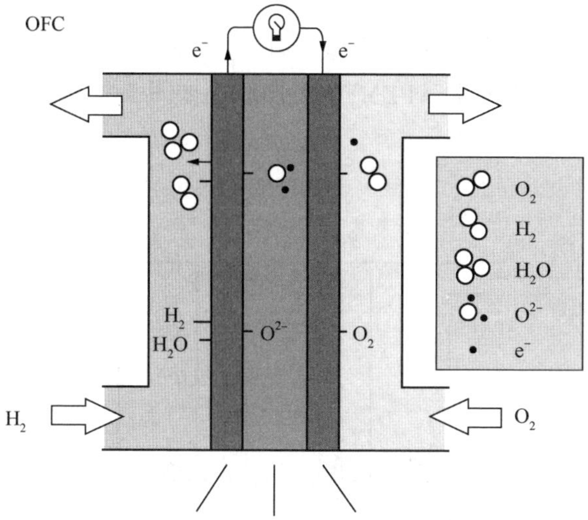

图 5-4 SOFC 工作原理图

SOFC 反应式如下。

阳极反应： $H_2+O^{2-}=H_2O+2e^-$ （5-9）

阴极反应： $1/2O_2+2e^-=O^{2-}$ （5-10）

总反应： $H_2+1/2O_2=H_2O$ （5-11）

SOFC 单体电池因实际功率有限，只能产生 1V 左右的电压，因此必须将若干单体电池通过串联、并联、混联的方式组成电池组从而大幅度提高功率以满足实际需求，方可具备实际应用条件。SOFC 通常用于中、小型固定式热电联产发电，热电材料的不断进步与创新也使其经济效益大幅度提高。SOFC 因工作温度通常在 650~1000℃，升温速率过快会对电池组件造成损害，故还存在启动时间缓慢（65~200min）等关键技术问题。

（5）质子交换膜燃料电池（PEMFC）

PEMFC 用聚合膜作电解质，又称为聚合物电解质燃料电池，同时与阴极、阳极和外电路组成。目前 PEMFC 在电动汽车和物料搬运领域的应用是最具潜力的。在燃料电池内部，质子从阳极穿过交换膜到达阴极，从而与外电路的电子构成回路，为外界负载供电。PEMFC 相比于其他电池工作温度较低（一般低于 100℃），同时还可以根据实际工作需求灵活调整输出功率。燃料电池排放物是水和水蒸气，能实现零污染；能源转换效率高达 60%~70%；工作过程中不会产生震动和噪声。此外，PEMFC 还具有启动速度快、比功率高、结构简单、操作方便等优势。

PEMFC 工作时，阳极催化剂促使燃料(H_2)离子化为氢离子(H^+)，随后氢离子(H^+)穿过质子交换膜到达阴极并释放电子(e^-)，对外电路做功；催化剂使氧化剂还原，与 H^+、e^-生成水。PEMFC 工作原理如图 5-5 所示。

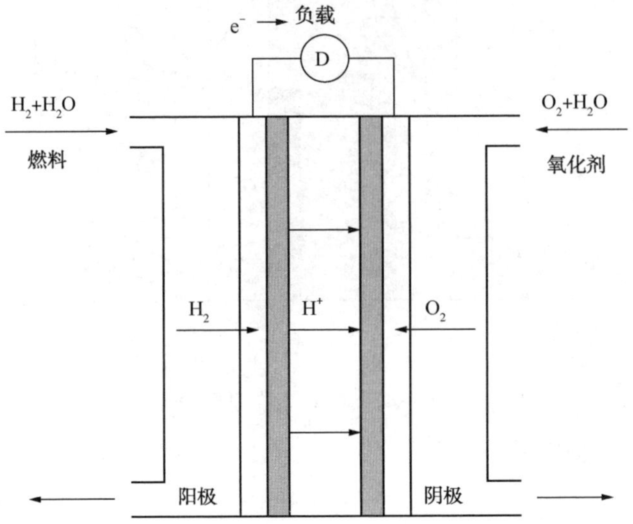

图 5-5　PEMFC 工作原理图

PEMFC 电化学反应如下。

阳极反应：$$4H^+ + 4e^- = 2H_2 \quad (5-12)$$

阴极反应：$$O_2 + 4H^+ + 4e^- = 2H_2O \quad (5-13)$$

总反应：$$2H_2 + O_2 = 2H_2O + \text{热量} \quad (5-14)$$

PEMFC 已经在客车、轻型汽车以及叉车领域得到应用。近几年，燃料电池汽车在性能方面取得了很大的突破与进步，其续航里程、最高时速等性能可与传统的汽油车相匹敌。在多种燃料电池当中，又属 PEMFC 的性能最佳。同时其应用也最广，接下来对其进行系统介绍(下文氢燃料电池代指质子交换膜燃料电池)。

5.1.2　氢燃料电池的工作原理

氢燃料电池的工作原理如图 5-6 所示。氢分子进入电池后通过扩散层达到催化层，在催化层上吸附解离形成黄色的电子以及质子，质子穿过聚合物薄膜，电子则通过外部电路产生电能到达阴极，与阴极的氧分子和达到阴极的质子结合生成水。同时，这个放电的过程还会产生一定的热能。其中，电极的主要功能是为燃料提供化学反应场所；H^+可通过质子交换膜进行传递；双极板的作用是将多节单电池进行串联，从而形成电堆；燃料和氧化剂等气体可以通过气体通道实现扩散，使电化学反应均匀。

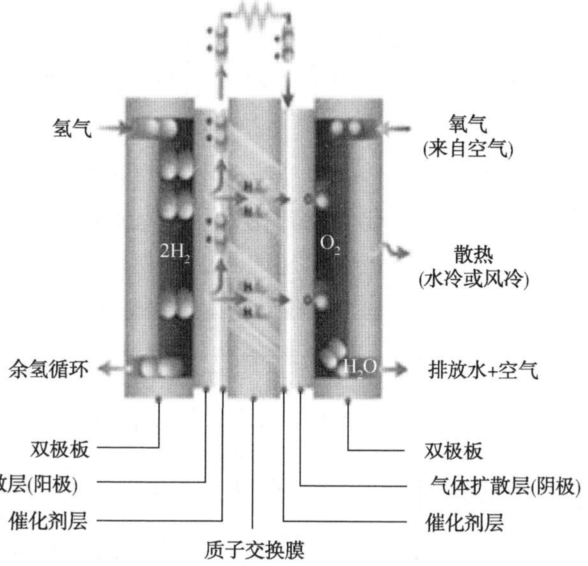

图 5-6 氢燃料电池的工作原理示意图

（1）质子交换膜

质子交换膜是氢燃料电池最为核心的组成部分，只有 H^+才能通过它来进行传播和扩散，而其他分子、离子是不能够通过质子交换膜的，这起到了很好的保护作用，故而氢燃料电池的功能优劣很大程度上取决于质子交换膜质量的优劣。全氟磺酸质子交换膜主要由碳氟主链以及带有磺酸基团的醋支链聚合物组成。该交换膜在国内达到了工业生产上的要求，已投入使用多年。

（2）电极

电极是氢燃料电池不可或缺的一部分，广泛应用的电极基本都是由催化反应层和扩散层所组成。扩散层主要是为催化层起到一个承载的作用，并且能够为反应物、生成物、电能和热能提供传送扩散的通道。

（3）膜电极(MEA)

如果构成交换膜的固态高分子聚合物与电极有直接的接触将会影响电能转换效率，造成不良后果。使全氟磺酸树脂充斥在阳极、阴极和质子交换膜之间，再对该树脂施加一定压力和湿度，可使三者紧密地结合在一起，避免了上述的不必要影响，这就是膜电极(MEA)的由来。

(4) 双极板

在常温状态下，氢燃料电池的输出电压是比较低的，通常情况下实物不会超过1V，这也是上文所说的氢燃料电池的缺点之一，而在工业生产中所需要的电压往往要高于此电压，这就需要双极板的中间作用。双极板能够将多个单节燃料电池实现完美的串联作用，使得上一节电池的电极与下一节电池的电极相连接，并且保证反应气体能够在各个极板上面平均地分布，这样就可得到较高的电压，满足工业上的需求。

氢燃料电池工作的性质与传统电池有着本质的区别，它能够利用电化学反应将存储于燃料与氧化剂之中的化学能转化为可以应用到民事、军事等各领域的电能，并且控制方法清晰明了。工作原理如图5-7所示。

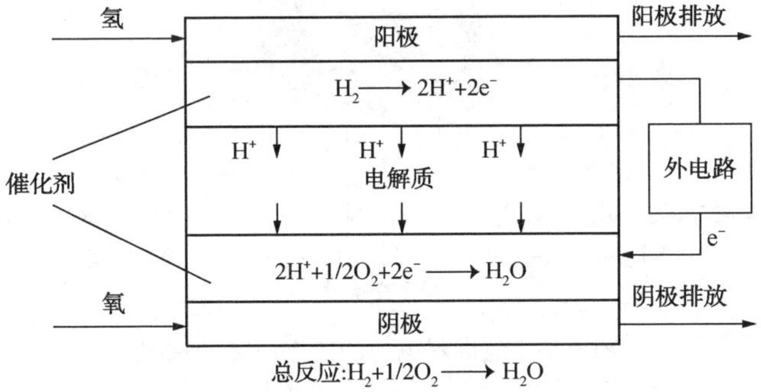

图5-7 氢燃料电池工作原理

氢气首先通过阳极和催化层，在催化剂的催化下分解成电子和H^+。质子会直接通过交换膜到达阴极，电子在通过外电路到达阴极的过程中会对负载进行供电。同理，在另一侧的阴极氧化剂会在加湿之后，再在催化层的催化剂作用下发生还原反应，即氧化剂与传送过来的氧离子和电子结合生成水和热能。在整个的氢燃料电池氧化还原反应过程中，实质上就是电解水的逆过程，并不涉及燃烧等有危险的过程，并且唯一产物也是可以循环利用的水资源，符合清洁环保的理念。

PEMFC的发展主要面临的问题是成本问题，PEMFC装置的成本主要来源之一是负载在阴极的Pt基ORR(氧还原反应)电催化剂。使用非贵金属催化剂能从根源上解决成本问题。目前在酸性体系下，非贵金属基催化剂除Fe基和Co基单原子催化剂在半电池RDE(旋转圆盘电极)测试过程中能够表现出与商业Pt/C相近的催化活性外，在 PEMFC 测试过程中表现出的性能仍与 Pt 基催化剂有较大差距，且稳定性仍面临巨大的挑战。

此外，氢氧燃料电池按照不同的运行环境可以分为在酸性条件下运行的 PEMFC 和在碱性条件下运行的 AEMFC。由于 PEMFC 中的质子交换膜制备工艺较为成熟，近年来研究人员对 PEMFC 进行了深入的研究。与酸性条件的 ORR 电催化剂相比，在碱性条件下非贵金属基 ORR 电催化剂均能表现出与 Pt 基催化剂相当甚至优于 Pt 基催化剂的催化性能。

因此，相比于 PEMFC，在 AEMFC 体系中更容易降低膜组件的成本。AEMFC 的研发一直受限于阴离子交换膜的技术难题，近年来随着阴离子交换膜技术的突破，AEMFC 也受到了更多的关注。AEMFC 在一定程度上能缓解 PEMFC 所面临的技术难题，提供了更精巧、稳定和经济有效的系统，有可利用的非贵金属基 ORR 电催化剂，很大程度上降低了体系的复杂性。然而 AEMFC 的发展仍面临众多挑战：①在碱性条件下 HOR(氢氧化反应)的衰减速率十倍于酸性条件下，因此需要更多的贵金属来催化 HOR 反应。②由于 CO_2 会与 AEMFC 体系中的碱性电解液发生反应，形成不溶性的碱金属碳酸盐沉积影响电池性能，因此，AEMFC 的 CO_2 耐受性很差。③在 AEMFC 体系下水产生在阳极，阳极产生的过多的水会导致催化剂失活，而发生在阴极的 ORR 反应是一个消耗水的过程，水管理问题对于该体系是一个挑战。

虽然近年来氢燃料电池的基础研究与工程化应用都得到了大力发展，但仍面临诸多挑战，通过开发高效、高稳定性的非贵金属基催化剂，提高燃料电池系统的耐用性与可靠性，减小燃料电池系统尺寸，改善气/水/热量循环等方式来降低装置的制造成本，提高系统运行效率仍是氢燃料电池发展过程中亟待解决的问题。

5.1.3 氢燃料电池的应用

氢燃料电池作为将氢能的化学能转化为电能的能量转换装置，具有转换效率高、环保无污染(噪声/尾气)、适应性强、稳定性好等诸多优势，能够应用在军事、航天等重要的军工领域，并且在变电站、汽车以及电源等民用领域有着不可替代的作用。氢燃料电池的能源储存转换示意如图 5-8 所示。

基于氢燃料电池的工作特性，其适用场景可以分为三大类，分别为固定式发电装置、交通运输动力系统和便携式供电系统(如图 5-9 所示)。其中固定式发电应用主要是通过将新能源发电产生的多余电量用来电解水制氢，并将氢气储存，在需要时可通过氢能发电机和燃料电池两种技术手段实现由氢能向电能的转化，用来解决电网削峰填谷、新能源稳定并网问题，提高电力系统安全性、可靠性、灵活性，大幅降低碳排放，并推进资源可持续发展战略。氢能储能发电具备能源来源简单、丰富、存储时间长、转化效率高、几乎无污染排放等优点。

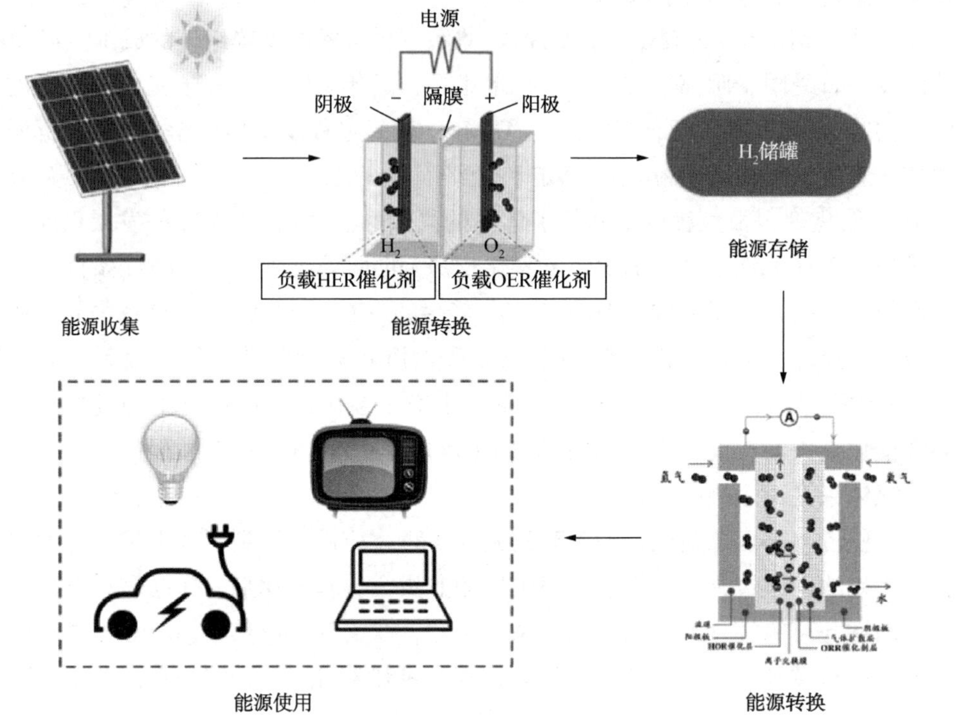

图 5-8　氢燃料电池的能源储存转换示意图

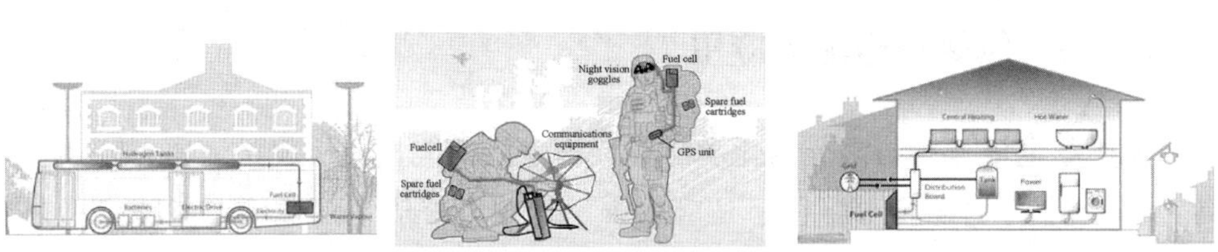

图 5-9　氢燃料电池典型应用场景举例

另一个燃料电池的固定式应用是小型热电联供系统，如图 5-10 所示。其用于家庭或小型商业建筑同时提供热量和电力，以避免长距离运输电力 6%～8%的能量损失，达到节能效果。美国 BloomEnergy 生产固体氧化物燃料电池发电系统主要用于数据中心和办公楼宇等商业用户，2019 年销售量达到 1194 套。日本通产省 2005 年起启动 Ene-Farm 计划，由松下、东芝、爱信精机等生产商负责开发 700~750W 家用燃料电池热电联供系统。中国的燃料电池微型热电联供系统正在初步研发阶段。

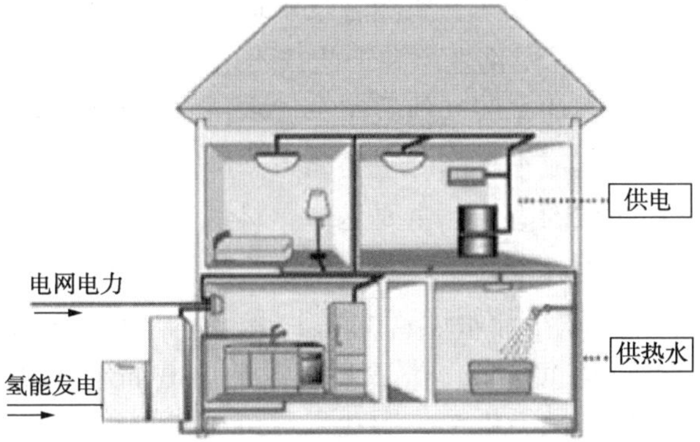

图 5-10 小型热电联供系统示意图

氢燃料电池在交通运输动力系统中的应用也是目前燃料电池产业发展的重点方向(如图 5-11 所示)。与纯电动汽车和传统燃油车相比，燃料电池汽车具有温室气体排放低、燃料加注时间短、续航里程高等优点，较适用于中长距离或重载运输，当前燃料电池汽车产业政策也优先支持商用车发展。燃料电池汽车产业处于起步阶段，燃料电池汽车企业数量较少，产销规模较小，当前燃料电池汽车的购置成本还较高，尚不具备完全商业化的能力，技术和成本是限制燃料电池市场化的主要因素。燃料电池汽车成本未来有较大下降空间。燃料电池车适合重型和

图 5-11 氢燃料电池在交通运输中的应用示意图

长途运输，在行驶里程要求高、载重量大的市场中更具竞争力，未来发展方向为重型卡车、长途运输乘用车等。根据国际氢能协会分析，燃料电池汽车在续航里程大于650km的交通运输市场更具有成本优势。由于乘用车和城市短程公共汽车续航里程通常较短，因此纯电动汽车更有优势。

燃料电池汽车主要包括燃料电池系统、车载储氢系统、整车控制系统等。其中，燃料电池系统是核心，成本有望随着技术进步和规模扩大而下降。根据国际能源署(IEA)研究，随着规模化生产和工艺技术的进步，2030年燃料电池乘用车成本将与纯电动汽车、燃油车等其他乘用车成本持平，其中燃料电池系统的成本下降是推动燃料电池汽车成本下降的主要动力。

氢能在铁路交通领域的应用，主要是与燃料电池结合构成动力系统，替代传统的内燃机。目前氢动力火车处于研发和试验阶段，德国、美国、日本和中国等国走在前沿。德国在2022年开始运营世界上第一条由氢动力客运火车组成的环保铁路线，续航里程可达1000km，最高时速达到140km。我国在2021年试运行国内首台氢燃料电池混合动力机车，满载氢气可单机连续运行24.5h，平直道最大可牵引载重超过5000t。氢动力火车的优点在于不需要对现有铁路轨道进行改建，通过泵为火车填充氢气，并且噪声小、零碳排放。但是现阶段发展氢动力火车也存在一些挑战。一方面，氢燃料电池电堆成本高于传统内燃机，组成氢动力系统后(含储氢和散热系统等)成本将进一步增加，搭载氢能源系统的车辆成本较高。另一方面，由于技术不成熟、需求少等因素，目前加氢站等氢能源基础设施的建设尚不完善。

氢及氢基燃料是航运领域碳减排方案之一。通过氢燃料电池技术可实现内河和沿海船运电气化，通过生物燃料或零碳氢气合成氨等新型燃料可实现远洋船运脱碳。我国部分企业和机构基于国产化氢能和燃料电池技术进步已经启动了氢动力船舶研制。现阶段，氢动力船舶通常用于湖泊、内河、近海等场景，作为小型船舶的主动力或大型船舶的辅助动力。海上工程船、海上滚装船、超级游艇等大型氢动力船舶研制是未来发展趋势。

总体而言，氢动力船舶整体处于前期探索阶段，高功率燃料电池技术尚未成熟，但随着氢存储优势显现，燃料电池船舶市场渗透率将逐步提升。预计到2030年我国将构建氢动力船舶设计、制造、调试、测试、功能验证、性能评估体系，建立配套的氢气“制储运”基础设施，扩大内河/湖泊等场景的氢动力船舶示范应用规模，完善水路交通相关基础设施；到2060年完成我国水路交通运输装备领域碳中和目标，在国际航线上开展氢动力船舶应用示范，提升我国氢动力船舶产业的国际竞争力。

由于化石燃料的资源有限和大量开采，当今世界新能源的开发迫在眉睫。氢燃料电池因其高效率、高可靠性、运行无噪声等特点，广泛应用于电动汽车的动力电源领域以及集中式或分散式电站，为商场、医院、酒店、工厂车间等诸多场所提供电能和实现热电联产等。中国对于燃料电池的研究起步较晚，在燃料电池电极、电解质以及催化剂等主要核心部件及材料的研发方面较行业领先国家还有一定的差距。通过对行业领先国家的氢燃料电池产业的发展历程和共性问题进行研究，可以给中国氢燃料电池产业发展进程完善思路和提供创新想法，促进中国氢燃料电池更好、更快发展。目前看来，我国的燃料电池距离大规模使用还有很长的路要走，相信随着燃料电池和氢能源技术的不断提高与快速发展，同时在国家和政府的大力支持下，有望实现 2030 年大规模推广以及 2050 年普及应用。

5.2 氢内燃机

内燃机通过燃烧实现燃料化学能向热能及动能的转化，传统内燃机主要以石油作为燃料，燃料完全燃烧时产物为水和二氧化碳。但由于燃料的供给与空气的混合程度等原因会造成燃料的不完全燃烧，使汽车尾气中还包含一氧化碳、碳氢化合物、氮氧化合物（NO_x）及颗粒物等物质。汽车尾气中的有害物质的超额排放会对环境造成污染，同时 CO_2是一种较大比热容的物质，传统内燃机汽车排放的大量 CO_2会造成温室效应，对全球气候变暖会产生重大影响，因而国内外学者和工业界领域纷纷将目光瞄准纯电动汽车、混合动力汽车、燃料电池汽车以及新型内燃机等车辆动力系统节能减排方案的探索工作。表 5-2 列出了常温常压下氢气、汽油、醇类、天然气和液化石油气的主要物化特性对比。

表 5-2 氢气与常见化石燃料的主要物化特性

特性参数	燃料种类						
	氢气	汽油	醇类		天然气	液化石油气	
			甲醇	乙醇		C_3H_8	C_4H_{10}
H/C 原子比	—	2.0~2.3	4	3	4	2.67	2.5
密度（液相）/（kg/L）	0.071	0.72~0.78	0.79	0.81	0.424	0.508	0.584
密度（气体）/（kg/m^3）	0.089	—	—	—	0.714	1.964	2.589
沸点/℃	-253	30~190	65	78	-162	-42	-0.5

续表

特性参数	燃料种类						
	氢气	汽油	醇类		天然气	液化石油气	
			甲醇	乙醇		C_3H_8	C_4H_{10}
汽化潜热/(kJ/kg)	120	44.0	19.5	25.0	50.1	46.1	45.5
化学计量(质量)空燃比	34.2	14.6~14.8	6.5	9.0	17.24	15.56	15.43
化学计量混合气低热值/(MJ/kg)	3.41	2.80	2.60	2.50	2.75	2.77	2.77
辛烷值 RON/MON	—	91~98 / 82~88	111/92	108/92	130/100	111/97	103/89
自燃点/℃	580	550	450	420	650	480	440
点火范围(过量空气系数)	0.5~10.5	0.4~1.4	0.34~2.0	0.3~2.1	0.7~2.1	0.42~2.0	0.36~1.84
最小点火能量/mJ	0.02	—	0.215	0.65	0.32	0.305	0.38
火焰最大传播速度/(m/s)	3.1	0.37	0.52		0.34	0.32	

由表5-2的对比可以发现，仅依靠天然气、醇类及液化石油气之类的含碳燃料代替汽油和柴油来解决发动机的污染物排放问题，只能对环境污染起到缓解作用而非根治。氢气是众所周知的“清洁”能源载体，它最大的优点在于不含碳，不会产生含碳污染物排放。同时，与汽油、天然气、醇类和液化石油气等燃料相比，氢气具有低热值高、扩散性好、燃烧速度快、热效率高等优点，有望成为替代传统化石燃料作为车用内燃机的绝佳燃料，本节主要对氢内燃机动力系统进行简要介绍。

5.2.1 纯氢内燃机

氢内燃机研究的起源始于19世纪中期，但实用性的氢内燃机直到20世纪初期才开始出现。氢内燃机的工作原理与传统内燃机相差无几，以氢气为燃料，由于其较低的点火能量需求与较高的自燃温度点的特点，可以通过对传统内燃机增加一套氢气供给系统并对点火系统进行少许改造就可以得到氢内燃机。目前氢内燃机技术较为成熟，对其研发的成本相对较低。用于氢内燃机的氢燃料纯度要求与氢燃料电池相比较低，一般的水煤气法制取的氢气、氨气分解制取的氢气、甲醇裂解制取的氢气以及工厂副产品氢气的纯度都可以满足氢作为内燃机燃料，因此，用于氢内燃机燃料的氢气来源较为广泛，价格相对氢燃料电池较为低廉。由于与传统内燃机具有基本相同的零部件结构，其维护与保养可以与传统内燃机相同，且成本较低，易被广大用户接受。

氢内燃机缸内氢气的燃烧速度很快，缸内温度很高，气缸壁等部件散失大量的热，使得效率值必然低于理想的卡诺循环，也就较燃料电池的效率低。实际情况下，燃料电池只在低负荷下才具有较高效率，随着负荷增加，需要燃料电池输出的电流也增大，热损失随电流增大呈指数关系增加；高负荷时，燃料电池的效率与内燃机的效率相差无几。有关研究表明，在与发动机相同的测试条件下，氢气的燃烧速度更快，氢内燃机等容度更高，使得氢内燃机热效率较传统燃油内燃机高。在大多数工况下，只以氢气为燃料的氢内燃机可以实现零排放，即使在高负荷下，其排放物中也只有 NO_x，对排放的控制较传统内燃机更容易。其原因是由于氢气的燃烧温度高达 2000K 以上，在富氧环境下，空气中的氧气和氮气在高温条件下发生反应生成 NO_x。所以理论上讲，NO_x是氢内燃机产生的唯一有害排放物。

随着大气环境污染和温室气体效应问题受到关注，能够实现“准零排放”的纯氢内燃机逐渐成为内燃机领域的研究热点。通过对比纯氢内燃机与汽油机的动力性能，Sopena 等人研究发现在低速小负荷工况下纯氢内燃机的比燃油消耗率显著低于汽油机，但在大负荷条件下二者相当，同时在相同的节气门开度条件下，纯氢内燃机的制动平均有效压力显著低于汽油机。该项研究表明纯氢内燃机在低速小负荷工况下能够获得较汽油机更高的热效率，但由于氢气的混合气热值小于汽油，因此气道喷射内燃机燃用氢气时动力性会有所下降。通过纯氢内燃机及传统汽油机热效率及 NO_x排放指标的试验结果对比，Verhelst 等人发现纯氢内燃机的有效热效率在全工况下均高于汽油机，然而其 NO_x 排放量较汽油机高，当量比大于 0.5 后，纯氢内燃机的 NO_x排放量随当量比增大迅速上升，可见采用稀薄燃烧是控制纯氢内燃机 NO_x排放的有效手段。

氢气具有极高的质量低热值，采用氢气缸内直喷能够有效改善纯氢内燃机的动力性。Antunes 等人基于柴油机改造了一台缸内直喷纯氢内燃机，并对其动力和经济性能进行了试验研究。试验结果显示直喷纯氢内燃机具有较原机更好的动力性，其最高功率较原机提高了 14%，此外，在纯氢缸内直喷模式下内燃机的热效率由原机的 28%提高至 43%，氮氧化物排放相比原机降低了 20%。为研究喷氢相位对直喷纯氢内燃机燃烧及排放性能的影响规律，Mohammadi 等人通过台架试验测试了不同喷氢相位下内燃机的输出功率、热效率、氮氧化物排放等性能指标，其结果表明在进气行程喷射氢气虽然能够抑制回火，但由于充气效率降低，在进气行程喷氢策略下内燃机的热效率及输出功率较低；在压缩行程后期喷氢能够实现超过39%的内燃机热效率以及0.95MPa的制动平均有效压力，内燃机的经济性和动力性均得到显著改善，同时在稀薄燃烧策略的配合下内燃机氮氧化物排放也可以得到有效抑制。北京理工大学对进气道喷射纯氢内燃机的回火现象展开了试验及数值计算研究，研究发现当燃空当量比超过0.65后纯氢内燃机即有可能发生明显的回火现象，在影响回火现象产生的诸多因素中，燃烧室内进气门壁面处混合气的温度及氢气组分浓度是影响回火现象发生的两个关键因素；并与长安汽车公司合作对氢内燃机电子控制技术及氢内燃机稳定性和排放控制等方面的技术进行了研究，开发出国内第一台氢内燃机样机，实现了点火试验。

纯氢内燃机具有较高的热效率并能实现碳氢化合物及一氧化碳的准零排放，然而相比于汽油机纯氢内燃机存在高负荷动力性较差的问题，同时其较高的氮氧化物排放也难以满足当前的城市大气细颗粒物减排要求。采用稀燃或在进气中引入废气再循环技术虽然可以抑制纯氢内燃机的氮氧化物生成，但势必会导致其动力性的进一步下降。采用氢气缸内直喷的方式能够改善动力性，然而氢气较差的润滑性能又为氢气喷嘴的可靠性带来了新的挑战。此外，由于氢气较宽的燃烧界限及较高的扩散速率，纯氢内燃机易发生回火现象，由汽油机直接改装的纯氢内燃机具有安全隐患。同时，高能量密度储氢技术还有待进一步开发，城市氢基础设施目前尚不完善，这都为纯氢内燃机在短期内的推广带来了困难。

5.2.2 掺氢内燃机

氢能在内燃机中应用的另一种方式是将氢气与汽油、天然气、醇类等基础燃料进行掺烧，即掺氢内燃机。掺氢内燃机利用氢气独特的分子结构和理化、燃烧特性，改善基础燃料的氧化路径及缸内火焰传播过程，从而实现相对于原机更高的热效率和更低的排放。

相比于纯氢内燃机，掺氢内燃机以氢气作为燃烧的促进剂，氢气量的使用较少，可随车制取使用，从而避免了储氢设备及氢气加注设施不完善的问题，同时较少的氢气喷射量也有利于降低回火等不正常燃烧现象的出现频率，提高了燃油供给系统的稳定性。此外，掺氢内燃机的主燃料仍为汽油、天然气、醇类等含碳燃料，其燃烧产物中包含具有较高摩尔比热容的 CO_2 组分，掺氢燃料的绝热火焰温度较纯氢低，有利于抑制氮氧化物的生成，同时汽油、醇类等液态燃料较高的混合气热值也有利于保证掺氢内燃机的低负荷动力性。基于以上原因，掺氢内燃机也被认为是一种高可靠、低成本地实现内燃机高效清洁燃烧的技术方案。

掺氢内燃机能够改善燃烧过程燃料的氧化路径，实现清洁燃烧。黄佐华等人通过理论计算得出，掺混氢气后层流火焰中 H、O、OH 自由基摩尔浓度上升，强化了 CH_4 的脱氢反应速率及氧化过程末期 CO 向 CO_2 的转化过程，掺氢后 CH_4、CO 组分摩尔浓度降低，燃料的完全燃烧程度得到改善；同时，掺氢后甲烷的氧化路径向低碳反应移动，从而抑制了颗粒物排放生成；但掺氢对 NO_x 生成反应的作用较小，掺氢难以通过优化燃烧路径的方式改善燃料的氮氧化物排放。Halter 等人研究发现，混合气燃烧速率随掺氢体积分数增大而提高，而提高燃烧初始压力会导致燃烧速率下降。掺氢后火焰锋面内 H、O、OH 自由基浓度上升是乙炔燃烧反应加速的主要原因，由于乙醇通过分解反应能够生成 OH 自由基，因此其燃烧过程主要通过掺氢后 H、OH 自由基浓度上升得到加速。

浙江大学杜天申等人通过在汽油内燃机中添加 5% 的氢气，发现与原始汽油发动机相比，同等条件下所有 CO、碳氢化物和 NO_x 均出现不同程度降低。李径定等人通过燃烧化学动力学机理，研究汽油混合气中掺入氢气，可扩展混合气燃烧范围，提高火焰传播速度，加快稀薄混合气的燃烧速度，不仅改善了汽油机的经济性和排放性，而且提升了内燃机的燃烧热效率。

掺氢燃料内燃机可利用氢气独特的物理化学属性改善基础燃料氧化路径，优化湍流火焰结构，从而实现高效、清洁、稳定燃烧。由于掺氢燃料的绝热火焰温度远低于纯氢，且可以利用氢气宽广的燃烧界限通过稀燃方式实现低温燃烧，因此掺氢内燃机的 NO_x 排放低于纯氢内燃机，其推广应用有利于细颗粒物防治。由于掺氢内燃机用氢量较小，可利用车载制氢机随车制取，因此掺氢内燃机车辆对于氢能基础设施的依赖性较弱，具有和传统汽油机汽车相同的行驶里程。此外，控制掺氢内燃机单次喷氢量在氢气稀燃极限以下，可以避免回火等现象的发生，进而不必对原有汽油机进行改装即可保证安全运行。因此，掺氢内燃机符合当前大气污染防治需求、可在短期内推广应用的内燃机节能减排技术路径。

5.3 氢冶金

钢铁工业是世界各国关注的重点碳排放行业，是在所有制造业领域中碳排放量最高的行业，也是落实碳减排的重要领域。我国作为世界钢铁生产和消费中心，2020 年粗钢产量 10.65 亿 t，占全球粗钢总产量比重为 56.7%，而我国钢铁以高炉-转炉长流程生产工艺为主，按照目前每生产 1t 粗钢约排放 1.8t 二氧化碳计算，排放总量约 19.2 亿 t，无疑是实现碳减排目标需关注行业中的重点领域之一。

将氢气用于钢铁制造的氢冶金工艺为变革性技术，采用氢气取代焦炭作为还原剂，开展氢冶金技术研究，是氢能在钢铁行业中的重要应用，有望改变现有钢铁产业环境，是钢铁产业优化能源结构、工艺流程和产业结构，彻底实现低碳绿色可持续发展的有效途径之一。目前国内外氢冶金技术路线主要分为两大类技术工艺，即富氢还原高炉和氢气竖炉直接还原技术。

高炉富氢还原炼铁是利用焦炉煤气或改质焦炉煤气替代部分焦炭，用来还原铁矿石，该项技术的目标是减少 10% 的碳排放。主要包括富氢还原铁矿石技术、焦炉煤气改质技术和高强度高反应性焦炭生产技术。焦炉煤气改质技术是通过催化裂解将焦炉煤气中的碳氢化合物转变为氢气，改质后的焦炉煤气中的氢气含量可达到 60% 以上。高炉喷吹 H_2 或富氢气体有助于增加生铁产量，并在一定程度上实现节焦或节煤，降低碳排放。但由于喷吹 H_2 或富氢气体后，炉顶煤气 H_2 利用率不断降低，喷入的清洁能源 H_2 未能高效利用，而且在炉内掺入 N_2 等杂质成分(由于鼓风使炉内煤气含有 50% 左右的 N_2)，增加了炉顶煤气分离难度，导致顶煤气循环成本高；同时，富氧、H_2 或富氢气体的成本增加将制约高炉喷吹富氢气体的综合经济效益；另外，由于高炉的冶炼特性，焦炭的骨架作用无法被完全替代，H_2 喷吹量存在极限值。因此，高炉通过喷吹含氢介质富氢还原实现碳减排的潜力受到限制，一般认为高炉富氢还原的碳减排幅度可达 10%~20%，难以经济地实现更大幅度的碳减排以及碳中和的目标。目前致力于研究此工艺路线的国家主要有中国、日本、韩国、德国等，如 2008 年日本启动的以氢直接还原铁矿石的 COURSE50 项目，其技术路线如图 5-12 所示。

氢气竖炉直接还原技术采用 H_2 作为还原剂，氢气来源于电解水，还原尾气产物只有水，可大幅降低 CO_2 排放量。其中富氢煤气竖炉直接还原技术早在 20

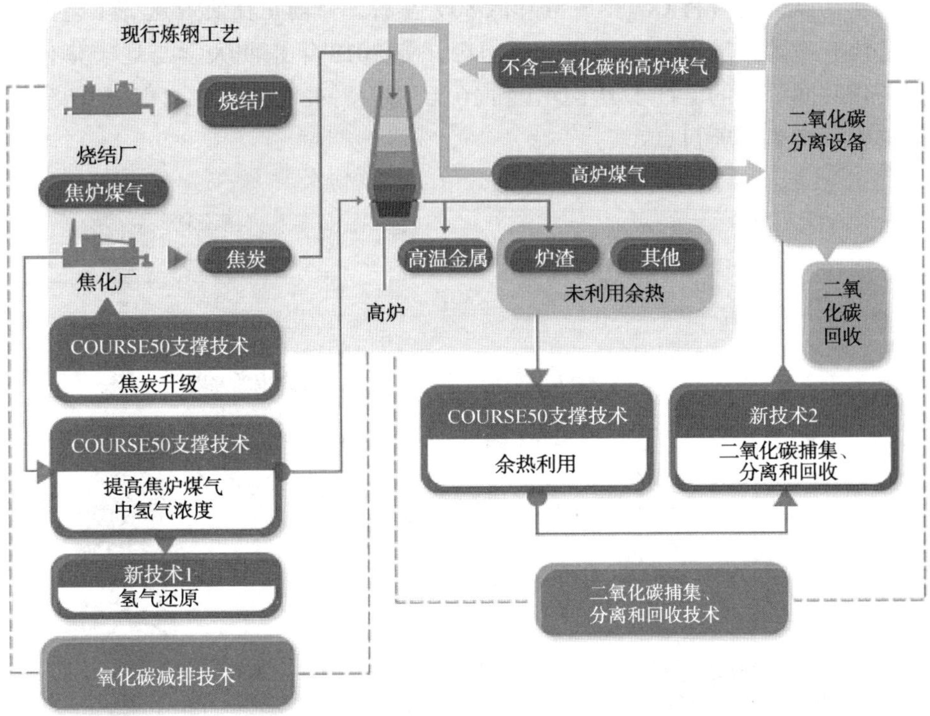

图 5-12 日本 COURSE50 项目技术路线图

世纪中叶就实现了工业化应用。目前世界上正在运行的以天然气或煤制合成气直接还原铁的竖炉达几十座，多数竖炉入炉煤气的氢气含量已达到 55%～80%。目前具有代表性的技术是 Midrex 工艺，其工艺流程如图 5-13 所示。将外部生成的氢气引入常规 Midrex 生产系统，无须重整装置，利用气体加热装置将氢气加热到所需温度。实际生产时入炉还原气中的氢气含量约为 90%，根据计算，生产每吨铁的氢气消耗量约为 550Nm^3，另外还需 250Nm^{3}的 H_2作为入炉煤气加热炉的燃料。

氢气竖炉直接还原过程中，在入炉煤气温度一定的条件下，H_2还原速度并非随 H_2含量呈线性增加，这主要是因为 H_2还原能力受反应器内部温度场的制约。当 H_2含量不高时，增加 H_2含量会加快还原进程并达到还原速率的最大值，最大值时的氢含量是该条件下的最佳比例。但是，当 H_2含量进一步增加后，H_2还原铁矿石吸热将使铁矿石床层温度降低，而且这一效应逐渐占据主导地位，铁矿石还原速率将持续受到阻碍。这是移动床中温度场派生效应相互消长的结果。这时，若想提高还原反应的速率并保证产能，必须通过增加入炉 H_2流量，或者用其他物理方法向床层补充热量保持高温，才能达到氢气快速还原的效果。与高炉流程相比，该工艺可将 CO_2 排放量降低 80%左右，目前正在研究这一工艺路线的国家主要有中国、瑞典、奥地利、德国等，如 2018 年东北大学与辽宁华信钢铁集团公司共同筹建的年产 1 万 t DRI 和 10 万 t 精品钢的煤制气-富氢气基竖炉-电炉短流程示范工程项目。

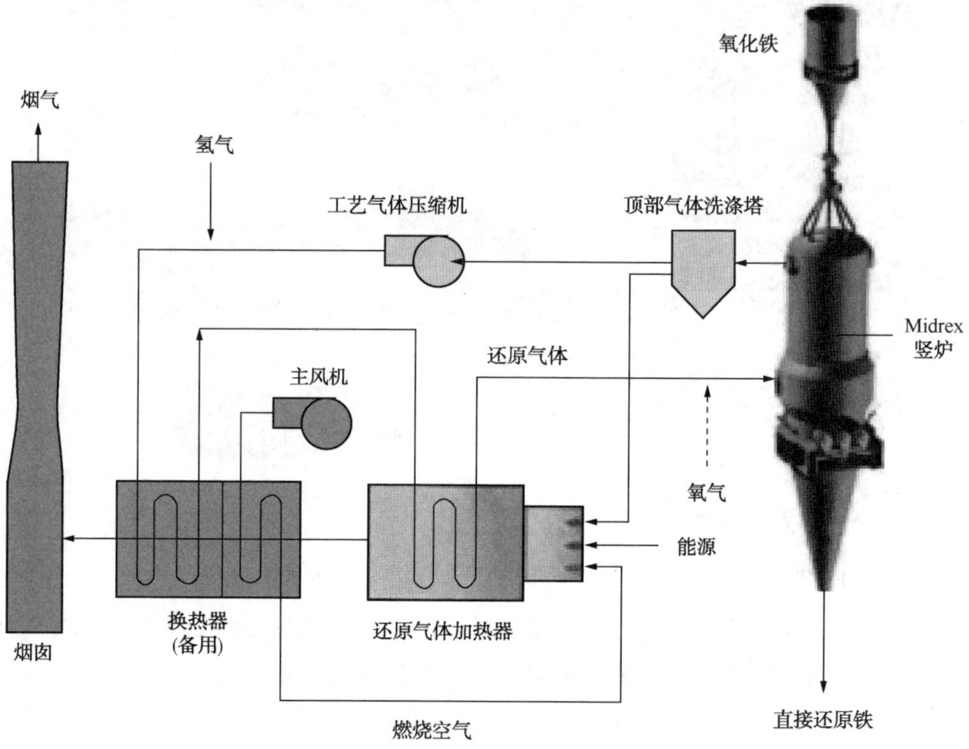

图 5-13 Midrex 工艺流程图

在传统的高炉冶铁工艺方面，目前我国生产 1t 铁大约需要消耗 340kg 焦炭，粗算铁还原剂成本约为 1000 元/t，碳排放量约 1.2t。氢冶金方面，按照日本钢铁协会估算生产 1t 生铁需要 1000Nm³ 氢气，折合质量约 90kg。综合分析，从成本角度上考虑目前氢冶金还是很难替代当前的主要冶炼工艺。发展氢冶金的重点方向之一是降低氢的生产成本。未来随着氢生产成本的降低及碳税的普及，氢冶金也将逐渐推广应用。

第6章

氢储能新材料

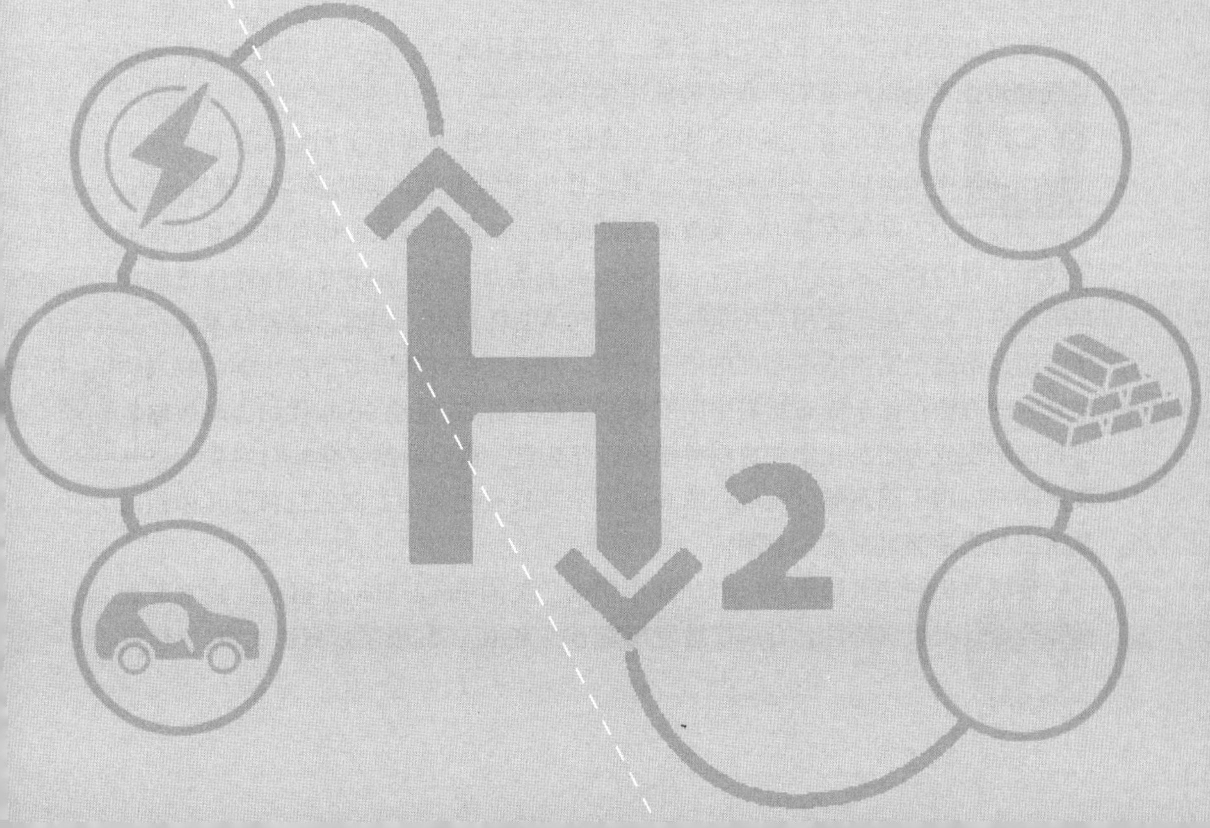

氢作为洁净高效的能源载体，氢气的制备、存储和转化利用与新材料的设计开发密切相关，这其中由氢原子与其他一种或多种元素所形成的化合物通常被称为氢化物或含氢化合物，包括金属的氢化物、氨基化合物、硼氢化物、氨基硼烷等。目前文献中对氢化物的定义并不统一。传统的氢化物是指氢与正电性的元素或基团形成的化合物，如 NaH 和 KH 等。根据氢与另一个元素成键的性质可将氢化物划分为离子型（如 NaH、KH）、共价型（如 H_2O、NH_3）和金属型（如 TiH_x、LaH_x）三类。

氢化物是一类化学性质非常活泼的物质，因其较为独特的物理化学性质，在作为固态储氢材料、镍氢电池电极材料、水解制氢材料、氢同位素分离材料等应用方面展现出丰富的潜能，在众多与洁净能源利用相关的领域已经展现出独特的性质和强大的功能。本章在对上述物质的物理化学性质与合成工艺进行介绍的基础上，着重介绍这类氢储能新材料在氢气的存储和利用等方面取得的进展。

6.1 固态储氢材料

氢气在常温、常压下为气体状态，其体积能量密度非常低，因此安全高效的氢气储运技术是制约氢能产业发展的瓶颈技术之一。常用的氢气储运技术在第 4 章中已经做了详细介绍，本节所述的固态储氢材料主要对应于固定式和移动式两种应用场景中的金属氢化物材料，尤其是作为燃料电池车载的移动式储氢技术，须具备体积小、储氢容量大、吸放氢条件温和、加氢速度快、循环性好和成本低等特征。目前较多采用的高压气态储氢方式具有加氢/放氢速度快和操作过程简单等优点。但是由于使用高压氢气，压缩气体能耗较大。同时，这种技术存在安全隐患，不适于室内或高密度的停车区域。而将氢在较低压力下以化学吸收或物理吸附的方法存储于固态材料中则安全性更高。自 20 世纪 90 年代始，高效储氢材料的研发成为能源化学与材料科学的研究热点，众多新型氢化物材料先后被开发出来并应用于固态储氢领域，图 6-1 展示了具有代表性的储氢材料及其体积储氢密度与质量储氢密度示意图。

金属氢化物储氢始于 20 世纪 60 年代末。美国 Brook Haven 国家实验室发现镁镍合金具有吸氢特性，金属镁被发现能形成 MgH_2，其吸氢量高达 7.6%，但反

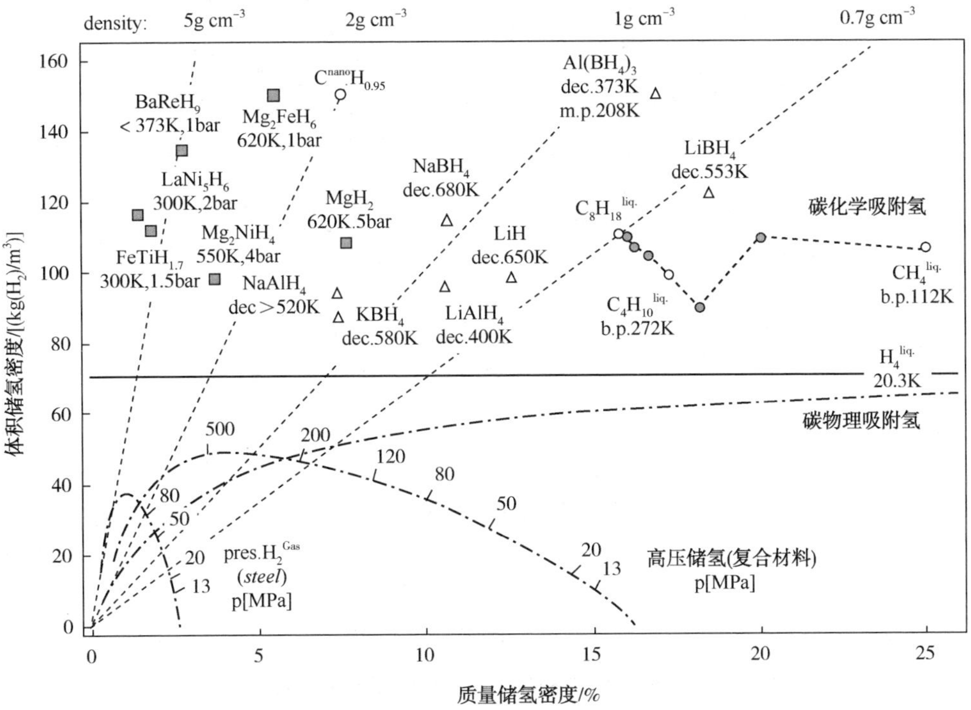

图 6-1 部分代表性氢化物的体积储氢密度和质量储氢密度示意图

应速度较慢。荷兰菲利普实验室在研究磁性材料时，也发现 $LaNi_5$ 能大量可逆吸/放氢。1974 年日本松下电器公司发现钛锰合金具有吸氢能力。国际能源署(IEA)制定的车载储氢系统的指标为质量储氢容量 5%和体积储氢容量 $40kg/m^3$。而传统的金属氢化物如 $LaNi_5H_6$ 和 $FeTiH_x$ 等虽然可在较低的温度和压力下进行氢的吸/脱附并具有较高的体积储氢容量，但是质量储氢容量偏低。实际上，氢几乎可以与元素周期表中的各种元素反应，生成各种氢化物或含氢化合物。前述 La-Ni 系储氢合金属于稀土系 AB_5 型储氢合金，此外，储氢合金还包括 AB_2 型 Laves 相合金、AB 型储氢合金(Ti 系合金)、Mg 系储氢合金等。

6.1.1 稀土 La-Ni 系合金(AB_5型)

$LaNi_5$ 材料是 AB_5 型稀土系合金的典型代表，其具有 $CaCu_5$ 型六方结构，如图 6-2 所示，在室温下即可与 6 个氢原子结合生成 $LaNi_5H_6$，具有动力学性能优良、易活化且平衡压平坦适中，吸/放氢平衡压差小及抗杂质气体中毒性好等优点。

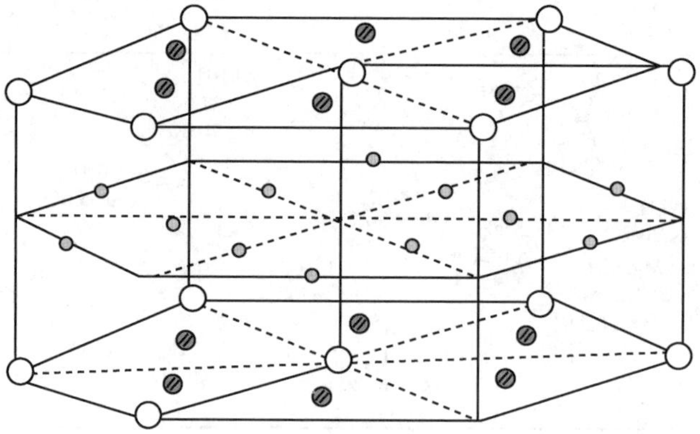

○ La 1a(0, 0, 0)

● Ni (A位) 2c $\left(\frac{1}{3}, \frac{2}{3}, 0\right)\left(\frac{2}{3}, \frac{1}{3}, 0\right)$

○ Ni (B位) 3g $\left(\frac{1}{2}, 0, \frac{1}{2}\right)\left(0, \frac{1}{2}, \frac{1}{2}\right)\left(\frac{1}{2}, \frac{1}{2}, \frac{1}{2}\right)$

图 6-2　$LaNi_5$晶体结构示意图

$LaNi_5$合金材料在吸氢后，$LaNi_5$晶胞体积膨胀约 24%，使 $LaNi_5$晶体结构中的 a 轴发生变化，形成畸变的六方晶体结构。氢储存在八面体间隙内，$LaNi_5$吸氢后形成 $LaNi_5H_6$，合金的储氢量约为 1.4%，在 25℃时的分解压力约为 0.2MPa，所以可以作为近室温储氢体系。

很多研究者对以 $LaNi_5$为代表的 AB_5系材料的储氢性能进行了优化研究，其中最常用的方法是改变合金体系中 A、B 两侧的合金成分。AB_5型储氢合金 A 侧元素主要包括 La、Ce、Nd、Pr 等稀土元素，B 侧的主要元素为 Ni，常用的部分金属元素取代 Ni 的掺杂元素有 Co、Mn、Al、Fe、Cu、Si、Sn、Zr、V、Mg、Zn 等。研究发现不同的元素含量会对 AB_5型储氢合金性能产生不同的影响。下面简要介绍不同元素在吸脱氢循环中的作用。

（1）La 元素的影响

研究表明 AB_5系合金中，随着 La 元素含量的增大，储氢合金平台斜率减小，平台压下降，合金晶胞体积增大，电化学容量增加，高倍率放电性能提高，循环寿命降低。在吸脱氢过程中，氢原子通过晶胞体积大的晶格时运动障碍小，氢在合金中的扩散速率高，同时高倍率放电的容量保持率高，所以在高 La 的合金中氢扩散速率高。Suzuki 等人研究表明，合金的平衡氢压随着混合稀土(Mm)中 La 含量的增加而减小，Mm 中 La 含量大于 30%时，合金具有较好的室温性能，Mm 中 La 含量大于 60%时，合金具有较好的高温性能。

(2) Ce 元素的影响

随着合金中 Ce 含量的增加，合金初始放电容量降低，这是因为合金的晶胞体积减小，从而使合金吸氢量减小。但随着 Ce 含量的增加，放电循环稳定性得到提高，这是因为 Ce 与 Al 等金属在合金表面形成氧化物薄膜，延迟了电解液对合金的腐蚀，有效地提高了合金的抗氧化能力，并且 Ce 还可以提高合金的韧性，增加合金的抗粉化能力，进而提高合金的循环性能。另外合金的循环性能也受到晶胞体积的影响，Ce 含量增加，晶胞体积减小，最大吸氢量降低，减小了合金体积膨胀，从而降低合金的粉化速度。但晶胞体积过小由于晶格的畸变又会加速合金粉化。Ce 含量过高会增加合金元素的偏析，使合金的循环稳定性降低。

(3) Nd 元素的影响

随着 Nd 含量的逐渐增加，储氢合金晶胞体积减小，但是吸氢量增大、电极容量增大，Nd 含量在 0.2wt%时达到最大，但是随着 Nd 含量增加，电极大电流放电性能变差。同时，Nd 含量的增加也可以导致储氢合金储氢容量增加、高倍率放电性能提高。

(4) Ni 元素的影响

Ni 在 AB_5型储氢合金中起到重要的作用，是储氢合金中必不可少的一种元素。$LaNi_5$的六方晶体结构是由 La 和 Ni 构成交替积层，氢原子进入四面体晶格间位置和八面体晶格间位置，因为两个位置的能量相等，所以 $LaNi_5$ 材料的放氢平台压较为平坦，同时 Ni 元素能够使稳定的氢化物变得不稳定而提高放电效率，从而增加合金的容量。此外，Ni 元素对碱液有较高的耐腐蚀性，可以提高合金的寿命，在 $LaNi_5$系合金中，只有在很小的范围内形成均质金属化合物，如果偏离至富镍侧，产生的富 Ni 相吸氢能力降低，但是抗粉化能力提高。

(5) Co 元素的影响

Co 部分代替 Ni 后能够降低储氢合金吸氢后的晶格膨胀，降低了合金的粉化倾向。能够明显提高合金电极的循环性能，主要原因是 Co 在改善 AB_5 型储氢合金中能够降低储氢合金的显微硬度、减小合金氢化后的体积膨胀率进而提高合金的抗粉化能力。在循环过程中，储氢合金表面形成保护膜，能够抑制合金表面 Al、Mn 等元素溶出，从而降低合金的腐蚀速率，提高合金电极循环寿命。此外，Co 元素在合金电极中还可以起到催化作用、提高快速充/放电能力、改善电极的活化性能。但是由于 Co 的原料价格相对较高，为了降低合金材料的成本，也可采用其他廉价金属代替 Co 来制取低钴或者无钴合金。

（6）Mn 元素的影响

Mn 原子的尺寸大于 Ni 原子，采用 Mn 元素对 Ni 进行部分取代后，合金晶胞体积增大，起到降低储氢合金平衡氢压、减小吸放氢的滞后程度的作用，但是过量掺杂会降低合金的循环寿命。这是由于在充放电循环过程中，合金表面的 Mn 溶于碱液成为 $Mn(OH)_2$，加快了碱液对合金的腐蚀，降低了含 Mn 的 AB_5系储氢合金的循环稳定性。在合金中加入适量的 Co 元素可以改善含 Mn 合金的抗粉化能力，防止 Mn 元素在碱液中的溶解，从而改善含锰合金性能。

（7）Al 元素的影响

Al 对 Ni 的部分替代能够使 AB_5储氢合金的平衡氢压降低，但是随着替代量的逐渐增加，合金的容量会有所下降，在 $CaCu_5$型结构中 Al 原子占据 3g 位置，所以能够减小合金吸氢后的体积膨胀和粉化。一方面，含有 Al 元素掺杂的 AB_5系储氢合金，在电解液中容易在合金表面形成一层致密的氧化膜，防止合金被进一步腐蚀，所以 Al 对 Ni 的掺杂替代可以提高合金的循环稳定性。另一方面，氧化膜阻碍氢原子进入合金的内部，并且降低了电极的催化作用，导致合金的吸放氢速度降低。

（8）Si 元素的影响

AB_5系合金中 Si 元素对其循环性能影响较大，随着 Si 元素的含量增加，循环稳定性得到改善，但是同时也减小了合金的放电容量，Si 能够减小合金的粉化速度和吸氢膨胀，在合金的表面 Si 也可以形成致密的氧化膜，起到防止合金被腐蚀的作用。Si 对 Ni 的替代可以提高合金的循环稳定性，但是含 Si 合金的放电容量却不高，并且会导致合金电极输出功率的降低。

（9）Fe 元素的影响

Fe 与 Co 的物理和化学性质相类似，在合金中 Fe 与 Co 有相似的功能，可改善合金的循环性能，动力学性能也得到提高，氢扩散系数同时也增大，并且 Fe 的价格低廉，所以 Fe 替代 Co 的研究受到重视。Fe 部分替代 Ni 时，Fe 占据 $CaCu_5$晶格中的 3g 位置和部分 2c 位置，这与 Co 相似。Fe 的添加能够使储氢合金的平衡氢压降低，合金的容量会有所下降，能够抑制合金吸氢膨胀和粉化，但是 Fe 容易钝化，从而降低合金电极的高倍率放电性能。

此外，在 La-Ni 体系储氢合金中还存在许多非化学计量比的成分。非化学计量比储氢合金是指 A、B 组分的比例不是按照化学计量配比的合金，即在 A、B 比例上不足或过量所形成的合金。图 6-3 是 La-Ni 体系富 Ni 部分的相图，从图中可以发现 La-Ni 系由不同种类的化合物组成，在温度为 995~1350℃时，$LaNi_x$

区域存在一个非化学计量比固溶区，仍保持着 $CaCu_5$ 型六方晶体结构，该系列非化学计量比合金所形成的特殊组织结构，在吸放氢稳定性、反应动力学、电催化反应等方面也表现出一些优异的性能特点。综合来看，AB_5 系稀土储氢合金凭借着良好的热力学和动力学性能，具有较高的应用价值。

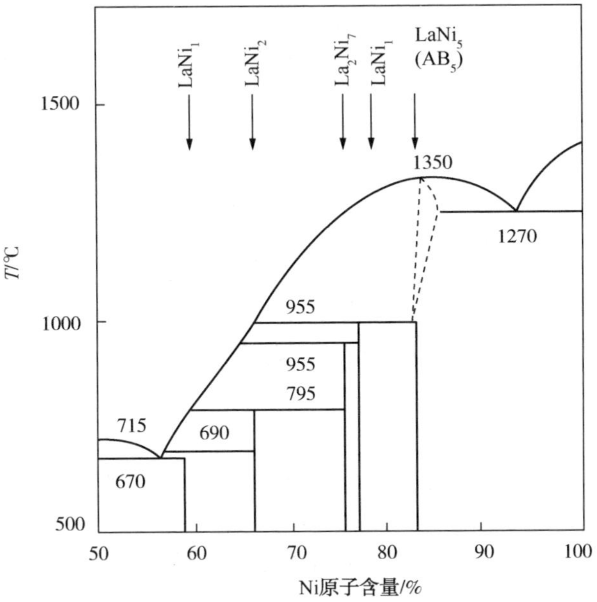

图 6-3　La-Ni 体系富 Ni 部分的相图

6.1.2　Ti 系合金（AB 型、AB_2 性）

TiFe 合金具有立方体 CsCl 结构，其晶体结构如图 6-4 所示，其原料成本要远远低于上面介绍的 $LaNi_5$ 合金。在 Ti-Fe 系储氢合金中，每个晶胞由三个扁平的八面体空隙构成。其中，单个八面体空隙又由四个不标准的四面体空隙组成，而每个四面体空隙都是由两个 A 原子和两个 B 原子构成，是经典的 AB 型储氢合金的构架。TiFe 合金的储氢量约为 2%，经过活化后的 TiFe 合金在近室温条件下可以可逆吸放氢，这很接近实际应用的要求，同时 TiFe 合金具有原料成本低廉、储量丰富的优势。TiFe 合金的缺陷主要有活化温度较高、抗杂质气体中毒能力差、循环稳定性较差等。为了进一步提高 TiFe 合金的储氢性能，从 20 世纪 70 年代开始，科研人员对 TiFe 合金进行了大量研究，主要集中在多元合金化上。例如使用 Mn 元素部分取代 Fe 能显著改善合金的活化性能，合金在室温下也能吸氢。当 Fe 被 Co 或 Ni 部分取代后，合金的吸放氢平台压力变化明显，但平台斜率基本保持 1%不变。Ni 的加入能改善 TiFe 合金的动力学性能；采用 Cr 元素部分取代 Fe 会导致第二相的产生，合金的活化性能得到提升的同时吸放氢平台压力也有所降低。

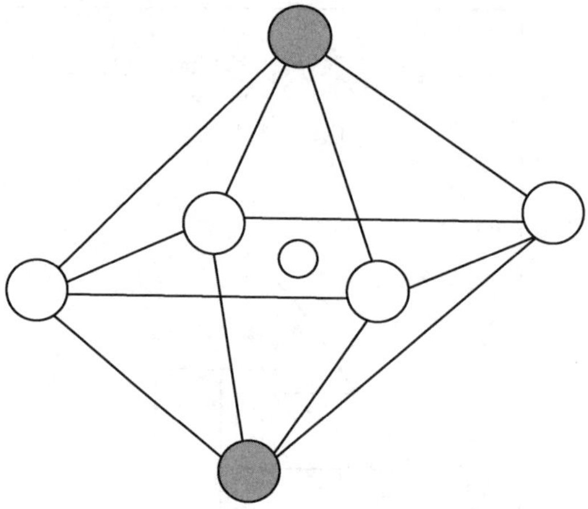

图 6-4　TiFe 合金的晶体结构示意图

●—Fe；○—Ti；○—H

Ti 基 AB_2储氢合金主要由 $TiCr_2$和 $TiMn_2$储氢合金发展而来，这类合金的储氢量接近 2%，具有吸放氢性能良好、活化性能良好、原料成本低廉等优势，自发现以来就受到了很大的关注。以 Ti-Mn 合金为例，其二元合金相图如图 6-5 所示，可以看出具有典型 Laves 相结构的 $TiMn_2$金属间化合物在液相线以下稳定存在，但有的文献报道 Ti 和 Mn 形成为非定比的金属间化合物，其中 $TiMn_{1.5}$为另一种典型的 Ti-Mn 二元化合物。Ti 和 Mn 的原子比在 1~2 均可成为金属间化合物。

为了改善 Ti-Mn 合金的吸放氢特性，对该体系的改性研究主要采用第三元素添加的方式对 A 侧 Ti 元素和对 B 侧 Mn 元素比例进行调整，并开发出了一系列新型 AB_2型储氢合金。Ti 与氢结合可以形成两种稳定的化合物 TiH 和 TiH_2。这两种化合物在通常情况下较为稳定，放氢分解温度较高。对 A 侧 Ti 元素的改性主要是用 Zr 部分取代合金中的 Ti 元素。Zr 可以改变氢和金属的结合力，从而改善合金的储氢能力。调节合金中的 Ti/Zr 比可以控制合金的平衡压力，随着合金中 Zr 含量的增加，Ti/Zr 比降低，平衡压降低，储氢量略微增加，但滞留在合金中的氢含量也随之增加。这是由于锆对氢的结合力大于钛，因而吸氢时可以形成更多的稳定氢化物所致。

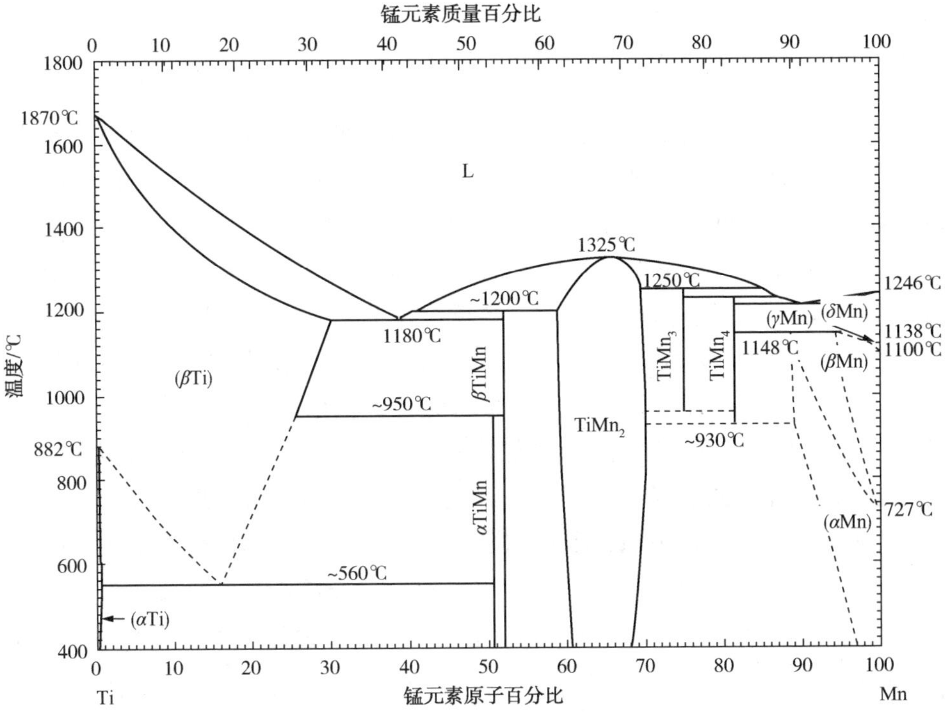

图 6-5　Ti-Mn 体系的二元合金相图

在 TiMn 合金的 B 侧组分掺杂研究中，Cr、Fe、V 等元素的改性效果较为明显。Cr 在周期表中位于 Ti 和 Mn 之间，其原子半径分别小于 Ti 和 Mn 元素的原子半径。采用 Cr 部分取代 Mn 元素后，将在合金晶格中形成较大的空隙，有利氢原子的进入，有助于改善合金的吸放氢性能，使合金活化的孕育期缩短，吸放氢速率增加，放氢量也有一定量的增加。同时 Cr 部分取代 Mn 后，合金的离解压随 Cr 掺杂含量的增加稍有提高，平台区大小无显著变化。Fe 元素本身并不能吸氢，但当 Fe 与 Ti 形成前述的 TiFe 合金时就可以作为储氢材料而进行吸放氢。Fe 元素的引入可以改善氢和金属的结合力，改善 TiMn 合金的储氢性能。但 Fe 元素的引入，也会使 TiMn 合金的活化性能变差，滞后性变大，平台压力升高，储氢量减小，而且合金的加工性能变差。此外，Co、Cu、Mo 等金属的引入也可以改善合金的 P-C-T 曲线平台性能，使吸脱氢曲线趋于平坦，但合金的质量储氢比降低，而且容易使合金的平台压力升高。Ni 等元素的引入可以改善合金的活化性能，在室温下即可活化，迅速吸氢。

6.1.3 Mg系合金

Mg系储氢材料因其理论储氢量大、原料成本低等优势成为储氢材料研究领域的热点。镁的理论质量储氢密度为7.6%，理论体积储氢密度为110kg/m³，镁资源储量丰富，原料成本相对较低，且吸脱氢循环性能好。但是，镁与氢形成的离子键具有很强的相互作用，因此MgH_2具有很高的热力学稳定性，其反应过程如式6-1所示。此反应为可逆反应，当反应正向进行时为吸氢，此时是放热反应；当反应反向进行时为放氢，是吸热反应。改变反应温度或压力可以使反应循环进行，从而实现循环吸放氢。Mg/MgH_2的吸脱氢焓值$\Delta H \approx 74.4kJ/mol(H_2)$，熵值$\Delta S \approx 135J/K \cdot mol(H_2)$。通过范特霍夫方程计算可知，当温度达到290℃时，MgH_2储氢体系的放氢平台压力才可达一个大气压。实际操作过程中，为了获得合理的吸脱氢速度和高的吸/脱氢氢量，一般要求纯氢化镁的操作温度要高于350℃。因而，面向实用化要求，为了优化MgH_2储氢体系的吸脱氢动力学性能和吸脱氢操作温度开展了大量的研究工作，主要有合金化法、纳米化法和掺杂催化剂改性法等。

$$Mg+H_2 \rightleftharpoons MgH_2 \tag{6-1}$$

合金化法是向Mg系材料中添加其他合金元素形成多元合金，该方法是目前较常见的改性方法之一。典型的合金体系有Mg-过渡金属(Ni、Cu、Fe、Co、Ti、V等)系、Mg-稀土(Y、La、Nd等)系、Mg-Al系等。过渡金属元素可促进H_2分子分解为H原子，降低材料活化能。此外，过渡金属有一个未完全填充的空d电子轨道，很容易与氢原子相互作用，从而削弱Mg—H键结合力。稀土元素可形成具有催化作用的稀土氢化物并促进组织细化，从而显著提高材料的储氢性能。而过渡元素和稀土元素复合添加时的催化性能优于只添加其中一种，为了既保持高理论储氢量又改善材料的储氢性能，即向镁中同时添加两种或多种微量合金元素形成富镁多元合金体系。刘江文等用电磁感应真空熔炼法制备了$Mg_{94}Cu_4Y_2$材料。该合金在553K下，60min内的吸氢量达到5.5%；在623K下，30min内基本完全脱氢，放氢量达到6%左右。Siarhei等对溶体快淬法制备的$Mg_{80}Ni_{10}Y_{10}$和$Mg_{90}Ni_5Y_5$条带状合金吸/放氢性能进行了比较研究，发现当温度在300℃以下时，$Mg_{80}Ni_{10}Y_{10}$合金的脱氢速率明显高于$Mg_{90}Ni_5Y_5$合金，这是由于元素Y和H反应形成稳定的YH_3相，对Mg的氢化反应具有催化作用。活化后的合金$Mg_{80}Ni_{10}Y_{10}$在280℃下的吸氢量约为5.3%。李志念等人通过机械合金化法制备的$Mg_{20}NiY$合金具有优异的吸氢动力学指标，该合金在250℃下，40min内的吸氢量达到5.06%，这主要归功于Mg_2Ni相与YH_3相的协同催化作用，同时由于机械合金化形成的活性表面和缺陷为H原子的扩散提供了更多的路径，减少了扩散的时间和距离。

纳米化法是指以某种方式减小储氢合金的颗粒尺寸使其制备成纳米颗粒。理论研究表明，当颗粒尺寸降低到纳米级别后，材料的总能量将会向正向改变，进而改善了材料的热力学性能，特别是材料的吸/放氢温度较未经过纳米限域的材料明显降低。另外，材料纳米化可以增加颗粒的比表面积，缩短氢原子的固态扩散距离，削弱氢扩散隔离层MgO层的厚度，提高吸放氢速率。因此，纳米化改性能同时优化储氢材料的热力学性能和动力学性能，是改善储氢材料性能的重要方法。Zaluska等人采用机械球磨法制备得到纳米晶Mg，储氢量达到了6%。机械球磨法能改善镁基合金的吸放氢动力学性能是由于机械球磨过程可细化合金颗粒，增大比表面积，产生大量活性表面，从而提高吸/放氢速率。此外，高能球磨过程也使合金晶体结构向纳米晶态和非晶态结构转变，产生新晶界和晶粒，增加晶界面积，为合金中H原子的扩散提供了大量的低扩散激活能位点，同时，因为晶界周围的氢原子聚集远高于非晶体态结构和晶粒内部区域，所以还能提高合金的储氢量。球磨过程导致合金结构的改变，合金中内部应变能随之增加，从而降低金属氢化物的稳定性，促进放氢过程的进行。

纳米化过程虽然可以显著改善镁基储氢合金的储氢性能，但仍不能满足大规模实际应用的需求。由于纯Mg对H_2分子的分解能力差，因此掺杂催化剂是改善镁基储氢合金热力学和动力学性能的重要途径。向镁中引入催化剂组元，能增加反应体系的活化位点，既可以保持镁基储氢合金较高的储氢量，又能改善其热力学与动力学性能。目前发现的有效的催化剂主要包括过渡金属元素及其氧化物、过渡金属卤化物、非金属材料等。Liang等人采用球磨方法将5%过渡金属（Ti、V、Mn、Fe、Ni）掺杂到MgH_2中，研究发现，温度低于250℃时，添加V的材料吸/放氢动力学性能最好，并且显著降低了MgH_2的放氢活化能。Dehouche等采用高能球磨法在MgH_2体系中掺杂了过渡金属氧化物（TiO_2、V_2O_5、Cr_2O_3、Mn_2O_3、Fe_3O_4，CuO等），通过比较过渡金属氧化物对MgH_2吸/放氢过程的催化效果，发现多价态的过渡金属氧化物的催化作用明显优于单一价态的过渡金属氧化物。如Cr_2O_3掺杂材料的吸氢动力学性能最好；V_2O_5和Fe_3O_4掺杂材料的放氢动力学性能最好，脱氢速度最快。多价态的金属氧化物提高了其与氢分子之间的电子交换反应，从而加速了气固反应的进行。Zhang 等人将 $BaTiO_3$ 作为催化材料与 MgH_2 球磨混合，所得到的复合体系无须活化即可实现室温加氢，起始脱氢温度也大幅降低(100℃)，改性体系的热力学性能并未发生明显变化，脱氢动力学得到显著改善，且体系具有很好的循环稳定性，性能衰减均小于 0.015%。进而采用碱金属氢化物与二氧化钛混合球磨的方式可以制备还原型黑色二氧化钛，形成了多价态的钛物种和氧缺陷，具有优良的 MgH_2 催化活性，复合体系室温即可吸氢，240℃即可完全脱氢。

镁系储氢材料是目前较具潜力的储氢材料之一，虽然其热力学性能稳定和动力学性能差导致吸/放氢温度高、速度慢以及合金颗粒团聚结块造成循环性能差等问题仍未得到彻底解决，但近期的大量研究工作展示了该体系较好的应用前景，尤其是近期我国科学家在规模化制备及应用方面取得较大突破，推动了镁系储氢材料的实用化进程。

6.1.4 V 系合金

元素钒(V)具有体心立方(BCC)结构，当 V 吸收微量 H 时，生成的含氢固溶相(α 相)具有体心立方结构；继续吸氢可依次形成具有体心四方结构(BCT)的单氢化物 VH(β 相)和具有面心立方结构(FCC)的二氢化物 VH_2 相(γ 相)。该体系氢化反应过程中的氢原子多占据四面体间隙位置，一个晶胞有十二个四面体间隙，如果氢原子占据所有的四面体间隙，那么 V 的理论储氢量高达 3.8%，金属 V 与氢反应室温下就能发生反应，不同温度下氢在 V 中的溶解度不同。V-H 对应的 *PCT* 曲线上有两个平台，如图 6-5 所示。图中低平台对应的是固溶体 α 相和氢化物 β1 相(V_2H 低温相)，温度为 80℃时，P_1 为 0.1Pa；高平台对应的是氢化物 β2 相(VH)和 γ 相(VH_2)，代表着氢化物吸氢至完全饱和的相转变过程，温度为 13℃时，P_2 为 0.1MPa，所以常温下的 V 基合金吸放氢 *PCT* 曲线中仅出现一个平台，即图 6-6 中的高平台。

V 系储氢合金具有较高的储氢密度、常温下快速吸/放氢和电化学容量高等优点，同时在同位素气体分离、核反应堆处理氢的同位素、脱氢催化剂等领域受到广泛的研究和关注。但是该合金系仍存在有效储氢量偏低、单氢化物过于稳定、活化性能欠佳、循环稳定性差等不足。微量元素的添加或替代对 V 系合金的储氢性能影响很大，元素 Ti 与 V 以任意比例完全固溶。One 等人发现 Ti-V 二元合金与单质 V 的点阵结构变换相同。日本名古屋大学的 Yukawa 等人对 V 与不同

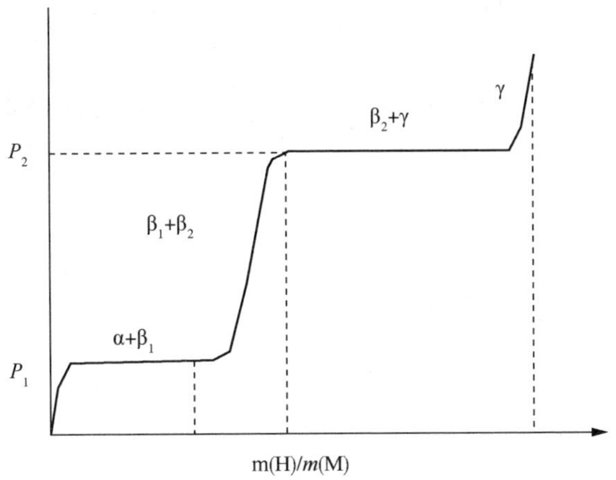

图 6-6 V-H 体系的 *PCT* 曲线图

含量过渡族合金元素的单氢化物 VH(β 相)和 VH_2相(γ 相)稳定性进行了研究。γ 相的稳定性会因为少量的过渡族元素的加入而改变，并且系统地随着加入元素的周期率而有规律地变化，在同一周期中，γ 相的稳定性会随着加入元素原子序数的增加而先降低后升高，合金元素同样也会影响 β 相的稳定性。其中 V-3%(摩尔)Ti 在 313K 下仅存在一个放氢平台，有效储氢量约为 1.0H/M。由于二元 Ti-V 合金的储氢量低，难以直接进行应用，所以向合金中添加了第三种元素。从动力学角度，为保证固溶体合金吸氢反应在室温下快速进行，选择与 Ti 原子半径差在 5%以内的第三种原子加入，典型的三元 Ti-V-M 合金有 Ti-V-Fe、Ti-V-Cr、Ti-V-Mn、Ti-V-Ni 等。

6.2 镍氢电池电极材料

镍氢电池(Ni-MH battery)是一种性能良好的蓄电池，因其突出的性能和现实意义被广泛研究，并且作为镍氢二次电池的重要应用在电池领域占有一席之地。自从 20 世纪 60 年代由 Stanford Robert Ovshinsky 发明至今，镍氢电池作为氢能源应用的一个重要方向越来越被人们注意，并在许多细分领域占有较大市场。镍氢电池可以说是镍镉电池技术(Ni-Cd)的延伸，其中使用了由储氢材料制成的电极代替镉电极。这种技术更迭在不显著改变电池设计的情况下消除了镉污染，比当时常见的镍镉电池有了很大的改进，因为它们具有更高的能量密度、更长的循环寿命、更好的过充/过放电耐受性和更好的环境兼容性。镍氢电池的正极活性物质为 $Ni(OH)_2$，负极活性物质为金属氢化物。镍氢电池是利用储氢合金吸/放氢的特性而研制的具有优良性能的二次电源，是具有能量密度高、无记忆效应、无污染等优点的绿色电池。本节主要对镍氢电池的原理及氢储能新材料在其电极材料中的应用加以介绍。

6.2.1 镍氢电池的工作原理

镍氢电池系统主要由外壳、负极、正极、电解液、隔膜、绝缘盖板组成，其中的负极由储氢合金作为活性物质，负极采用 $Ni(OH)_2$/NiOOH，电解液是浓度为6mol/L的氢氧化钾水溶液。电池工作原理如图6-7所示，充电的时候，负极发生水分解反应，合金表面吸附氢，生成氢化物；正极发生 $Ni(OH)_2$转变为NiOOH的反应。放电过程是以上反应的逆过程，即负极合金脱氢，在表面生成水，正极发生NiOOH转变为 $Ni(OH)_2$的反应。

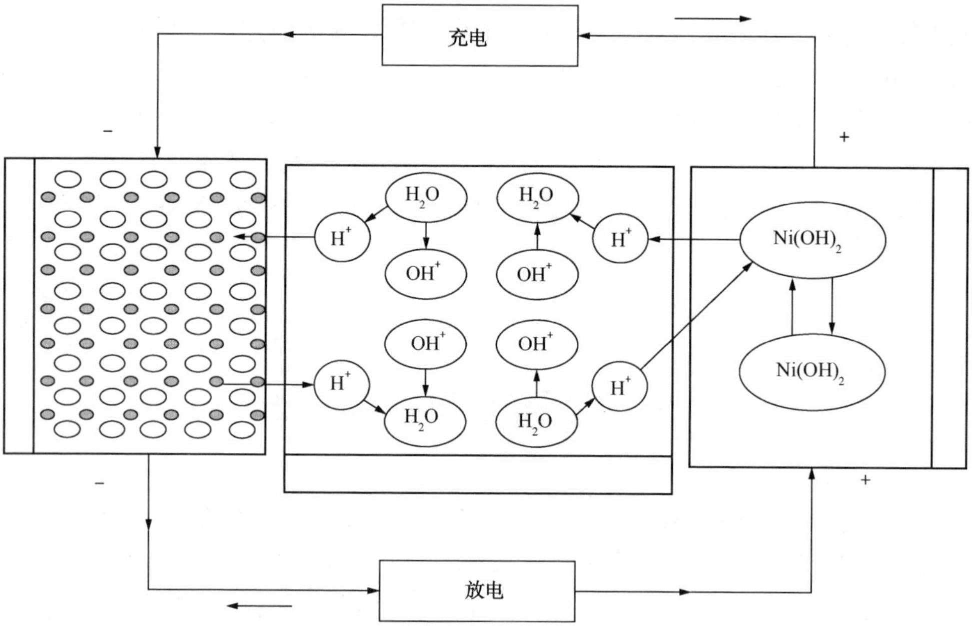

图6-7 镍氢电池工作原理示意图

在该体系中，储氢合金主导着镍氢电池的功率和寿命，并且决定了电池的电化学性能。在镍氢电池的正极和负极分别发生以下电化学反应。

正极： $Ni(OH)_2+OH^- \rightleftharpoons NiOOH+H_2O+e^-$ (6-2)

负极： $M+H_2O+e^- \rightleftharpoons MH+OH^-$ (6-3)

因此，总反应过程可以由下式表示：

$$Ni(OH)_2+M \rightleftharpoons NiOOH+MH \quad (6-4)$$

上式中的M为储氢合金，MH为金属M的氢化物。整个反应的关键在于形成金属氢化物的负极材料，也是该领域所研究的重点所在。为了更好地理解镍氢电池的充放电过程，可将可逆反应(6-3)分解为以下几个步骤：

$$M+H_2O+e^- \rightleftharpoons MH_{ads}+OH^- \quad (6-5)$$

$$MH_{ads} \rightleftharpoons MH_{abs} \quad (6-6)$$

$$H_{abs} \rightleftharpoons MH\ hydride \quad (6-7)$$

$$2MH_{ads} \rightleftharpoons M+H_2 \quad (6-8)$$

$$MH_{ads}+H_2O+e^- \rightleftharpoons M+H_2+OH^- \quad (6-9)$$

上式中的MH_{ads}、H_{abs}表示合金表面吸附的氢和在固溶体中吸附的氢。氢的吸附/解吸、氢的扩散和金属氢化物的生成/分解的步骤可以用反应式(6-5)、式(6-6)和式(6-7)来表示。在充电过程中，首先由式(6-5)产生氢，称为Volmer反应。在金属/金属氢化物电极集流器上施加电压(相对于对电极)，电子通过集流器进入金属，以中和发生在金属/电解质界面的水分裂产生的质子[如图6-8(a)所示]。

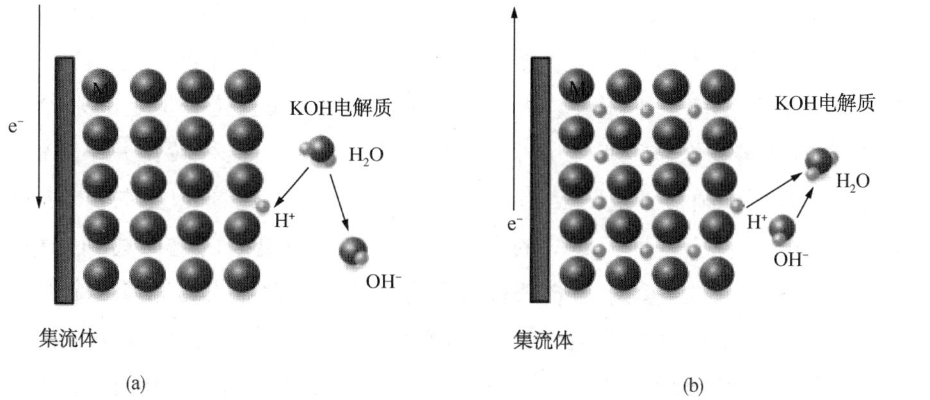

图6-8 金属氢化物在镍氢电池系统中充电(a)和放电(b)过程中的电化学反应示意图

在放电过程中，产生的氢要么以固溶体的形式进一步被合金吸收，开始析氢反应，即 Tafel 反应。金属氢化物中的氢质子离开表面，并与碱性电解质中的 OH^-重新结合形成 H_2O，电荷中性将电子从 MH 中推出，通过电流收集器，在附加的电路中产生电流[如图 6-8(b)所示]。

从上述反应不难看出，在反应的初始阶段，合金在表面通过电解水来得到并吸收氢原子，随后氢原子与合金反应形成金属氢化物存储在合金内。部分被电解的氢有可能相互结合在一起形成氢气。这些反应式同时也可以通过图 6-9 所示的充/放电循环过程来直观展现。

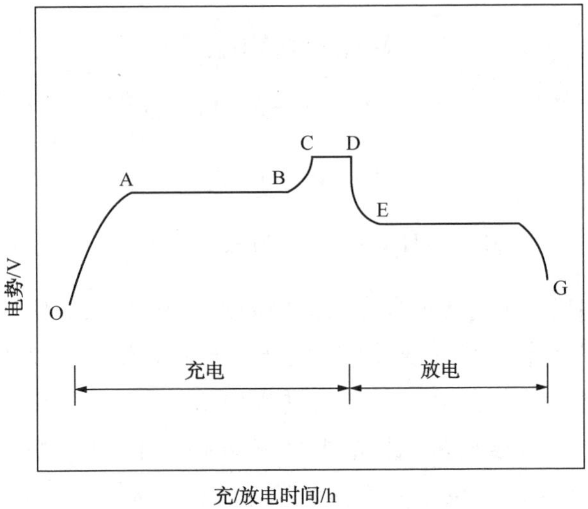

图 6-9　储氢合金充放电曲线示意图

在图 6-9 的 OA 阶段，合金电极的电势明显随时间或氢含量的变化而变化，该阶段形成的固溶体称为 α 相。随着反应的进行进入 AB 阶段，这段时间内合金电极的电势保持不变，不随着氢含量的增加而增加，而且这一恒定的平台区域表明 α 相在向金属氢化物转变，这种氢化物被称为 β 相。这种转化并不是恒定的，在 BC 段曲线再次倾斜，说明 α 相与 β 相的转化结束。随着充电时间的进行，再次出现一个与氢反应过程相对应的平台区域，这表明电极的电荷达到饱和状态。与充电反应相反，放电反应中 β 相被分解为 α 相。由此可见，储氢合金的电化学性能并不是仅由电极表面的电荷转移反应速率决定，而是受包含两相共存阶段、氢在吸/放态之间的转移速率以及氢在合金电极表面和内部之间的扩散等多重因素的影响。

6.2.2 电极材料研究进展

在镍氢电池($Ni-MH_x$)中，金属氢化物(MH_x)电极应能够可逆地吸脱氢，同时具有极低的自放电效应。迄今为止，已经开发了多种可逆吸脱氢的金属合金材料用于镍氢电池富集材料，包括 AB_5、AB_2、RE-Mg-Ni、AB、A_2B 以及基于 V 和 Mg 的合金材料等，每种合金呈现不同的晶体结构和充放电性能，各体系典型合金材料列于表 6-1 中。

表 6-1 各体系典型合金氢化物材料

性质	AB_5	A_2B	AB	AB_2	AB_3
典型材料	$LaNi_5$	Mg_2Ni	TiFe	$TiMn_2$	$LaNi_3$
结构	六方	立方	立方	六方/立方	斜方
氢化物	$LaNi_5H_6$	Mg_2NiH_4	$TiFeH_2$	$TiMn_2H_2$	$LaNi_3H_5$
温度/℃	室温	200	近室温	近室温	近室温
储氢量/%	1.43	3.8	1.75	1.7	1.2

具有可逆储氢性能的金属间化合物是有序的化学计量化合物，通常由两种金属组分 A 和 B 形成。组分 A 容易形成稳定的氢化物，组分 B 不形成稳定的卤化物，但通常具有多种协同效应。组分 A 和 B 可以完全或部分地被具有相似尺寸和化学性质的元素取代。用其他元素替代成分 A 或 B 会改变合金的性能，从而优化其综合性能。

最常见的 A 位取代元素是稀土(RE)金属。RE 元素的影响主要基于 MH_x 电极的单位电池体积的变化，单位电池体积的减少将导致吸脱氢平台压力的增加。在 $LaNi_5$合金中，Ce 和 Sm 的影响最大，相似的改善作用也体现在 AB_3和 A_2B_7合金体系中。B 位取代元素如 Co、Cu、Fe、Mn、Al 与改善合金性能相关，如提高腐蚀稳定性、降低平台压力、增加储氢能力以及改善充放电过程的动力学性能等。

目前，商用镍氢电池的电极材料较多采用 AB_5和 AB_2合金材料。AB_5合金通常是金属间化合物，其成分中含有稀土金属如 La、Ce、Nd、Pr、Y 或它们的混合物以及 Ni 元素。AB_2合金通常是 Zr、Ti 或 V 的金属间化合物。此类合金多采用真空感应熔炼法结合特殊退火工艺进行制备，得到的微晶合金化合物相比其他熔炼工艺具有成分可调、杂质少、可连续生产等优点。但该工艺的缺点是制备条件危险，产物需活化，以及多次重熔或高温下长时间退火所带来工时长的问题。通过非平衡加工技术，如机械合金化(MA)或高能球磨(HEBM)形成纳米晶体结构，可以显著改善金属氢化物的氢化-脱氢性能，甚至无须活化。

表 6-2 对常用氢化物电极材料用于 Ni-MH_x 电池的性能参数进行了梳理，如化学储氢容量和循环寿命等，并与理论储氢容量进行了比较。值得注意的是，由 $LaNi_5$合金制成的电极在第一次循环中达到其最大容量(360mA · h/g)，但放电容量在随后的循环中迅速下降。可通过合金化对合金材料的性能进行改性，以优化其吸脱氢性能。例如，采用 Al 元素部分替代 $LaNi_5$中的 Ni 可以显著改善体系的循环寿命，而不会导致容量大幅下降。Al 元素富集在晶界上对 La 形成阻隔，多孔氧化物层保护材料在 KOH 电解质中免受进一步腐蚀。此外，Co 元素的掺杂可以保证负极的长循环寿命。这些电极通常在几个充放电循环内获得最大容量，无须任何特殊预处理。$LaNi_5$合金中 Mn 的替代削弱其稳定性，从而缩短了循环寿命。通常，在 $LaNi_5$型化合物的过渡金属晶格中，可以采用 Mn、Al 和 Co 进行部分取代，从而在高氢容量和良好的耐腐蚀性之间寻求最佳的平衡关系。1998 年，Iwakura 等人通过合成一系列微晶合金 $MmNi_{4-x}Mn_{0.75}Al_{0.25}Co_x$($0 \leqslant x \leqslant 0.6$)，研究了元素部分替代对储氢合金的结构、热磁和动力学性能的影响。由于掺杂所导致晶胞体积的扩大，合金中钴含量的增加稳定了生成的氢化物，并在不降低放电容量的情况下提高了循环性能。

表 6-2　典型氢化物电极材料用于 Ni-MH_x 电池的性能参数

合金体系	储氢容量(H/f. u.)	温度/℃	平衡压/bar	理论容量/(mA · h/g)
AB_5型合金				
$LaNi_5$	6.24	40	25	387
$LaNi_{4.6}Mn_{0.4}$	6.21	40	10	386
$LaNi_{0.7}Al_{0.3}$	5.85	40	10	370
$LaNi_3Co_2$	5.39	40	10	334
$LaNi_4Cu$	5.45	40	10	334
AB_2型合金				
$ZrCr_2$	3.8	50	0.01	520
$ZrMn_2$	3.6	50	0.1	480
ZrV_2	5.4	50	10^{-4}	750
$TiMn_{1.6}$	2.0	20	12	390

续表

合金体系	储氢容量(H/f. u.)	温度/℃	平衡压/bar	理论容量/(mA·h/g)
AB 型合金				
TiFe	2.0	40	10	515
TiCo	1.4	80	0.1	350
$TiNi_{1.4}$	2.0	130	0.2	355
ZrCo	3.0	150	10^{-2}	535
ZrNi	2.8	100	10^{-2}	500

不同的稀土元素通常用于部分替代 La，而 Co、Mn、Al 和某些其他元素用于替代 La-Ni 型系统中的 Ni，以改善 MH_x 电极的电化学性能。过渡元素会影响储氢合金的氢吸收/解吸平台压力，并影响其电化学性能。例如，Co 通常添加到 La-Mg-Ni 基合金中。增加 Co 元素的掺杂浓度和退火处理可以提高 La-Ni 型电极的循环稳定性，然而，当 Co 的量从 $x=0$ 增加到 $x=0.3$ 时，合金电极的放电容量略有下降。在(La，Mg)Ni_3 相上形成 $LaNi_5$ 相提高了 La-Mg-Ni-Co 的循环稳定性。此外，在 La-Mg-Ni-Co-Fe 体系中，Co 与 Fe 的部分取代促进了 $LaNi_5$ 相在(La，Mg)$_2Ni_7$ 相上的形成。研究发现 Si 元素的添加导致(La，Mg)$_2Ni_7$ 相的减少和 $LaNi_5$ 相丰度的增加，这是由于 Si 倾向于在添加 Si 的 La-Mg-Ni-Co 基电极合金中形成 $LaNi_5$ 相。

一方面，调整 La-Mg-Ni-M 合金中的化学成分可以有效提高合金电极的电化学储氢性能，相组成的改变是影响这些合金电化学性能的重要因素之一。例如，A_2B_7 型相的丰度从 La_2Ni_7 合金的 92.3%下降到 $Gd_{1.5}Mg_{0.5}Ni_7$ 合金的 60.0%。另一方面，用 Gd 替代 La 的 RE 提高了 MH_x 电极的循环稳定性。此外，元素部分取代还影响了氢吸附动力学，缩短了脱氢过程的时间。

此外，在各种类型的合金氢化物中，钛系(Ti)合金因其价格适中、制备简单而备受关注。其中，TiNi 合金具有较低的密度、良好的抗氧化性和显著的放电容量(240mA·h/g)等优点。此外，TiNi 合金也是传统的储氢材料研究体系，其吸氢量高达 1.4H/f. u。为了进一步提高钛系合金的电化学容量和循环寿命，szazjek 等人报道，采用 Mg、Mn 或 Zr 分别替代 TiNi 中的 Ni 不仅可以提高放电容量，还可以提高这些电极的循环寿命。他们根据能带结构计算发现引入的掺杂元素导致价带宽度减小是性能提高的主要原因。Emami 等人通过部分取代 Ni 研究了 Pd 的影响，Pd 的加入使 TiNi 金属间合金的稳定性提高，氢化物的稳定性降低，从而使 TiNi 金属间合金的电化学容量降低。张钊等人采用高能球磨辅助热处理的方法制备 Cu 元素掺杂的 TiNi 合金，结果表明改性合金材料的电化学性能提升了一倍，并具有更好的循环稳定性，Cu 元素的引入使合金材料的生成焓降低，提高了其稳定性，进一步通过能带结构计算发现，掺杂所导致的价带宽度扩大是性能提升的主要原因。其他一些用各种改性剂取代 Ni 的研究表明，Fe、Co 和 Cr 将 TiNi 的电化学容量提高到 400mA · h/g，并具有良好的活化性能。

此外，非化学计量比的储氢合金由于其特殊的组织结构，在吸放氢稳定性、反应动力学、电催化反应等方面表现出优异性能。Zhang 等人采用机械合金化方法合成了具有非晶相的 Mg 基三元 $Mg_{90-x}Ti_{10}Ni_x$($x=50$, 55, 60)合金，其电化学测试表明，随着 Ni 含量的增加，合金电极的循环稳定性得到改善，但初始放电容量急剧下降。Han 等人研究表明，由元素 Mg、Ni 和 Ti 粉末合成的 Mg_2Ni 和 TiNi 复合材料的循环寿命得到了较大改善，循环 150 次后电荷保留率为 55%，但最大容量较低(130mA · h/g)。张钊等人采用机械合金化法合成了一系列富钛和富镁的 Ti-Mg-Ni 合金，得出合金的初始放电容量取决于合金中 Mg/Ni 原子比，而不是 Ti/Mg 原子比。通过调变成分比例，实现三元体系内多相协同吸脱氢，克服单一吸氢物种所表现出的低电化学容量或循环稳定性差等问题，循环衰减率小于 10%。Anik 等人指出 Ti-Mg-Ni 合金的电荷转移电阻随 Ti/Mg 原子比的增大而减小，其原因为表面 Ti/Ti 氧化物的部分选择性和 Ni 在合金表面的富集。

总的来说，储氢合金的性能优劣是决定镍氢电池的性能及商业化可行性的关键，以 LaNi 系为代表的稀土合金是目前商用镍氢电池电极材料的主流选择。中国稀土资源丰富，占全球储量的 43%以上，因此中国镍氢电池产业的发展具有非常有利的条件。随着镍氢电池应用领域的扩大，市场对镍氢电池提出了更加苛刻的要求，包括进一步提高容量，并提高循环寿命和大功率放电能力，降低镍氢电池的生产成本等。现在镍氢电池的应用已经进入一个新的发展阶段，镍氢电池作为动力电源，未来在电动汽车和电子产品上仍有较大的市场空间。

6.3 水解制氢材料

氢化物水解制氢是近几年迅速发展起来的新的制氢方式。它本身不需要外加能量，一部分氢原子来自化学氢化物，另一部分来自水，这增加了原材料的储氢含量，同时也实现了氢气的即需即用，在线制氢。常见的金属与水或酸可以发生置换反应产生氢气，但金属钾、钙、钠等化学活性较高，遇水会发生剧烈反应甚至燃烧不适合用来制备氢气，而金属铁和锌的活性相对较低，不太适合大规模应用。金属镁和铝由于产生氢气的反应条件和反应过程比较温和，所以更适合作为制备氢气的材料。此外，常用的水解制氢原料还有 $NaBH_4$、MgH_2、$NaAlH_4$、NH_3BH_3等，本节对各类用于水解制氢的氢储能新材料进行了简要介绍。

6.3.1 硼氢化钠($NaBH_4$)

硼氢化钠是一种白色结晶粉末，具有较强的吸湿性，可以在潮湿的空气中发生分解，在 300℃干燥空气中稳定，缓慢加热至 400℃会发生分解，而急剧加热至 500℃也会分解。硼氢化钠溶于水、液氨，微溶于甲醇、乙醇等有机溶剂。$NaBH_4$是一种强还原剂，被广泛应用于各种领域，而硼氢化钠作为储氢材料更是近年来的研究热点，其作为水解制氢材料主要有以下优点：①储氢量大。$NaBH_4$单位体积和质量储氢容量高，是一种高密度氢源。②产氢纯度高。$NaBH_4$水解制氢得到的氢气通常只含有水蒸气一种杂质。③放氢条件适中。$NaBH_4$水解制氢可在没有额外能量提供的情况下在常温下进行，甚至在 0℃下也可以进行，自发的放热反应易于控制，制氢装置相对简单。④制氢速率可控。通过控制 $NaBH_4$溶液的量以及催化剂的使用来控制产氢量及反应的进行，制氢系统可实现自动化控制，氢气流量和压力可调。⑤安全无污染。$NaBH_4$不可燃，可常规密封存储，便于存储和运输，反应副产物偏硼酸钠($NaBO_2$)对环境无污染，可回收利用，且$NaBO_2$沉淀对 $NaBH_4$溶液水解速度的影响可以忽略。

当催化剂存在时，硼氢化钠可以与水发生反应生成氢气和偏硼酸钠($NaBO_2$)。当硼氢化钠加入适当的催化剂与水反应时，每摩尔硼氢化钠会放出高达 4mol 的氢气，其副产物为偏硼酸钠，反应式如下：

$$NaBH_4+2H_2O \longrightarrow 4H_2+NaBO_2 \tag{6-10}$$

$$NaBH_4+4H_2O \longrightarrow 4H_2+NaB(OH)_4 \tag{6-11}$$

Holbrook 等人对硼氢化钠催化水解制氢的机理提出了论述，主要分为几个步骤，具体反应方程式如下：

$$2M+BH_4^- \rightleftharpoons M-BH_3^- +M-H \tag{6-12}$$

$$M-BH_3^- \rightleftharpoons BH_3+M+e^- \tag{6-13}$$

$$BH_3+OH^- \rightleftharpoons BH_3(OH)^- \tag{6-14}$$

$$M+e^- +H_2O \rightleftharpoons M-H+OH^- \tag{6-15}$$

$$M-H+M-H \rightleftharpoons H_2+2M \tag{6-16}$$

其中 M 为催化剂，在催化剂的作用下，吸附在催化剂表面的 BH_4^-失去电子发生氧化还原反应生成 H_2和副产物，而失去的电子则通过催化剂或载体供给吸附在催化剂表面的水分子，并发生还原反应生成另一半 H_2，催化剂的电子结构和表面状态很大程度上决定了催化剂与 BH_4^-的相互作用。

此外，外界条件也很大程度上影响了硼氢化钠的水解反应，包括温度、催化剂、碱浓度、硼氢化钠浓度、压力、pH 值等。其中温度对硼氢化钠水解反应的影响十分显著，反应速度随温度的增加而增大。提高反应温度还可以增大水解过程中副产物的溶解度，可以避免反应过程中副产物析出对催化剂产生不利影响。由于硼氢化钠水解本身是一种放热反应，可以有效利用反应自身放出的热量。

目前已被开发用于 $NaBH_4$水解制氢的催化剂有很多种类，大致可以分为贵金属催化剂和非贵金属催化剂。贵金属中的 Pt、Pd、Au 和 Ru 基催化剂在催化 $NaBH_4$水解制氢中表现出出色的催化活性和高稳定性，但贵金属由于价格昂贵，从而限制了它们的应用。相比于贵金属，非贵金属具有更便宜的价格和更多的储量。近年来，科研人员发现某些过渡金属催化剂在催化 $NaBH_4$水解制氢方面的催化活性有了显著提高，并达到了类似于贵金属催化剂的水平。特别是负载型非贵金属过渡金属催化剂，它们易于从溶液中分离出来，可以用作活性催化剂重复使用。因此，从经济角度考虑，采用非贵金属催化剂用于催化 $NaBH_4$水解制氢是非常可取的。

非贵金属催化剂常以单金属或合金等形式应用，在催化反应时通过化学还原直接添加到反应体系中。用于催化 $NaBH_4$水解的非贵金属催化剂有金属盐催化剂，单金属催化剂，Co-B 合金及掺杂的 Co-B 合金催化剂，Co、Ni 基催化剂和多元非贵金属催化剂等。其中，Co 和 Ni 由于成本低且含量高，已成为最常用的非贵金属催化剂。金属盐催化剂中，因为 $CoCl_2$与 $NaBH_4$反应生成的金属硼化物（Co_2B）沉淀在水解过程中具有重要作用，所以 $CoCl_2$的催化效率最高，$NiCl_2$的催化效率一般，而 $FeCl_2$、$MnCl_2$和 $CuCl_2$的催化效率相比前两种较低。在单金属催化剂中，Co 的催化效率远优于 Ni，而 Mn、Fe 或 Cu 的催化效率可以忽略不计。之后的大量研究证实了金属氯化物与硼氢化钠溶液迅速反应生成的黑色金属硼化物沉淀在催化过程中起关键作用，如 Levy 等人发现钴盐催化硼氢化钠水解制氢中，活性组分为钴的硼化物 Co-B 材料。在用于 $NaBH_4$水解制氢的非贵金属催化剂中，金属钴和镍因成本较低、活性较好而作为主要的活性组分被大量研究。

许多研究发现，如果将纳米颗粒的催化剂直接用于催化 $NaBH_4$水解制氢，那么纳米颗粒的催化剂因为具有高表面能，在反应过程中会发生严重的团聚现象，从而导致纳米粒子的催化活性逐渐降低和可重复使用性差，而且这样也难以控制制氢的反应速率。但是，研究人员发现在它们之间引入过渡金属(如 Cr、Mo 或 W)形成原子扩散屏障，制备多元过渡金属合金催化剂，通过几种金属的协同作用也可以大大提升催化剂催化活性。Dai 等人通过化学镀法将 Co-W-B 和 Fe-Co-B 合金沉积在镍泡沫支架上。这种方法是将金属离子前体与溶液中的还原剂混合，使金属离子以金属形式电镀沉积到基体上。这些催化剂复合体系分别表现出 15000mL/(min·g)和 22000mL/(min·g)的催化活性。Liu 等人通过热解 ZIF-67@葡萄糖聚合物(Co-MOFs@GP)，然后部分氧化 Co 纳米颗粒合成了 Co-Co_3O_4@C复合材料。该催化剂的催化活性为 5360mL/(min·g)，该复合体系较高的催化性能归因于钴与四氧化三钴形成了协同效应。Li 等人使用 Co/Zn-ZIF-8 作为前体通过一步还原法制备了 CoB/ZIF-8 催化剂，该催化剂展现了 506mL/(min·g)的催化活性。Mahmood 等人报道了用原位溶剂热合成法制备了二维氮化网络聚合物包覆氧化钴(CoO@C_2N)催化剂，其产氢速率为 mL/(min·g)。他们认为高催化活性和高稳定性的根源是由于钴氧化物纳米颗粒与含大量氮的 C_2N 骨架之间的强相互作用。

$NaBH_4$水解制氢已成为制氢技术中的研究热点，但要使其成为一种实用的即时制氢方法仍然面临着较大的阻碍。例如：$NaBH_4$水解制氢的反应机理和动力学表征还不够清楚，氢气的生成还不能够完全实时按需按量地控制，催化制氢的控制技术还有待成熟，催化剂耐久性及活性下降的理论研究还不充分等，相信随着理论研究的不断深入，新型高效低成本催化剂的开发也将助推 $NaBH_4$水解制氢产业的发展。

6.3.2 氢化镁(MgH_2)

Mg 是地球上储量较丰富的轻金属元素之一，价格低廉，密度小，有着优异的储氢性能，理论吸氢量高达 7.6%，高于美国能源部的要求，是所有可逆储氢材料中最高的。因此，在众多金属氢化物中，镁基储氢材料 MgH_2以其多方面的优势得到了十分广泛的研究。MgH_2一般可以通过热分解和水解两种方式重新释放氢气。不过在 6.1 节中已有介绍，MgH_2热分解的放氢焓变较高，导致其需要较高的温度才能脱氢(理论温度>300℃)。与热分解方式相比，水解具有以下优势：MgH_2自发的放热反应在室温下就能发生，所以装置简单，无须单独提供热源，实际应用中可以减小燃料电池的体积；放氢量多于热分解，其中有一半的氢气来自水；水解产物环境友好并且可以回收再次利用在其他领域。MgH_2水解制氢优势显著，成为近年来的研究热点。

Mg 和 MgH_2在常温常压下可以与水反应生成氢气和难溶于水的 $Mg(OH)_2$，反应方程式如下：

$$Mg+2H_2O \longrightarrow Mg(OH)_2+H_2 \tag{6-17}$$

$$MgH_2+2H_2O \longrightarrow Mg(OH)_2+2H_2 \tag{6-18}$$

MgH_2与水的反应可自发进行，放出热量，理论制氢量高达 1703mL/g，不计算水的质量，质量分数达到了 15.2%。其中有一半的氢气来自参与反应的水，所以比单质 Mg 水解制氢量几乎多一倍，且水解会产生副产物 $Mg(OH)_2$其环境友好，易于处理。但是在没有添加其他添加剂/催化剂的情况下，水解副产物 $Mg(OH)_2$以沉淀的形式存在，并附着在 MgH_2颗粒的表面，形成致密钝化层，阻止其与水的接触，严重限制了水解反应的进一步进行。为了解决这个问题，科研人员研究发现在溶液中加入酸盐，在 MgH_2中加入金属氧化物，细化 MgH_2的颗粒尺寸，或使用超声震动等方法能有效改善 MgH_2的水解反应效率。

在溶液中加入酸能够溶解 $Mg(OH)_2$从而达到破坏保护层的目的。Kushch 等人对比了分别加入弱酸和强酸时 MgH_2的水解制氢效果，当分多次加入 9.2%的 H_2SO_4时，放氢主要在加入强酸的一瞬间发生。当把柠檬酸粉末和 MgH_2粉末混合后，分多次加入等量水，发现放氢反应均匀进行。由此可见柠檬酸能够破坏 $Mg(OH)_2$的保护层，使放氢反应持续进行并且柠檬酸价格低廉具有很好的经济效益。Tayeh 等研究了三种强酸 H_2SO_4、HCl 及 HNO_3的影响，H_2SO_4溶液中的制氢速率和产氢量最高，达到了 40%以上，这是由于 H_2SO_4是二元酸并且生成焓高于 $Mg(OH)_2$，在水中电离出 H^+的过程相较于其他两种酸产生的热量更多，从而提升了水解制氢性能。

Zhao 等将球磨过后的 MgH_2分别在去离子水和 0.5mol/L 的 $MgCl_2$水溶液中进行水解，结果表明，MgH_2浸在去离子水中时，在最初的 3min 内氢气的产生速度很快，但随后氢气释放速度变得十分缓慢。可见 $Mg(OH)_2$已经在 Mg 颗粒表面形成。而当在 0.5mol/L 的 $MgCl_2$水溶液中进行反应时，在最初的 3min 内，氢气的产率达到了 927mL/g，约为纯水环境下产氢速率的 5 倍，并且 50min 内的总放氢量达到了 1635mL/g。可见 $MgCl_2$显著提升了 MgH_2的水解性能，这是因为 Mg^{2+}在水解过程中起到了催化的作用，其反应方程式如下：

$$MgCl_2+2H_2O \longrightarrow Mg(OH)_2+2HCl \tag{6-19}$$

$$MgH_2+2HCl \longrightarrow MgCl_2+2H_2 \tag{6-20}$$

$$Mg(OH)_2+2HCl \longrightarrow MgCl_2+2H_2O \quad (6-21)$$

进而，Chen 等通过验证实验发现，$MgCl_2$的加入使得水解产生在 MgH_2表面附近的 OH^-优先与溶液中的 Mg^{2+}结合，而不是颗粒表面新产生的 Mg^{2+}阻碍了钝化层的生成，使得水解反应可以连续进行，其反应机理如图 6-10 所示。

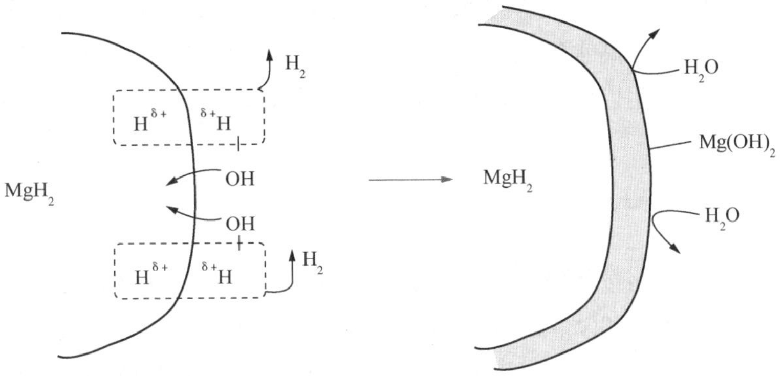

(a)去离子水

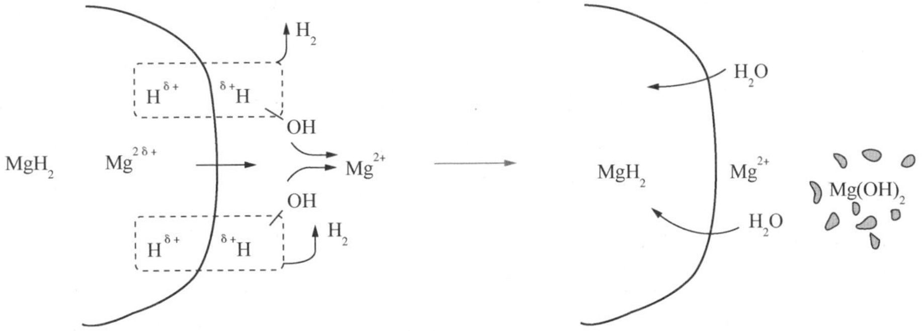

(b)$MgCl_2$溶液

图 6-10 MgH_2与水和 $MgCl_2$溶液的水解机理示意图

添加金属氧化物同样可以起到一定的催化水解效果，使 MgH_2的水解性能得到提升。Huang 等人将 MgH_2与 5%的金属氧化物（Fe_2O_3、CaO、MoO_3、Fe_3O_4、Nb_2O_5、TiO_2）混合在一起球磨得到复合粉末，并在 3.5%的 NaCl 水溶液中发生水解反应。结果表明，除了 CaO 其他的几种氧化物对 MgH_2的水解都起到了促进作用。不同的金属氧化物的水解性能之所以不一样，是由于它们与 MgH_2的结合力不同导致的。并且 MoO_3在球磨过程中具有磨削作用，使得在 Mg 颗粒上产生了大量的新表面和缺陷，从而加快了水解反应的动力学进程。进一步，朱敏教授等采用球磨法制备了添加 10%Mo、MoS_2、MoO_2、MoO_3的 MgH_2复合粉末，球磨时间为 1h。在 25℃海水中进行水解制氢性能测试。结果显示以上添加物均能明显提高 MgH_2的水解性能。这主要是因为在 Mg 与 Mo、MoS_2、MoO_2、MoO_3之间形成了微观原电池，加速了放氢反应。并且电极电位与 Mo 元素的价态有关，价态越高，电极电位越高，所以相比其他含有 Mo 的添加物，MoO_3表现出最优的水解性能。此外，降低颗粒尺寸也能够增大材料比表面积，使得更多的 MgH_2材料与水接触发生水解反应，提高水解的动力学，但细化颗粒尺寸通常与添加剂改性或溶液改性等方法联用，用以配合提高体系的综合水解性能。

6.3.3 铝粉(Al)

金属铝与镁类似储量都极为丰富，具有低成本和轻质的优势使得其也是水解反应的研究重点。铝除了含量高和成本低外，还具有很高的水解放氢量(1.245L/g)，并且可以在室温下(25℃)与水反应，水解反应的副产品可循环利用。铝是一种活性的两性金属，其表面始终覆盖着一层薄而致密的氧化物层，这可以阻止铝在中性条件下与水反应，在不同温度下 Al 与水的反应如式(6-22)、式(6-23)、式(6-24)所示。

室温至 280℃ $$2Al+6H_2O \longrightarrow 2Al(OH)_3+3H_2 \tag{6-22}$$

280~480℃ $$2Al+4H_2O \longrightarrow 2AlOOH+3H_2 \tag{6-23}$$

高于 480℃ $$2Al+3H_2O \longrightarrow Al_2O_3+3H_2 \tag{6-24}$$

因此，通过铝与水的反应释放氢的关键是防止氧化层的形成或将氧化层与水接触之前破坏。强碱性或酸性溶液能溶解氧化物层，因此金属铝的水解过程可以引入酸和碱来促进反应产生氢气。在水溶液中加入 KOH、NaOH 等，可有效腐蚀掉金属表面的氧化膜，有利于提高制氢转化率。在这些碱溶液中，KOH 是最常见，也是最有效的反应促进剂。Al 与 KOH 溶液的反应过程如下所示：

$$Al_2O_3+3H_2O+2KOH \longrightarrow 2KAl(OH)_4 \tag{6-25}$$

$$2Al+6H_2O+2KOH \longrightarrow 2KAl(OH)_4+3H_2 \tag{6-26}$$

$$KAl(OH)_4 \longrightarrow KOH+Al(OH)_3 \tag{6-27}$$

$$2Al+6H_2O \longrightarrow 2Al(OH)_3+3H_2 \tag{6-28}$$

金属 Al 表面的 Al_2O_3氧化膜在 KOH 溶液中，按照式(6-25)发生反应，待到有新鲜的 Al 表面与溶液接触时，在 OH^-的作用下，反应按照式(6-26)进行，使得 Al 能继续水解产氢。当溶液中生成的 $KAl(OH)_4$浓度超过其饱和值时，就会开始分解。理论上在该化学反应过程中，KOH 可以得到再生，能再次参与到制氢反应中去。由此可见，铝在碱溶液中反应没有消耗碱，只是一个不断消耗水产生氢气的过程。这一原理虽能很好地解释金属 Al 表面的氧化膜的保护作用，但是反应生成的 $Al(OH)_3$沉淀不溶于水，会随机分布在金属表面，也在一定程度上阻碍了水解制氢的进行。当然，研究也表明，随着碱液浓度增加，Al 粉的水解制氢速率也会有一定的提升。

除了采用碱性或酸性溶液来溶解氧化物层，细化晶粒和成分改性也是提高粉末活性的有效手段。由于金属铝质软，具有一定的延展性，铝粉直接球磨时会随着球磨时间的增长，团聚成大的球形颗粒，这样不利于细化 Al 粉晶粒。研究发现，球磨过程中可通过添加一些具有一定硬度的可溶性无机盐或者金属铝陶瓷体系作为助磨剂，以达到消除团聚的目的。Korosh 等详细研究了机械球磨活化金属铝制氢时加入 NaCl 对制氢率的影响。研究发现当 NaCl 添加量大于 76.5%时，制氢转化率可达 100%，但当 NaCl 添加量减少到 68.4%时，制氢转化率降到 65%。这正是因为 NaCl 为一种具有硬度和脆性的无机盐，在球磨铝粉时，能有效阻止铝粉晶粒的团聚，达到细化铝粉晶粒的目的。当铝粒度变小时，表面不断被 NaCl 颗粒包裹，这不仅能防止铝颗粒发生团聚，同时也能够阻止细小铝颗粒被氧化。但是值得注意的是，随着 NaCl 或其他添加物的增加，制氢率会不断增加，但是由于添加剂是不参加制氢反应的，添加量的增加势必会降低单位质量的制氢物质的制氢转化率，也将不利于铝水解制氢的综合性能。

6.4 氢同位素分离材料

质子数相同而中子数不同的同一元素的不同原子互称为同位素。氢一共有三种同位素，分别是氕，其原子核内有 1 个质子，无中子，自然界中的丰度为 99.98%；氘(又叫重氢)，原子核内有 1 个质子，1 个中子，丰度为 0.016%；氚(又叫重氢)，原子核内有 1 个质子，2 个中子，丰度为 0.004%。其中，同位素氕在自然界中含量最丰富，即我们日常生活中所指的氢。氢能之所以也被誉为人类的终极能源，除了前面介绍的在能源、化工、钢铁和燃料电池发电等领域的应用，还有一个重要的原因是氢同位素，也即氘(D)和氚(T)在核聚变反应中扮演的重要角色。氘氚聚变是目前所能获得条件下最容易实现的聚变反应(如图 6-11 所示)，核聚变所释放的能量极高且非常环保，随着化石燃料的供不应求，运用聚变热核反应提供能源将是一条很有前景的途径。氘、氚作为热核聚变反应的主要原料，在未来的人类社会将会发挥不可或缺的作用。同时，氘不仅是核聚变反应堆的潜在能量来源，而且广泛地运用于重水反应堆的中子减速剂，有机化学和生物化学中的同位素标记，中子散射技术以及制药技术和 NMR 材料分析等领域。但氘和氚在自然界中含量非常稀少，属于重要的国防战略资源，因此，经济、高效的氢同位素分离研究与应用具有重要意义，本节对氢储能新材料在该领域的应用进行了介绍。

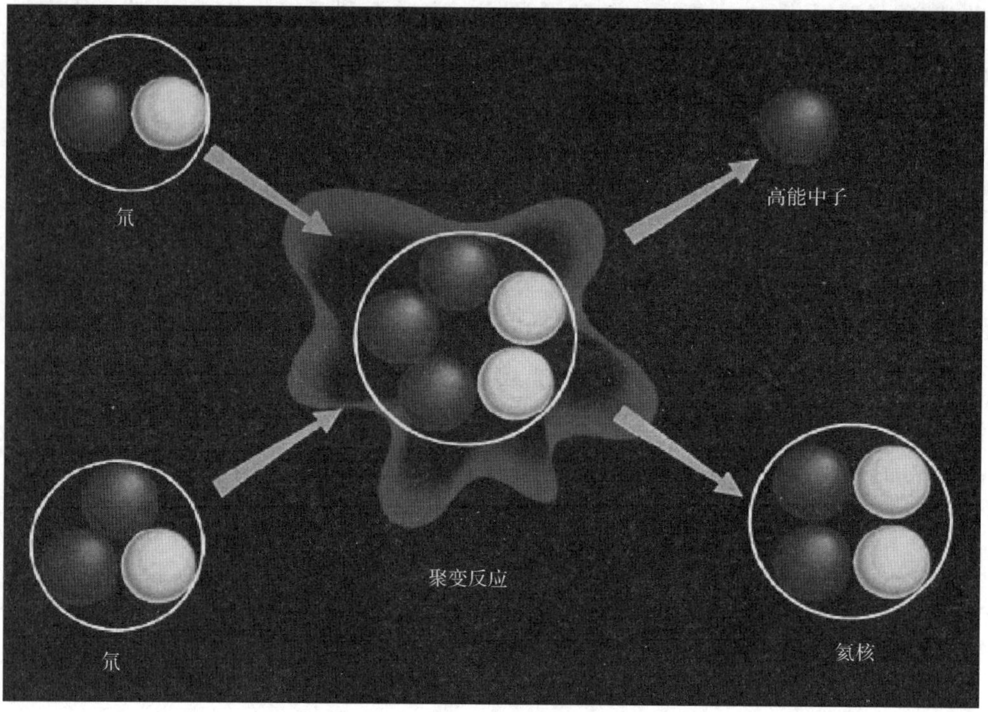

图 6-11　核聚变反应原理示意图

由于氢同位素氘和氚的物理性质和分子尺寸相似、化学性质相同，使得把氘气从氢同位素混合气体中分离出来变得十分困难。目前的氢同位素分离方法主要是基于氢同位素各组分物理化学性质的微小差异来实现的，如热扩散法、热循环吸附法、低温精馏法和置换色谱法等。①热扩散法利用的是流体在设备的两端温差较大，不同分子量的氢气和氘气具有不同的扩散效应。在热对流的作用下，重同位素分子氘气富集在冷区而轻同位素分子氢气富集在热区，最终达到分离氢氘的目的。②热循环吸附法是一种利用同位素效应随温度的变化关系、Pd 的氢同位素效应来实现分离氢氘的方法。在分离过程中，Pd 会优先吸附 H 原子，这种效应会随着温度的下降而增强，随着温度的上升而减弱。气体中的同位素分子会与固体中的同位素分子进行置换过程而最终达到平衡状态。轻的同位素气体富集在分离柱的一端而重的同位素气体会富集在分离柱的另一端，最终实现氢同位素的完全分离。③低温精馏法是大规模分离采用的主要技术，也是氢同位素分离技术中应用最早的技术，适于大规模氢同位素的分离。但是复杂的生产工艺，以及高压和极低温操作所带来的安全隐患等问题使其产品价格相当昂贵。④置换色谱法是将氢同位素气体充入分离柱，分离柱中填装了具有氢同位素效应的分离材料，材料吸氢形成一段混合吸附材料段后，充入某种同位素气体作为置换气体。由于分离材料具有同位素效应，其他同位素将被置换出来并推向分离柱出口端，随着置换过程的进行，同位素气体之间逐渐被分开，最终达到完全分离的目的。置换色谱法因具有设备简单能耗小、分离效率高、产品纯度高的优点而得到许多研究人员的关注，是一种很有潜力的氢同位素分离方法。

分离材料是置换色谱法分离氢同位素的核心，但所采用的材料与常规的气体混合物分离材料有很大不同。常规气体分离通常采用分子筛进行分离，分离材料的孔大小一定时，只有尺寸小于孔的分子可以通过，这种分离方法用于分离普通气体是非常高效的。然而氢同位素 H_2、D_2和 T_2由于具有相近的动力学直径、形状和热力学性质，传统的分子筛无法有效分离氢同位素。目前已报道的氢同位素色谱分离材料主要有非金属吸附剂，金属或合金和复合金属氢化物。

活性氧化铝是常见的非金属吸附剂材料，由氢氧化钠在一定温度和酸碱度下加热脱水而得。作为吸附分离材料的活性氧化铝，主要有 $\gamma-Al_2O_3$、$\eta-Al_2O_3$等。活性氧化铝具有较大的比表面积，很好的热稳定性和化学稳定性。Yoshinori 等用 $MnCl_2$修饰的氧化铝作为气相色谱填料，填充长 0.5m、内径 0.5mm 的微色谱柱分离氢同位素 H_2、D_2和 T_2混合气体，实验结果表明在载气流速 3.19cm^3/min、进样量 0.1μL 和柱温 77K 的色谱条件下，$MnCl_2$修饰的氧化铝对氢同位素 H_2、HD 和 D_2具有较好的分离效果，H_2、HD 和 D_2的保留时间分别为 85s、100s 和 130s。但是以活性氧化铝为色谱分离材料时，得到的色谱峰拖尾严重，各组分保留时间偏长；用过渡金属离子或金属盐纯化后虽然可一定程度上改善色谱峰拖尾现象和缩短分离时间，但是氢同位素各组分的分离度有待提高。分子筛也是较早应用于气相色谱填料的材料之一，早在 20 世纪 70 年代就有文献报道分子筛用作气相色谱填料分离混合气体且能表现出很好的分离效果。分子筛是一种多孔的硅酸盐或者硅酸铝盐沸石材料，具有比表面积大、孔径均一、孔道丰富等特点，空腔内有着尺寸均一的微孔。只有分子的动力学直径小于分子筛内部的孔径时，才能穿过分子筛从色谱柱中流出且流出时间较短，当氢同位素的动力学直径大于其内部的孔径时则出峰时间较长。

金属有机框架(MOFs)材料是近20年来发展迅速的一种配位聚合物，具有三维的孔结构，一般以金属离子为连接点，有机配位体支撑构成空间3D延伸，是沸石和碳纳米管之外的又一类重要的新型多孔材料，在催化、储能和分离中都有广泛应用。由于MOFs材料可以通过在分子水平上设计来调整孔径尺寸(增加配体官能团)和开放性的金属位点，而被用于同位素分离。Oh等人研究了在多孔框架Co-MOF-74中的强吸附点上氢同位素分离和在较低温度20~70K下对于氢氘混合气体的分离选择性。在接近80K时相比于H_2的最大解吸量，D_2的最大解吸量增大，表明D_2与金属位点有着比H_2更强的相互作用。低于50K时，由于吸附同时存在于弱结合点和强结合点，导致选择性小于4。而在较高温度下，吸附主要发生在强结合点，使得选择性急剧增加，最大选择性在60K时达到11.8。MOFs材料用于氢同位素(H_2/D_2)分离时主要基于动力学量子筛分效应(KQS)和化学亲和量子筛分效应(CAQS)两种原理，氢同位素分离时的KQS效应主要依赖环境温度以及分离材料的孔道尺寸，孔道尺寸对于分离起着重要的作用。其次为环境温度，温度能明显改变H_2/D_2的分离效率。另一个是化学亲和量子筛分(CAQS)效应，在分离材料具有活性金属位点且具有相对较大孔径时可以使得CAQS效应在相对较高温度时发挥作用，目前的MOFs材料通常在极低温度下(低于77K)才具有较好的氢同位素分离性能。

金属氢化物作为固态储氢材料的重要分支，也是实验室用来分离氢同位素比较成熟的技术。一般认为，金属氢化物同位素效应是由于氢原子占据不同的间隙位置从而引起其振动零点能的变化所造成的。用来研究氢同位素气体分离的合金吸收剂主要有Pd-Pt、Pt-Ag、Pd-Y、LaNi系、Ti-V系等。不难发现，在金属基分离材料中，金属钯(Pd)及其合金材料是研究应用最多的分离材料，Pd晶格为面心立方结构，每个晶胞由4个Pd原子组成，有4个八面体间隙和8个4面体间隙。这是因为Pd是迄今为止发现的同位素效应最强的金属，不易被环境气体钝化，抗中毒能力强，且很容易在较低的温度下使其活化，具有很好的吸/放氢动力学特性。

20世纪30年代，Sieverts等人测定了金属Pd的吸氢和吸氘等温曲线，发现两者吸附平衡压存在显著差异，直到1957年，Glueckauf等人开始利用Pd的氢同位素效应进行氢同位素分离的研究。将金属 Pd 与载体材料(石棉等)混合填充色谱柱，利用氢气置换色谱柱内的 H-D 混合原料气，由于金属 Pd 优先吸附氢，在气固交换过程中，氢将固相中的氘置换出来，在色谱柱的前端形成高纯度氘分布区域，这一方法可以获得高浓度氘(大于 99.9%)。Kuniaki 等人研究了 Pd-8% Pt 合金分离氢同位素的过程，在原料气为 $50\%H_2-50\%D_2$时，实验得到的产品 D_2 丰度为 97.5%，回收率为 80%，并且不需要额外添加置换气体。由于 Pd、Pt 同样都是贵金属，价格昂贵，因此将 Pd、Pt 沉积在惰性载体上使用则更加经济、有效。例如，将 Pd 负载于硅藻土或 Al_2O_3等材料上能够有效减少贵金属的用量，其中单位体积的 Al_2O_3载钯量比硅藻土高，并且 Pd-Al_2O_3材料的抗粉化性能更优，具有更好的应用前景。

复合金属氢化物材料因其阴阳离子之间丰富多样的化学作用、电子结构和成分组成等而具有多元化的化学和物理特性，广泛应用于能源储存、转化和利用等多个领域。以金属氨基化合物-氢化物体系为代表的金属氮基储氢材料因储氢容量高、吸脱氢热力学性能适宜、循环稳定性好、成本低廉而备受关注。金属(亚)氨基化合物是一类氨基离子 NH_2^-或亚氨基离子 NH^{2-}与金属阳离子形成的化合物。早在 1933 年，碱金属氨基化合物就已被发现并合成出来，直到 2002 年，Chen 等发现 Li_3N 经两步吸氢反应后，进而转变为 $LiNH_2-2LiH$ 体系，获得了具有高达 10.4%的理论可逆储氢容量的金属氨基化合物-氢化物储氢(Li-N-H)材料体系。Li_3N 吸脱氢是一个两步反应，反应式如式(6-29)所示。Li_3N 先吸收 1 分子 H_2变成亚氨基锂(Li_2NH)和氢化锂(LiH)，随后 Li_2NH 继续吸氢，变成氨基锂($LiNH_2$)和 LiH。

$$Li_3N+2H_2 \rightleftharpoons Li_2NH+LiH+H_2 \rightleftharpoons LiNH_2+2LiH \quad (6-29)$$

上式的理论可逆储氢量高达 10.4%，然而其反应的总体吸脱氢焓值过高；温和操作条件下只有第二步吸脱氢反应即式(6-29)右边的反应具有实用价值，其可逆储氢容量高达 6.5%，如式(6-30)所示。

$$Li_2NH+H_2 \rightleftharpoons LiNH_2+LiH \quad (6-30)$$

研究人员在研究其吸脱氢机理的过程中发现，$LiNH_2-LiD$ 体系在加热脱附的过程中，释放 H_2、D_2和 HD 混合气体，且在脱 H_2和脱 D_2的动力学性能上表现出一定的差异性，这种差异意味着金属氮基储氢材料或许可以应用于氢同位素分离。近期，张钊等对 Li-N-H 体系的热力学、动力学同位素效应进行系统研究，发现该体系具有显著的热力学氢同位素效应，即其气的平台压力大于氘的平台压力，即呈现明显的正同位素效应，其氢同位素分离因子为 1.42 左右，并随着原料气中重同位素含量的增加而减少。进一步流动态氢同位素混合气分离实验证明 Li-N-H 体系能够原位分离氢同位素，且其氢同位素分离因子不随温度改变而发生变化，具有很好的稳定性。该体系储氢量大，经济性好，操作温度适宜(200℃)，同时，该类材料体系丰富、可调控性大，值得进一步深入研究。

未来置换色谱分离材料将继续向高同位素效应、温和的实验条件及低廉的原料价格方向发展。随着分离技术的改进和高性能低成本填充材料的开发，氢同位素置换色谱分离技术将得到进一步发展，应用也将会更广泛，完全有可能应用于如聚变能源开发等大规模的氘氚工业领域。

第7章

氢储能的应用场景

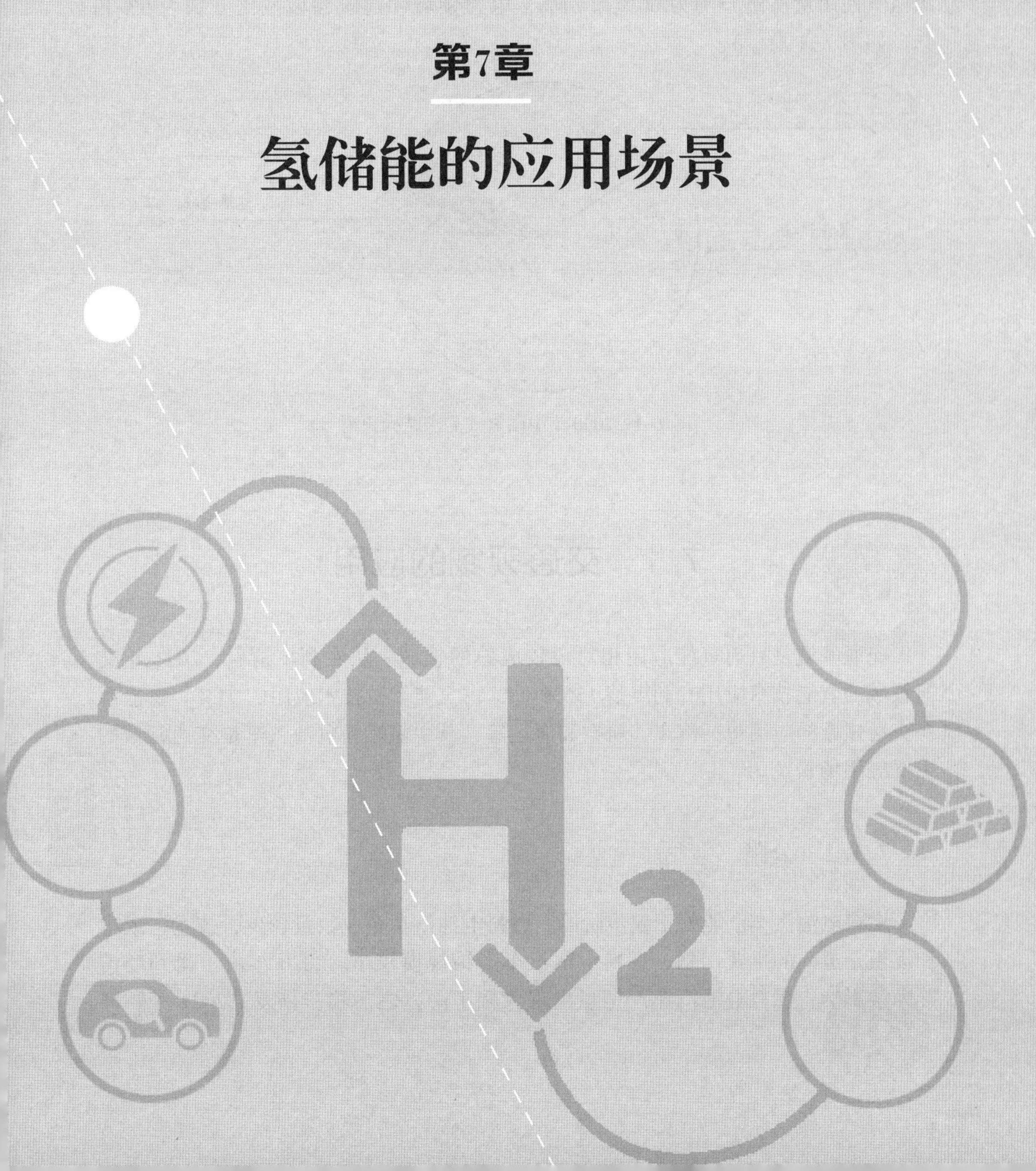

《氢能产业发展中长期规划(2021—2035 年)》指出，“2035 年形成氢能产业体系，构建涵盖交通、储能、工业等领域的多元氢能应用生态”。氢能源将为各行业实现脱碳提供重要路径。目前氢能的成本较高，使用范围较窄，氢能应用处于起步阶段。氢能源主要应用在工业领域和交通领域中，在建筑、发电和发热等领域仍然处于探索阶段。根据中国氢能联盟预测，到 2060 年工业领域和交通领域氢气使用量占比分别为 60% 和 31%，电力领域和建筑领域占比分别为 5% 和 4%(如图 7-1 所示)。

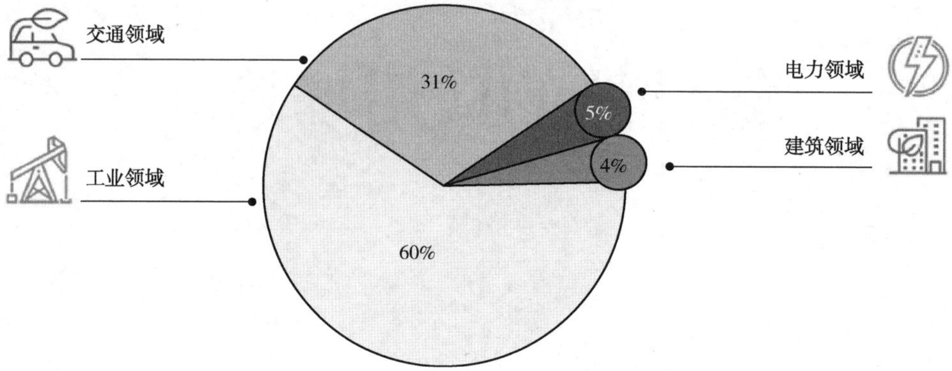

图 7-1　2060 年中国氢气需求结构预测

7.1　交通领域的应用

交通领域是目前氢能应用相对比较成熟的领域。从专利申请看，2021 年交通领域的氢能技术应用专利申请 15639 件，占氢能下游技术应用的 71%。氢能源在交通领域的应用包括汽车、航空和海运等，其中氢燃料电池汽车是交通领域的主要应用场景。

7.1.1　公路

燃料电池汽车产业处于起步阶段。燃料电池汽车企业数量较少，技术、成本和规模是进入的主要门槛，燃料电池汽车产销规模较小。2020 年由于受到疫情等因素影响，燃料电池汽车产销量出现大幅下降，之后稳步恢复。2021 年燃料电池汽车产量和销量分别同比增加49%和35%；2022年以来产销量进一步增加，上半年产量1804辆，已经超过2021年全年(如图7-2所示)。与纯电动汽车和传统燃油车相比，燃料电池汽车具有温室气体排放低、燃料加注时间短、续航里程高等优点，较适用于中长距离或重载运输，当前燃料电池汽车产业政策也优先支持商用车发展。现阶段国内氢燃料电池车以客车和重卡等商用为主，乘用车主要用来租赁，占比不及0.1%。

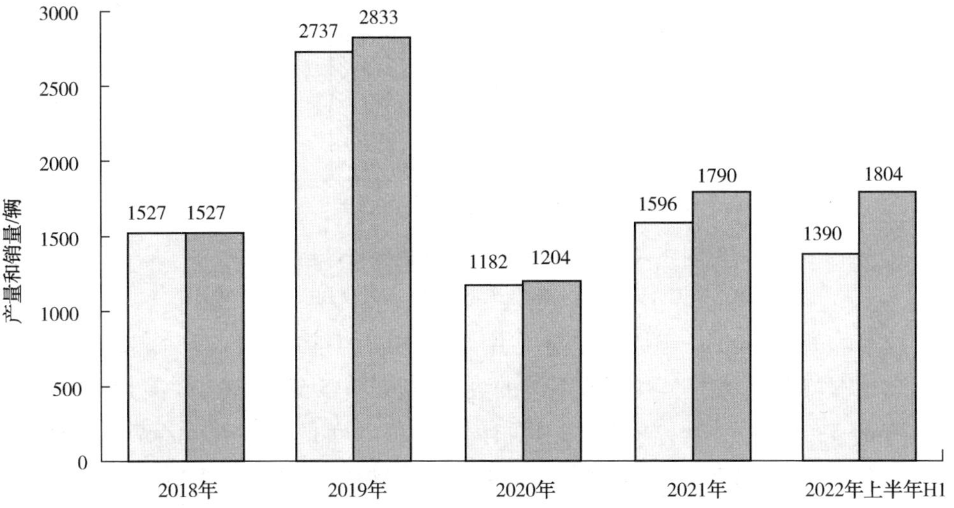

图7-2 2018~2022年上半年我国燃料电池汽车产量和销量

当前燃料电池汽车的购置成本还较高，尚不具备完全商业化的能力。成本是限制燃料电池市场化的主要因素。燃料电池汽车的发展仍然依靠政府补贴和政策支持。2020年氢能公交车推广数量较多，虽然车型规格、系统配套商及功率大小有差异，但多数订单公交车均价在200万~300万元/辆，价格较高。此外，燃料电池汽车对低温性能要求较高，动力系统成本较高，加之基础设施稀缺等限制，目前尚未实现大规模推广，有待未来进一步改善。

在实现"双碳"目标的带动下，零碳排放的燃料电池汽车有望保持高速增长。《氢能产业发展中长期规划(2021—2035年)》指出，到2025年氢燃料电池车辆保有量约5万辆。据此计算，2022—2025年保有量年均增长率将超过50%(如图7-3所示)。

燃料电池汽车成本未来有较大下降空间。燃料电池汽车主要包括燃料电池系统、车载储氢系统、整车控制系统等。其中，燃料电池系统是核心，成本有望随着技术进步和规模扩大而下降。根据国际能源署(IEA)研究，随着规模化生产和

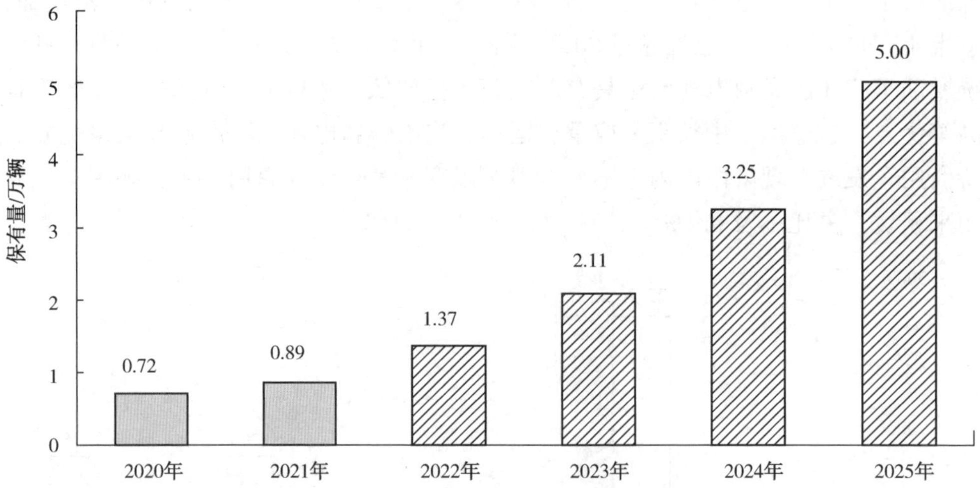

图 7-3 我国氢燃料电池车辆保有量趋势图

数据来源：香橙会研究院，《氢能产业发展中长期规划(2021—2035 年)》。

工艺技术的进步，2030 年燃料电池乘用车成本将与纯电动汽车、燃油车等其他乘用车成本持平，其中燃料电池系统的成本将从 2015 年的 30200 美元/辆降低到 2030 年的 4300 美元/辆，单位成本则有望从 2015 年的 380 美元/kW · h 降低到 2030 年的 54 美元/kW · h，降幅为 86%，是推动燃料电池汽车成本下降的主要动力。

燃料电池车适合重型和长途运输，在行驶里程要求高、载重量大的市场中更具竞争力，未来发展方向为重型卡车、长途运输乘用车等。根据国际氢能协会分析，燃料电池汽车在续航里程大于 650km 的交通运输市场更具有成本优势。由于乘用车和城市短程公共汽车续航里程通常较短，纯电动汽车则更有优势。燃料电池汽车未来发展空间广阔。相比纯电动车型，燃料电池车克服了能源补充时间长、低温环境适应性差的问题，提高了营运效率，与纯电动车型应用场景形成互补。中国氢能联盟研究院预测，到 2030 年我国燃料电池车产量有望达到 62 万辆/a。

7.1.2 铁路

清洁能源成为许多国家未来能源体系的重要组成部分，氢能作为清洁能源受到铁路领域的广泛关注。氢能在铁路交通领域的应用主要是与燃料电池构成动力系统，替代传统的内燃机。目前氢动力火车处于研发和试验阶段，德国、美国、日本和中国等国走在前沿。德国在 2022 年开始运营世界上第一条由氢动力客运火车组成的环保铁路线，续航里程可达 1000km，最高时速达到 140km。中国在 2021 年试运行国内首台氢燃料电池混合动力机车，满载氢气可单机连续运行 24.5h，平直道最大可牵引载重超过 5000t；于 2022 年建成国内首个重载铁路加氢科研示范站，将为铁路作业机车供应氢能。

氢动力火车的优点在于不需要对现有铁路轨道进行改建，通过泵为火车填充氢气，并且噪声小、零碳排放。但是现阶段发展氢动力火车也存在一些挑战。一方面，氢燃料电池电堆成本高于传统内燃机，组成氢动力系统后(含储氢和散热系统等)成本将进一步增加，搭载氢能源系统的车辆成本较高。另一方面，由于技术不成熟、需求少等因素，目前加氢站等氢能源基础设施的建设尚不完善。

由于世界主要国家重视以氢能为代表的清洁能源的发展，氢动力火车作为减碳的有效途径，未来发展空间广阔。以欧洲国家为例，法国承诺到 2035 年、德国提出到 2038 年、英国计划到 2040 年把以化石能源(柴油)驱动的国家铁路网络替换成包括氢能源在内的清洁能源驱动的铁路网络。

7.1.3 航空

随着能源加速向低碳化、无碳化演变，航空业也面临能源体系变革带来的新挑战。氢能源为低碳化航空提供了可能，氢能可以减少航空业对原油的依赖，减少温室及有害气体的排放。相比于化石能源，燃料电池可减少 75%~90%的碳排放，在燃气涡轮发动机中直接燃烧氢气可减少 50%~75%的碳排放，合成燃料可减少 30%~60%的碳排放。氢动力飞机可能成为中短距离航空飞行的减碳方案，但在长距离航空领域，仍需依赖航空燃油。预计 2060 年氢气能提供 5%左右航空领域能源需求。氢能为航空业提供了可能的减碳方案，美国、英国、欧盟等发达国家和地区纷纷出台涉及氢能航空发展的顶层战略规划(如图 7-4 所示)。

从发达国家发布的规划可以看出，氢能航空的发展是一个漫长的过程。从现在到 2030 年主要是发展基础性技术，开展航空试验；到 2050 年完成远程客机验证机和大规模的氢燃料加注基础设施建设，在航空领域实现更大规模应用。

7.1.4 航运

随着航运业迅速发展，柴油机动力船舶引发的环境问题日益显现。2020 年我国航运业的二氧化碳排放量占交通运输领域排放量的 12.6%。氢能作为清洁能

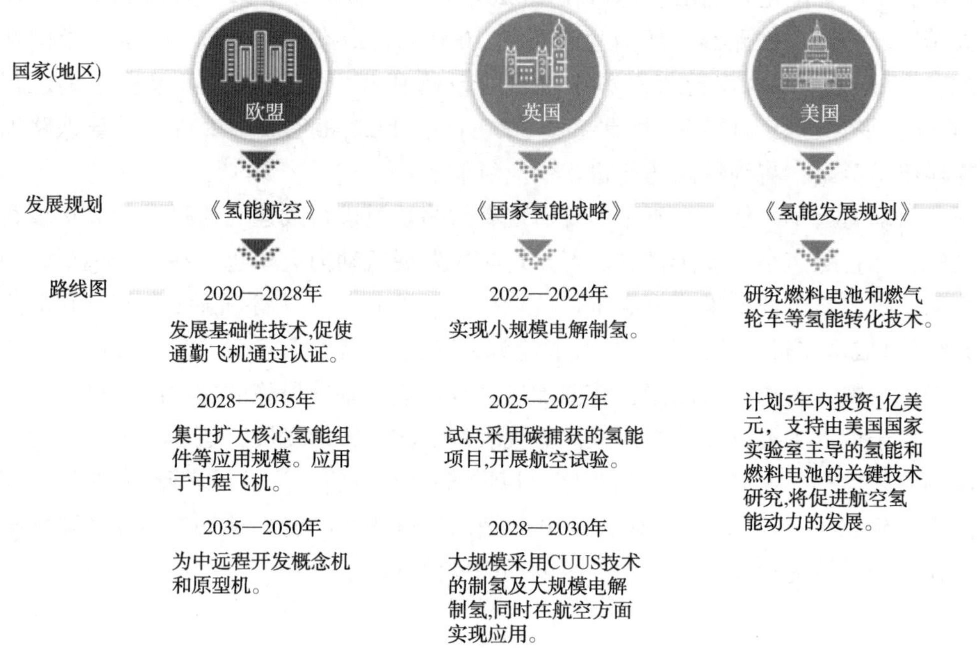

图 7-4　各国家(地区)氢能航空发展策略比较

源有望在航运领域减碳中发挥积极作用。根据 IEA 发布的《中国能源体系碳中和路线图》，航运业的碳减排主要取决于氢、氨等新型低碳技术和燃料的开发及商业化；在承诺目标情景中，2060 年基于燃料电池的氢能应用模式将满足水路交通运输领域约 10%的能源需求。

氢及氢基燃料是航运领域碳减排方案之一。通过氢燃料电池技术可实现内河和沿海船运电气化，通过生物燃料或零碳氢气合成氨等新型燃料可实现远洋船运脱碳。我国部分企业和机构基于国产化氢能和燃料电池技术进步已经启动了氢动力船舶研制。现阶段，氢动力船舶通常用于湖泊、内河、近海等场景，作为小型船舶的主动力或大型船舶的辅助动力。海上工程船、海上滚装船、超级游艇等大型氢动力船舶研制是未来发展趋势。

总体而言，氢动力船舶整体处于前期探索阶段，高功率燃料电池技术尚未成熟，但随着氢存储优势显现，燃料电池船舶市场渗透率将逐步提升。预计到 2030 年我国将构建氢动力船舶设计、制造、调试、测试、功能验证、性能评估体系，建立配套的氢气“制储运”基础设施，扩大内河/湖泊等场景的氢动力船舶示范应用规模，完善水路交通相关基础设施；到 2060 年完成我国水路交通运输装备领域碳中和目标，在国际航线上开展氢动力船舶应用示范，提升我国氢动力船舶产业的国际竞争力(如图 7-5 所示)。

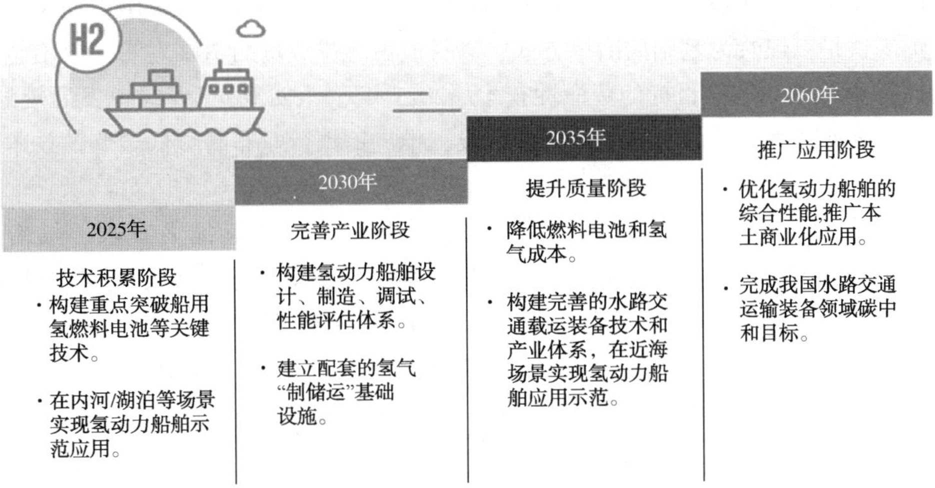

图 7-5 我国氢动力船舶发展路线图

数据来源：《我国氢动力船舶创新发展研究》，毕马威分析。

7.2 工业领域

工业是当前脱碳难度较大的应用部门，化石能源不仅是工业燃料，还是重要的工业原料。工业燃料通过电气化可实现部分脱碳，但是工业原料直接电气化的空间有限。在氢冶金、合成燃料、工业燃料等的带动下，2060 年工业部门氢需求量将达到 7794 万 t，接近交通领域的 2 倍。

7.2.1 钢铁行业

钢铁冶炼二氧化碳排放量较大，2020 年国内钢铁行业碳排放总量约 18 亿 t，占全国碳排放总量的 15%左右。实现“双碳”目标下，钢铁行业面临巨大的碳减排压力。根据各大型钢铁企业公布的碳达峰碳中和路线图，结合中国钢铁行业协会减碳目标，假设到 2030 年，我国钢铁行业减碳 30%，在此期间钢铁行业需累计减排 5.4 亿 t。我国钢铁产量占世界总产量的一半以上，实现钢铁行业的降碳对我国“双碳”目标的达成意义重大。

氢在钢铁行业可应用于氢冶金、燃料等多个方面，以氢冶金规模最大。氢冶金通过使用氢气代替碳在冶金过程中的还原作用，从而实现源头降碳，而传统的高炉炼铁是以煤炭为基础的冶炼方式，碳排放占总排放量的70%左右。氢冶金是钢铁行业实现“双碳”目标的革命性技术。2021 年《“十四五”工业绿色发展规划》发布，强调要大力推进氢能基础设施建设，推进钢铁行业非高炉低碳炼铁技术的发展。

现阶段，氢冶金技术的氢气主要来源于煤，整体减碳能力有限。氢冶金技术分为高炉氢冶金和非高炉氢冶金两大类。高炉氢冶金是指通过在高炉中喷吹氢气或富氢气体替代部分碳还原反应实现“部分氢冶金”，非高炉氢冶金技术以气基竖炉法为主流。我国竖炉氢冶金技术处于起步阶段，同时受氢气制备和储运、高品质精矿等条件制约，距离大规模应用和全生命周期深度降碳仍有一定距离。

从全球范围看，氢冶金的工业化技术也尚未成熟，德国和日本等氢冶金技术领先的国家也处于研发和试验阶段。根据世界能源署统计，传统高炉的使用年限为 30~40 年，而目前全球炼铁高炉平均炉龄仅为 13 年左右，在未来很长一段时间内，全球范围内将仍以传统的高炉炼铁工艺为主流，低碳高炉冶金技术将是过渡期内重要的研发方向。氢冶金的发展可以分步实现：到 2025 年，验证中试装置大规模工业氢能冶炼的可行性；到 2030 年，实现以焦炉煤气、化工等副产品产生的氢气进行工业化生产；到 2050 年，进行钢铁高纯氢能冶炼，其中氢能以水电、风电及核电电解水为主。

7.2.2 化工行业

氢气是合成氨、合成甲醇、石油精炼和煤化工行业中的重要原料，还有小部分副产气作为回炉助燃的工业燃料使用。中国氢能联盟数据显示，2020 年合成氨、甲醇、冶炼与化工所需氢气分别占比 32%、27%和 25%(如图 7-6 所示)。目前，工业用氢主要依赖化石能源制取，未来通过低碳清洁氢替代应用潜力巨大。

氨是氮和氢的化合物，广泛应用于氮肥、制冷剂及化工原料。合成氨的需求主要来自农业化肥和工业两大方面，其中农业化肥占 70%左右。国际能源署预计至 2050 年，将会有超过 30%的氢气用于合成氨和燃料。目前，氨生产所需要的氢(化石能源制取，又称灰氢)主要是通过蒸汽甲烷重整(SMR)或煤气化来获取，

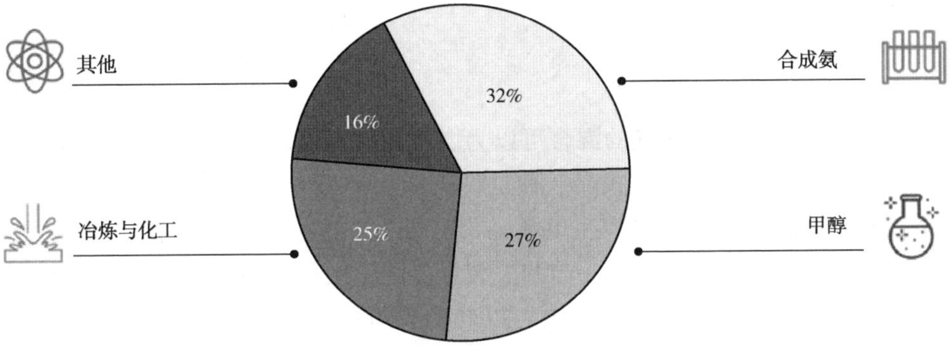

图 7-6　我国化工行业氢能消费领域分析图

数据来源：中国氢能联盟，毕马威分析。

每生产 1t 氨会排放约 2.5t 二氧化碳。绿氢合成氨则可减少二氧化碳排放。绿氢合成氨主要设备包括可再生能源电力装备、电解水制氢设备、空分装置、合成氨装置，以上相关技术装备国产化程度较高。其中，碱性电解水与质子交换膜电解水技术能够实现规模化的电解水制氢，我国的碱性电解槽技术水平处于行业领先水平。此外，国内外质子交换膜电解水技术均处于起步阶段，且成本偏高，未来主要取决于燃料电池技术发展进程。

大规模、低成本、持续稳定的氢气供应是化工领域应用绿氢的前提。尽管短期内化工领域绿氢应用面临经济性挑战，但随着可再生能源发电价格持续下降，到 2030 年国内部分地区有望实现绿氢平价，绿氢将进入工业领域，逐渐成为化工生产常规原料。2022 年 3 月 28 日，远景科技集团与内蒙古自治区赤峰市人民政府签订战略合作协议，计划在赤峰市建设风光制绿氢绿氨一体化示范项目，总投资约为 400 亿元，预计 2028 年前建成投产。项目规划年产 152 万 t 零碳工业气体产品，一期项目将于两年内投产，成为全球首个零碳氢氨项目。

该绿氢绿氨生产基地在建成后将为赤峰经济技术开发区内工业生产提供零碳氨、氢、氧、氮等工业气体产品，削减园区碳排放量，依托零碳工业气体产品优势及先进储能型空分工艺，将元宝山化工园区打造成零碳化工园区。预计零碳产业园建成后，通过利用当地丰富的绿电，实现绿电和绿氢开发的融合，可以实现以 10 元/kg 的成本生产氢气，比现阶段成本下降 50%～80%。与此同时，远景科技集团还将在赤峰建设智能风机装备制造中心项目、新能源和储能电站示范项目，同时配合赤峰在能碳双控和森林碳汇方面开展研究探索工作，共同推进区域碳达峰、碳中和工作，并参与赤峰市现代能源经济战略规划研究和矿产资源开发。

7.2.3 发电领域

纯氢气、氢气与天然气的混合可以为燃气轮机提供动力，从而实现发电行业的脱碳。氢能发电有两种方式。一种是将氢能用于燃气轮机，经过吸气、压缩、燃烧、排气过程，带动电机产生电流输出，即“氢能发电机”。氢能发电机可以被整合到电网电力输送线路中，与制氢装置协同作用，在用电低谷时电解水制备氢气，用电高峰时再通过氢能发电，以此实现电能的合理化应用，减少资源浪费。另一种是利用电解水的逆反应，氢气与氧气（或空气）发生电化学反应生成水并释放出电能，即“燃料电池技术”。燃料电池可应用于固定或移动式电站、备用峰值电站、备用电源、热电联供系统等发电设备。

这两种氢能发电均存在成本较高的问题。目前，燃料电池发电成本为2.50~3.00元/度，而其他发电成本基本低于1元/度。例如，目前火力发电成本为0.25~0.40元/度，风力发电成本为0.25~0.45元/度，太阳能发电成本为0.30~0.40元/度，核能发电成本为0.35~0.45元/度（如图7-7所示）。对比发电成本可以发现，燃料电池的发电成本要高于其他类型的发电模式。由于质子交换膜、电解槽等核心设备主要依赖进口，成本较高，叠加原材料的价格昂贵，导致氢能发电成本较高。

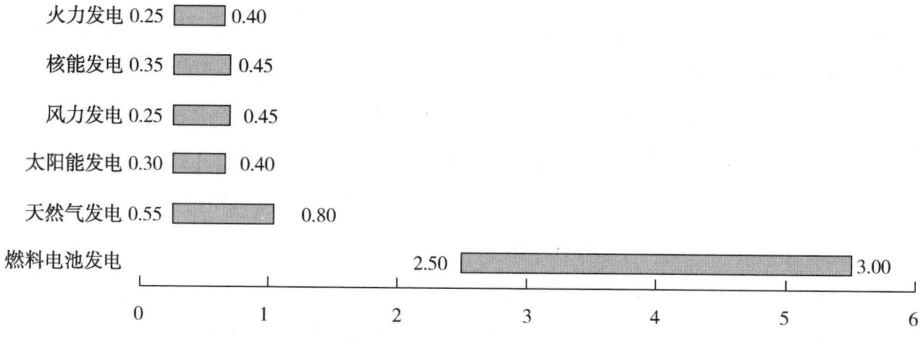

图7-7　我国不同类型发电成本区间估算（元/度）

随着对清洁能源的重视，风能、太阳能等可再生能源发电占发电量的比例逐步提高。2020年我国风力发电、太阳能发电总装机容量5.3亿kW，占全社会用电量的比重达到11%，到2030年风力发电、太阳能发电总装机容量将达到12亿kW以上。根据IEA研究，在2050年零碳排放目标的情景下，风力发电、太阳能发电在发电量中的占比接近70%。可再生能源发电在电力系统中的作用越来越重要。但是，风力发电、太阳能发电的间歇性和随机性，影响并网供电的连续性和稳定性，因此储能作为相对独立的主体将发挥重要作用。

电力储能方式目前主要有抽水蓄能、锂电子电池、铅蓄电池、压缩空气储能等，其中抽水蓄能占比超过86%。与其他储能方式相比，氢储能具有放电时间长、规模化储氢性价比高、储运方式灵活、不会破坏生态环境等优势。另外，氢储能应用场景丰富，在电源侧，氢储能可以减少弃电、平抑波动；在电网侧，氢储能可以为电网运行调峰容量和缓解输变线路阻塞等。

目前，受技术、经济等因素的制约，氢储能的应用仍面临许多挑战。一方面，氢储能系统效率相对较低。氢储能的“电-氢-电”过程存在两次能量转换，整体效率40%左右，低于抽水储能、锂电池储能等70%左右的能量转化效率。另一方面，氢储能系统成本相对较高。当前抽水蓄能和压缩空气储能成本约为7000元/kWh，电化学储能成本约为2000元/kWh，而氢储能系统成本约为13000元/kWh，远高于其他储能方式。

氢储能目前仍处于起步阶段，2021年国内氢储能装机量约为1.5MW，氢储能渗透率不足0.1%。氢储能在推动能源领域碳达峰碳中和过程中将发挥显著作用。国家发展改革委和国家能源局于2021年出台的《关于加快推动新型储能发展的指导意见》提出，到2025年实现新型储能从商业化初期向规模化发展转变；到2030年，实现新型储能全面市场化发展。氢储能作为新型储能方式，未来发展空间广阔。

7.2.4 建筑领域

建筑部门能源需求主要用于供暖（空间采暖）、供热（生活热水）等的电能消耗。与天然气供热（最常见的供热燃料）等竞争性技术相比，氢气供热在效率、成本、安全和基础设施的便捷性等方面目前不占优势。

由于纯氢的使用需要新的氢气锅炉或对现有管道进行大量的改造，在建筑中使用纯氢气的成本相对较高。例如，欧洲的氢能源使用比其他地区起步要早，但目前氢能源供热成本仍然是天然气供热成本的2倍以上。即便到2050年，当热泵成为最经济的选择时，氢气供暖的成本可能仍将比天然气供热成本高50%。

氢气可以通过纯氢或者与天然气混合输送，使用纯氢方式对管道要求更高。氢气还可能导致钢制天然气管道的安全风险，需要用聚乙烯管道取代现有管道。

这种投资对于较大的商业建筑或地区供暖网络来说可能具有经济意义，但对于较小的住宅单元来说则可能成本过高。

因此，早期氢气在建筑中的使用将主要是混合形式。氢气与天然气混合，按体积计算的比例可以达到20%，而无须改造现有设备或管道。和使用纯氢相比，将氢气混合到天然气管道中可以降低成本，平衡季节性用能需求。随着氢气成本的下降，北美、欧洲和中国等拥有天然气基础设施和有机会获得低成本氢气的地区，有望逐渐在建筑的供热、供暖中使用氢气。

挪威船级社 DNV 预测，在2030年以后，纯氢在建筑中的使用有望超过混合氢气；到2050年，氢气在建筑供暖和供热能源总需求中可占3%~4%。

第8章

氢能产业政策

8.1 海外氢能发展战略

世界各国(地区)均针对氢能制定了国家层面的发展战略，中国也积极参与其中。在国际能源格局发生深刻变革和快速变化的今天，谁能在氢能等新型能源的转型中夺得先机，无疑将在世界未来能源格局中占据更重要的地位。

世界能源结构正面临深刻调整，氢能具有清洁、高效、来源广泛以及可再生等特点，已成为各国未来能源战略的重要组成部分，近年来全球各国纷纷出台氢能战略规划(如图 8-1 所示)，抢占发展制高点，中国身处其中，了解各国氢能战略，有助于我国更好地支持和引导氢能产业的发展。

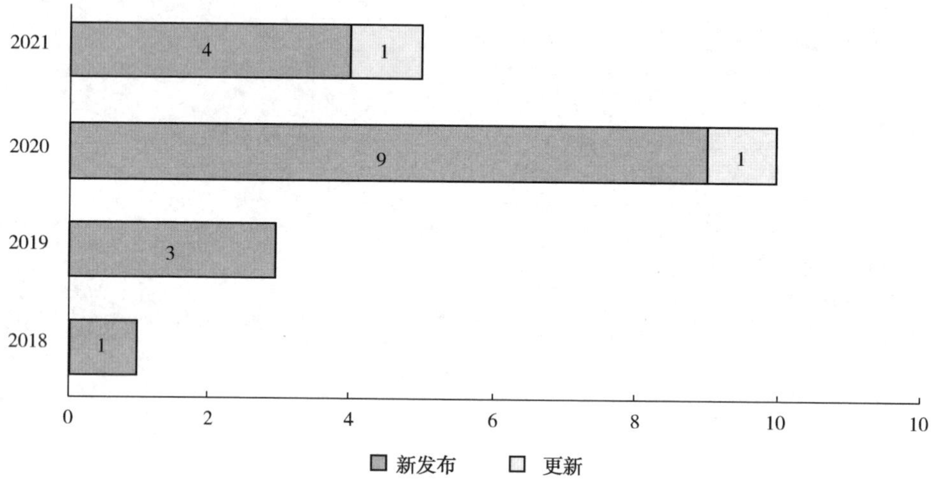

图 8-1 全球历年发布氢能战略的国家(地区)数量

8.1.1 日本构建全球“氢能社会”

日本氢能战略的出发点是维护本国能源安全，目标是构建全球“氢能社会”，力求在全球范围内打造日本主导的氢能产业链。

受矿产资源匮乏的地理条件限制，以及受石油危机和福岛核泄漏等事件影响，日本在能源安全方面一直存在强烈的危机感。为了更好地维护国家能源安全，日本将氢能作为一个重要突破口。早在 2013 年，安倍政府便通过

《日本再复兴战略》将发展氢能上升为国策；2014 年，《第四次能源基本计划》明确了建设“氢能社会”的战略方向，同年，日本经济产业省制定《氢能与燃料电池战略路线图》，清晰规划了实现“氢能社会”目标的三步走路线；2017 年，日本政府进一步发布《氢能基本战略》，成为全球首个制定国家层面氢能发展战略的国家。在持续且连贯的政策引导下，“氢能社会”理念逐渐深入日本国民意识，也成为日本建立氢能国际影响力的重要抓手。值得一提的是，在日本 2021 年发布的第六版《氢能战略计划》中，首次提及氨能，提出到 2030 年，利用氢和氨所生产出的电能将占日本能源消耗的 1%，氨具备作为燃料和氢载体的潜力，随着日本氢能战略转向氢氨融合，各国在氨能方面的战略布局可能也会出现相应调整。

日本对于氢能社会的构想，涵盖了制氢、储氢和氢能利用及基础设施建设等氢能全产业链，仅靠发展国内市场不足以支撑大规模产业化的氢能发展，因此，日本高度重视在全球范围内搭建氢能供应链和创造氢能需求。一方面，制氢需要各种资源尤其是可再生能源，但日本本土资源有限，所以日本不断在海外寻找成本低廉的化石能源结合 CCS 技术制氢，或直接利用海外可再生能源制氢，再通过液化氢运输等形式保障国内氢能供应，日本与挪威、澳大利亚、文莱和沙特阿拉伯等均进行了相关合作。另一方面，氢能产业化需要下游应用需求带动，日本通过在交通、电力、建筑、工业等领域供应氢气，刺激了这些领域的用氢需求。不过从长期来看，日本国内氢气消费量有限，积极发展全球市场仍是日本氢能商业化的重要战略。

8.1.2 美国强化全链条技术储备

氢能是美国能源多元化发展战略的重要方向之一。当前美国正积极储备氢能全产业链技术，助力实现其在气候领域做出的减排承诺。

美国“能源独立”战略一直重视新能源，但历届政府优先关注的领域不尽相同，导致氢能产业政策规划缺乏连贯性。不过美国始终保持了对氢能技术的研发投入，尤其是近年来全球气候变化极端事件频发的背景下，拜登政府积极推进“气候新政”，其氢能战略规划逐渐明晰。2020 年 11 月，美国能源部(DOE)发布《氢能计划发展规划》，设定了到 2030 年氢能发展的技术和经济指标，范围涉及“制氢—运氢—储氢—用氢”全链条，该方案是对 2002 年的《国家氢能路线图》和 2004 年启动的“氢能行动计划”的更新，可以看作美国氢能战略的一次阶段性调整。2021 年 7 月，DOE 宣布发起“能源攻关计划”，旨在使清洁氢成本在未来 10 年内降低 80% 至 1 美元/kg，标志着美国开始从化石能源制氢（灰氢、蓝氢）为主，转向以可再生能源制氢（绿氢）为主，以此助推《氢能计划发展规划》落地。

美国重视加强全链条技术储备，加快推进低成本绿氢技术，力求保持其在氢能技术方面的领先优势，建立全球氢能技术主导权。有研究表明，近 10 年（2012—2022 年）尽管美国在氢能专利申请数量上低于中国和日本，但在制氢技术和氢储运技术专利价值度排名中，美国位居榜首，说明其专利技术质量仍领先中国和日本。不过，值得注意的是，美国通过“页岩气革命”，获得了丰富且廉价的天然气，氢能在终端应用上和天然气相比目前价格不具优势，氢能应用推广因此面临一定阻力。同时，当前尽管美国政府力图保证氢能的使用规模并扩大应用市场，但是美国各州氢能发展存在较大差异，氢燃料电池车推广和加氢站建设主要集中在加州，后续美国政府若不能有效刺激其他州的用氢需求，将面临用氢需求增长乏力的风险，不利于氢能大规模发展。

8.1.3 欧盟以绿氢助力脱碳经济

欧盟氢能战略的出发点是实现脱碳，目标是大规模快速部署绿氢。尤其是近期俄乌冲突爆发以来，欧盟越发重视摆脱对俄罗斯的能源依赖，加速推进绿氢发展。

绿色转型是欧洲经济复苏的重要驱动力之一，相关产业政策处于全球领先地位，已建立了包括氢能在内的清洁能源战略布局。近年来，欧盟相继通过《欧洲绿色协议》《欧洲气候法》和“减碳 55”等一揽子计划，逐步构建起相对完善的碳中和政策框架，明确到 2030 年温室气体净排放量将比 1990 年至少减少 55%，到 2050 年，欧洲实现“碳中和”。欧盟将发展绿氢作为实现减排目标的重要途径，2020 年 7 月《欧盟氢能战略》出台，提出了氢能发展的渐进式路线，旨在降低可再生能源制氢成本，通过大规模应用绿氢促进经济脱碳，以确保实现总体气候目标。

2022 年以来，全球性能源危机进一步加剧，欧洲能源价格大幅走高，再加上俄乌矛盾不断升级，欧盟对外针对俄罗斯实施煤炭禁运等制裁，对内开始加快向可再生能源和氢能过渡，以求与俄罗斯能源脱钩。在欧盟 2022 年 5 月份发布的“RepowerEU”计划中，再次重申了《欧盟氢能战略》制定的“到 2030 年实现可再生制氢年产量1000万t”的目标，并提出了从不同的来源进口1000万t绿氢的目标。

欧盟重点发展风光电制氢，一方面，欧洲南部有丰富的太阳能资源，近海地区可以开展风力发电，根据Ember数据，2021年欧盟风光发电量合计已超过煤电，有望为绿氢生产提供能源支撑；另一方面，欧盟不断完善天然气基础设施网络，后续可为氢能的运输提供支持。不过，目前全球都面临着绿氢成本高的难题，欧盟选择将成本相对更低的蓝氢作为短中期能源选项，本质上还是以天然气作为能量来源，不利于其解决能源依赖问题。此外，在当前俄乌冲突的背景下，近来部分欧洲国家开始重启煤电以应对能源短缺问题，一定程度上会拖累欧盟国家整体能源转型的步伐。

8.1.4 澳大利亚将成为氢能出口大国

澳大利亚立足本国资源优势打造新型经济增长点，目标是成为氢能出口大国，澳大利亚正大力发展氢枢纽，推动行业尽快实现规模经济。

澳大利亚自然资源丰富，是煤炭、铁矿石、天然气等资源产品的重要出口国。为了适应世界经济向绿色能源转型的大趋势，澳大利亚政府将氢能视为下一个出口增长点。2019年11月，澳大利亚发布《国家氢能战略》，确立了15大发展目标、57项联合行动，旨在到2030年成为亚洲氢能出口前三，同时在氢安全、氢经济、氢认证方面处于全球前列。2020年9月，澳大利亚发布首份低碳技术排放声明，提出制氢成本要低于2美元/kg，并公布了19亿美元的新能源技术投资计划，其中包括建设本国第一个氢能出口枢纽。2021年12月，澳大利亚工业、科学、能源与资源部发布《2021氢能现状》，在梳理氢能产业现状的基础上，提出了未来发展的三大重点，即建立需求、实现低成本大规模制氢、降低输氢成本，政府将通过创建氢枢纽刺激国内需求，并大力开拓国外市场，推动氢能在2030年左右实现大规模生产。

澳大利亚发展氢能具备资源、技术、市场三重优势。首先，澳大利亚太阳能、风能资源丰富且土地利用强度低，是大规模开展可再生能源制氢的理想地点；其次，煤炭、天然气等能源产业基础较雄厚，氢能发展具备良好的产业环境；最后，澳大利亚成熟的能源贸易关系，很大程度上为其氢能出口铺平了商业化道路。澳大利亚希望在不影响安全、生活成本、水资源、土地使用权和环境可持续性的情况下，实现清洁氢能的新就业和新增长，也需要面对现实中的各种挑战。例如，2021 年 6 月澳大利亚政府就以保护湿地生态为由，暂时搁置为澳大利亚皮尔巴拉的亚洲可再生能源中心项目发放环境许可证；2022 年初澳大利亚国内专家评估认为，正在建设的澳大利亚-日本氢气供应链，实际会使日本碳排放向外转移，如果没有强有力的政策支持低碳制氢，澳大利亚碳排放将会面临上升压力。

8.1.5 智利依托绿氢促进经济转型

智利希望借助绿氢实现经济增长驱动力转变，从以铜矿等不可再生资源为主，转向风能、光能等可再生能源驱动，成为全球绿氢出口领导者。

智利和澳大利亚同属于出口导向型经济，但智利高度依赖进口煤炭发电。为提高能源自主可控性，智利政府强调摆脱火电，大力发展可再生能源发电，并进一步开展大规模低成本可再生能源制氢，实现经济转型升级。

2020 年 11 月，智利能源部发布《国家绿色氢能战略》(见表 8-1)，提出分三阶段建设氢能强国，第一阶段完成国内增产和出口准备，第二、三阶段则通过出口绿氢、做大规模，成为全球绿氢供应商，目标是到 2025 年，智利可再生能源发电制氢的装机规模达到 500 万 kW；到 2030 年，智利成为世界上生产绿氢较便宜的国家之一；到 2040 年，智利实现氢能出口。

表 8-1 海外氢能战略发展比较

国家	主要政策文件	发布时间	发展目标	重点内容
日本	《第六次能源基本计划》	2021.10	2030 年：制氢成本降至 30 日元/Nm^3；氢气供应量达 300 万 t/a。 2050：制氢成本降至20 日元/Nm^3；氢气供应量达 2000 万 t/a	到 2030 年氢/氨发电占比将实现突破，将从第五期计划设定的零提高到本次设定的 1%(2019 年氢/氨发电还未部署应用)，以实现清洁能源多元化
美国	《氢能计划发展规划》	2020.11	2030 年：电解槽成本降至 300 美元/kW，运行寿命达到 8 万 h，系统转换效率达到 65%，工业和电力部门用氢价格降至1 美元/kg，交通部门用氢价格降至 2 美元/kg	DOE“氢能计划”使命为：研究、开发和验证氢能转化相关技术(包括燃料电池和燃气轮机)，并解决机构和市场壁垒，最终实现跨应用领域的广泛部署。该计划将利用多样化的国内资源开发氢能，以确保丰富、可靠且可负担的清洁能源供应

续表

国家	主要政策文件	发布时间	发展目标	重点内容
欧盟	《欧盟氢能战略》	2020.07	2024年：安装600万kW的电解设施，产生100万t绿氢。 2030年：安装4000万kW的电解设施，产生1000万t绿氢。 2050：使所有脱碳难度系数高的工业领域使用绿氢替代	为欧洲未来30年清洁能源特别是氢能的发展指明了方向，概述了全面的投资计划，包括制氢、储氢、运氢的全产业链，以及现有天然气基础设施、碳捕集和封存技术等投资。预计总投资超过4500亿欧元
澳大利亚	《国家氢能战略》	2019.11	15大发展目标强调三大重点：发展清洁、创新、安全、有竞争力的氢能；使所有澳大利亚人受益；成为全球氢能产业主要参与者	确定了15大发展目标、57项联合行动，旨在将澳大利亚打造为亚洲三大氢能出口基地之一，同时在氢安全、氢经济以及氢认证方面走在全球前列
智利	《国家绿色氢能战略》	2020.11	2025年：可再生能源发电制氢的装机规模达500万kW。 2030年：智利成为世界上生产绿氢较便宜的国家之一。 2040年：实现氢能出口	系统分析了智利的绿氢发展机会，提出成为全球绿氢出口领导者的战略目标，明确了绿氢产业三阶段发展规划和各阶段的重点目标

智利希望生产“最便宜”的绿氢，除可再生能源储量丰富外，其独特的地形条件也极为重要。一方面，智利国土面积小，北部阿塔卡沙漠是全球阳光直射较集中、稳定的地区之一，南部地区风能资源丰富，且都靠近大型消费中心、天然气管网和港口等物流枢纽，有利于减少国内氢能基础设施建设和运输成本。另一方面，智利海岸线狭长、风力充足，开展海上风力发电，对陆地生态系统的影响较小，在氢能出口贸易中，可以直接利用海上风电制取绿氢，无须额外消耗成本将电力输送到岸上，绿氢也可直接通过海底管道、输氢船等直接销往海外。不过，目前海上风电制氢还面临着海上风电波动大、制氢设备运维难度大、氢储运难等问题，智利海上风电制氢项目和其他大部分绿氢项目尚在规划中，智利能否顺利将资源潜力转变为氢能经济优势，仍需克服诸多挑战。

8.2 中国氢能发展战略

在2030年实现“碳达峰”和2060年实现“碳中和”的目标指导下，我国十分重视推动氢能产业发展，于2019年首次将氢能列入《政府工作报告》中，并于2020年将氢能列入能源范畴。近期的政策中影响较为重大的主要是2022年出台的氢能行业中长期发展规划、2020年出台的以奖代补政策和2021年出台的示范城市群政策，明确了氢能发展的方向以及政策上和资金上的支持。

8.2.1 国家层面顶层设计，方向目标明确

我国早在2002年《“十五”国家高科技技术研究发展规划》中提出发展燃料电池汽车，随后陆续有政策对行业的研发和技术突破做出规划和支持，经过多年的研发和攻关，在2016年发布的《能源技术革命创新行动计划(2016—2030年)》中开始提出将燃料电池汽车及分布式发电技术进行示范应用并推广。2019年开始氢能行业政策密集落地，且有提速趋势。

自2019年氢能首次被写入《政府工作报告》以来，我国各部委密集出台各项氢能支持政策，内容涉及氢能制储输用加全链条关键技术攻关、氢能示范应用、基础设施建设等(见表8-2)。2022年3月，国家发展改革委、国家能源局联合印发《氢能产业发展中长期规划(2021—2035年)》(以下简称《规划》)，以实现“双碳”目标为总体方向，明确了氢能是未来国家能源体系的重要组成部分，提出了氢能产业的三个五年阶段性发展目标，同时也明确了氢能是战略性新兴产业的重点方向，氢能产业上升至国家能源战略高度。

表8-2 国家层面氢能相关政策(2019—2022年)

发布时间	发布机构	政策文件	政策解读
2022.06	发改委、国家能源局等9部门联合印发	《“十四五”可再生能源发展规划》	内容：推动光伏治沙、可再生能源制氢和多能互补开发；推动可再生能源规模化制氢利用
			意义：明确要推动可再生能源规模化制氢利用，为“十四五”期间氢能产业的发展明确了方向

续表

发布时间	发布机构	政策文件	政策解读
2022.03	发改委、国家能源局	《氢能产业发展中长期规划（2021—2035年）》	内容：分析了我国氢能产业的发展现状，明确了氢能在我国能源绿色低碳转型中的战略定位、总体要求和发展目标，提出了氢能创新体系、基础设施、多元应用、政策保障、组织实施等方面的具体规划
			意义：氢能上升至国家能源战略高度
2021.11	国家能源局、科技部	《“十四五”能源领域科技创新规划》	内容：攻克高效氢气制备、储运、加注和燃料电池关键技术，推动氢能与可再生能源融合发展
			意义：为氢能制储输用全链条关键技术提供了创新指引，为氢能的示范应用和安全发展提供了重要指导
2021.10	国务院	《2030年前碳达峰行动方案》	内容：积极扩大电力、氢能、天然气等新能源、清洁能源在交通运输领域应用
			意义：明确了氢能对实现碳达峰碳中和的重要意义
2021.03	第十三届全国人大	《中华人民共和国国民经济和社会发展第十四个五年规划和2035年远景目标纲要》	内容：在氢能与储能等前沿科技和产业变革领域，组织实施未来产业孵化与加速计划，谋划布局一批未来产业
			意义：氢能作为国家前瞻谋划的六大未来产业之一写入“十四五”规划
2020.12	发改委、商务部	《鼓励外商投资产业目录（2020年版）》	内容：氢能与燃料电池全产业链被纳入鼓励外商投资的范围
			意义：产业对外开放程度提高
2020.04	国家能源局	《中华人民共和国能源法（征求意见稿）》	内容：能源，是指产生热能、机械能、电能、核能和化学能等能量的资源，主要包括煤炭、石油、天然气、核能、氢能等
			意义：首次将氢能列入能源范畴，从法律层面明确了氢能的能源地位
2019.03	国务院	《政府工作报告》	内容：稳定汽车消费，继续执行新能源汽车购置优惠政策，推动充电、加氢等设施建设
			意义：氢能首次被写入《政府工作报告》

数据来源：公开资料整理，毕马威分析。

《规划》在以下几方面具有重要意义：

① 明确氢能在国家能源体系中的重要地位。《规划》中明确指出氢能是未来国家能源体系的重要组成部分，是用能终端实现绿色低碳转型的重要载体，是战略性新兴产业和未来产业重点发展方向，要充分发挥氢能作为可再生能源规模化高效利用的重要载体作用及其大规模、长周期储能优势。我国要实现“双碳”目标，必须推动可再生能源规模化发展，而可再生能源的主要载体就是电和氢，在动力、储能方面两者具有互补性，作为无碳工业原料，氢具有不可替代性。

② 提出量化目标。《规划》提出到 2025 年，中国将基本掌握核心技术和制造工艺，燃料电池车辆保有量约 5 万辆，部署建设一批加氢站，可再生能源制氢量达到 10 万～20 万 t/a，实现二氧化碳减排 100 万～200 万 t/a。到 2030 年，形成较为完备的氢能产业技术创新体系、清洁能源制氢及供应体系，有力支撑“碳达峰”目标实现。到 2035 年，形成氢能多元应用生态，可再生能源制氢在终端能源消费中的比例明显提升。

③ 强调核心技术研发。《规划》中明确指出要加快推进质子交换膜燃料电池技术创新，开发关键材料，提高主要性能指标和批量化生产能力，着力推进核心零部件以及关键装备研发制造。加快提高可再生能源制氢转化效率和单台装置制氢规模，突破氢能基础设施环节关键核心技术。持续推进绿色低碳氢能制取、储存、运输和应用等各环节关键核心技术研发。示范城市中也对核心零部件和材料的研发提出了明确的支持，各环节中具备核心技术研发能力和国产化能力的企业将获得政策支持，充分受益行业高增长。

④ 强调与锂电池纯电动汽车的互补发展。《规划》为行业明确了在交通领域的定位，氢燃料电池车的发展与锂电池纯电动汽车不是竞争关系，而是各自适应不同的领域，燃料电池车将在中重型的客车、货车中发挥优势，与锂电形成互补。

⑤ 政策支持力度大。《规划》中明确提出要发挥好中央预算内投资引导作用，支持氢能相关产业发展，鼓励产业投资基金、创业投资基金等按照市场化原则支持氢能创新型企业，促进科技成果转移转化，支持符合条件的氢能企业在科创板、创业板等注册上市融资。

《规划》从国家层面为氢能产业打造顶层设计，首次清晰描述了氢能的战略定位，为中国氢能科技创新和产业高质量发展指明了方向。有利于政府统筹推进氢能产业发展，制定产业发展总体思路、目标定位和任务要求，各地方充分考虑本地区发展基础和条件，在科学论证的基础上，合理布局，共同推动氢能产业健康、有序、可持续发展。

8.2.2 “以奖代补”，激发创新活力

氢能产业在不同发展阶段存在不同特点，我国的氢能支持政策也在随着行业的发展不断做出调整。在氢能产业发展前期，国家补贴政策聚焦于燃料电池汽车的推广和示范应用。2009 年，财政部等发布《节能与新能源汽车示范推广财政补助资金管理暂行办法》，对试点城市示范推广单位购买和使用燃料电池汽车给予补助。2015 年《关于 2016—2020 年新能源汽车推广应用财政支持政策的通知》明确指出“中央财政对购买新能源汽车给予补助，实行普惠制”。2018 年，国家进一步调整完善新能源汽车推广应用财政补贴政策，指出“燃料电池汽车补贴力度保持不变，燃料电池乘用车按燃料电池系统的额定功率进行补贴”。此外，加氢站等配套基础设施不健全也成为制约产业发展的重要因素。2019 年，《关于进一步完善新能源汽车推广应用财政补贴政策的通知》指出要加大支持加氢基础设施“短板”建设和配套运营服务等。

在燃料电池汽车补贴方面，近年来国家越发重视补贴资金的运行效率，2020 年 9 月《关于开展燃料电池汽车示范应用的通知》发布，将对燃料电池汽车的购置补贴政策，调整为燃料电池汽车示范应用支持政策，针对示范期间的城市群，财政部等部门将采取“以奖代补”方式，依据其目标完成情况给予奖励。示范期暂定为四年，示范期间，将采取“以奖代补”方式，对入围示范的城市群按照其目标完成情况给予奖励。每个示范城市群最高可获得 18.7 亿元奖励，涵盖制氢、加氢、燃料电池零部件、整车等各个环节。按照奖励政策，2022 年，功率大于 110kW 且最大设计总质量超过 31t 的货车拿到的最高奖励金额为 46.2 万元/辆；关键零部件实现国产化将获得 20.5 万元/辆的奖励；氢气供应满足条件的，将能拿到 9 元/kg 的奖励。该政策将推动各地产业互补、企业强强联合，进一步激发产业活力和企业创新力、竞争力，避免企业形成“补贴依赖症”。同年发布的《关于进一步完善新能源汽车推广应用财政补贴政策的通知》也指出“切实防止重复建设，推动提高产业集中度”，坚决遏制新能源汽车盲目投资等乱象，不断提高产能利用率和产业发展质量。具体政策梳理如图 8-2 所示。

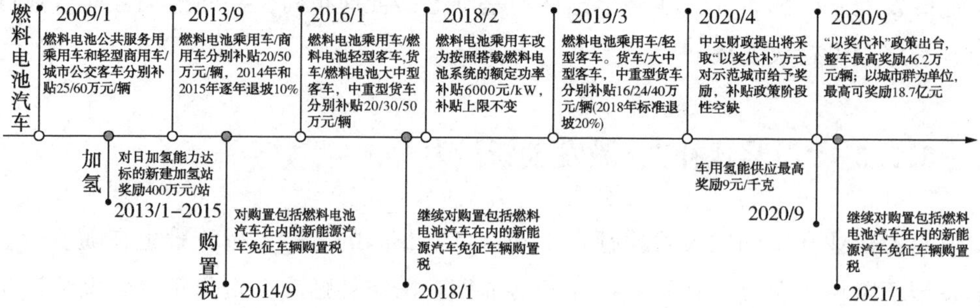

图 8-2　氢能行业补贴年表

8.2.3　示范城市群，奖励政策落地

2021 年 8 月，财政部、工信部、科技部、发改委、能源局联合发布《关于开展燃料电池汽车示范应用的通知》(以下简称《通知》)，燃料电池示范城市群政策正式落地(见图 8-3)，首批京津冀示范城市群、上海示范城市群、广东示范城市群获批。2022 年初，第二批示范城市群——河南示范城市群、河北示范城市群获批。

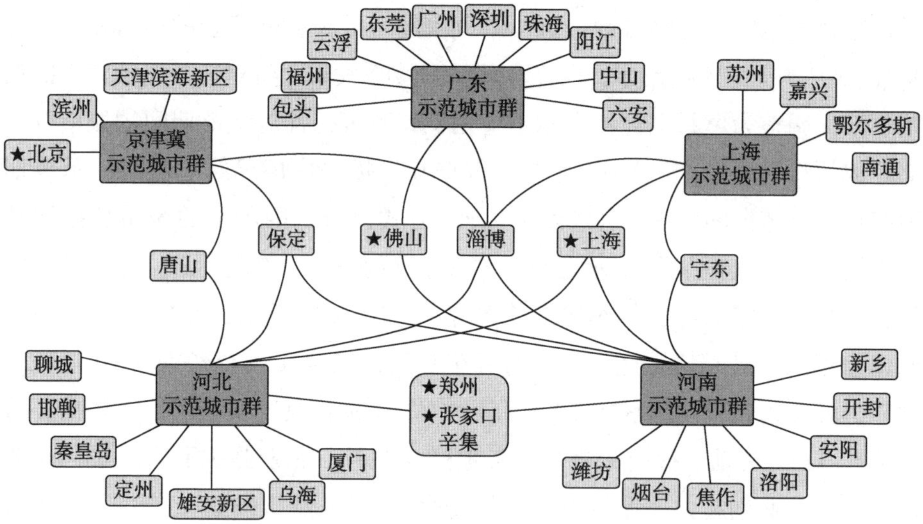

图 8-3　燃料电池示范城市群示意图

《通知》中提到示范城市群要聚焦技术创新，找准应用场景，构建完整的产业链。一是构建燃料电池汽车产业链条，促进链条各环节技术研发和产业化。要

依托龙头企业，以客户需求为导向，组织相关企业打造产业链，加强技术研发，实现相关基础材料、关键零部件和整车产品研发突破及初步产业化应用，在示范中不断完善产业链条、提升技术水平。二是开展燃料电池汽车新技术、新车型的示范应用，推动建立并完善相关技术指标体系和测试评价标准。要明确合适的应用场景，重点推动燃料电池汽车在中远途、中重型商用车领域的产业化应用。要运用信息化平台，实现燃料电池汽车示范全过程、全链条监管，积累车辆运行数据，完善燃料电池汽车和氢能相关技术指标、测试标准。三是探索有效的商业运营模式，不断提高经济性。要集中聚焦优势企业产品推广，逐步形成规模效应，降低燃料电池汽车成本。要为燃料电池汽车示范应用提供经济、安全稳定的氢源保障，探索发展绿氢，有效降低车用氢能成本。四是完善政策制度环境。要建立氢能及燃料电池核心技术研发、加氢站建设运营、燃料电池汽车示范应用等方面较完善的支持政策体系。要明确氢的能源定位，建立健全安全标准及监管模式，确保生产、运输、加注、使用安全，明确牵头部门，出台加氢站建设审批管理办法。

《通知》中明确了示范城市群考核内容和积分核定规则等，在每个示范年度、第二个示范年度和第四个示范年度结束后分别开展年度考核、阶段性总结和总体评估，积分由五部门组织第三方机构和专家委员会进行核算，需要对示范车辆类型和技术指标等进行审核，额定功率、系统功率与电极功率比值、启动温度、电堆功率密度、系统功率密度、纯氢续航历程等满足相关要求，且车辆累计用氢运行里程在第1、2、3、4年平均单车应分别超过0.75万km、1.5万km、2.25万km、3万km。

8.3 地方政府政策密集落地

8.3.1 地方性氢能政策积极推出

《规划》出台后，全国各省份(自治区、直辖市)发布了氢能产业发展规划或“十四五”能源发展规划(如表8-3所示)。规划涉及发展方向和重点、推广规模、资金支持等多个方面，目标更加明确，资金支持更加具有针对性，支持力度也进一步加大。主要包括以长三角(江浙沪)、珠三角(广东)、京津冀(北京）为代表的用能区域，以西南（贵州、重庆）、西北（宁夏）为代表的可再生能源供应区域。

表 8-3　近期部分省市发布的氢能发展规划

地区	省市	发布时间	政策文件	主要内容
主要用能区域	辽宁	2022.08	《辽宁省氢能产业发展规划（2021—2025 年）》	在氢气制备、氢气储运、燃料电池、氢能应用四方面明确了多项发展重点。着力构建“一核、一城、五区”的氢能产业空间发展格局，打造大连氢能产业核心区、沈抚示范区氢能产业新城、鞍山燃料电池关键材料产业集聚区等
	上海	2022.06	《上海市氢能产业发展中长期规划（2022—2035 年）》	夯实上海在氢燃料电池、整车制造、检验检测等方面的产业优势。 抢占氢能冶金、氢混燃气轮机、氢储能等未来发展先机
	江苏	2022.06	《江苏省“十四五”可再生能源发展专项规划》	探索开展规模化可再生能源制氢示范，实现季节性储能和电网调峰，推进化工、交通等重点领域的绿氢替代。 探索开展海上风电柔性直流集中送出、海上风电制氢等前沿技术示范
	浙江	2022.05	《浙江省能源发展“十四五”规划》	推动氢燃料电池汽车在城市公交、港口、城际物流等领域应用，到 2025 年规划建设加氢站近 50 座。 探索应用氢燃料电池热电联供系统。用好全省工业副产氢等资源，探索开展风电、光伏等可再生能源制氢试点
	广东	2022.04	《广东省能源发展“十四五”规划》	打造氢能产业发展高地。多渠道扩大氢能应用市场，聚焦氢能核心技术研发和先进设备制造，加快培育氢气制储、加运、燃料电池电堆、关键零部件和动力系统集成的全产业链
	北京	2022.04	《北京市“十四五”时期能源发展规划》	聚焦推动氢能与氢燃料电池全产业链技术进步与产业规模化、商业化发展，加快氢气制备（制造）储运加注、氢燃料电池设备及系统集成等关键技术创新研发。 加快推进氢能基础设施建设和氢燃料电池汽车规模化示范应用

续表

地区	省市	发布时间	政策文件	主要内容
可再生能源供应区域	贵州	2022.07	《贵州省“十四五”氢能产业发展规划》	“十四五”期末，初步建立氢能全产业链，初步拓展氢能应用场景，为建设西南地区氢能循环经济产业新高地，创造贵州省能源结构转型新增长极筑牢基础
	重庆	2022.06	《重庆市能源发展“十四五”规划（2021—2025年）》	围绕中国西部（重庆）氢谷、成渝氢走廊建设，稳步提升制氢能力，并探索优化储运方式，适度超前建设加氢基础设施网络。 以两江新区、九龙坡区、西部科学城重庆高新区为龙头，积极打造氢燃料电池及核心零部件产业集群，推动氢气制备、储运、终端供应全产业链发展。 氢能利用示范：建设成渝氢走廊，开展氢能在交通领域示范应用，推广应用氢燃料电池汽车，到2025年规模达到1500辆，建设多种类型加氢站30座
	宁夏	2022.05	《宁夏回族自治区氢能产业发展规划（征求意见稿）》	到2025年，形成较为完善的氢能产业发展制度政策环境，产业创新能力显著提高，氢能示范应用取得明显成效，市场竞争力大幅提升，初步建立以可再生能源制氢为主的氢能供应体系

其中，主要用能区域着重强调推动以氢燃料电池汽车为代表的氢能交通应用，例如，北京、浙江均明确提及推动氢燃料电池汽车在交通领域的发展。我国氢能产业下游应用目前以氢燃料电池汽车为主，已经在京津冀、上海、广东、河北、河南初步形成五大燃料电池汽车示范城市群。示范城市群受政策驱动积极发展氢燃料汽车产业，并借此带动氢能全产业链布局发展。例如，广东计划加快培育氢气制储、加运、燃料电池电堆、关键零部件和动力系统集成的全产业链；上海重点瞄准氢能冶金、氢混燃气轮机、氢储能等赛道；江苏、浙江则积极探索以风电为主的可再生能源制氢技术。

可再生能源供应区域依托水力、风能、太阳能等资源优势，因地制宜发展可再生能源制氢。例如，宁夏规划到2025年初步建立以可再生能源制氢为主的氢能供应体系。可再生能源供应区域以上游制氢为切入点，再谋求建立氢能全产业链生态，有利于尽早探索出低成本、可大规模应用的制氢技术路线，并超前布局氢储运等基础设施网络。重庆的氢能产业规划就体现了这一发展思路。

8.3.2 地方氢能发展量化目标

自2019年以来，至少有13个省(自治区、直辖市)制定了到2025年的氢能发展量化目标(见表8-4)。和《规划》提出的全国性目标进行对比，仅内蒙古一地规划的可再生能源制氢量便已超过10万~20万t/a，北京、河北、山东、上海四地计划推广燃料电池汽车总量已达4万辆。不难看出，在氢能将迎来广泛应用的确定趋势下，各地对氢能发展普遍持积极态度。一方面，地方政策相较国家层面政策更加具体且有针对性，有利于快速完善从国家到地方各级的氢能政策框架，切实推动各地区氢能产业的发展。但另一方面，政策能有效落地才是关键，当前中国氢能发展尚处于初期阶段，攻克部分关键产业链节点尚需时日，因此各地区应当科学评估当前产业基础、市场空间和发展潜力，制定行之有效的政策规划，响应发改委提出的严禁各地以建设氢能项目名义“跑马圈地、互相攀比”的要求。

表8-4 全国部分省市氢能发展目标

地区	省市区	发布时间	政策文件	氢能发展目标(到2025年)		
				燃料电池汽车/万辆	加氢站/座	可再生能源制氢/万t
东部	上海	2022.06	《上海市氢能产业发展中长期规划(2022—2035年)》	1.00	70	—
	天津	2022.02	《天津市能源发展“十四五”规划》	0.09	5	—
	北京	2021.08	《北京市氢能产业发展实施方案(2021—2025年)》	1.00	37	—
	河北	2021.07	《河北省氢能产业发展“十四五”规划》	1.00	100	—
	山东	2020.06	《山东省氢能产业中长期发展规划(2020—2030年)》	1.00	100	—
	浙江	2022.05	《浙江省能源发展“十四五”规划》		50	—
	广东	2020.09	《广东省培育新能源战略性新兴产业集群行动计划(2021—2025年)》		300	—

续表

地区	省市区	发布时间	政策文件	氢能发展目标(到2025年)		
				燃料电池汽车/万辆	加氢站/座	可再生能源制氢/万t
中西部	贵州	2022.07	《贵州省“十四五”氢能发展规划》	0.10	15	—
	重庆	2022.06	《重庆市能源发展“十四五”规划(2021—2025年)》	0.15	30	—
	宁夏	2022.05	《宁夏回族自治区氢能发展规划(征求意见稿)》	0.05	10	8
	内蒙古	2022.02	《内蒙古自治区“十四五”氢能发展规划》	0.50	60	48
	山西	2022.10	《山西省氢能产业发展中长期规划(2022—2025年)》	1.00	一批	—
东北	辽宁	2022.08	《辽宁省氢能产业发展规划(2021—2025年)》	0.50	30	—

数据来源：公开资料整理。

8.3.3 各示范城市群支持力度加大

8.3.3.1 京津冀示范城市群

京津冀示范城市群由北京市大兴区牵头，联合海淀、昌平等六个区和经济技术开发区，以及天津滨海新区，河北省保定市、唐山市，山东省滨州市、淄博市等共12个城市(区)组建。牵头城市北京早在2001年就提出了发展燃料电池相关技术，2020年“以奖代补”政策出台后，北京市发布了首个市级专项规划——《北京市氢燃料电池汽车产业发展规划(2020—2025年)》，开启示范推广之路，随后又陆续出台了具体的实施方案和支持措施(如表8-5所示)。政策上的大力支持加上较好的产业基础，使得北京在示范推广中领先于其他城市。

表 8-5　北京氢能政策历史沿革

发布时间	政策文件	主要内容
2001.9	《北京市“十五”时期高新技术产业发展规划》	将燃料电池列入新材料产业重点发展方向。发展质子交换膜燃料电池技术、微型高容量燃料电池安全生产技术等，实现手机用、汽车用燃料电池等的产业化，实现专用燃料电池车的产业化
2011.12	《北京市“十二五”时期能源发展建设规划》	推动包括燃料电池电动汽车、氢发动机汽车的新能源汽车示范应用工程
2016.9	《北京市“十三五”时期加强全国科技创新中心建设规划》	提出重点围绕能源高效、清洁利用和新型能源开发开展氢能源、能源转换、新型储能技术等研发，将氢能产业关键技术研发列入重点发展方向
2017.12	《北京市加快科技创新培育新能源智能汽车产业的指导意见》	加大燃料电池关键零部件等技术研发生产的支持力度，并针对氢能和燃料电池汽车产业提出目标，包括提升整车集成创新能力和竞争能力，突破关键零部件核心技术和增强关键零部件配套能力，提升燃料电池汽车整车及关键零部件检测能力，推进燃料电池汽车规模化示范应用等方面
2018.9	《北京市打赢蓝天保卫战三年行动计划》	明确公布，到 2020 年，北京市公交车、物流车将全部新能源化，非新能源车不得上路。进一步加强推广燃料电池汽车及新能源汽车应用的决心
2019.6	《关于调整〈北京市推广应用新能源汽车管理办法〉相关内容的通知》	修改原补贴政策，取消纯电动汽车的市级财政补助，仍保留燃料电池汽车的市级财政补贴，并按国家财政补贴金额的 1∶0.5 进行补贴。针对新能源汽车发展的支持政策重心向燃料电池汽车产业偏移
2020.9	《北京市氢燃料电池汽车产业发展规划（2020—2025 年）》——首个专项规划	提出“一环一轴两区多点”的氢燃料电池汽车产业空间布局，并明确发展目标：2025 年前，具有国际影响力的氢燃料电池汽车产业链龙头企业 5~10 家，国际一流的氢燃料电池产业研发创新平台 2 家，氢燃料电池汽车累计推广量突破 1 万辆、新建加氢站 37 座（共计 74 座），氢燃料电池汽车全产业链累计产值突破 240 亿元
2021.8	《北京市氢能产业发展实施方案（2021—2025 年）》	明确氢能产业发展目标：2025 年前，具有国际影响力的产业链龙头企业 10~15 家，国际一流的产业研发创新平台 3~4 家，京津冀区域累计实现氢能产业链产业规模 1000 亿元以上，减少碳排放 200 万 t。建设“氢进万家”智慧能源示范社区，累计推广分布式发电系统装机规模 10MW 以上，建设绿氨、液氢、固态储供氢等应用示范项目
2022.8	《北京市关于支持氢能产业发展的若干政策措施》	自发布起 3 年内，通过多项措施加快培育和发展北京市氢能产业

北京市经济和信息化局于2020年9月8日发布了《北京市氢燃料电池汽车产业发展规划(2020—2025年)》，明确了北京市“十四五”期间的产业布局，产业重点发展方向和阶段性产业发展目标。该规划指出北京将根据海淀区、北京经济技术开发区、延庆区、大兴区、昌平区和房山区等示范区不同的区域功能定位，构建“一环一轴两区多点”的氢燃料电池汽车产业空间布局，进一步推进氢燃料电池汽车在示范区、全市范围的推广应用(如图8-4所示)。2022年8月11日，北京市经济和信息化局发布《北京市关于支持氢能产业发展的若干政策措施》，自发布起3年内，通过多项措施加快培育和发展北京市氢能产业。

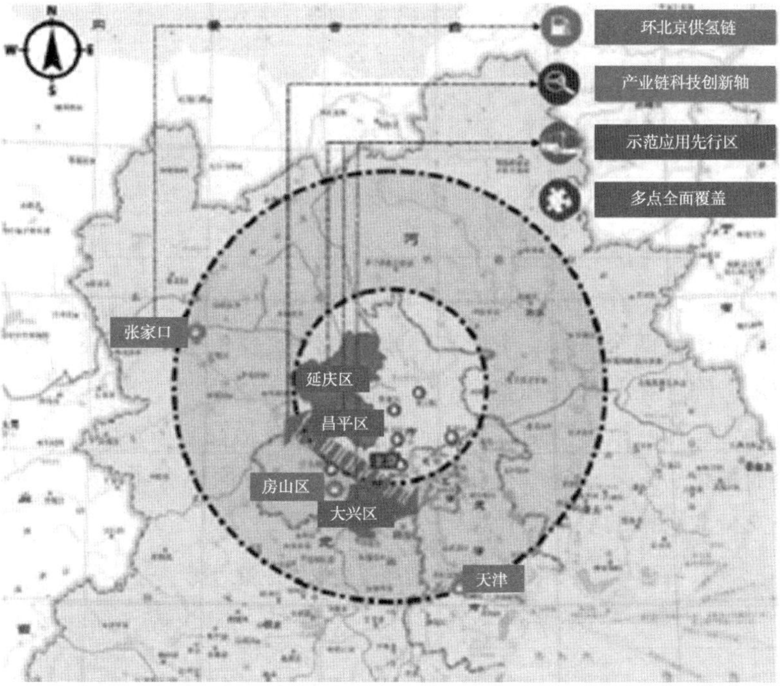

图8-4 北京“一环一轴两区多点”布局示意图

具体来看，北京市新出台的政策在规模规划上有了更具体的目标，到2025年整车推广达到10000辆，建设加氢站74座，产值累计突破240亿元，相关企业的培育也有明确的目标(如表8-6所示)。

技术研发方面，强调集中突破整车和燃料电池系统关键零部件包括膜电极、质子交换膜、催化剂、氢气循环泵、高压管阀件、液氢制储运等核心技术，研发探索可再生能源电力制氢，开展氢气制取、储运、加注等环节的安全技术研究，攻克车用液氢存储与应用的技术难题。

表 8-6　北京市前后规模规划对比

目标		2020 年 9 月前		2020 年 9 月后
目标	目标年份	2020	2023	2025
	整车推广	5000 辆	3000 辆	10000 辆
	加氢站建设	—	37 座	74 座
	产值目标	—	全产业链累计产值突破 85 亿元，京津冀区域累计实现产业链产值突破 500 亿元。具有国际影响力的氢燃料电池汽车产业链龙头企业 3~5 家，氢能产业链龙头企业 5~8 家	全产业链累计产值突破 240 亿元，京津冀区域累计实现产业链产业规模突破 1000 亿元。具有国际影响力的氢燃料电池汽车产业链龙头企业 5~10 家，氢能产业链龙头企业 10~15 家
	其他	燃料电池汽车续时里程达到 500km	京津冀区域减少碳排放 100 万 t	京津冀区域减少碳排放 200 万 t 推广分布式发电系统装机规模 10MW

资金支持方面，在“以奖代补”政策出台之前，资金的支持主要集中在整车购置和零部件研发两个方面。资金支持政策情况如表 8-7、表 8-8 所示，而之后出台的政策，除了在零部件和整车购置方面的支持力度加大外(以重型货车为例，前期补贴为 25 万元/辆，当前北京市奖励金额合计最高近 65 万元/辆)，在氢气供应、企业孵化、人才引进、行业标准制定等多个方面也有了更加具体的支持措施，全面支持北京市的氢能产业发展。

表 8-7　北京市前后资金支持政策对比

领域		2020 年 9 月前	2020 年 9 月后
资金支持	核心零部件	1. 对突破燃料电池等汽车关键共性技术研发的单位给予最高 1 亿元资金支持。 2. 对经认证完成首批燃料电池研发技术成果转化的企业，根据成果转化效果给予一定比例的资金支持，最高 3000 万元	1. 对于符合要求的氢能领域新产品首批次应用，按单个产品不超过 500 万元、单个企业不超过 1000 万元给予分档奖励。 2. 支持首创产品实现首次应用，按照首次进入市场合同金额的 30% 比例，择优给予研制单位国际首创产品不超过 500 万元、国内不超过 300 万元的资金支持。 3. 对于符合条件的创新型绿色技术在京的前三台(套)应用项目，按照绿色技术创新体系相关政策规定给予支持

续表

领域		2020年9月前	2020年9月后
资金支持	燃料电池汽车	1.(1)汽车生产企业申请中央和本市财政补助总额最高不超过车辆销售价格的60%。(2)自2019年6月26日起，取消对纯电动汽车的市级财政补助，燃料电池汽车按照中央与地方1∶0.5比例安排市级财政补助。 2. 燃料电池轻型客车、货车，补助15万元/辆；燃料电池大中型客车、中重型货车，补助25万元/辆。购置燃料电池小客车，2015年、2016年、2017年分别补助18万元/辆、20万元/辆、20万元/辆	1.2021年北京市节能环保财政支出161.6亿元，主要用于支持京津冀燃料电池汽车示范城市建设，促进交通运输行业减碳与绿色发展等。 2. 对纳入并完成我市燃料电池汽车示范应用项目的整车制造企业、车辆运营企业以及核心零部件企业，按照一定标准分别予以奖励

资料来源：北京市政府。

表8-8　北京市“以奖代补”政策出台后新增资金支持领域

领域	2020年9月后
氢气制储运加	1. 对建成(含改扩建)的加氢站，按照压缩机12h额定工作能力不少于1000kg和500kg两档分别给予500万元和200万元的定额建设补贴。 2. 对氢气市场销售价格不高于30元/kg的加氢站，按照10元/kg的标准给予氢气运营补贴。 3. 对符合新技术新产品小批量验证和规模化推广应用条件的氢能新型基础设施项目，按照项目投资额的一定比例给予资金支持。 4. 开展联合技术攻关，协助完善产业链供应链的企业优先纳入“强链工程”支持范围，给予项目总投资一定比例的股权支持或事前补助支持。 5. 对首次纳入产业链龙头企业供应链，符合条件的，按实际履约金额的5%对产业链龙头企业给予奖励，对应每家供应链配套企业奖励额度不超过300万元，单个产业链龙头企业年度奖励额度最高不超过1000万元(单个整车企业最高不超过1亿元)
产业化发展	1. 鼓励建设和培育氢能领域专业孵化器，开展专业化服务。符合标杆型孵化器条件的，按照孵化器建设发展情况分类给予不超过2000万元资金支持；根据创业服务机构企业培育数量及孵化服务成效，择优给予不超过50万元资金支持；支持和推荐符合条件的孵化器申报市级和国家级孵化器。 2. 对符合要求的中小企业给予区级分档资金奖励，对符合要求的公共服务示范平台给予一定建设补助或绩效奖励；使用公共服务平台的企业，符合条件的可纳入中小企业服务政策支持范围。

续表

领域	2020年9月后
产业化发展	3. 对获得固定资产贷款的氢能领域重大新建、改造项目，给予不超过人民银行同期中长期贷款市场报价利率(LPR)、单个企业年度不超过3000万元的贷款贴息支持；对固定资产投资有一定贡献且获得银行贷款的企业，给予固定资产贷款贴息率不超过2%、单个企业年度不超过1000万元的普惠性贴息支持；支持氢能企业租赁关键设备和产线用于在京研发、建设、生产，对融资租赁合同额不低于1000万元的给予不超过5%费率、单个企业年度不超过1000万元的租赁费用补贴。 4. 对引进的氢能领域高端人才，各区按人才住房支持政策做好保障
其他	1. 对重点国际标准、国家标准以及行业标准、地方标准、团体标准，分别按每项不高于100万元、30万元和20万元给予资金补助。对新发布的中关村标准按每项不超过50万元给予资金支持。 2. 对企业领军人物等担任国际知名标准化组织(或技术委员会)相应职务的，给予企业最高50万元资金支持；对企业在京组织国际标准化活动的，给予每项最高30万元资金支持。 3. 对协助引进优质项目的服务机构和行业组织，经认定后给予资金奖励。对组织开展重点学术会议、品牌性交流活动、国际交流研讨的各类创新主体，经评审后根据综合评估结果给予资金支持。 4. 氢能领域创新主体在京组建创新平台载体，按相关规定给予资金支持。使用创新服务平台的企业，符合条件的可纳入首都科技创新券政策支持范围(符合条件企业申请创新券，每个申报周期最高补贴50万元)

京津冀示范城市群内其他城市：除北京外，仅有滨州未出台具体规划，其他城市规划到2025年累计推广燃料电池车6330辆，建设加氢站超过55座(如表8-9所示)。

表8-9 京津冀示范城市群推广规模(截至2025年)

城市	企业培育	产值目标/亿元	加氢站建设/座	燃料电池汽车保有量/辆	减少碳排放/万吨
天津滨海新区	—	—	5	1000	—
唐山	引进国内先进企业8~10家	500	30	3000	20
保定	集聚20家以上氢能产业相关企业，重点扶持培育相关龙头企业8家以上	150	10	1330	30
淄博	培育5家左右具有核心竞争力和影响力的知名企业	200	10	1000	10

8.3.3.2 上海示范城市群

上海示范城市群由上海市牵头，联合苏州、南通、嘉兴、淄博、宁夏宁东、鄂尔多斯市等6个城市组建。牵头城市上海对氢能出台规划较早，是国内氢能发展较为领先的城市，早在2006年就提出了将氢能作为能源长远发展战略的重点，2014年开始提出建设加氢站，2017年发布了上海市首个专项规划《上海市燃料电池汽车发展规划》，提出了到2020年推广燃料电池汽车3000辆、建设加氢站5~10座等量化目标。上海市氢能政策汇总如表8-10所示。在示范城市群落地后，上海市发布相应落地方案，在国家奖励的基础上配套市及区等额奖励，资金支持力度进一步加大，在氢能行业持续发力。

表8-10 上海氢能政策历史沿革

发布时间	政策文件	主要内容
2006.10	《上海市能源发展“十一五”规划》	将氢能作为能源长远发展战略的重点。提出加大氢能技术研发和产业化投入，加强氢基础设施建设，制定氢储存、运输和加注技术规范，鼓励氢能产品和技术应用及产业化，加大燃料电池及汽车研发和产业化力度
2013.1	《上海市质量发展规划(2011—2020年)》	提出推动燃料电池汽车研发升级和示范运行，建成我国技术领先、产业集聚、应用初具规模的新能源汽车基地
2014.6	《上海市新能源汽车推广应用实施方案(2013—2015年)》	提出在市辖区域内布局加氢站，并在2015年建设1座加氢站
2017.9	《上海市燃料电池汽车发展规划》——首个专项规划	设立阶段性目标：2020年，聚集燃料电池汽车相关企业数量超过100家，燃料电池汽车全产业链年产值突破150亿元，建设加氢站5~10座，乘用车示范区2个，燃料电池汽车应用数量3000辆；2030年，上海市燃料电池汽车全产业链年产值突破3000亿元等
2018.5	《上海市燃料电池汽车推广应用财政补助方案》	给予符合性能条件的燃料电池汽车中央财政补助(1∶0.5)~(1∶1)的市级额外补助，进一步加大燃料电池汽车的推广力度
2020.5	《上海市推进新型基础设施建设行动方案(2020—2022年)》	提出适度超前布局燃料电池汽车终端设施，三年内建设20个左右加氢站，力争氨燃料电池汽车商业化率先应用落地
2020.11	《上海市燃料电池汽车产业创新发展实施计划》	提出燃料电池汽车产业发展“百站、千亿、万辆”的总体目标：2023年，规划加氢站近百座，建成运行超过30座，形成产出规模约1000亿元，推广燃料电池汽车近万辆

续表

发布时间	政策文件	主要内容
2021.10	《关于支持本市燃料电池汽车产业发展若干政策》	明确提出到 2025 年底前，燃料电池汽车示范应用符合上海有关要求，并取得国家综合评定积分的，每一积分再提供 20 万元奖励；关键零部件获得国家积分的，每一积分奖励 3 万元；另有依车型不同每辆车每年最高 2 万元的运营奖励；加氢站最高奖励金额 500 万元，氢气销售价格不超过 35 元/kg 的，2022—2023 年提供 15 元/kg 的奖励
2022.6	《上海市氢能产业发展中长期规划(2022—2035 年)》	制定了上海市氢能发展的重点任务和目标；2025 年，建设各类加氢站 70 座左右，培育 5~10 家具有国际影响力的独角兽企业，建成 3~5 家国际一流的创新研发平台，燃料电池汽车保有量突破 1 万辆，氢能产业链产业规模突破 1000 亿元，在交通领域带动二氧化碳减排 5 万~10 万 t/a。2035 年，产业发展总体达到国际领先水平，基本建成国际一流的氢能科技创新高地、产业发展高地、多元示范应用高地

2021 年，示范城市群落地后，上海率先发布落地方案——《关于支持本市燃料电池汽车产业发展若干政策》，涉及支持整车应用、支持关键零部件发展等六部分安排，明确提出到 2025 年底前，符合上海有关要求，并取得国家综合评定积分的，每一积分再提供 20 万元奖励；关键零部件获得国家积分的，每一积分奖励 3 万元；另有依车型不同每辆车每年最高 2 万元的运营奖励；加氢站最高奖励金额 500 万元，氢气销售价格不超过 35 元/kg 的，2022—2023 年提供 15 元/kg 的奖励。

中长期规划：2022 年 6 月 20 日，上海市发布《上海市氢能产业发展中长期规划(2022—2035 年)》，制定了上海市氢能发展的重点任务和目标。提出到 2025 年，产业创新能力总体达到国内领先水平，建设各类加氢站 70 座左右，培育 5~10 家具有国际影响力的独角兽企业，建成 3~5 家国际一流的创新研发平台，燃料电池汽车保有量突破 1 万辆，氢能产业链产业规模突破 1000 亿元，在交通领域带动二氧化碳减排 5 万~10 万 t/a。到 2035 年，产业发展总体达到国际领先水平，基本建成国际一流的氢能科技创新高地、产业发展高地、多元示范应用高地。根据中长期规划，上海已有工业产氢供氢能力近 50 万 t/a，已建成 10 座加氢站和近 30km 输氢管道(如表 8-11 所示)。

对比来看，上海市最新的政策将 2025 年加氢站建设数量的目标从 50 座提高到 70 座，整车推广调整至 10000 辆。

表 8-11　上海规模规划前后对比

目标		2020 年 9 月前	2020 年 9 月后
目标	目标年份	2020 年	2025 年
	企业培育	有国际影响力的整车企业 1 家、动力系统企业 2~3 家、关键零部件企业 8~10 家，进入世界前三的一流研发与公共服务机构 2 家	具有国际影响力的独角兽企业 5~10 家，国际一流的创新研发平台 3~5 家
	产值目标	燃料电池汽车全产业链年产值 1000 亿元	氢能产业链产业规模突破 1000 亿元
	加氢站建设	50 座	70 座
	整车推广	乘用车≥2 万辆、其他特种车辆≥1 万辆	10000 辆

技术研发方面，要求提高催化剂、质子交换膜、碳纸等关键材料的可靠性、稳定性和耐久性，提升电堆设计、系统集成的工艺技术水平，重点开展车载储氢系统、高功率密度石墨板电堆、长寿命金属板电堆、高可靠质子交换膜、高耐蚀碳纸、高速无油离心空压机、高可靠性氢气循环泵、高可靠性车载供氢系统技术研究，开发具有自主知识产权的核心材料和关键零部件。

资金支持方面，对核心零部件的资金支持由单一电堆方向增加为 8 大核心零部件的全面资金支持，整车购置环节配套中央的资金比例由 1∶1 提升至 1∶2，另外增加运营相关的资金奖励，加氢站环节延续 500 万元/站的最高补贴/奖励金额，新增加氢站运营最高 15 元/kg(2022—2023 年)的补助(如表 8-12 所示)。

表 8-12　上海前后资金支持政策对比

领域		2020 年 9 月前	2020 年 9 月后
资金支持	核心零部件	1. 非定额资助。(1)电堆单堆额定功率 110kW 以上大型车辆可靠性、适应性示范应用；(2)基于实际路况的燃料电池汽车测试与验证技术研究。 2. 上海神力科技有限公司“燃料电池电堆及系统一站式分析测试服务平台”被纳入上海市服务业发展引导资金 2019 年第二批拟支持项目	1. 非定额资助：(1)研究低成本长寿命膜电极批量制备及应用技术，实现动态工况下膜电极寿命≥10000h，产能≥5000m²。(2)研究长寿命低铂催化剂、气体扩散层等关键材料制备技术。(3)研究面向 35MPa 与 70MPa 车用高压全缠绕储氢气瓶定期检验技术，建立地方/行业/团体检验标准(送审稿)。企业自筹投入研发经费与申请资助经费之比不低于 2∶1。 2. 对研发生产电堆、膜电极、双极板、质子交换膜、催化剂、碳纸、空气压缩机、氢气循环系统、储氢瓶阀等关键零部件，用于国内示范城市群车辆应用的企业，给予每 1 积分 3 万元奖励资金，每个企业同类产品奖励总额不超过 3000 万元

续表

领域		2020年9月前	2020年9月后
资金支持	燃料电池汽车	1. 延长新能源汽车购置中央财政补贴、免征车辆购置税等政策，对消费者购买新能源汽车继续发放免费专用额度。 2. 燃料电池汽车按照中央财政补助1∶0.5给予补助，其中符合本市技术标准、达到运行要求的，按照中央财政补助1∶1给予补助。 3. 新增轻型货车额度仅对纯电动、氢燃料电池等新能源汽车发放，中心城区货运车通行证发放向新能源汽车倾斜。 4. 首次购买新能源汽车用于非营运的，免费发放新能源汽车专用牌照额度；购买燃料电池汽车用于营运的，优先发放相关专用营运额度，并指导营运企业办好申领手续。 5. 机动车限行措施，对新能源汽车给予优惠和通行便利	1. 2025年底前，按照央财政奖励资金1∶1比例出资，各区投入总规模与市级财政出资规模相当，统筹安排本市燃料电池汽车发展专项扶持资金。 2. (1)2025年底前，对符合要求的燃料电池汽车开展示范运营，给予相关车辆生产厂商每1积分20万元资金奖励。国家奖励资金退出后，统筹资金按照原有标准继续给予奖励。(2)对符合要求的燃料电池货车、商业通勤客车给予营运奖励，其中设计总质量12～31t(含)的货车每辆车每年奖励不超过0.5万元，设计总质量超过31t的重型货车每辆车每年奖励不超过2万元，通勤客车每辆车每年奖励不超过1万元。(3)燃料电池公交车示范总量不少于50辆，按《关于2021—2023年本市新能源公交车发展扶持政策的实施意见》标准进行补贴。 3. 通过使用氢燃料，交通节能减排达到标准的项目，统筹资金按被替代燃料每吨标准油5000元给予一次性资助，单车最高补贴10万元
	氢气制储运加	1. 非定额资助：(1)研制加油加氢合建站紧凑型加氢系统及示范；(2)加氢枪、流量计等加氢机关键零部件研发。 2. 加氢站加氢压力大于70MPa的每站补贴500万元，加氢压力大于35MPa的每站补贴200万元。 3. 放宽加氢站营业执照有效期限	1. 2022年、2023年、2024—2025年底前取得燃气经营许可证的车用加氢站，每座最高补助资金分别为500万元、400万元、300万元，最高不超过核定投资总额30%给予补助，补助标准向具备70MPa加注能力的加氢站适当倾斜。 2. 对氢气零售价格不超过35元/kg的加氢站给予补助。其中，2021年度补助标准为20元/kg；2022—2023年度补助标准为15元/kg；2024—2025年度补助标准为10元/kg

上海示范城市群内其他城市：除上海外，仅南通未出台具体规划，其他城市规划到2025年累计推广燃料电池车12500辆，建设加氢站超过160座。

上海示范城市群推广规模(截至2025年)见表8-13。

表 8-13 上海示范城市群推广规模(截至 2025 年)

城市	企业培育	产值目标/(亿元/元)	加氢站建设/座	燃料电池汽车保有量/辆	产业配套	车用氢气产量
苏州	培育一批具有国际影响力的氢能企业	—	20	3000	—	—
嘉兴	力争引进和培育一批国内外有影响力的氢能龙头企业	400	30	2500	创建市级及以上重点实验室 2 家，国家高新技术企业数突破 5 家，市级及以上企业技术中心超过 5 家	10 万 t/a 以上
淄博	培育 5 家左右具有核心竞争力和影响力的知名企业	200	10	1000	—	外供达 6 万 t/a
宁夏宁东	—	—	10	1000	—	—
鄂尔多斯	—	—	90	5000	向自治区继续争取 5~8 个风光制氢一体化示范项目	可再生氢 40 万 t/a

8.3.3.3 广东示范城市群

广东示范城市群由佛山市牵头，联合广州、深圳、珠海、东莞、中山、阳江、云浮以及省外的福州、淄博、包头、六安等城市组建。广东由于起步较早，拥有国鸿氢能、鸿基创能、飞驰科技、雄韬股份等一大批技术领先的企业，在技术研发、示范应用等多个环节走在全国前列。广东省氢能政策历史沿革梳理如表 8-14 所示。

表 8-14 广东省氢能政策历史沿革

发布时间	政策文件	主要内容
2006.10	《广东省高技术产业发展“十一五”规划》	加快发展氢能和燃料电池。进行质子膜燃料电池关键原材料和部件、车用质子膜电堆批量化组装和测试等技术开发，建立示范生产线，争取在制氢与储氢技术上取得突破
2013.1	《佛山市建设国家创新型城市实施方案(2013—2020 年)》	在新能源汽车领域支持燃料电池研发及产业化，掌握自主知识产权

续表

发布时间	政策文件	主要内容
2013.3	《广东省新能源汽车产业发展规划(2013—2020年)》	根据燃料电池技术进展，开展制氢、储氢、加氢技术与装备的研发，研究探索燃料电池汽车，跟踪研究燃料电池与车用储氢或制氢系统
2014.12	《佛山市新能源汽车推广应用市级补助资金管理办法》	对在佛山市购买并登记上牌燃料电池乘用车2014年补贴19万元，2015年补贴18万元
2017.7	《佛山市南海区促进新能源汽车产业发展扶持办法》	从新能源汽车整车和零部件研发生产、企业总部落户产业科技创新等方面提供补贴
2018.6	《广东省人民政府关于加快新能源汽车产业创新发展的意见》	加大对氢燃料电池汽车的补贴力度：2018—2020年新能源汽车推广应用省级财政补贴资金中30%用于支持氢燃料电池汽车推广应用。各市对氢燃料电池汽车按燃料电池装机额定功率进行补贴，最高地方单车补贴额不超过国家单车补贴额度的100%
2018.12	《佛山市氢能源产业发展规划(2018—2030年)》——首个专项规划	对佛山市氢能发展做出了长期规划；2025年，氢能源及相关产业累计产值达到500亿元，培育氢能及燃料电池企业超过100家、龙头企业6家、投资总规模达到300亿元，氢能源产品推广应用累计超过11000套，加氢站达到43座
2020.5	《佛山市新能源公交车推广应用和配套基础设施建设财政补贴资金管理办法》	对氢能公交车按国家补贴的100%确定地方购车补贴，最高不超过车辆售价的60%。对加氢站按照日加氢能力给予一次性建设补贴，最高补贴500万元
2020.9	《广东省氢燃料电池汽车标准体系与规划路线图(2020—2024年)》	全面整理了国内外氢燃料电池相关现行标准，编制了氢燃料电池产业标准体系框架，提出了氢燃料电池产业关键标准制修订建议和标准化路线图
2020.9	《佛山市燃料电池汽车市级财政补贴资金管理办法》	对燃料电池汽车按照中央财政单车补贴金额的100%确定地方补贴标准，最高不超过车辆售价的60%。根据车辆购置时间和车型确定补贴金额，最高补贴50万元/辆
2020.11	《广东省加快氢燃料电池汽车产业发展实施方案》	对2022年前建成并投用，日加氢能力500kg及以上的一体化综合能源补给站，每站补助250万元；独立占地固定式加氢站，每站补助200万元；撬装式加氢站，每站补助150万元。鼓励市区对加氢基础设施建设给予补贴，各级补贴合计最高500万元/站或加氢站固定资产投资50%
2021.10	《佛山市南海区新能源(氢能)市政、物流车辆推广应用实施方案(2021—2025年)》	对企业置换氢能源车辆，根据车型和置换时间给予补贴，最高补贴7万元/辆；对氢能源市政工程以及氢能源物流车辆运营企业，根据拥有氢能源车数量给予绿色运营奖励；按每年实际发生通行费的50%给予氢能源物流车辆运营企业佛山一环高速公路通行费补贴

续表

发布时间	政策文件	主要内容
2022.3	《佛山市新能源城市配送货车运营扶持资金管理办法》	设立总额5700万元的扶持资金，用于补贴佛山市绿色货运配送示范企业。根据车型和行驶里程，单车补贴1.5~2.3元/km，单车每年最高补贴11.5万元
2022.8	《广东省加快建设燃料电池汽车示范城市群行动计划(2022—2025年)》	到示范期末，实现关键零部件技术水平进入全国前五实现推广1万辆以上燃料电池汽车目标，年供氢能力超过10万t，建成加氢站超200座，车用氧气终端售价降到30元/kg以下

氢能产业发展路径规划要点梳理如表8-15所示。2018年11月23日，佛山市政府发布《佛山市氢能源产业发展规划(2018—2030年)》，对佛山市氢能发展做出了长期规划，提出到2025年，氢能源及相关产业累计产值达到500亿元，培育氢能及燃料电池企业超过100家、龙头企业6家、投资总规模达到300亿元，氢能源产品推广应用累计超过11000套，加氢站达到43座；到2030年，建成氢能源产业集群，实现氢能源及相关产业累计产值1000亿元，培育氢能及燃料电池企业超过150家、龙头企业8家，累计投资总规模达到500亿元，形成具有国际竞争力的氢能源产业集群，氢能源产品推广应用累计约30000套，加氢站达到57座(其中禅城区7座、南海区20座、顺德区14座、高明区6座、三水区10座)。

表8-15 佛山市氢能源产业发展路径

2020年	2025年	2030年	2030年后
示范阶段	市场初级阶段	市场扩展阶段	氢经济社会
市外供氢	天然气制氢；电解水制氢	天然气制氢；电解水制氢；高压气态储氢；液态、固态储氢；管道输氢	
45MPa储氢；长管拖车运输	高压气态储氢；高效液态储氢；长管拖车和管道输氢示范	70MPa以上加氢站；移动加氢与应用相匹配的基础设施网络 基础材料(催化剂、储氢材料等)	
35MPa与70MPa加氢站	70MPa加氢站；移动加氢		

续表

2020 年	2025 年	2030 年	2030 年后
整车、系统集成(车辆制造、氢燃料电池动力系统等)	核心零部件(制储运、电堆、MEA、氢循环泵等)		
公交、物流、有轨电车示范	备电及其他领域推广	公共领域基本大范围采用氢能源产品；私人领域开始普及	个人氢能源车辆及家庭产品市场形成

广东省氢能发展规划如表 8-16 所示。2022 年 8 月 11 日，广东省发布《广东省加快建设燃料电池汽车示范城市群行动计划(2022—2025 年)》，对行业推广、核心技术研发、制氢加氢、车辆推广、安全管理等方面提出了具体规划和要求，并给予相应的保障措施以支持行业发展。提出到 2025 年整车推广规模超过 10000 辆，建成加氢站 300 座。

技术研发方面，提出开展关键核心技术攻关，重点支持龙头企业牵头开展燃料电池八大关键零部件技术创新和提升产业化能力；支持前沿技术研发和检验测试能力建设，支持重点企业和高校科研院所联合建设若干国家及省级燃料电池高水平技术创新平台。

表 8-16　广东省氢能发展规划

《广东省加快建设燃料电池汽车示范城市群行动计划(2022—2025 年)》		
目标	目标年份	2025 年
	整车推广	10000 辆
	加氢站建设	300 座
	年供氢能力	10 万 t
	氢气终端售价	30 元/kg

资金支持方面，广东省明确了各环节补贴规则，对获得国家综合评定奖励积分的 1 万辆车辆(1 万辆后补贴标准另行制定)，且不少于 5 项关键零部件在示范城市群内制造，按照燃料电池系统额定功率补贴 3000 元/kW(单车补贴最大功率不超过 110kW)；对为广东获得国家示范城市群考核“关键零部件研发产业化”积分的企业给予财政资金奖励，参照国家综合评定奖励积分，原则上每 1 积分奖励 5 万元；加氢站建设最高补贴 500 万元/站。

广东示范城市群总体规模(如表 8-17 所示)：广东示范城市群内福州、中山、阳江、包头等城市未出台具体规划，包括牵头城市佛山在内的其他城市规划到2025年累计推广燃料电池车11370辆，建设加氢站超过189座。

表8-17　广东示范城市群推广规模(截至2025年)

城市	企业培育	产值目标/(亿元/元)	加氢站建设/座	燃料电池汽车保有量/辆
佛山	—	—	60	5500
广州	培育广州氢能及燃料电池相关企业超过100家，其中年营业收入突破50亿元的1~2家	600	50	2500
深圳	培育和引进重点领域优质企业不少于100家	500	10	1000
东莞	—	—	29	—
云浮	—	—	10	250
珠海	引进或培育氢能产业链相关企业10~15家(含龙头企业1~2家)	100	15	520
六安	以燃料电池为核心的研发生产企业达到10家左右	—	5	600
淄博	培育5家左右具有核心竞争力和影响力的知名企业	200	10	1000

8.3.3.4　河南示范城市群

河南示范城市群以郑州市为牵头城市，宇通客车为优势企业，包括省内新乡、洛阳、开封、安阳、焦作5市，和上海三区(嘉定、临港、奉贤)、张家口、保定、辛集、烟台、淄博、潍坊、佛山、宁夏宁东镇等11个产业链优势城市或地区。河南省氢能政策历史沿革汇总如表8-18所示。郑州氢能产业起步较晚，但依托宇通客车，积极引入外部龙头企业，积极推进产业生态建设。

表8-18　河南省氢能政策历史沿革

发布时间	政策文件	主要内容
2007.1	《河南省“十一五”科学技术发展规划》	提出研究燃料电池等新能源汽车，开展燃料电池工业化生产技术研究，完成可连续产生氢气的装置设备的试制，开展氢能系统、燃料电池等二次能源系统的基础研究
2017.1	《河南省“十三五”战略性新兴产业发展规划》	提出推动氢燃料电池产业化，积极研发氢燃料动力客车的目标

续表

发布时间	政策文件	主要内容
2020.4	《河南省氢燃料电池汽车产业发展行动方案》——首个专项规划	提出到2025年，示范应用城市不断扩大，示范应用氢燃料电池汽车累计超过5000辆，加氢站80个以上，基本形成以客车为主，环卫、物流等氢燃料电池汽车全面发展的产业格局，氢燃料电池汽车相关产业年产值突破1000亿元
2021.6	《郑州市国民经济和社会发展第十四个五年规划和二〇三五年远景目标纲要》	提出加快氢燃料等新能源汽车研发布局，布局加氢站等基础设施
2021.11	《河南省加快新能源汽车产业发展实施方案》	提出到2025年，全省燃料电池汽车示范运营总量力争突破1万辆；燃料电池等关键零部件研发制造取得重大进展；建成并投入使用各类加氢站100座以上，实现重点应用区域全覆盖
2022.5	《郑州市支持燃料电池汽车示范应用若干政策(征求意见稿)》	对核心零部件研发、整车示范推广、加氢站建设等多个环节给予资金支持，零部件环节配套国家奖励30%的奖励，整车推广环节，将在国家奖励基础上，省、市分别提供等额奖励，加氢站建设最高奖励金额达到500万元/座
2022.9	《郑州市关于加快我市氢能产业高质量发展的建议的答复》	到2025年，推广燃料电池汽车4445辆，建设加氢站82座，建立自主可控的完整产业链，按照城市群任务分工和省政府工作要求，到2025年，累计推广燃料电池汽车2100辆、建设加氢站40座，其中2022年推广燃料电池汽车500辆、建成加氢站10座
2022.8	《河南省氢能产业发展中长期规划(2022—2035年)》	提出到2025年，产业链相关企业达到100家以上，氢能产业年产值突破1000亿元，推广各类氢燃料电池汽车5000辆以上，车用氢气供应能力达到3万t/a，氢气终端售价降至30元/kg以下，建成3~5个绿氢示范项目，郑汴洛濮氢走廊基本建成。到2035年，氢能产业规模扩大，质量效益全面提升，氢能在交通领域应用基本实现产业化，建成世界一流的燃料电池汽车产业基地、国内领先的氢能产业集群

2022年5月30日，郑州发布《郑州市支持燃料电池汽车示范应用若干政策(征求意见稿)》，对核心零部件研发、整车示范推广、加氢站建设等多个环节给予资金支持，零部件环节配套国家奖励30%的奖励，整车推广环节，将在国家奖励基础上，省、市分别提供等额奖励，加氢站建设最高奖励金额达到500万元/座。

2022年9月6日，河南省发布《河南省氢能产业发展中长期规划(2022—

2035年)》(如表8-19所示)，提出“十四五”期间重点打造“一轴带、五节点、三基地”的郑汴洛濮氢走廊，形成辐射全省和连通陕西“氢能产业集群”、山东“鲁氢经济带”的黄河中下游氢能产业发展格局(如图8-5所示)；提出到2025年，氢能产业链基本完备，产业链相关企业达到100家以上，氢能产业年产值突破1000亿元，推广各类氢燃料电池汽车5000辆以上，车用氢气供应能力达到3万t/a。

表8-19 河南省氢能发展规划

《河南省氢能产业发展中长期规划(2022—2035年)》		
目标	目标年份	2025年
	整车推广	5000辆
	加氢站建设	100座
	氢气供应	车用氢气供应能力达到3万t/a，氢气终端售价降至30元/kg以下，建成3~5个绿氢示范项目
	产值目标	产业链相关企业达到100家以上，氢能产业年产值突破1000亿元；示范公交线路50条以上，示范物流线路10条以上
布局	“一轴带、五节点、三基地”	郑汴洛濮氢能示范应用轴带+郑州、新乡、洛阳、开封、濮阳氢能装备制造产业节点+豫北、豫西北、豫中南氢能供给基地

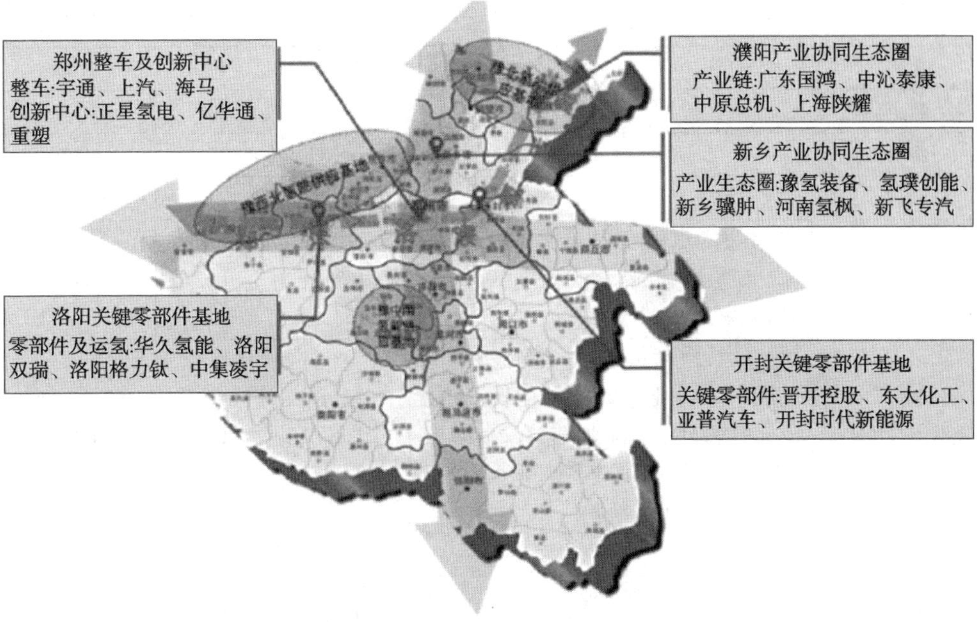

图8-5 河南省“一轴带、五节点、三基地”布局示意图

技术研发方面，重点突破兆瓦级质子交换膜电解水制氢技术、大功率高效碱性电解水技术、氢气精准提纯和痕量杂质检测技术，研发固体氧化物电解制氢技术；突破 70MPa(Ⅳ型)高压储氢系统制造技术；突破质子交换膜、膜电极、双极板、电堆、系统等低能耗、高功效批量生产技术，开展燃料电池无油高效空压机、氢气循环系统、直流变换器、并网与离网型直流/交流逆变器等关键零部件制造技术研究。

资金支持方面，燃料电池电堆等关键核心零部件被列入示范城市群关键零部件目录或为河南获得国家示范城市群考核“关键零部件研发产业化”加分的市内零部件企业，每 1 积分奖励 3 万元；在郑州市研发生产且登记注册的燃料电池汽车，省、市级财政按照中央财政奖励资金 1∶1∶1 比例进行配套；加氢站最高奖励 500 万元/座，加氢奖励标准按照中央财政的 1∶1 配套。

河南示范城市群推广规模如表 8-20 所示。河南示范城市群内焦作、安阳、上海市奉贤区等城市未出台具体规划，包括牵头城市郑州在内的其他城市规划到 2025 年累计推广燃料电池车 21995 辆，建设加氢站超过 239 座。

表 8-20　河南示范城市群推广规模(截至 2025 年)

城市	企业培育	产值目标/(亿元/元)	加氢站建设/座	燃料电池汽车保有量/辆
郑州	—	—	40	2100
新乡	—	—	20	1000
洛阳	—	—	—	360
开封	—	—	—	505
上海市嘉定区	嘉定区燃料电池汽车产业实现全区总部企业、高新技术企业、企业技术中心总数超过 100 家	1000	18	3500
上海市自贸区	引进 5 家以上有国际影响力的氢燃料电池汽车零部件企业；形成 5 家年收入超过 10 亿元的零部件生产企业；培育 2 家以上的上市企业，围绕膜电极、碳纸等细分领域发展孵化一批独角兽企业	200	14	1500
张家口	—	—	40	2500
保定	集聚 20 家以上氢能产业相关企业，重点扶持培育氢能相关龙头企业 8 家以上	150	10	1300
辛集	—	—	1	100

续表

城市	企业培育	产值目标/(亿元/元)	加氢站建设/座	燃料电池汽车保有量/辆
烟台	—	—	4	400
淄博	培育5家左右具有核心竞争力和影响力的知名企业	200	10	1000
潍坊	—	10	12	1200
佛山	培育氢能及燃料电池企业超过100家、龙头企业6家、投资总规模达到300亿元	—	60	5500
宁夏宁东	—	—	10	1000

8.3.3.5 河北示范城市群

河北示范城市群由张家口市牵头，联合河北省唐山市、保定市、邯郸市、秦皇岛市、定州市、辛集市、雄安新区，内蒙古自治区乌海市，上海市奉贤区，河南省郑州市，山东省淄博市、聊城市，福建省厦门市等13座城市组成。河北内部氢源丰富、市场需求好，同时靠近北京，具备协同发展的优势。河北省氢能政策历史沿革汇总如表8-21所示。

表8-21 河北省氢能政策历史沿革

发布时间	政策文件	主要内容
2006.3	《河北省关于鼓励发展节能环保型小排量汽车的意见》	鼓励开发生产使用氢燃料等新型燃料的汽车
2015.12	《河北省新能源汽车产业“十三五”发展规划(2016—2020年)》	提出了重点发展燃料电池及关键核心零部件的任务
2019.6	《氢能张家口建设规划(2019—2035年)》——首个专项规划	到2021年、2025年、2030年、2035年全市氢能及相关产业累计产值分别达到60亿元、260亿元、850亿元和1700亿元。到2021年，全市年制氢能力达2.1万t，园区引入企业数量20家以上；2035年，全市年制氢能力达5万t，园区累计引入企业100家以上
2019.7	《张家口市支持氢能产业发展的十条措施》	对研发平台引入、技术成果转化、制氢等多个环节给予补贴和优惠

续表

发布时间	政策文件	主要内容
2019.8	《河北省推进氢能产业发展实施意见》	明确河北省氢能行业发展的总体要求和主要任务，并从氢能产业规模、核心技术、应用领域等方面提出目标；2022 年，氢能产业链年产值 150 亿元，全省建成 20 座加氢站，燃料电池公交车、物流车等示范运行规模达到 2500 辆；2025 年，培育国内领先的企业 10~15 家，氢能产业链年产值达到 500 亿元，累计建成 50 座加氢站，燃料电池汽车规模达到 1 万辆
2020.7	《河北省氢能产业链集群化发展三年行动计划(2020—2022 年)》	到 2020 年、2021 年、2022 年，氢能产业链年产值分别达到 50 亿元、1100 亿元、1150 亿元，全省燃料电池公交车、物流车重卡车等示范运行规模达到 350 辆、1000 辆、4000 辆。到 2022 年，突破纯水电解制氢、高压储运氢、燃料电池电堆和发动机等技术，张家口市燃料电池汽车示范运行规模不低于 2500 辆
2021.1	《张家口市新型能源产业规划(2021—2025 年)》	提出到 2025 年实现氢能产业集聚，氢能相关装备制造企业超过 10 家，氢能装备年产值达到 20 亿元，重点引入氢燃料电池电堆企业，培育氢气制储运和加注装备产业链，打造氢燃料电池系统及整车核心部件产业链，力争实现催化剂、质子交换膜、膜电极等氢燃料电池核心零部件的本地规模化生产。到 2025 年，全市累计推广各类氢燃料电池汽车 2500 辆，建成加氢站 40 个
2021.8	《河北省氢能产业发展“十四五”规划》	更新并提出河北省氢能发展目标；到 2025 年氢能产业链年产值达到 500 亿元，累计建成 100 座加氢站，燃料电池汽车规模达到 1 万辆，基本掌握高效低成本的氢气制取、储运、加注和燃料电池等关键技术。提出八大重点工程，谋划布局 128 个氢能项目，构建“一区、一核、两带”产业格局，并从氢能制储运加用等方面明确发展重点任务

2021 年 8 月 1 日，河北省发布《河北省氢能产业发展“十四五”规划》(如表 8-22 所示)，提出河北省氢能发展目标：到 2025 年氢能产业链年产值达到 500 亿元，累计建成 100 座加氢站，燃料电池汽车规模达到 1 万辆，构建“一区、一核、两带”产业格局(如图 8-6 所示)，打造张家口氢能全产业发展先导区；以雄安新区为核心打造氢能产业研发创新高地；支持廊坊、保定、定州、石家庄、辛集、邢台、邯郸等地大力发展涵盖制氢、储氢、运氢、加氢、氢应用全产业链的氢能装备制造产业，加快形成国内先进氢能装备制造产业带；支持承德、秦皇岛、唐山、沧州、衡水等地发挥资源与区位优势，加快港口重型卡车、搬运叉车、码头牵引车等重型车辆氢能替代，培育沿海氢能应用示范带。

表 8-22 河北省氢能发展规划

《河北省氢能产业发展"十四五"规划》		
目标	目标年份	2025 年
	企业培育	国内先进的企业 10~15 家
	产值目标	氢能产业链年产值达到 500 亿元
	加氢站建设	100 座
	整车推广	10000 辆
布局	"一区、一核、两带"	张家口氢能全产业发展先导区+雄安新区氢能产业研发创新高地+氢能装备制造产业带及沿海氢能应用示范带

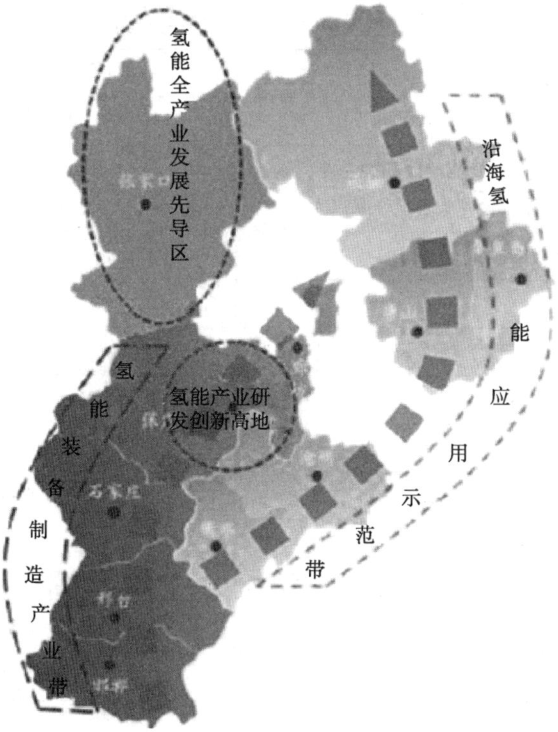

图 8-6 河北省"一区、一核、两带"产业格局

技术研发方面，河北省提出推进低温质子交换膜燃料电池关键材料、核心零部件、系统集成的技术突破，增强发动机系统、燃料电池电堆、膜电极、质子交换膜、催化剂、双极板、碳纸、空气压缩机、氢气循环系统、氢气引射器、增湿

器等关键环节的自主产业化能力。研发和突破高温 PEMFC 电催化剂、聚合物电解质膜、有序化膜电极、系统集成等关键技术，以及适用于热电联供的 SOFC 电催化材料、膜电极、高温双极连接体、系统集成等关键技术。

资金支持方面，核心零部件张家口市提供 1∶1 配套奖励；在张家口市登记注册且不迁出的燃料电池汽车，提供 1∶1 配套奖励，另有最高 5 万元/a 的单车运营奖励；加氢站最高奖励 400 万元/座，加氢奖励标准按照中央财政的 1∶1 配套。

河北示范城市群推广规模（如表 8-23 所示）：牵头城市张家口在内的其他城市规划到 2025 年累计推广燃料电池车 19980 辆，建设加氢站超过 214 座。

表 8-23　河北示范城市群推广规模（截至 2025 年）

城市	企业培育	产值目标/（亿元/元）	加氢站建设/座	燃料电池汽车保有量/辆
张家口	—	—	40	2500
唐山	引进国内先进企业 8~10 家	500	30	3000
保定	集聚 20 家以上氢能产业相关企业，重点扶持培育氢能相关龙头企业 8 家以上	150	10	1330
邯郸	培育国内领先的企业 5 家	10	12	1000
秦皇岛	—	—	12	1000
定州	—	10	2	100
辛集	—	—	1	100
雄安新区	—	—	12	1700
乌海	—	—	36	5250
淄博	培育 5 家左右具有核心竞争力和影响力的知名企业	200	10	1000
聊城	—	—	9	900
郑州	—	—	40	2100

8.3.3.6　非示范城市群城市

未进入示范城市群内的多个城市也纷纷出台氢能相关规划（如表 8-24 所示），到 2025 年，合计整车推广规模达到 4.2 万辆，建设加氢站超过 431 座，规模同样非常大，是氢能行业规模化发展的重要力量。

表 8-24 非示范城市群城市 2025 年发展规划

省	市	2025 年整车累计推广数量/辆	2025 年加氢站累计建设数量/座
甘肃省	兰州市	1000	20
	酒泉市	200	8
广东省	揭阳市	—	2
	茂名市	600	10
湖北省	武汉市	3000	35
湖南省	岳阳市	1000	15
江苏省	张家港市	430	6
	常熟市	16	4
	盐城市	100	5
辽宁省	大连市	1000	5
内蒙古	呼和浩特	500	10
	乌兰察布	200	13
山东省	济宁市	1000	10
	临沂市	400	4
	济南市	600	6
	青岛市	600	10
	泰安市	300	3
山西省	太原市	2000	—
	大同市	1000	—
	朔州市	500	—
	阳泉市	1000	—
	忻州市	500	—
	晋中市	500	—
	运城市	300	—
	晋城市	500	—
	临汾市	700	—
	吕梁市	5000	50
	长治市	5000	80
四川省	成都市	5000	40
	内江市	200	6
	攀枝花市	1000	5

续表

省	市	2025年整车累计推广数量/辆	2025年加氢站累计建设数量/座
浙江省	金华市	1000	15
	宁波市	1500	25
	平湖市	150	5
	舟山市	50	5
重庆市	重庆市	5000	30
河南省	商丘市	200	—
安徽省	阜阳市	300	4
合计		42346	431

8.3.4 地方政策核心差异在资金支持

从各示范城市群的规划来看，由于发展水平不同，规划的侧重点略有差异。影响各地示范推广和产业规模化发展进度的核心在于各地政策支持力度的差异，尤其体现在资金支持和积分奖励方面。

（1）核心零部件研发

北京市规划集中突破膜电极、质子交换膜、催化剂、氢气循环泵、高压管阀件等环节，而未提到双极板、碳纸、空压机等；上海市提出提高催化剂、质子交换膜、碳纸等关键材料的可靠性、稳定性和耐久性，提升电堆设计、系统集成的工艺技术水平，重点开展车载储氢系统、高功率密度石墨板电堆、长寿命金属板电堆、高可靠质子交换膜、高耐蚀碳纸、高速无油离心空压机、高可靠性氢气循环泵、高可靠性车载供氢系统技术研究，储氢、双极板、质子交换膜、氢气循环系统等技术仍有待研究；广东省和河北省则全面提及八大核心零部件的研发和产业化；河南省提出提高双极板、电堆、空气压缩机、氢气循环泵等核心零部件生产技术水平，加快引进膜电极、质子交换膜、催化剂、碳纸等企业，由于氢能产业发展相对落后于北、上、广等城市，产业链尚不完善，仍有多个零部件需要技术引进。总体来看，质子交换膜、催化剂、氢气循环系统等环节各地均有待研发和突破，其他零部件各有侧重。

（2）氢气制储运加

北京市提出构建环北京供氢链，推进绿电制绿氢和工业副产氢，推动液氢储运加及应用等技术突破，鼓励多展合一，短期聚焦绿氢的推广，长期探索液氢的应用。上海市提出提升质子交换膜、固体氧化物电解池等电解水制氢的工艺技术水平，短期以工业副产氢为主，中长期，立足于建立以绿氢为主的供氢体系，打造“西氢东送”的长江氢能走廊。储运方面重点发展高压气态储氢和长管拖车输氢，探索开展氢-氨、液氢的长距离运输工程规划。广东省提出积极发展谷电电解水制氢，允许发电厂利用低谷时段富余发电能力，在厂区或就近建设可中断电力电解水制氢项目和富余蒸汽热解制氢项目，开展核电、海上风电、光伏制氢等试点，带动质子交换膜电解水制氢等制氢装备研发生产；支持开展低温液氢储存和加注试点。明确提出加氢站建设参照城镇燃气加气站管理，不核发加氢站的危化品经营许可证，将极大降低加氢站建设审批难度；鼓励探索多站合一和站内制氢项目。河南省提出探索绿氢供应，提升大功率高效碱性电解水制氢设备、质子交换膜电解水制氢设备、氢气纯化设备及分布式天然气、氨气、甲醇高效催化制氢设备等生产能力；重点发展高压气态储氢和长管拖车运输，逐步开展更高压力的氢气长管拖车运输和液氢运输示范，突破70MPa(Ⅳ型)瓶车载高压储氢瓶关键材料和设备制造瓶颈。适时推进天然气输运管道掺氢。鼓励多站合一，探索建设以甲醇、天然气、氨水为载体的制、储、加一体加氢站。河北省提出推动绿氢发展，推动国产碱性电解水制氢技术大型化和纯水电解制氢技术自主化、规模化发展，突破适应可再生能源波动的高效离网宽功率电解水制氢技术瓶颈。支持利用工业副产气配套建设工业副产氢提纯项目。突破大容量管束集装箱氢气储存、高压Ⅳ型储氢瓶材料、制造技术瓶颈，突破70MPaⅣ型瓶车载气态高压储氢瓶关键材料和设备制造瓶颈。探索低温液态储运、有机液态储运方式，重点研发液态储氢技术及装备。研发管道输氢抗氢脆、渗透特种钢材等。鼓励多站合一。总体来看，各示范城市群在氢气制储运加环节规划较为接近，制氢环节首先依靠副产氢提纯保障现有氢源，逐步发展绿电制绿氢，探索风光发电与碱性电解水、质子交换膜电解水等方式的结合；储运环节首先突破高压气态储氢，研制70MPa(Ⅳ型)瓶车载高压储氢瓶及长管拖车运输技术，逐步探索液氢储运技术及管网运输技术；加注环节均鼓励多站合一的建设模式，以降低成本、加快推广。

(3) 奖励政策

各示范城市陆续出台相关规划，匹配中央的奖励条款，出台与之相对应的奖励措施。总体来看，基本参照国家示范城市群的奖励政策，提供相应比例的配套奖励。

北京市(以大兴区为例)整车推广奖励标准为配套示范城市群政策1∶1∶0.4，

地方共配套提供 1.4 倍的奖励；核心零部件提供 1∶1 的市级奖励，大兴区提供销售额 5%的零部件销售奖励；加氢环节北京市提供最高 500 万元/站的定额补贴和 10 元/kg 的运营补贴（售价不高于 30 元/kg）；另有最高 1 元/km 的市级车辆运营奖励和最高 5 万元/a 的区级运营奖励。

上海市（以嘉定区为例）整车推广奖励标准为配套示范城市群政策 1∶1.5∶0.5，上海市配套提供 2 倍的奖励（市和区分别为 1.5、0.5）；核心零部件提供 1∶0.3 的市级奖励；加氢环节上海市嘉定区共计提供最高 850 万元/站的定额补贴，另外提供 15 元/kg 的运营补贴（2022—2023 年售价不高于 35 元/kg）；另有最高 2 元/km 的市级车辆运营奖励，由市级和区级 1∶1 出资。

广东省（以佛山市为例）整车推广奖励标准为配套示范城市群政策 1∶0.7∶1，即市级提供等额奖励，而广东省针对不同功率的整车提供 3000 元/kW 的补贴（单车补贴最大功率 110kW，对应最高 33 万元，为示范城市群最高奖励额的 71%左右）；核心零部件提供 1∶0.5 的省级奖励；加氢环节广东省提供最高 500 万元/站的定额补贴和 9 元/kg 的佛山市南海区区级运营补贴（2022 年售价不高于 30 元/kg）；另有最高 2.3 元/km 的市级车辆运营奖励，每车每年最高补贴 11.5 万元。

河南省（以郑州市为例）整车推广奖励标准为配套示范城市群政策 1∶1∶1，地方共配套提供 2 倍的奖励，郑州市提供销售收入 5%的整车销售奖励，单一企业年度最高补贴 2000 万元；核心零部件提供 1∶0.3 的市级奖励，单个企业同类产品市级奖励总额最高 500 万元；加氢环节郑州市提供最高 500 万元/站的定额补贴和按国家标准 1∶1 的市级运营补贴（售价不高于 20 元/kg）；另有最高 2 万元/a 的市级车辆运营奖励。

河北省（以张家口市为例）整车推广奖励标准为配套示范城市群政策 1∶1，市级配套提供等额奖励；核心零部件张家口市同样提供等额奖励；加氢环节张家口市提供最高 400 万元/站的建设补贴和配套示范城市群等额的运营补贴（售价不高于 30 元/kg）；另有最高 5 万元/a 的市级运营奖励。

各示范城市群最高奖励金额（万元/车）汇总如表 8-25 所示。总体来看，各省市区多有配套示范城市群以奖代补政策的相应奖励，涵盖了整车、零部件、加氢站建设以及整车和加氢站的运营。整车奖励多为配套比例的奖励，力度最大的是上海市和郑州市；零部件环节多为配套比例的奖励，北京市和张家口市奖励力度最大；加氢站建设多为与加氢能力和建设成本相关的定额奖励，运营多为限定售价后的定额奖励，上海市在加氢环节资金支持力度最大；整车运营环节多为满足运营里程要求后的定额奖励，佛山市单车单年奖励最多。

表 8-25 各示范城市群最高奖励金额 （万元/车）

项目	北京	上海	广东	河北	河南
示范城市	大兴区	嘉定区	佛山市	张家口市	郑州市
示范城市群整车最高奖励			46.2		
地方配套整车最高奖励	64.68	92.4	79.2	46.2	92.4
示范城市群零部件最高奖励			20.5		
地方配套零部件最高奖励	20.5	6.15	10.25	20.5	6.15
整车奖励合计	151.88	165.25	156.15	133.4	165.25

8.3.5 氢能产业落地加快推进

示范城市群政策自 2021 年落地以来已经完成首年工作，由于疫情等因素影响，示范推广工作受限，而技术不断研发突破，专利申请仍保持增长。

（1）技术研发推动产业高质量发展

氢能相关专利申请数量持续增长（全球主要受理局氢能专利申请情况如图 8-7 所示），各地对核心零部件和关键领域的研发突破均有较大力度的支持，相关专利申请数量增长较快。根据工信部赛迪研究院数据，我国氢能专利申请自 2016 年开始保持年均 20%以上的高增速，到 2020 年我国氢能专利申请量达到全球的 62.3%，2021 年专利申请超过 8000 件。全球的氢能专利申请领域分布如图 8-8 所示，其中氢气制储运加等上游技术占比 21%，电堆系统和控制系统技术总计占比 73%，下游应用技术占比 6%。我国的氢能专利分布和全球结构类似，中游燃料电池系统专利申请量最高，总计占比 59%，低于全球水平，上游技术专利申请

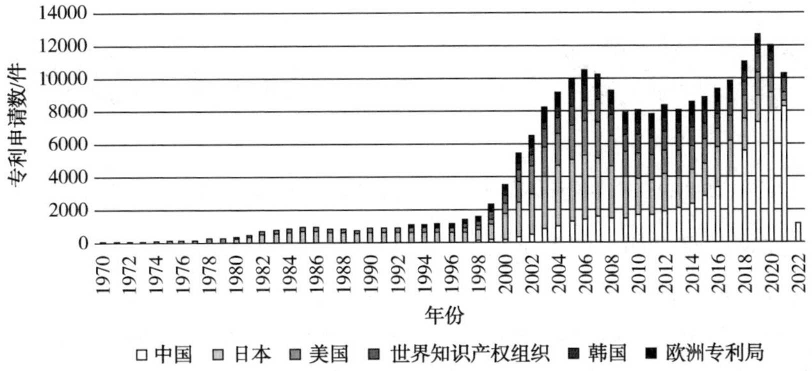

图 8-7 全球主要受理局氢能专利申请情况示意图

量高于全球水平，总计占比35%，其中氢气制备单项技术的占比可达25%。氢气供应一端相关技术研发较快，中游核心零部件环节与全球领先水平仍有差距。

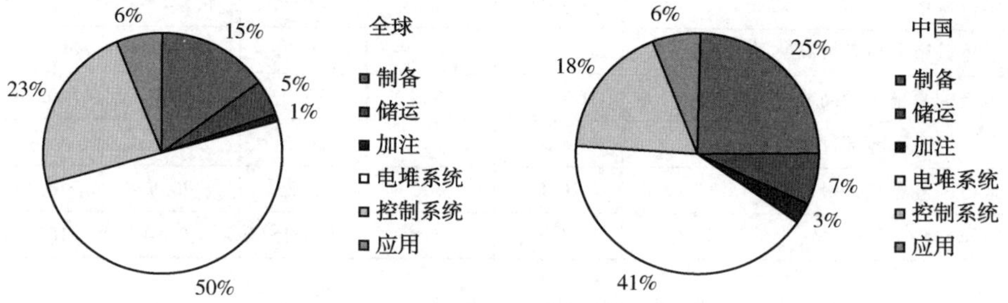

图 8-8　氢能专利申请分布情况示意图

（2）整车推广示范作用明显

氢燃料电池整车销售集中于牵头城市(氢燃料电池车上牌销量与前十大省市销量占比分析数据如图 8-9 所示)，北京推广效果较好。根据高工产研氢电研究所统计，2021 年 8 月至 2022 年 8 月，五大示范城市群累计上牌销量 2590 辆(如图 8-10 所示)，其中京津冀示范城市群完成上牌销量 1240 辆，主要集中在北京市(1104 辆)；上海示范城市群完成 674 辆，主要集中在上海市(426 辆)；广东、河北及河南示范城市群分别完成 255 辆、245 辆、176 辆；非示范城市群推广量达到 605 辆，占比约 19%。

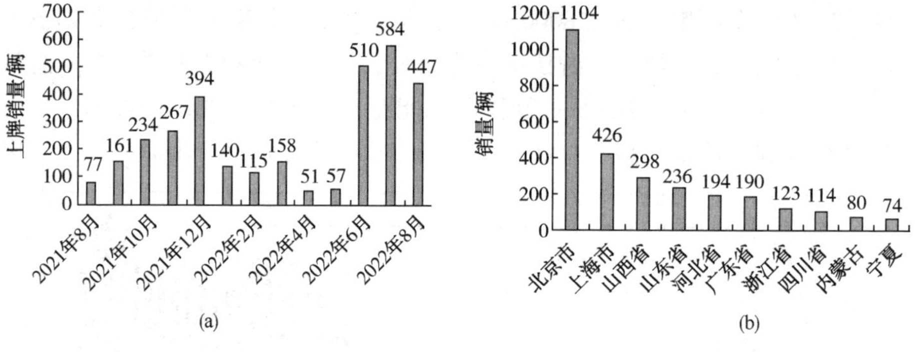

图 8-9　(a)各月燃料电池车上牌销量；(b)前十大省市销量

（3）加氢站建设如火如荼进行

国内现有加氢站数量有限，有待进一步加快建设步伐，截止 2022 年 7 月 5 日全国加氢站分布前十省市如图 8-11 所示。全国已建成加氢站 271 座，较 2021 年底 230 座增加 41 座。从分布情况来看，广东、山东、江苏、浙江建成加氢站较多，分别达到 52 座、29 座、22 座、21 座。

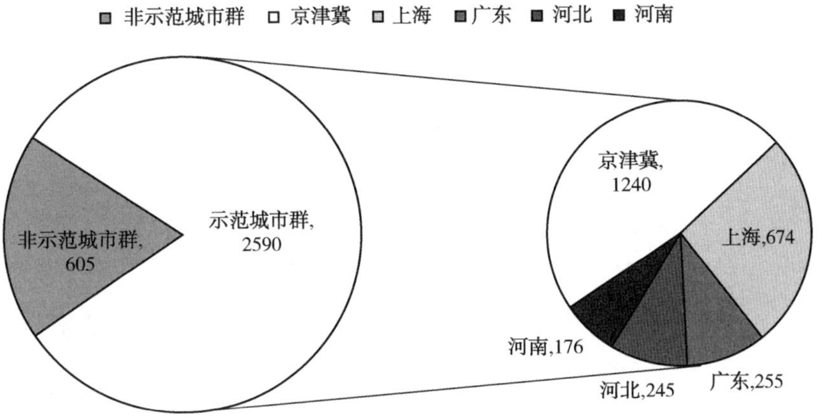

图 8-10 示范首年全国燃料电池车上牌销量(辆)

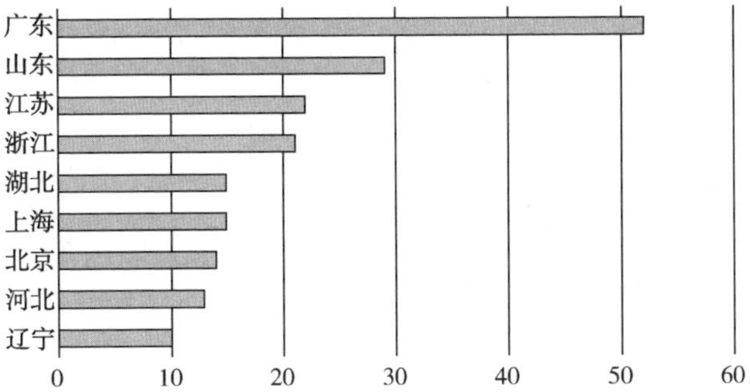

图 8-11 全国加氢站(座)分布前十省市简表

第9章

氢能产业经济展望

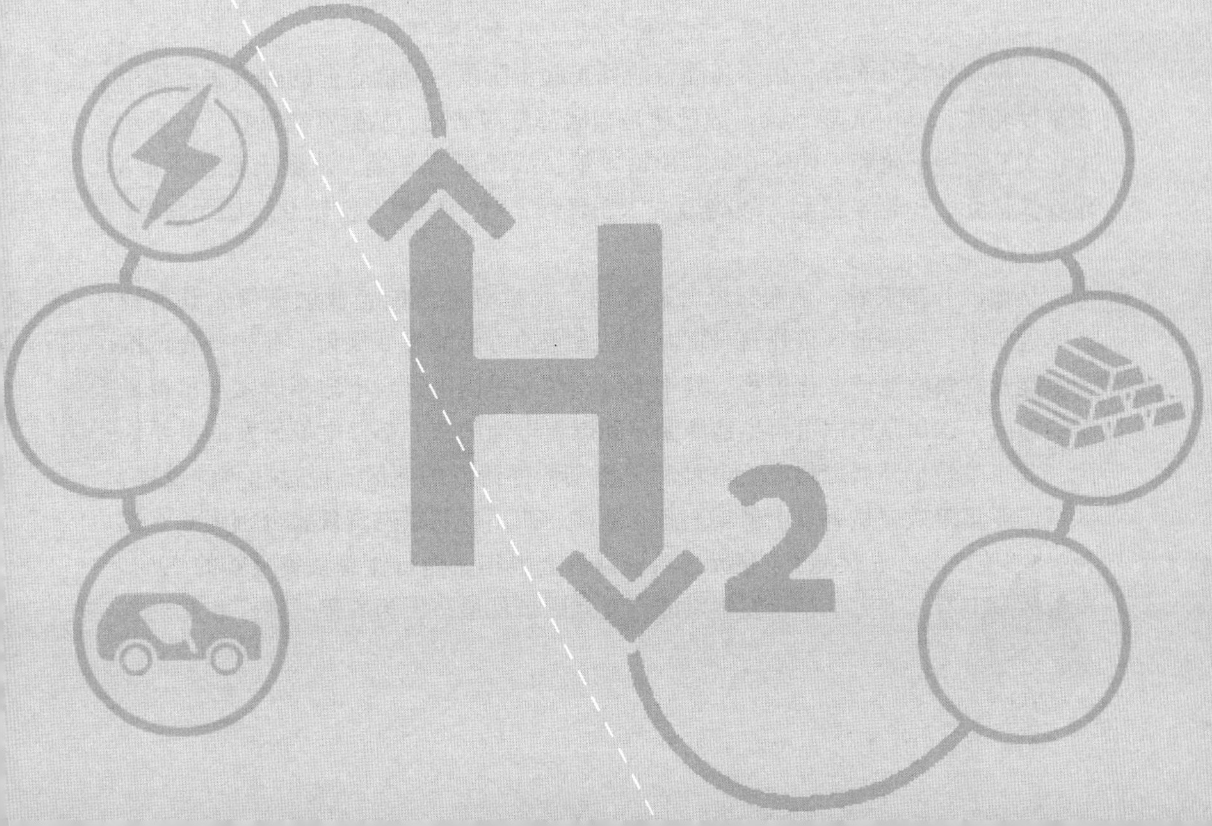

在国家氢能政策的支持和引导下，氢能行业发展迅速，各产业链环节均不同程度地受到资本青睐，行业融资持续攀升。

9.1 氢能行业股权融资持续升温

根据投中数据，2022 年上半年，氢能行业股权融资延续去年以来的火热，共发生融资事件 21 笔，融资金额 15.9 亿元，融资数量和金额分别比去年同期增加 50%和 137%（如图 9-1 所示）。

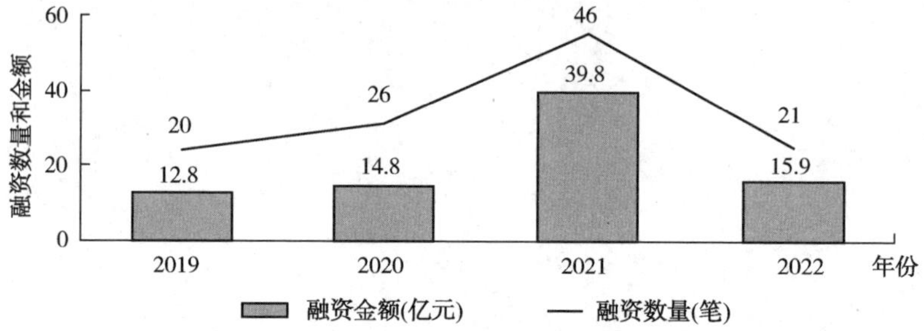

图 9-1 2019—2022 年上半年氢能行业股权融资数量和金额

数据来源：投中数据，公开资料，毕马威分析。

从融资轮次分布看，由于氢能行业处于起步阶段，氢能企业的融资主要集中在早期轮次，其中 A 轮无论是数量还是金额都位居前列。从融资数量看，上半年 A 轮 7 笔，种子轮和天使轮 6 笔，B 轮 4 笔，战略融资 3 笔。从融资金额看，A 轮 6.5 亿元，B 轮 4 亿元，战略融资 3.5 亿元，种子轮和天使轮 0.7 亿元（如图 9-2 所示）。

从地区分布来看，上海、浙江、四川、北京等地氢能企业融资领先其他地区。近年来，这些地区依托自身资源禀赋发布地方氢能发展规划，并先行先试推动氢能及燃料电池产业化进程。其中上海、江苏是国内燃料电池车研发与示范最早的地区，四川是国内可再生能源制氢和燃料电池的核心部件电堆研发的重要地区，北京是较早开展燃料电池电堆和关键零部件研发的地区。经过几年的发展，区域产业集聚效应显著。上半年上海、浙江、四川、北京融资规模分别为 6.6 亿元、5.7 亿元、2.5 亿元、1 亿元，融资额占上半年氢能行业总融资金额的 99%。融资数量上看，上海上半年发生氢能行业融资事件最多，为 6 笔；浙江和北京紧随其后，分别为3笔和2笔（如图9-3所示）。

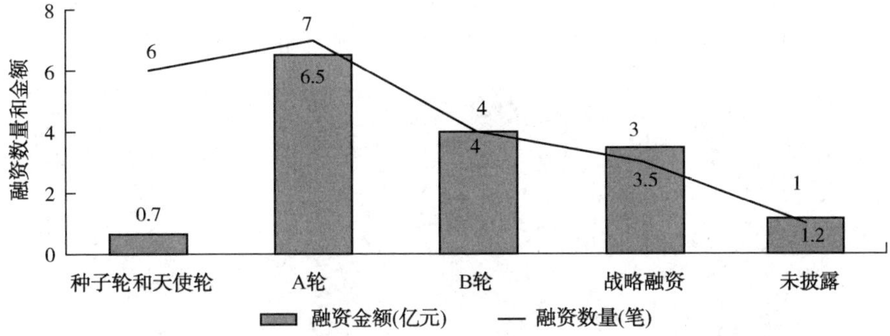

图9-2　2022年上半年氢能行业融资轮次数量和金额

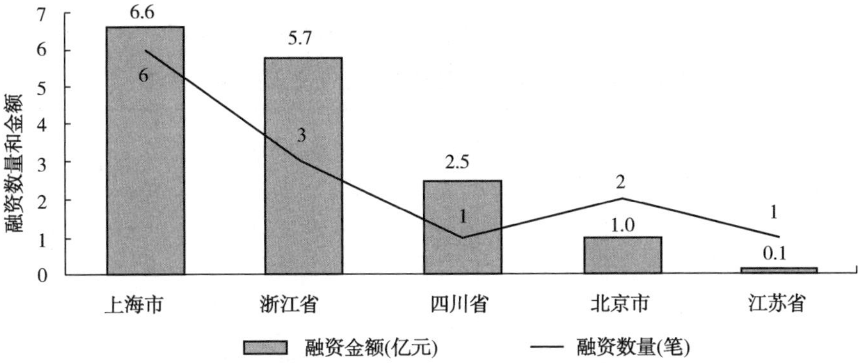

图9-3　按地区划分2022年上半年氢能行业融资轮次数量和金额

9.2　燃料电池仍为氢能行业热门赛道

从融资企业所在产业链看，上半年氢能企业融资主要集中在产业链中游，燃料电池的研发是投资热点，燃料电池的电堆、系统等高精尖技术备受资本青睐，共14笔（如图9-4所示）。产业链上游制氢、储氢和加氢环节的投资共5笔，比去年增加4笔，氢能行业融资从扎堆燃料电池向上游产业延伸，投资者更加注重布局氢能全产业链。

我国氢能行业处于起步阶段，行业融资以早期轮次为主，融资规模普遍偏小。在实现“双碳”目标的背景下，叠加燃料电池行业经过几年的成长，2022年上半年出现一些大额融资项目。其中，骥翀氢能融资5亿元，东方电气(成都)氢燃料电池科技公司融资2.49亿元，氢途科技融资1.24亿元(如表9-1所示)。大额融资项目的出现为氢能企业发展提供动力，有助于企业进一步发展壮大。

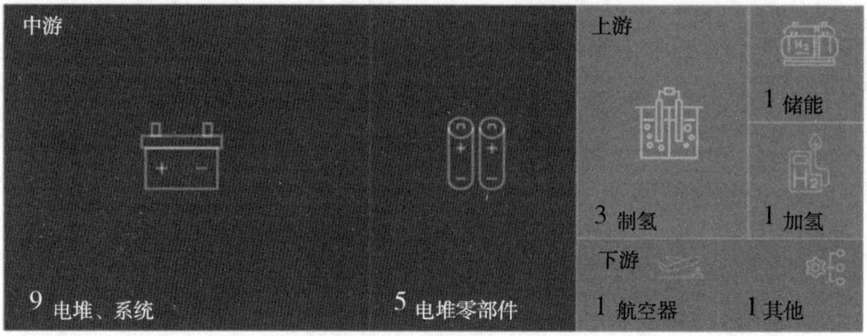

图9-4　2022年上半年氢能融资企业所处产业链图

表9-1　2022年上半年氢能企业大于1亿元的融资事件

企业简称	业务描述	交易金额/亿元	交易轮次	投资方名称	企业所在地	交易时间
骥翀氢能	燃料电池电堆	5	A	中金汇融 云泽资本 山东江诣创投等	上海市	2022.01
爱德曼	氢燃料电池零部件	4	B+	元禾重元 霍尔果斯华控 北商资本等	浙江省	2022.02
东方氢能	燃料电池电堆	2.49	战略融资	北商资本 广州城发基金 江西大成投资	四川省	2022.05
氢途科技	氢燃料电池的研发	1.24	未披露	中广投资 泰恒投资	浙江省	2022.01
新研氢能	燃料电池研发生产商	1	A	亦庄国投 吉富创投	北京市	2022.06
鲲华科技	燃料电池、储能	1	战略融资	申能能创	上海市	2022.05

数据来源：投中数据，公开资料，毕马威分析。

9.3 氢能领域国际投资与合作不断加强

随着氢能产业的发展，企业间的国际投资与合作也不断加强。在利用外资方面，我国氢能企业不断加强与技术领先的外资企业合作，设立合资公司深化氢能领域布局。通过设立合资公司，双方可以发挥协同优势，提升合作效率。氢能企业跨境合作主体广泛，国内包括中国石化、亿华通等企业，国外主要是美国、日本、欧洲等领先氢能企业（如表9-2所示）。合作方向从燃料电池向制氢、运氢产业链上游延伸，与氢能企业在国内股权融资市场的产业链分布较为一致。

表9-2 国内氢能企业跨境交易事件

公司	投资事件	涉及氢能产业链	时间
液化空气集团	液化空气中国、申能能创能源发展有限公司和上海化工区发展有限公司旗下的化工区投资实业有限公司三方成立合资公司	制氢、运氢	2022年
丰田	丰田和亿华通成立合资公司	燃料电池系统生产和推广	2021年
康明斯	康明斯与中国石化成立康明斯恩泽科技有限公司(广东)氢能源	电解水制氢	2021年
壳牌	与张家口市交通建设投资控股集团有限公司合资成立张家口市交投壳牌新能源有限公司	电解水制氢和加氢	2021年
现代	现代汽车集团与广州市广州开发区政府签订投资合作协议，成立现代汽车氢燃料电池系统(广州)有限公司	燃料电池系统	2021年
博世	博世与商用车制造商庆铃汽车成立合资公司	燃料电池系统	2020年
林德集团	林德集团与冰山集团成立合资公司	加氢	2020年
空气产品公司	诚志股份与空气产品合资成立诚志空气产品(南京)氢能源有限公司	加氢站	2019年
威孚高科	控股丹麦IRD燃料电池公司	燃料电池	2019年
潍柴动力	对德国ARADEX股份有限公司进行战略收购；收购加拿大领先的清洁能源燃料电池解决方案提供商巴拉德；增持英国氧化物燃料电池技术的引领者锡里斯能源	燃料电池	2018年 2019年

在对外直接投资方面，我国企业关注通过收购国外先进的氢能技术企业进入氢能产业。例如，潍柴动力通过一系列收购布局燃料电池领域，包括收购巴拉德（加拿大清洁能源燃料电池解决方案提供商）、锡里斯能源（英国氧化物燃料电池技术企业）和ARADEX（德国燃料电池企业）。由于受新冠疫情反复、国内监管部门对企业海外投资加强指导、目的地国家对外商直接投资审批趋紧等因素影响，近两年国内氢能企业海外并购有所放慢。

放眼全球，世界各国（地区）都在积极布局氢能产业，以应对全球气候变化、保障本国能源安全，氢能将成为未来国际合作的重要内容，作为全球氢能产业发展领先国家之一，中国高度重视开展氢能领域的国际合作，积极推动全球氢能产业发展。

中日近期合作的项目：北京2022年冬奥会和冬残奥会期间，丰田向北京奥组委交付2200余台新能源汽车，其中包括约200台北汽福田氢燃料电池巴士，由丰田与北汽、亿华通合作推出。

中欧近期合作的项目：2022年7月29日，壳牌（中国）宣布与申能集团旗下上海申能能创能源发展有限公司成立合资公司——上海申能壳牌新能源有限公司，双方将通过该合资公司在上海投资建设加氢站网络。该合资公司未来5年内将在上海及长江三角洲地区建成6~10座加氢站，到2030年将打造30座加氢站，每天可以为约3000辆燃料电池卡车或公交车供应氢气。

9.4 氢储能发展趋势及展望

9.4.1 氢储能在交通运输领域率先实现商业化

当前中国氢能产业总体处于市场导入期，应用需求主要受下游行业脱碳进程、政策支持力度、技术成熟度三方面因素影响。短期内，中国氢能应用的需求增量可能主要来自交通运输领域，氢燃料电池汽车的大规模推广成为关键驱动力。长期来看，工业领域有望成为氢能应用的第一大领域，需求会在政策推动和技术进步下进一步释放。

行业脱碳进程方面：IEA数据显示，2020年中国交通运输部门的二氧化碳排放量约为9.5亿t，占能源体系总排放量的比重约为9%，仅次于燃煤发电和供热（约50%）、工业（36%）。其中，用于货运和旅客出行的道路机动车，占交通运输排放总量的80%以上，利用氢燃料电池汽车取代此类长距离重载商用车具有较强的经济性，有助于快速推进交通运输行业脱碳。

政策支持力度方面：各级政府纷纷将氢能产业发展的重点放在氢燃料电池汽车相关领域，尤其是在财政方面，国家逐步将新能源汽车的补贴重心转移至氢燃料电池汽车领域，随着五大示范应用城市群项目启动，氢燃料电池汽车有望加大量产。

技术成熟度方面：根据IEA评估，交通领域的燃料电池技术基本已进入市场采用阶段，有望比工业领域的低碳氢能技术更早实现大规模部署。

9.4.2 绿色制氢、氢燃料电池关键材料、加氢站设备国产化仍是产业热点

随着下游应用需求不断释放，已有超过三分之一的央企在制定包括制氢、储氢、加氢、用氢等全产业链的布局。例如，中国石化设定目标“建设中国第一大氢能公司”，大力布局氢能全产业链；中国石油基于油气储运零售终端建设和运营基础，布局加氢站建设及运营；国家电投、东方电气等重点布局燃料电池核心材料及关键部件。央企入局能产生强有力的带动作用，预计资本市场对氢能关注度将持续升温，投资者重点关注绿色制氢、氢燃料电池关键材料、加氢站设备国产化等赛道，推动我国氢能科技迭代创新。

在氢燃料电池电堆与关键材料、动力系统与核心部件、整车集成等环节，中国企业实力已接近国际先进水平。不过，在质子交换膜等原材料、加氢站设备国产化等方面，中国氢能发展仍存在明显短板。在这些领域拥有核心技术，并拥有优质客户资源的企业，有望获得资本青睐。此类企业在细分领域具有一定先发优势，可以在产业层面的低成本制氢技术路线确立后，快速获取商业订单，获得快速增长。

在下游应用环节，氢燃料电池汽车应用市场规模持续增长，并将在货运等长途重载类应用中率先产生规模化效应。在中上游加氢站、氢储运等基础设施建设领域，投资规模大、周期长、技术难点多，前期主要依靠大型能源、化工类央企推动布局。

9.4.3 氢储能区域产业布局快速形成

氢能产业布局与区域资源禀赋高度相关，且短期内氢能长距离、大规模储运的成本瓶颈依然存在。预计在产业发展初期阶段，各地将优先打造区域内产业生态，随着产业进一步成熟，区域之间通过输氢管道等基础设施，由近及远连接形成全国性网络。

以上海和江苏为代表的长三角地区、以广州和佛山为代表的珠三角地区、以北京和山东为代表的京津鲁豫地区，以内蒙古等地为代表的西北地区，以川渝、云南为代表的西南地区，已初步形成氢能产业生态(如表 9-3 所示)。

表 9-3 主要区域氢能产业生态建设内容

区域	氢能产业生态主要内容
长三角地区	辐射城市数量最多，区域内高校集聚，研发实力强劲，燃料电池汽车研发与示范经验丰富，氢能产业总体实力雄厚
珠三角地区	主要包括佛山、广州、深圳三大氢燃料电池汽车创新核心区，加氢站网络规划领先全国，当前广东省正加快打造一条湾区“氢”走廊，形成广州—深圳—佛山—环大湾区核心区车用燃料电池产业集群
京津鲁豫地区	以北京为中心，已具备氢能全产业链发展的基础条件，能源转型动力强，交通和钢铁两大领域的氢能应用示范项目有望快速推进
西北、西南地区	是主要氢能供给区，是国内可再生能源制氢和燃料电池电堆研发的重要地区，担负着实现大规模低成本制氢、推进可再生能源制氢与氢储能融合发展、保障国家能源供应安全的重任

随着区域间协同发展的不断加强，氢能产业链分工协作也将进一步深化，各区域产业发展定位更加明晰，除了制氢、氢储运、燃料电池汽车等核心环节形成产业集群外，氢能研发、科技服务、整车集成等集群效应也会不断涌现。

参 考 文 献

[1] 毛宗强，毛志明，余皓．制氢工艺与技术[M]．北京：化学工业出版社，2019.

[2] [日]氢能协会著．氢能技术[M]．宋永臣，宁亚东，金东旭译．北京：科学出版社，2009.

[3] Zhang Zhao，Elkedim Omar，Zhang M，et al. Systematic investigation of mechanically alloyed Ti–Mg–Ni used as negative electrode in Ni–MH battery[J]. Journal of Solid State Electrochemistry，2018，22(6)：1669–1676.

[4] Marcel Van de Vorde. Hydrogen storage for sustainability [M]. Berlin：De Gruyter，2021.

[5] Staffell Iain，Scamman Daniel，Abad Anthony Velazquez，et al. The role of hydrogen and fuel cells in the global energy system[J]. Energy & Environmental Science，2019，2(12)：463–491.

[6] He Teng，Pachfule Pradip，Wu Hui，et al. Hydrogen carriers[J]. Nature Reviews Materials，2016，1(12)：1–17.

[7] Abe JO，Popoola API，Popoola OM. Hydrogen energy，economy and storage：Review and recommendation [J]. International Journal of Hydrogen Energy，2019，44(29)：15072–15086.

[8] Koohi–Fayegh S，Rosen MA. A review of energy storage types，applications and recent developments[J]. Journal of Energy Storage，2020，1(27)：101047.

[9] 贾同国，王银山，李志伟．氢能源发展研究现状[J]．节能技术，2011，29(3)：28–33.

[10] 曹军文，张文强，李一枫，等．中国制氢技术的发展现状[J]．化学进展，2021，33(12)：2215–2244.

[11] 刘思明，石乐．碳中和背景下工业副产氢气能源化利用前景浅析[J]．中国煤炭，2021，47(6)：53–56.

[12] 许虹．氯碱厂副产氢气净化工艺研究与关键装置设计[D]．北京：北京化工

大学，2009.
[13] 徐双庆，顾阿伦，陈熹．正本清源“副产氢”[J]．中国经贸导刊，2020(12)：109-111.
[14] 李建林，田立亭，来小康．能源互联网背景下的电力储能技术展望[J]．电力系统自动化，2015，39(23)：15-25.
[15] 赵永志，蒙波，陈霖新，等．氢能源的利用现状分析[J]．化工进展，2015，34(9)：3248-3255.
[16] 吴川，张华民，衣宝廉．化学制氢技术研究进展[J]．化学进展，2005(3)：423-429.
[17] 蔡国伟，孔令国，薛宇，等．风氢耦合发电技术研究综述[J]．电力系统自动化，2014，38(21)：127-135.
[18] 张全国，尤希凤，张军合．生物制氢技术研究现状及其进展[J]．生物质化学工程，2006(1)：27-31.
[19] 孙鹤旭，李争，陈爱兵，等．风电制氢技术现状及发展趋势[J]．电工技术学报，2019，34(19)：4071-4083.
[20] 崔洪，杨建丽，刘振宇，等．煤直接液化残渣的性质与气化制氢[J]．煤炭转化，2001(1)：15-20.
[21] 丁福臣，易玉峰．制氢储氢技术[M]．北京：化学工业出版社，2006.
[22] 陈军，朱敏．高容量储氢材料的研究进展[J]．中国材料进展，2009，28(5)：2-10.
[23] Li Chonghe, He Jin, Zhang Zhao, et al. Preparation of TiFe based alloys melted by CaO crucible and its hydrogen storage properties[J]. Journal of Alloys and Compounds, 2015, 618: 679-684.
[24] Sazali Norazlianie. Emerging technologies by hydrogen: A review[J]. International Journal of Hydrogen Energy, 2020, 45(38): 18753-18771.
[25] Chen Ping, Xiong Zhitao, Luo Jizhong, et al. Interaction of hydrogen with metal nitrides and imides[J]. Nature, 2002, 420(6913): 302-304.
[26] Zhang Zhao, Cao Hujun, Xiong Zhitao, et al. Can nitrogen-based complex hydride be hydrogen isotope separation material[J]. Chemical Communications,

2021, 57(78): 10063-10066.

[27] Joshua Adedeji Bolarin, Zhang Zhao, Cao Hujun, et al. Room Temperature Hydrogen Absorption of Mg/MgH_2 Catalyzed by $BaTiO_3$[J]. The Journal of Physical Chemistry C, 2021, 57(78): 10063-10066.

[28] Joshua Adedeji Bolarin, Zhang Zhao, Cao Hujun, et al. NaH doped TiO_2 as a high performance catalyst for Mg/MgH_2 cycling stability and room temperature absorption[J]. Journal of Magnesium and Alloys, 2021. https://doi.org/10.1016/j.jma.2021.11.005.

[29] 胡子龙. 贮氢材料[M]. 北京：化学工业出版社，2002.

[30] Zhang Zhao, Elkedim Omar, Ma Yangzhou, et al. The phase transformation and electrochemical properties of TiNi alloys with Cu substitution: Experiments and first-principle calculations[J]. International Journal of Hydrogen Energy, 2017, 42(2): 1444-1450.

[31] Zhang Zhao, Elkedim Omar, Balcerzak Mateusz, et al. Effect of Ni content on the structure and hydrogenation property of mechanically alloyed $TiMgNi_x$ ternary alloys[J]. International Journal of Hydrogen Energy, 2017, 42(37): 23751-23758.

[32] Zhang Zhao, Elkedim Omar, Balcerzak Mateusz, et al. Structural and electrochemical hydrogen storage properties of $MgTiNi_x$ (x = 0.1, 0.5, 1, 2) alloys prepared by ball milling[J]. International Journal of Hydrogen Energy, 2016, 41(12): 11761-11766.

[33] Ball Michael, Martin Wietschel. The future of hydrogen-opportunities and challenges[J]. International Journal of Hydrogen Energy, 2009, 34(2): 615-627.

[34] Richter T. M., Niewa R. Chemistry of Ammonothermal Synthesis[J]. Inorganics 2014, 2(1): 29-78.

[35] Dai Min, Lei Gangtie, Zhang Zhao, et al. Room Temperature Hydrogen Absorption of V_2O_5 Catalyzed MgH_2/Mg. Acta Chimica Sinica[J], 2022, 80(3): 303-309.

[36] Bolarin Joshua Adedeji, Zou Ren, Li Zhi, et al. MXenes for magnesium-based

hydrides: A review[J]. Applied Materials Today, 2022, 29, 101570.

[37] Dawood Furat, Martin Anda, G. M. Shafiullah. Hydrogen production for energy: An overview [J]. International Journal of Hydrogen Energy, 2020, 45 (7): 3847-3869.

[38] 邓安强，樊静波，赵瑞红．储氢材料的研究进展[J]. 化工新材料，2009，37(12)：8-37.

[39] 熊义富，敬文勇，张义涛．纳米 Mg-Ni 合金吸/放氢过程的热力学性能研究[J]. 稀有金属材料与工程，2007，36(1)：138-140.

[40] Zhang Zhao, Xing Fangyuan, Zhu Ming, et al. Vacuum Induction Melting of TiNi Alloys Using $BaZrO_3$ Crucibles[J]. Materials Science Forum, 2013, 765: 316-320.

[41] 姜召，徐杰，方涛．新型有机液体储氢技术现状与展望[J]. 化工进展，2012(1)：315-322.

[42] Shuo Yin, Zhao Zhang, Emmanuel J. Ekoi, Jingjing Wang, Denis P. Dowling, Valeria Nicolosi, Rocco Lupoi. Novel cold spray for fabricating graphene-reinforced metal matrix composites[J]. Materials Letters, 2017, 196: 172-175.

[43] 孙文静．咔唑加脱氢性能研究[D]. 杭州：浙江大学，2012.

[44] 刘玮，万燕鸣，王雪颖，等．国内外氢能产业合作新模式分析与展望[J]. 能源科技，2022，20(1)：61-67.

[45] Nikolaidis Pavlos, Andreas Poullikkas. A comparative overview of hydrogen production processes [J]. Renewable and sustainable energy reviews, 2017, 67: 597-611.

[46] Silva Veras Tatiane, Thiago Simonato Mozer, Aldara da Silva César. Hydrogen: trends, production and characterization of the main process worldwide[J]. International Journal of Hydrogen Energy, 42. 4 (2017): 2018-2033.

[47] Juza R. Amides of the Alkali and the Alkaline Earth Metals[J]. Angewandte Chemie International Edition in English, 1964, 3(7): 471-481.

[48] Leng H, Ichikawa, T, Hino S, et al. Synthesis and decomposition reactions of metal amides in metal-N-H hydrogen storage system [J]. Journal of power

sources, 2006, 156(2): 166-170.

[49] Zhang Zhao, Cao Hujun, Zhang Weijin, et al. Thermochemical transformation and reversible performance of $Mg(NH_2)_2$-$NaMgH_3$ system[J]. International Journal of Hydrogen Energy, 2020, 45(43): 23069-23075.

[50] Zhang Weijin, Zhang Zhao, Jia Xianchao, et al. Metathesis of Mg_2FeH_6 and $LiNH_2$ leading to hydrogen production at low temperatures[J]. Physical Chemistry Chemical Physics, 2018, 20(15): 9833-7.

[51] Kojima Y, Kawai Y. Hydrogen storage of metal nitride by a mechanochemical reaction[J]. Chemical Communications, 2004, 19, 2210-2211.

[52] Nunes H X, Ferreira M J F, Rangel C M, et al. Hydrogen generation and storage by aqueous sodium borohydride hydrolysis for small portable fuel cells (H_2-PEMFC)[J]. International Journal of Hydrogen Energy, 2016, 41(34): 15426-15432.

[53] 邵阳阳，靳惠明，俞亮，等. Mo 掺杂 Co-B 非晶态合金的制备及催化硼氢化钠水解制氢性能[J]. 材料导报，2020，34(2)：2063-2066.

[54] Majlan, E. H. STUDY OF HYDROGEN CONSUMPTION BY CONTROL SYSTEM IN PROTON EXCHANGE MEMBRANE FUEL CELL [J]. Malaysian Journal of Analytical Sciences, 2016, 20(4): 901-912.

[55] Sharao O. Z, Orhan M. F. An overview of fuel cell technology: Fundamentals and applications[J]. Renewable & Sustainable Energy Reviews, 2014, 32(5): 810-853.

[56] 李晓阳. 硼氢化钠制氢燃料电池能量管理系统设计[D]. 哈尔滨：哈尔滨工业大学，2018.

[57] 王小炼，杨茂，刘永辉，等. 非贵金属催化剂催化硼氢化钠水解制氢的研究进展[J]. 材料导报，2021，35(S1)：21-28.

[58] 雷望. 负载型 Co-Mo-B 催化剂的制备及催化硼氢化钠水解制氢性能研究[D]. 扬州：扬州大学，2022.

[59] 张钊，师菲芬，王超，等. 一种高效可控的水解制氢系统[P]. 中国专利：CN115763912A，2023-03-07.

[60] 罗瑞琼，朱利香，彭卫韶，等．氢燃料电池能量转换效率测试研究[J]．机械工程与自动化，2022，235(6)：7-9.

[61] Chinnappan A，Puguan J M C，Chung W J，et al. Hydrogen generation from the hydrolysis of sodium borohydride using chemically modioied multiwalled carbon nanotubes with pyridinium based ionic liquid and decorated with highly dispersed Mn nanoparticles[J]. Journal of Power Sources，2015，293：429-436.

[62] Achmad F，Kamarudin S K，Daud W R W，et al. Passive direct methanol fuel cells for portable electronic devices [J]. Applied Energy，2011，88 (5)：1681-1689.

[63] 张鹏，李佳烨，潘原．单原子催化剂在氢燃料电池阴极氧还原反应中的研究进展[J]．太阳能学报，2022，43(6)：306-320.

[64] Rajasree Retnamma，A. Q. Novais，C. M. Rangel，et al. Kinetic modeling of self-hydrolysis of aqueous NaBH4 solutions by model-based isoconversional method [J]. International Journal of Hydrogen Energy，2014，39(12).

[65] Xiaofeng Wang，Shaorui Sun，Zili Huang，et al. Preparation and catalytic activity of PVP-protected Au/Ni bimetallic nanoparticles for hydrogen generation from hydrolysis of basic $NaBH_4$ solution[J]. International Journal of Hydrogen Energy，2014，39(2)：905-916.

[66] Xiao Wang，Yanchun Zhao，Xinglan Peng，et al. Synthesis and characterizations of CoPt nanoparticles supported on poly (3，4-ethylenedioxythiophene)/poly (styrenesulfonate) functionalized multi-walled carbon nanotubes with superior activity for $NaBH_4$ hydrolysis[J]. Materials Science & Engineering B，2015，200：99-106.

[67] 温福宇，杨金辉，宗旭，等．太阳能光催化制氢研究进展[J]．化学进展，2009，21(11)：2285-2302.

[68] 常进法，肖瑶，罗兆艳，等．水电解制氢非贵金属催化剂的研究进展[J]．物理化学学报，2016，32(7)：1556-1592.

[69] 殷巧巧，乔儒，童国秀．离子掺杂氧化锌光催化纳米功能材料的制备及其应用[J]．化学进展，2014，26(10)：1619-1632.

[70] 杨宇，吴绯，马建新．载体对镍催化剂催化乙醇水蒸气重整制氢反应性能的影响[J]．催化学报，2005(2)：131-137.

[71] 李奇，刘嘉蔚，陈维荣．质子交换膜燃料电池剩余使用寿命预测方法综述及展望[J]．中国电机工程学报，2019，39(8)：2365-2375.

[72] 侯明，衣宝廉．燃料电池技术发展现状与展望[J]．电化学，2012，18(1)：1-13.

[73] 邵志刚，衣宝廉．氢能与燃料电池发展现状及展望[J]．中国科学院院刊，2019，34(4)：469-477.

[74] 刘应都，郭红霞，欧阳晓平．氢燃料电池技术发展现状及未来展望[J]．中国工程科学，2021，23(4)：162-171.

[75] 王雅，王傲．中高温固体氧化物燃料电池发电系统发展现状及展望[J]．船电技术，2018，38(7)：1-5.

[76] 许世森，张瑞云，程健，等．电解制氢与高温燃料电池在电力行业的应用与发展[J]．中国电机工程学报，2019，39(9)：2531-2537.

[77] 韩帅元，岳宝华，严六明．基于膦酸基的高温质子交换膜的研究进展[J]．物理化学学报，2014，30(1)：8-21.

[78] 卢善富，徐鑫，张劲，等．燃料电池用磷酸掺杂高温质子交换膜研究进展[J]．中国科学：化学，2017，47(5)：565-572.

[79] Dodds Paul E，Iain Staffell，Adam D. Hawkes，et al. Hydrogen and fuel cell technologies for heating：A review[J]. International Journal of Hydrogen Energy，2015，40(5)：2065-2083.

[80] Najjar，Yousef SH. Hydrogen safety：The road toward green technology[J]. International Journal of Hydrogen Energy，2013，38(25)：10716-10728.

[81] Glenk Gunther，Stefan Reichelstein. Economics of converting renewable power to hydrogen[J]. Nature Energy，2019，4(3)：216-222.

[82] Nistor Silviu，Saraansh Dave，Zhong Fan，et al. Technical and economic analysis of hydrogen refuelling[J]. Applied Energy，2016，167：211-220.

[83] 刘金朋，侯焘．氢储能技术及其电力行业应用研究综述及展望[J]．电力与能源，2020，41(2)：230-233.

[84] 高啸天，郑可昕，蔡春荣，等．氢储能用于核电调峰经济性研究[J]．南方能源建设，2021，8(4)：1-8.
[85] 曹军文，张文强，李一枫，等．中国制氢技术的发展现状[J]．化学进展，2021，33(12)：2215-2244.
[86] Holladay Jamie D，Hu Jianli，David L. King，et al. An overview of hydrogen production technologies[J]. Catalysis today，2009，139(4)：244-260.
[87] 张轩，樊昕晔，吴振宇，等．氢能供应链成本分析及建议[J]．化工进展，2022，41(5)：2364-2371.
[88] 程强．搭车氢能，“甲醇经济”扑面而来[N]．中国石化报，2023-04-03(008).
[89] 徐文斌．高压氢和液氢储运氢能耗及成本分析[J]．吉林化工学院学报，2023，40(1)：5-9.
[90] 张朋程，杨洁．氢气价格的影响因素及对策研究[J]．价格月刊，2022，(12)：22-29.
[91] 刘加军，贾林海．引领能源结构跨时代变革[N]．中国冶金报，2022-09-23(001).
[92] 张复明．氢能有望成为山西下一张亮丽名片[N]．中国能源报，2022-09-05(001).
[93] 晋帅妮．绿色低碳　氢赢未来[N]．山西日报，2022-09-04(004).
[94] 李勃昕，刘平宇，彭红．“双碳”战略驱动下陕西省氢能产业发展路径分析[J]．中国发展，2022，22(3)：17-25.
[95] 宋鹏飞，侯建国，王秀林．基于有机物储氢的国际氢供应链成本分析与降本策略[J]．天然气化工—C1化学与化工，2022，47(5)：26-31.
[96] 程诺，刘潇潇，曹勇．全球主要经济体氢能战略及项目布局特点分析[J]．石油石化绿色低碳，2022，7(2)：1-5.
[97] 杨泽萌．绿色氢能项目的风险分析与风险控制研究[J]．中国工程咨询，2022，(3)：41-46.
[98] 李跃娟，赵梓茗，姚占辉，等．中国典型区域车用氢能源产业及经济性分析[J]．北京工业大学学报，2022，48(3)：331-344.

[99] 徐进，董达鹏．“双碳”战略目标下新能源的投资策略与逻辑选择[J]．新能源科技，2021，(12)：5-9.

[100] 陈成．氢能产业知识网络结构对区域经济增长的影响研究[D]．成都：西南财经大学，2022.

[101] 熊一舟．氢能经济：一个沉重的飞轮[N]．社会科学报，2021-12-09(007).

[102] 罗楠．国际社会氢能发展战略分析[J]．上海节能，2021，(10)：1058-1061.

[103] 崔勇，王阳峰，王峰小．氢能经济背景下炼化企业副产氢资源发展策略分析[A]//宁夏回族自治区科学技术协会．第十七届宁夏青年科学家论坛石油石化专题论坛论文集．《石油化工应用》杂志社，2021：479-480.

[104] 张云龙，李志鹏，朱文哲．氢能加快布局　实现绿色转型[N]．经济参考报，2021-09-14(006).

[105] 常宏岗．天然气制氢技术及经济性分析[J]．石油与天然气化工，2021，50(4)：53-57.

[106] 王江涛，鹿晓斌．CO_2促进“甲醇经济”与“氢经济”共同发展[J]．现代化工，2021，41(7)：14-18+25.

[107] 刘国伟．零碳经济的市场新风口　氢能发展并非“氢”而易举[J]．环境与生活，2021(5)：12-23.

[108] 师菲芬．“双碳”目标背景下氢能移动电源价值创新策略[J]．企业科技与发展，2023(2)：12-14.

[109] 高燕桃．山西省制氢产业的经济环境效应研究[D]．太原：太原理工大学，2021.

[110] 雷海涛．中国制氢产业技术路径优化研究[D]．太原：太原理工大学，2021.

[111] 张轩，樊昕晔，吴振宇，等．氢能供应链成本分析及建议[J]．化工进展，2022，41(5)：2364-2371.

[112] 涂建军．德国从能源转型到2045气候中性探索值得中国借鉴[J]．中国石化，2021(6)：75-79.

[113] 王祝堂．氢能经济时代降临[J]．轻合金加工技术，2021，49(5)：71.

[114] 余卓平．发展氢能，助力能源结构低碳转型[N]．联合时报，2021-03-30(003).

[115] 陈伟，郭楷模，岳芳，等．世界主要经济体能源战略布局与能源科技改革[J]．中国科学院院刊，2021，36(1)：115-117.

[116] 苗军，郭卫军．氢能的生产工艺及经济性分析[J]．能源化工，2020，41(6)：6-10.

[117] 王睿佳．氢能利用前景看好　助推产业发展质效并举[J]．中国电业，2020，(12)：19-21.

[118] 洪皓．煤炭制氢经济适用性分析[J]．能源与节能，2020(12)：82-85.

[119] 刘静，唐志雄，周启金，等．攀枝花西区煤焦化产业园多能互补及经济性分析[J]．能源与节能，2020(10)：63-65.

[120] 刘静，唐志雄，周启金，等．攀枝花西区煤焦化产业园多能互补及经济性分析[J]．能源与节能，2020(10)：63-65.

[121] 梁学强，邱子寅，丁王平．宁波市发展氢能产业综合实力研究[J]．应用能源技术，2020(7)：15-19.

[122] 鲁东，郭洪范．以氢化锂或氢化镁为电动汽车能源的经济可行性分析[J]．科技创新与生产力，2020(8)：41-43+48.

[123] 黄宣旭，练继建，沈威，等．中国规模化氢能供应链的经济性分析[J]．南方能源建设，2020，7(2)：1-13.

[124] 李留宇．国家电投氢能公司：以突破创新为中国氢能发展赢得自主权[J]．国际融资，2020(7)：16-18.

[125] 杨凡．中国氢能发展路径的成本收益分析[D]．北京：中国石油大学，2020.

[126] 游双娇．中石油为雄安新区供氢方式优化的研究[D]．北京：中国石油大学，2020.

[127] 叶召阳．浅谈氢能技术和应用[J]．中国新技术新产品，2020(1)：29-30.

[128] 杨昌海，万志，刘正英，等．氢综合利用经济性分析[J]．电器与能效管理技术，2019(21)：83-88.

[129] 王学军，张永明．宇宙元素驱动氢能经济[J]．氯碱工业，2019，55(10)：9-16.

[130] 潘哲琪．加快浙江氢能经济发展进程[J]．浙江经济，2019(20)：36-39.

[131] 徐东，刘岩，李志勇，等．氢能开发利用经济性研究综述[J]．油气与新能源，2021，33(2)：50-56.

[132] 王宇卫，卢海勇，孙培锋，等．新能源制氢配置及经济性研究[J]．电力与能源，2020，41(5)：610-613+631.

[133] 刘宗巍，史天泽，郝瀚，等．中国燃料电池汽车发展问题研究[J]．汽车技术，2018(1)：1-9.

[134] 王赓，郑津洋，蒋利军，等．中国氢能发展的思考[J]．科技导报，2017，35(22)：105-110.

[135] 凌文，刘玮，李育磊，等．中国氢能基础设施产业发展战略研究[J]．中国工程科学，2019，21(3)：76-83.

特高含水后期油田储层描述与极端耗水层带判识方法

束宁凯　郑　昕　张翔宇
李治平　刘丽杰　苏朝光　著

中国石化出版社
·北京·

内 容 提 要

本书以特高含水后期老油田为研究对象，利用密井网区井-震数据，结合随机森林机器学习算法、联合油藏动态监测、平面和纵向非均质物理模拟、油水两相和微相岩相物性干扰、宏观微观过程数值模拟等技术，阐述了相控约束下成因砂体叠置连通性、内部构型特征、内部渗流差异规律、界面特性和极端耗水层带形成机制与矿场快速识别评价及治理调控模式。

本书可供油田开发工作者、科研院所及高等院校相关专业师生参考。

图书在版编目(CIP)数据

特高含水后期油田储层描述与极端耗水层带判识方法/
束宁凯等著.—北京:中国石化出版社,2024.3
ISBN 978-7-5114-7459-9

Ⅰ.①特… Ⅱ.①束… Ⅲ.①高含水-油田-储集层
-研究 Ⅳ.①P618.130.2

中国国家版本馆 CIP 数据核字(2024)第 057295 号

中国石化出版社出版发行

地址:北京市东城区安定门外大街 58 号
邮编:100011 电话:(010)57512500
发行部电话:(010)57512575
http://www.sinopec-press.com
E-mail:press@sinopec.com
天津嘉恒印务有限公司印刷
全国各地新华书店经销

*

710 毫米×1000 毫米 16 开本 10 印张 162 千字
2024 年 3 月第 1 版 2024 年 3 月第 1 次印刷
定价:68.00 元

序 PREFACE

中国东部老油田经过五十多年的开发，水驱油藏大多数已进入综合含水率大于95%的特高含水开发中后期。历经层系细分、井网加密、化学驱等开发调整，该类油藏平均采收率约为40%，年产油量占比大，是保障国家能源安全的“压舱石”。为实现流场调控提质增效，延长老油田开发经济寿命期，急需深化储层内部构型及砂体连通规律认识，精准表征储层非均质性及成因砂体内部渗流差异规律，研究形成极端耗水层带无效循环快速判识技术及调控对策。本书以胜利油田典型单元为研究对象，发展密井网区井–震数据，联合油藏动态监测、平面和纵向非均质物理模拟、微相岩相干扰数值模拟等技术，开展了相控约束下储层精细表征，刻画了储层空间展布及内部构型特征，探索了成因砂体构型控制下的内部渗流差异规律和极端耗水层带快速识别、治理调控模式。

本书系统阐述了随机森林机器学习算法，有效地克服了单棵决策树易于过拟合、分类精度较低的问题，实现了基于地震属性分析的沉积微相智能预测；结合地质统计学高分辨率反演，实现了小层砂体边界和储层连通体的精细刻画，落实了储层空间展布、叠置关系，并结合油藏动态特征完成了复合流动单元连通体的有效划分，形成以废弃河道和夹层为研究核心的曲流河储层构型精细解剖技术，实现了储层构型界面的精细刻画以及约束下河流相储层内部非均质性表征，并提出了储层构型三级建模方法；阐明了建立高、低渗透储层特高含水后期不同渗透率级差下油水两相渗流修正系数图版，并依托以储层构型与岩相干扰表征为核心的数值模拟技术，建立了极端耗水层带单一成因砂体和复合成因砂体构型控制下的剩余油富集模式；基于微观水驱油作用动能转换机制，建立了特高含水后期极端耗水层带五级综合评价方法，实现了耗水层带的类型划分与评价，提出了以极端耗水层带、驱替压力梯度场、剩余油饱和度场、含水饱和度场为核心的均衡流场匹配优化方法，形成了极端耗水层带治理调控模式。

本书基础资料扎实、内容丰富，书中介绍的方法、理论和技术先进，创新性和前沿性强，深化和发展了油藏综合地球物理技术、开发地质学及油藏工程方法的应用。相信本书的出版将有助于石油科技工作者掌握新理论、新方法、新技术，为推动特高含水后期老油田可持续高质量开发经济寿命期的延长作出新的贡献。

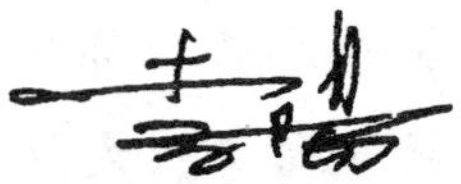

中国工程院院士

前言

PREFACE

水驱是中国陆相砂岩油田的主要开发方式，是油田高效开发的“压舱石”。增大孔隙波及系数是特高含水后期提高水驱采收率的主要方向，这是一个漫长的开发阶段，更是一个技术上和经济上具有挑战性的阶段。寻找剩余油富集规律是提高采收率的物质基础，遏制极端耗水层带无效注入循环是提质增效的关键。

本书内容基于沉积、测井、地震三相共同约束，开展沉积微相的智能预测，统计学高分辨率反演，实现了储层空间叠置展布、小级别砂体边界和储层连通体的精细刻画，创新性提出井震结合“六定模式”储层构型精细解剖方法，该方法是研究极端耗水层带的地质基础。密井区井资料丰富，采用随机建模方法，创新性提出成因砂体储层构型“三级建模”方法，实现了构型界面的逐级表征和内部非均质性的精细刻画建模。针对传统油藏数值模拟方法不能准确描述特高含水后期油藏开发动态差异的问题，基于高注入倍数岩芯驱替实验，完善了油水两相及岩相物性干扰渗流数值模拟方法，实现了数值模拟过程中渗流特征的动态更新。多学科、多方法相结合，提出“水驱特征非线性上翘单元井组优选、模糊数学井点起源判识、动态资料发育层段确定、井间渗流阻力层带方向描述、物质基础经济指标判识无效低效”五级综合评价方法，实现不同耗水层带定量分级分布评价。以“三场匹配”为核心，提出了流场调控优化方法，建立了水驱油流场分级评价模型、经济效益评价体系模型，形成了极端耗水层带治理流场调控模式。

全书共分七章，第一章为绪论，第二章为研究区地质概况与油藏开发历史，第三章为沉积微相预测与储层构型表征，第四章为砂体构型建模及其内部差异渗流表征，第五章为特高含水期储层渗流差异性分析，第六章为极端耗水层带快速判识方法及治理调控模式，第七章为结论与认识。

本书得到了胜利油田勘探开发研究院刘丽杰、黄迎松、吴光焕、孙钰，孤岛采油厂姚秀田，胜利采油厂严科、崔文富，现河采油厂白青林等高级研究员、博士、工程师，以及中国地质大学(北京)赖枫鹏、郭建平教授的悉心教导和帮助，感谢所有遇见的老师们。

由于笔者水平有限，书中不当之处，恳请读者批评指正。

目录
CONTENTS

第一章　绪　论

目前，水驱是中国陆相砂岩油田的主要开发方式，但大多数水驱开发油田处于特高含水(含水率>90%)、近极限特高含水中后期(含水率>95%)开发阶段。以胜利油田、大庆油田为代表，80%以上的开发单元含水率大于90%，50%以上的开发单元含水率大于95%。开发过程中水油比急剧增大，吨油操作成本成倍大幅增长，单元采出程度不足40%。

近5年来，胜利油田30多口密闭取芯井含油饱和度主要分布在30%~50%之间，平均剩余含油饱和度为38.8%。其中，对于含水率大于95%的开发单元，地质储量近7亿吨，占水驱总储量的52%以上，近4000口井年产油量占水驱总产量的35%左右，含水率97%以上。传统观点认为其已接近废弃状态，定位在没有开发价值，就会从基础研究、技术攻关、层系井网保持完整性等全方位不去做工作，加速其废弃，但是实际油藏中剩余地质储量还有60%以上，仍具进一步高效开采的潜力及基础，应该立足长远，进一步提高经济采收率，定位在还有相当长的开发阶段，油藏中还剩余60%的地质储量，要持续攻关，使其经济寿命期不断延长。

水驱油藏不同含水阶段所出现的开发矛盾不同，中高含水开发阶段主要研究储层非均质性，特高含水开发前期主要研究剩余油富集区，特高含水开发中后期油藏矿场水驱油水两相渗流规律发生明显变化，水驱特征曲线由线性转为非线性特征，水相渗流能力急剧增加，油藏出现局部极端耗水层带，无效低效注入循环显现。极端耗水层带制约了孔隙波及系数，因此特高含水后期水驱油藏提高采收率的关键在于极端耗水层带的研究与调控治理。极端耗水层带的形成有储层非均质性因素，也有开发注采不均衡性因素，其中储层非均质性是极端耗水层带形成的固有条件，将储层边界刻画精准、明晰砂体连通关系及实现单一成因砂体内部构型刻画是表征极端耗水层带的基础；开发不均衡性主要体现在渗流阻力的差异上，包括层间的平面非均质性干扰形成的差异渗流，也是极端耗水层带形成的主要机制；极端耗水层带演化规律与类型研究的目的是指导矿场实践，最终建立快速判识评价方法及治理调控模式。

第一节　国内外研究现状与问题分析

地质条件储层非均质性导致渗流的差异，相对高渗透部位容易形成极端耗水层带；注采不均剩余油富集规律认识、布井方式、注采结构强度调整等匹配差异因素，导致历史流线复杂、局部过水倍数高、分水量比例大的位置容易形成极端耗水层带；时间因素长期注水冲刷导致注采通道的孔渗参数发生变化，油水两相渗流差异、非均质特征进一步加大，最终形成极端耗水层带。

分析其主要原因：一是注采井是否属于单一成因砂体，成因砂体横向变化快，叠置关系复杂。二是单一砂体中发育不同级次渗流屏障，厚度小于0.25m夹层识别预测率低。三是已建立的极端耗水层带综合判识指数(Ei)计算模型(王端平等)，侧重于从理论上计算，快速识别方法需要开展研究。四是已有的矢量开发、矢量注采等技术，基于各方向饱和度差异最小化原则(冯其红等)，纵向和基于构型的层内，流线大角度转变、有效遏制极端耗水层带窜流需要开展研究。

一、国内外研究现状

(一) 河流相储层构型分析与连通性描述研究现状

国内外对河流相储层内部构型的精细研究主要集中于三个级次。第一级次是单一河道识别，对应Mail界面分析法的5级构型单元；第二级次是单砂体识别，对应Mail界面分析法的4级构型单元；第三级次是增生体解剖，对应Mail界面分析法的3级构型单元。

1. 河道砂体界面识别与表征

通过岩芯、测井及地震资料联合进行识别。王海峰等在稀井网条件下，充分利用地震相、地质相信息，结合砂体特征地质响应关系，发展“以地震信息为导向，井震结合”的方法，通过井点处曲线形态、砂体厚度、垂向高程差异等信息对砂体期次进行刻画，通过结构类敏感地震属性对砂体边界进行预测，开展复合砂体的垂向分期与侧向划分，实现储层构型剖析；何康等基于井间剖面相分析，建立9种单河道间切叠类型，通过正演模拟识别不同切叠类型的地震响应特征；最后结合井间剖面相分析定微相、古地貌特征定走向、单砂体厚度分布及构型定量方法定规模等，完成对复合曲流带内部不同单河道间切叠界面(内部构型界面)的识别与刻画。国内外学者McArdle、Yue和Sun等多采用定量地震地貌学技术描述复杂沉积体系中储层的几何形状和结构。Sun等采用分频地震属性及密井网相结合的方法，依次对分流河道带储层、分流河道砂体界面及规模进行了评价及预测。

2. 单砂体识别与表征

以沉积模式为指导，通过分辨率地震属性、测井及岩芯资料约束实现定量表征。张会卿等在分析曲流河废弃河道及点坝的测井和地震响应特征的基础上，探索性开展了曲流河单砂体刻画；应用密闭取芯资料进行岩电交互分析，建立侧积泥岩识别模式，并用子井公式计算侧积泥岩产状。岳大力等通过分频融合地震属性的提取与优选，在储层构型及动态响应特征共同约束下，对研究区海上稀井网条件下的曲流带和点坝进行精细刻画；张翔宇等以官195断块孔店组枣Ⅴ油组为例，基于岩芯、测井和动态资料开展扇三角洲前缘储层构型刻画描述，通过对野外露头实测原型进行数据拟合，得出分流河道、河口坝定量化表征预测公式。江远鹏等在浅水三角洲现代沉积演化模式指导下，综合应用高分辨率地震、测井、地质及生产动态资料，逐级次对砂体构型单元进行划分；Sun等通过对建立的点坝形态模型进行正演模拟，确定了曲流河内部点坝构型地震识别模式，进而实现了对曲流河内部点坝分布形态及规模的表征及预测。结合上述方法在曲流河内识别出了点坝分布，同时结合密井网水淹特征、示踪剂等资料明确了点坝间叠加结构对剩余油的控制。

3. 点坝、心滩内部构型解剖

点坝、心滩内部构型主要通过露头研究发现并实现，这些研究真实反映了该类储层内部的几何形状和特征。Srisunthon等通过曲流河现代沉积剖面精细解剖了曲流河内部点坝间叠加结构及点坝内构型特征。Niu等采用点坝构型概念模型及井间解释的侧积层规模作为约束，实现了井间点坝构型建模。Montero等通过建立曲流河现代沉积中点坝构型形态及规模的知识库，采用人工智能学习的方法实现了多点坝复杂地质模型的建立。国内主要通过密井网资料及取芯井资料实现侧积层厚度、产状及展布特征的定量表征。岳大力在精细解剖曲流河古河道储层内部构型的基础上，建立了点坝及其内部侧积层的分布模式。吴胜和研究认为高弯度曲流河单一点坝的跨度与活动河道的宽度具有一定关系，并建立了河宽与点坝跨度的经验公式。尹艳树以层次建模为指导，建立了针对研究区三维点坝侧积层模型。周银邦等在点坝内部侧积层分布模式的指导下，基于研究工区密井网资料，对侧积层进行了定量表征。Sun等在用密井网建立的点坝内部构型结合的基础上，通过取芯井分析数据拟合出了点坝内部结构单元(侧积层和侧积体)的物性变化数值模型，为点坝内部流体数值模拟提供了精确的地质模型。王珏等对大港油田港东一区明化镇组曲流河沉积储层构型进行三维构型精细解剖，认为侧积模式包括侧向加积及顺流加积，且影响点坝内砂体的分布，侧积泥岩夹层呈叠瓦状斜列构成点坝“半连通体”，复合河道内部受废弃河道的遮挡或半遮挡，呈现下部弱连通-上部不连通。陈德坡等通过对密闭取芯井岩芯的研究，总结出点坝内部侧积层的数量和岩石类型，分析不同岩性侧积层渗流及点坝内部剩余油的分布特点；利用密井网资料，对点坝内部构型要素进行解剖，明确侧积层厚度、产状及展布特征，进而推算出点坝的长度与宽度，曲流河的深度与满岸宽度；牛博等针对废弃河道形态多解性难题，探索出一种利用水平井电阻率曲线计算砂泥岩界面产状的方法，该方法利用随钻探测半径、泥岩界面倾角、电阻率曲线变化段长度之间的函数关系，对砂泥岩界面产状进行定性表征和定量计算，确定废弃河道的真实走向，完善了现有曲流河砂体构型解剖技术。

砂体成因细分及其沉积精细构型解剖表征是开展储层结构连通性分析，描述成因砂体叠置注采连通体空间展布的重要基础。以此为基础，形成了储层连通体的精准解剖刻画技术。

1）基于地质统计学的地震属性储层刻画技术

该技术强调对井点地震属性和井点储层参数进行多元统计、相关性分析，建立敏感地震信息与储层参数之间的桥梁，以便用井震信息结合综合预测井间储层参数的变化。卢勉充分利用基于地质模式的地层切片技术，结合地震和测井曲线等资料，采取"井点微相控制与地震属性平面预测协同分析"方法研究储层沉积特征；王延君等运用多属性分析优化方法进行储层预测和砂体识别，在地震精细解释的基础上，提取多种地震属性，以 K-L 变换方法进行属性优化，筛选最敏感属性参数，该方法既降低单一属性的多解性，又突出多属性间的差异性，能有效提高储层预测精度；石荣充分利用密井网资料进行质控，建立了基于数理统计的地震属性切片优选定量方法，大大提高了井点有效厚度，使地震切片属性符合率达到90%以上。

地震属性开展储层预测本质是"地震趋势引导"，在实际应用中均结合了沉积相研究。郝兰英等利用大庆长垣油田密井网条件下储层精细描述成果及高密度三维地震资料，建立了处理解释一体化高保真地震处理、大密度合成记录精细标定及地层切片优选方法；针对不同类型砂体分布特点，给出了利用地层切片采用"砂中找泥"和"泥中找砂"的单一河道识别分析方法，形成了"地震趋势为引导，井点相控"的井震结合储层精细刻画方法；蔡东梅等在萨中油田北一区断东萨葡高油层采用井震结合的储层精细描述方法实现了由"沉积模式指导"的定性描述到"地震趋势引导"的半定量描述河道砂；李文龙采用井震结合地震趋势引导、曲线定相、厚度参考和模式预测 4 个关键步骤，从砂体展布趋势与沉积期次、微相边界位置、井间连通状况和砂体展布规模 4 个方面对研究区不同类型砂体进行精细刻画。

2）基于敏感地震属性及岩石物理基础上的储层反演方法

该方法将常规界面型地震剖面转换成岩层型合成声波测井剖面，与钻测井等资料拼接、对比，揭示各种储层参数的平面变化规律。连晓亮等在三角洲前缘相带，针对储层砂体薄、横向变化快、地震响应不明显的特点，利用对比度纹理属性和基于云变换的地质统计学反演技术，对窄、小目标河道砂体边界、走向及厚度开展了定量准确描述，预测符合率达 83%以上。岩石物理反演由于其物理意义明确，在储层评价中得到了广泛应用。Aleardi 在构建不同的岩石物理模型的基础上，采用两步概率地震岩石物理反演方法，实现了对储层内高饱和气层的预测。Li 等将谱分解和遗传反演方法相结合，提高了地震解释的垂直和水平分辨率，较为准确地预测了曲流河储层分布及边界特征。Mohamed 等采用多个地震道属性和随机叠后反演，通过整合地震和测井数据一致客观地识别岩相，预测了储层厚度的横向变化。李令喜等提出了一种在多属性融合技术基础上采用坐标旋转与叠前反演技术相结合的地震相控储层反演技术，在现场取得较好的应用效果；Liu 等结合岩石物理模型和地震折射率方程建立正向算子，应用该算子采用高斯混合模型约束的贝叶斯反演，实现了从观测到的地震数据中直接反演储层参数。

3）基于人工智能的储层识别方法

近年来，人工智能机器学习等方法在很多领域取得了很大成果，在储层预测方面也得到越来越广泛的应用。杨帆等依据不同沉积微相地震相模式，采用随机森林方法对样本集进行训练和准确判识预测，实现沉积砂体微相的智能识别。杜昕等提出基于多层感知机深度学习网络的多属性回归薄储层预测方法，基于多层感知机深度学习网络训练模型预测井间自然伽马值，利用与砂-泥岩性高度相关性实现薄储层刻画；孔垂显等在分析研究区火山岩储层地质特点基础上，确定识别岩性的 8 个敏感特征参数，并利用机器学习中 4 种方法建立岩性识别预测模型，岩性识别的准确率达到 90%以上；汪敏等提出统一评估和动态选择的代价敏感主动学习算法，并经实验分析验证 ALES 的有效性及其相对于监督代价敏感分类算法和缺失填补算法的优越性。Amin 等提出了一种基于地质知识模型的地震声阻抗反演算法和模糊神经网络相结合的智能方法，优化了地震属性与储层岩石孔隙度之间的非线性关系，准确预测了河流相储层的分布。Song 等采用了两阶段半监督学习反演方法实现了较为精确地预测储层内孔隙度、页岩含量和含水饱和度。Liu 等采用知识驱动的神经网络评价模型实现了单井含油储层的有效识别。

（二）特高含水期两相渗流与优势渗流通道调控研究现状

1. 特高含水期油水两相渗流研究现状

国内外关于油水两相渗流规律的研究很多，但主要集中在利用特高含水后期油水两相渗流规律的采收率预测方法。邴绍献针对特高含水开发后期油水相对渗透率比值与含水饱和度指数式呈非直线性关系，分流量曲线无法准确描述油水两相渗流特征的问题，以高注入水驱油实验为基础，建立新的相渗关系表征方程。

并结合水驱油实验数据进行回归分析，指导特高含水后期矿场开发实践。宋兆杰等针对特高含水阶段 K_{ro}/K_{rw} 与 S_w 在半对数坐标中明显偏离直线关系，为准确预测油田开发后期动态和可采储量，对实际岩芯相对渗透率曲线进行平均化处理，拟合出适合高含水阶段 K_{ro}/K_{rw} 与 S_w 关系的新型表达式，推导出适合特高含水期油藏的新型水驱特征曲线关系式。崔传智等提出了基于油水相对渗透率比值与含水饱和度的关系高精度拟合、运用油藏工程方法推导出一种新型水驱特征曲线，对特高含水后期的数据拟合具有较好适应性，解决了特高含水阶段曲线上翘和预测误差偏大的问题，并在此基础上利用贝克莱水驱油理论和韦尔奇含水饱和度公式将渗流特征关系、产量递减规律与典型水驱特征曲线进行联合求解，推导出多种包含时间参数的特高含水后期开发指标预测新方法，具有水驱特征曲线法和递减规律的优点。黄迎松针对传统水驱特征曲线模型：一方面未充分考虑高含水-特高含水阶段特殊的油水渗流规律，另一方面缺乏反映岩芯驱替过程本质特征的理论根源问题，通过微观驱油实验分析水驱特征曲线本质特征，绘制了描述岩芯驱替全过程的新型油水相对渗透率比值与含水饱和度关系曲线，提高了拟合精度；该方法能够在水驱特征曲线出现上翘趋势的初期就能有效预测采收率，突破了目前特高含水后期水驱特征曲线的局限。

国外专家学者认为，由于实验测量岩芯中两相流体的相对渗透率和毛细管力是非常困难的，尤其是在低饱和度状态下。所以，对于多项渗流而言，较为精准的数值模拟十分重要。逼近实际地质模型的物理模型制约数值模拟结果的可靠程度。相较于国内学者，Bryant 等利用随机堆积的球体进行岩电参数的模拟，较为准确地预测出储层的物性与电性参数。在此基础上针对不同类型的储层砂体进行物性与孔隙结构分析，构建了一系列对应的等价拓扑结构，进而建立了针对性的孔隙网络模型，大幅提高了对油水相对渗透率和采收率的预测精度。Oren 等认为影响渗流的储层因素主要是孔隙结构，因此，以孔隙网络模型去代替岩芯的孔隙结果模型，并将此作为基础物理模型，赋予相关的渗流参数及传输因子，逼近预测出的渗流参数能够高较为准确地反映储层的实际渗流规律。在此基础上，Blunt 等依托于英国帝国理工大学实验室构建了不同性质的孔隙网络模型，利用数值模拟研究手段分析了不同润湿条件下的油水相对渗透率以及对应的毛细管力。Valnatne 等从岩芯实际的孔隙结构出发，在考虑岩石润湿性参数的条件下，分门别类模拟了油水相对渗透率，建立了不同岩相的水驱油模式。

2. *优势渗流通道调控方法研究现状*

特高含水期水驱油藏仍然是重要的产量阵地，优势渗流通道演变成极端耗水层带是普遍发育还是局部发育，注入水无效低效循环、剩余油分散，依靠钻新井重新构建开发体系不经济，经济有效开发需立足于现有井网，形成基于调剖堵水调整流场强度，从而有效调控优势渗流通道，对极端耗水层带治理、延长经济有效开发寿命期研究不足。

对优势渗流通道的调控治理，国内外研究多集中在精细调剖堵水上。尚朝辉系统研究堵剂注入量、注入位置和剩余油分布对规则大孔道地层调堵效果的影响。张志超等在综合分析不同日注水量区间的注水井样本概率及对全区流量贡献的基础上，得到了不同级别的流场界限，确定了存在于优势流场中的油水井，对存在于优势流场中油水井进行相应的精细调整措施。陈朝晖等将注采井之间的油藏流动区域视为相对均质的油藏与大孔道的并联，分别采用渗流和管流模型计算油井的无因次采液指数与含水率，通过生产数据的拟合，建立快速测算图版，确定大孔道的等效孔径，进而计算大孔道封堵后油藏的流动能力及油井再次达到特高含水期的驱油效率。王美洁等通过软件定量优势渗流通道的描述，根据流线数值模型，计算出每个井组的优势渗流通道体积，从而定量计算调剖剂用量。利用化学驱数值模拟技术针对不同段塞进行方案优选及增油效果预测。

近年来，国内对开展基于现有井网的调流场强度的研究逐渐增多，目前尚集中于流场评价指标的优选上。张乔良等开展流场理论研究，提出以面通量作为表征累积冲刷强度的参数，利用逻辑分析法从众多影响因素中筛选出流场评价指标、流场强度、可动剩余油饱和度之间有什么对应关系，形成了完善的油藏流场评价体系。熊春明等分析了深部液流转向与调驱的技术进展及存在的问题，认为有必要强化针对深部液流转向与调驱的油藏基础理论研究，攻关优势渗流分布定量描述技术，从工艺、材料等方面着力解决调堵剂的“有效深部放置”问题。柏明星等针对双河油田典型单元在高含水期的注采指进现象，借助于数值模拟分析流线，识别并刻画优势流场的分布，在注采井组的水驱效果的指导下利用注采分配因子定性、定量判别油水井间优势流场的平面发育规律。芦凤明等以黄骅坳陷南部的沧东凹陷枣南孔一段枣 Z 断块为例，基于真实油藏建立概念模型，开展了复杂断块高含水油藏流场定量化研究。根据油藏静、动态参数对油藏流场的影响程度，优选出渗透率、驱替压力梯度、剩余油饱和度、面通量 4 个参数作为油藏流场的主要表征参数。在构建流场强度计算模型的时候，利用模糊数学理论赋予各因子相应的权重，结合现场水驱效果划分不同流场强度的界限，依托于流场强度的三维空间分布进行井网的调整，提高了采收率。

相较于国内研究，国外学者对优势渗流通道的研究较早，并且从不同的角度进行了优势渗流通道的识别。Martin Felsenthal 针对优势通道的渗透率在平面径向渗流中难以识别与分析的难题，创造性地回溯到渗流力学基本理论中，利用源汇性的分析方法解决了难题。计算结果显示，对于吸水量占吸水总量 1/4 以上的动用油砂体，若有效厚度不到开发层系整体有效厚度的1/20，则该油砂体内存在高耗水性的优势通道。为了更好地确定储层非均质性对开发规律的影响，Brigham借助于油水井间的示踪剂进行相关的计算分析，并拟合出对应的流线分布，进而确定了优势渗流通道，计算出内部的有效渗透率。Chetri H B依托于生产现场注水井的吸水剖面资料计算出不同开发层系的吸水量，根据对应油井对应层位的采出液量，快速高效地圈定出注采井间优势通道发育的层位及平面大致位置。Guzman等则对现场生产动态数据归纳总结，利用有限差分原理对流线进行反演，最终得出优势渗流通道的发育特征。

（三）极端耗水层带概念的提出与研究进展

Watkins对于水驱油藏首先提出了“贼层”(Thief Zone)的概念刻画在示踪剂分析中吸水量占整体25%以上但是有效厚度占整体不到5%的具有明显超级渗流能力的油层。Felsenthal等在分析加利福尼亚地区水驱油藏的薄层吸水情况下，将能够吸水且注采见效的薄层、韵律层定义为“贼层”，表示低储量层位消耗大量注入水的问题。Bane等将“贼层”进行了较为全面的描述，主要是指具有一定渗透性但是原油却几乎呈吸附状态难以动用的残余油形式出现的只产出注入水的油层，并且提出了准确识别并刻画其层位，避免对“贼层”的无效注水是水驱油藏要解决的重要问题。Chan则引用了水淹时间来描述快速水淹层，明确指出油井较短时间内水油比大幅提高的层位为优势渗透层。Heffer等为了预测油藏开发层系中的优势渗流层及优先见水方向，第一次在油水井动态分析及产液剖面计算中将斯皮尔曼等级方法中相关的理论引入，拓展了预测高耗水带的方法。Albertoni等则贴合于现场生产，利用油水井之间的对应及相互干扰情况，将水井注入与油井采出液量经过相应的计算分析，利用扩散滤波方法排除异常点后利用其数值及级别识别并描述高耗水层带，虽然该方法相对快速有效，但是由于缺乏具体渗流理论支撑，只能用于简单油藏的快速分析。Yousef等为了更好地判断注采井组之间是否存在裂缝以及高耗水层等，将渗流力学相关的原理融合并指导CM模型的迭代升级。Gentil在CM模型的基础上开展油藏数值模拟，并将数值模拟结果与现场动态监测资料的结果进行对比分析，阐明了CM模型中相关因子的油藏地质及物理意义。Kaviani等则将井组内油藏砂体以均值模型进行表征，对于井上数据以差异化表征，计算井组的生产指数(MPI)，依据MPI的差异定型分析井组间砂体是否连通。

在国内的水驱开发油田中，胜利油田地质较为复杂，在20世纪80年代注水开发初期就意识到了油藏中存在对于注入水而言的低效、无效并且较为耗水的优势渗流层、费水带。随着注水开发理念的不断完善，将这种由于物性差异、注入水自身的重力分异以及砂体内部建筑结构的控制作用，形成了一套开发层系内注入水垂向上沿着某个油砂体向固定方向油井指状突进，其余的单砂体吸水量有限，能量难以维持，大量的注入水在优势砂体内沿着优势渗流方向对高含水储层无效水洗，整体采收率难以提高。

孟凡顺等针对大孔道发育部位往往对应高耗水带现象，利用常规的测井资料开展了相关的分析研究，发现二者存在不完全对应性，借助于费希尔准则构建了用于计算无效低效水循环带的函数。优势渗流通道形成前后渗透率的变化往往造成局部压力场变化，这一现象导致常规的压力指数识别出的优势渗流存在一定的误差，郝金克针对这一问题首次提出了无因次压力指数，相较于常规压力指数，其有效地融合了高耗水层带形成前后渗透率的变化，该指数越小，注水无效循环可能性越大。刘志宏等考虑到特高含水后期油水相对流动能力差异急剧增大及不同原油价格影响因素，运用数值模拟方法，得到特高含水后期小层流线密度与全井流线密度的比值、换油率与经济换油率的比值、小层内含水饱和度分级分类高耗水层带评价指标的界定标准，并将研究成果进一步应用于胜利油田整装砂岩油藏，结果证明当小层流线密度与全井流线密度比大于 2.5、小层换油率与经济换油率比小于 1.0、小层内含水饱和度大于全井平均含水饱和度时，油藏形成注入水无效低效耗水层带。极端耗水层带为耗水层带的最高发育级别，小层流线密度与全井流线密度比值大于 4.5，换油率与经济换油率比值小于 0.4，小层内含水饱和度大于全井平均含水饱和度的 1.4 倍。

二、问题分析

特高含水期储层描述与极端耗水层带判识方法研究是老油田延长经济寿命开发的主要方向。国内外主要在高耗水层带识别方法、变流线转流场应用实践等方面开展了探索，关于认识、识别及调控极端耗水层带的研究较少，仍然需要解决以下关键科学问题。

（1）如何准确刻画不同成因砂体连通性及分隔性，实现高效注水驱替。注采井是否属于单一成因砂体，是制约剩余油分布的主要地质因素；研究区成因砂体横向变化快、叠置关系复杂，在井距（200～300m）条件下利用已有技术刻画成因单砂体连通性难度大。井震结合描述成因砂体，利用丰富的化学示踪剂、压力干扰试井、生产动态资料进行约束反演，解决井间砂体连通性，但技术受地震资料品质影响，亟须建立储层空间展布成因砂体连通体精细描述方法。

（2）如何准确刻画单一砂体中发育不同级次渗流屏障，科学认识剩余油控制作用。现有技术对其空间分布预测难度大，厚度小于 0.25m 夹层识别预测率低；亟须建立成因砂体内部构型精细表征技术。不同微相岩相渗流规律存在较大差异性，亟须研究不同岩相孔隙孔喉结构特征、微观剩余油赋存及极端耗水层带分布特征、规律及类型，油水两相差异渗流开发阶段特征与规律变化。

（3）如何快速判识极端耗水层带，建立矿场流场调控方法及模式。快速识别极端耗水层带，是特高含水后期流场调控致效的基础。已建立的极端耗水层带综合判识指数（Ei）侧重于从理论上计算极端耗水层带。对极端耗水层带研究工作仍停留在低效无效循环带及优势渗流通道、高渗透条带等方面，过于强调储层绝对渗透率对油田开发效果的影响，很少考虑动态因素，对于指导矿场的流场调控有一定差距，资料取准难，亟须创建一种快速识别极端耗水层带且能够在矿场上应用的方法。

流场调控是特高含水期开发的关键，已有的矢量开发、矢量注采等技术，基于各方向饱和度差异最小化原则，通过矢量井网调节不同方向注采井距、注采强度，实现均衡驱替，中高含水、特高含水开发前期取得较好效果，但无法实现纵向和基于构型的层内流线大角度转变、有效抑制极端耗水层带窜流，亟待建立有效遏制极端耗水层带的矿场流场调控方法及模式。

第二节　主要研究内容与技术路线

调研国内外文献140多篇，结合矿场实践科学问题，确定了主要研究内容与技术路线。

一、主要研究内容

本书以胜利油田典型工区为研究对象，依托密井区丰富的测井、地震地质认识，充分利用地震资料中包含的丰富有效信息，对特高含水后期储层描述技术及极端耗水层带判识方法展开了研究，主要内容如下。

1. *沉积微相预测与储层构型表征*

建立不同地质沉积微相地震相模式，优选反映砂体分布的最佳地震属性，对地震属性时窗选取及特征值进行规约，构建沉积微相智能识别样本集，通过随机森林算法，实现地震沉积微相的智能预测；结合地质统计学高分辨率反演，对夹层位置、储层构型要素、侧积层产状进行研究，结合油藏动态特征完成了复合流动单元连通体的有效划分。

2. *成因砂体构型与差异渗流表征*

探索成因砂体内部构型精细刻画及建模方法，构建井震结合的储层构型界面精细刻画方法，包括模式、边界、产状及特征的准确识别和定量预测；建立包括心滩坝、点坝等不同微相岩相的判识模型，实现对储层微相岩相的精细解释，建立岩相物性模型，实现成因砂体内部结构精细刻画。建立成因砂体内部构型差异渗流描述方法，基于高注入倍数驱替实验，研究高注入倍数条件下的特高含水后期油水两相渗流特征变化，包括残余油饱和度、油水两相特征点以及水驱特征变化新规律；总结正韵律厚油层高渗韵律层段优势渗流发育分布规律，特高含水后期易形成极端耗水层带，揭示演变规律与类型。

3. 特高含水期储层流体差异性渗流机制

开展不同非均质性条件下的多管并联驱替实验，研究基于现场多层非均质条件下的油水优势渗流形成及演变，揭示其形成过程及机制；开展平面不同微相与不同注采条件耦合下的非均质平板模型驱替实验，研究基于现场动静结合的注采不均衡对油水优势渗流的影响。微观揭示油水两相渗流相渗突变的形成机制，开展水驱油核磁实验，运用微观数值模拟，研究水驱油过程中油水运动变化规律及其力学特征，建立孔隙尺度分析方法，研究不同类型剩余油赋存动用水相动能转换效率，揭示特高含水后期由于油水两相水相渗流急剧增加突变，产生极端耗水层带形成的作用机制。

4. 极端耗水层带判识与调控

基于现场油水井动态、监测等资料，应用现代油藏工程和渗流力学理论，在单元水驱开发特征分析基础上，构筑“特征变化单元、井组筛选-注入流向井点识别-强势吸水层段确定-优势渗流层带描述-剩余储量及产出油量经济效益评价”的五级快速判识方法及流程；以基础理论为指导，优选静态储层微相、岩相、物性、非均质性，动态驱替压力、油水两相渗流参数、开发动态控制因素等作为因子，建立动静结合的优势渗流层带综合评价指数，实现极端耗水层带的类型分级评价；按照“遏制无效注入循环，流场调控提质增效”的治理思路，创建以极端耗水层带、驱替压力梯度场、剩余油饱和度场为核心的均衡流场优化治理调控模式。

二、主要技术路线

基于以上的文献调研和梳理的科学问题，特高含水后期储层注采连通性描述、成因砂体内部构型、微相岩相刻画研究是差异渗流描述的地质基础；物理模拟油水两相渗流差异及平面、层间、层内非均质干扰影响是研究极端耗水层带的渗流理论；数值模拟方法改进与完善，矿场动态注采开发特征、油藏动态监测资料、密闭取芯井资料的结合验证、综合分析是极端耗水层带快速判识的重要依据。根据极端耗水层带影响控制下的剩余油分布潜力分级分类评价，提出极端耗水层带治理流场调控模式是特高含水期老油田提高经济采收率，延长经济寿命开发期的重要手段，主要技术路线如图 1-1 所示。

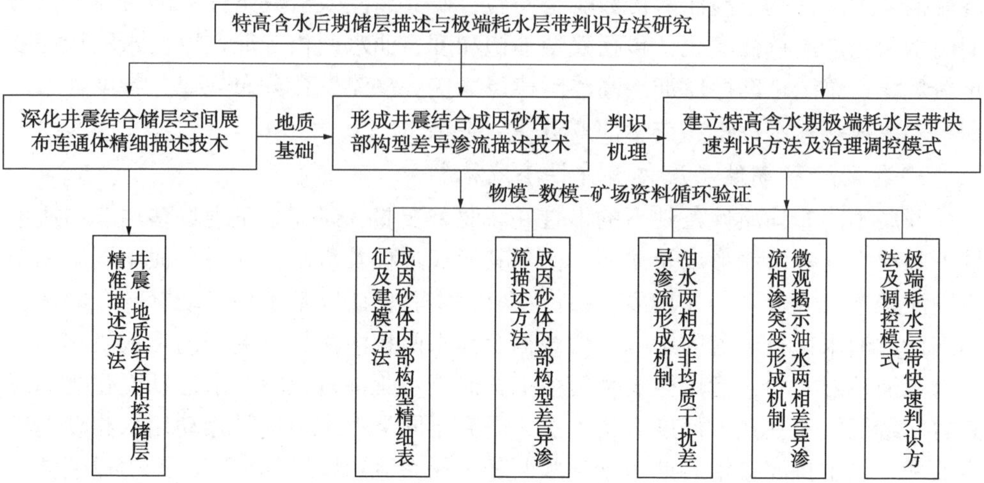

图 1-1　主要技术路线图

第三节　主要研究成果及创新点

研究过程中，开展 30 余次室内物理模拟实验、地质研究 200 余口井、动态监测资料验证 1500 余井次、数值模拟及矿场研究方案 10 余套。

一、主要研究成果

（1）利用随机森林算法，实现了沉积微相智能预测；结合地质统计学高分辨率储层反演，创新了“小层砂体确定性、多点侧积层再现、相控物性模拟”成因砂体储层构型三级建模方法，实现了储层构型界面的逐级表征和内部非均质性的精细刻画建模。

（2）针对传统油藏数值模拟方法不能准确描述特高含水后期油藏开发动态差异的问题，分别建立了高、低渗透储层特高含水后期不同渗透率级差下油水两相渗流修正系数图版，实现了数值模拟过程中渗流特征的动态更新，明确了特高含水后期油水两相流量随含水率、饱和度的变化规律，改进并完善了特高含水后期油水两相渗流方程。

（3）明确了油水两相非均质干扰差异渗流形成机理，研究认为：储层纵向渗透率级差越低，驱替越均衡，剩余油富集特征越弱，正韵律储层剩余油顶部富集特征越明显；平面上由于储层非均质性及注采不均衡，极端耗水带在平面沿优势相带呈条带状优先发育，演变具有阶段性，缓慢生长直至稳定。

（4）从微观层面揭示了油水两相渗流相渗突变形成机制，水驱油微观特征具有见水初期多向扩展、中高含水期突破收缩、特高含水后期稳定固化的特点，形成局部极端耗水层带是特高含水后期油水两相渗流的必然结果。通过岩芯实验和微观流动实验，明确了特高含水后期油水相渗比值曲线“突变点”非线性特征的微观机理。

（5）构建了极端耗水层带快速判识方法及治理调控模式，在综合多学科、多方法的基础上，提出了“基于水驱特征非线性上翘单元优选、模糊数学井点起源判识、动态资料发育层段确定、区带井间渗流阻力方向描述、物质基础经济指标判识无效低效”五级综合评价方法，实现不同耗水层带定量分级评价。

二、主要创新点

本书围绕特高含水后期储层描述与极端耗水层带判识方法开展了相关的研究，主要创新点如下。

（1）基于随机森林机器学习算法，通过多棵决策树集成学习有效地克服了单棵决策树易于过拟合、分类精度较低的问题，实现了沉积微相的智能预测，形成了曲流河储层构型精细解剖技术。

（2）引入高倍相渗理论，利用压力梯度修正系数创新修改网格不同方向的有效压差，构建了适用于特高含水后期的油藏数值模拟方法，实现了数值模拟过程中渗流特征的动态更新。

（3）构建了特高含水后期极端耗水层带五级快速判识方法，实现了高耗水层带的分类划分与评价，提出了以极端耗水层带、驱替压力梯度场、剩余油饱和度场、含水饱和度场为核心的均衡流场优化方法，形成极端耗水层带调控治理模式。

第二章　研究区地质概况与油藏开发历史

孤岛西区北部馆陶组 3—4 砂组为典型的特高含水后期开发油藏，且为曲流河沉积体系，储层非均质性强，又历经水驱、聚合物驱、后续水驱等开发阶段，极端高耗水现象加剧，是开展本书研究的良好油藏对象。

第一节　研究区地质概况

一、沉积微相及特征

本研究主要以胜利油田孤岛西区北部馆陶 3、4 砂组（Ng3、Ng4）曲流河控制的 9 个小层（$Ng3^1$、$Ng3^2$、$Ng3^3$、$Ng3^4$、$Ng3^5$、$Ng4^1$、$Ng4^2$、$Ng4^3$、$Ng4^4$）内的砂体为研究对象。研究区构造简单，地层平缓，东高西低，地层北东倾向，倾角约为 1.5°，油藏埋深为 1180~1310m。

（一）沉积微相划分

Ng3、Ng4 为曲流河沉积，划分为河道、河道边缘、河漫亚相、废弃河道四个亚相，进一步划分为若干微相，其中河道亚相包含河道充填、边滩微相；河道边缘亚相包含天然堤、决口扇等，各种微相的岩电特征如下。

河道沉积：多以正韵律性的粉-细砂岩为主，内部发育平行层理，可见泥质夹层分割而成的多个微旋回，整体厚度多为 4~8m，电性曲线以箱形到钟形为主，均值为 115~130mV。微电极幅度差大，为钟形和漏斗形，但由于具有小的泥质夹层和隔层，而使曲线出现较高的峰值，微电极值在 5~8Ω·m 之间；与之对应的感应曲线具有齿化箱形特征，均值为 50~150Ω·m。其中，边滩的厚度更大，一般在 6m 以上，孔、渗性最好，渗透率一般大于 $1500\times10^{-3}\mu m^2$，是砂体最为发育、厚度最大的部位。

天然堤：粉砂岩与粉砂质泥岩互层，厚度为 0.8~2.5m，具小型的正韵律，含油差异性大。微电极曲线具有指状特征，幅度差小，均值为 2.5~3.5Ω·m，对应的电感应曲线指状特征，其值为 170~275Ω·m，自然电位曲线则为指状—小型齿化钟形，均值为108～112mV。

决口扇：沉积序列最大特征是典型的下细上粗，与天然堤共生，粉砂岩与粉砂质泥岩互层沉积，其粒度介于河道和天然堤沉积之间，厚度一般不大，可见到细、粉砂岩，微电极幅度差小，指形、齿化漏斗形。

泛滥平原：该微相是重要的隔层和夹层，对地下油水运动有重要影响，微电极曲线呈微锯齿形，均值在0.5～1.5Ω·m之间；自然电位曲线平滑，与感应的起伏方向正好相反，均值为100～103mV。

废弃河道：整体以泥质沉积为主，内部夹有中薄层的粉砂质沉积物，局部有炭屑，在沉积序列上位于早期河道沉积之后，垂向序列呈叠置状位于早期河道之上。按照形成及演化机理大致分为两类，一类是对应洪水期河道决口突变而成的废弃河道，这种废弃河道沉积整体表现为泥包砂结构，砂岩呈透镜体状。另一类则是由河道长期废弃-复活演化序列形成的渐变而形成裁弯取直型废弃河道，对应其形成过程的反反复复，垂向沉积序列也以砂、泥交互为主，对应的电性曲线则以不连续性指状或者齿化舌形为主。对于废弃河道的识别与判定而言，要结合微相的时空组合序列进行综合分析。

（二）沉积微相平面展布

对于河流相平面沉积特征的刻画需要结合单砂体的平面砂厚等值图与井点测井相进行综合分析。一般而言，在进行河道砂体边界的描述时，平面上多以4m砂体厚度等值线为界线，同时依托于沃尔索相律进行边滩等沉积微相的组合。$Ng4^4$ 全区发育边滩及河道沉积，砂体厚度基本在8m以上，该期物源供给充足，沉积厚度大，分布面积广，砂体连片；$Ng3^5$ 曲流河道极为发育，占整个方案区面积的85%左右，而泛滥平原亚相仅占15%左右。这个时期的沉积物源丰富，沉积厚度大、分布面积广，河道频繁摆动与交织使得复合河道的面积不断增大，砂体连片分布。

Ng4沉积时期相对于Ng3沉积时期物源供应更加充足，大部分区域发育河道沉积。从平面展布沉积相来看，由下而上河道由宽逐渐变窄，河道亚相分布面积减小，泛滥平原面积增大。

二、油藏地质特征

（一）储层特征

1. 砂体展布特征

馆上段Ng3、Ng4主力小层集中在$Ng3^5$、$Ng4^2$、$Ng4^4$，其中$Ng3^5$、$Ng4^2$全区大面积连通发育，$Ng3^5$砂体厚度为10m以上，平均有效厚度为8.8m，$Ng4^4$平均砂体厚度为12.2m，平均有效厚度为9.0m。$Ng4^2$层大面积发育，连通性好，砂体厚度为 7. 2m，有效厚度为 5. 2m。其他非主力小层厚度为 2. 0～5. 0m，大部分呈土豆状或条带状展布，平均有效厚度为 1. 3～4. 3m。

研究区内的主力油层内的油水分布除了受构造高低、断层的错动等因素控制外，还受到河流相砂体的尖灭等沉积因素制约，油藏类型为构造-岩性油藏(图 2-1、图 2-2)。

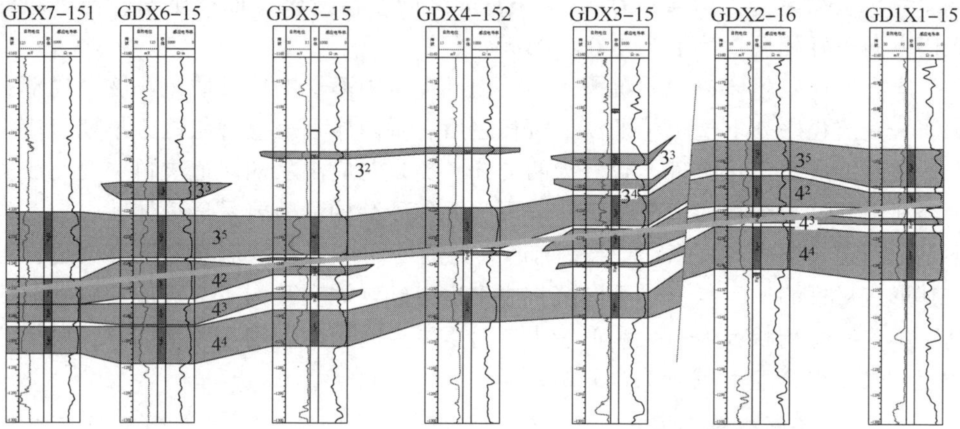

图 2-1　孤岛西区北 GDX7-151—GD1X1-15 东西向油藏剖面图

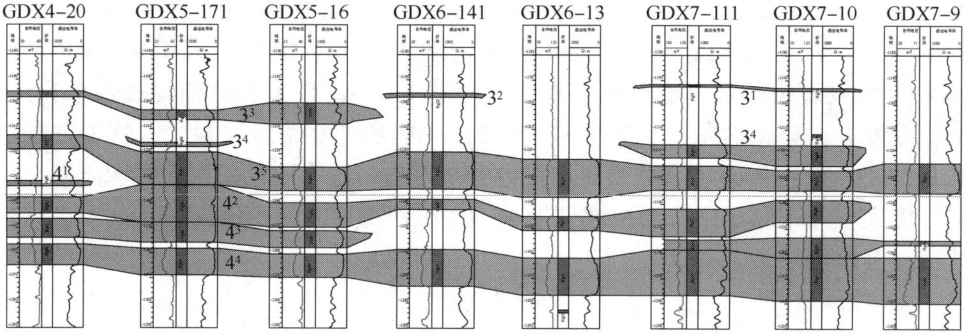

图 2-2　孤岛西区北 GDX4-20—GDX7-9 南北向剖面图

2. 储层物性特征

曲流河沉积是良好的油气藏成藏场所，首先曲流河泛滥平原的泥岩，厚度大，且富含有机质，具有良好的生烃条件。在储集空间方面，曲流河形成的砂体厚度大、成分成熟度与结构成熟度较高，孔隙连通率高、物性好、非均质性弱，并且对于注水开发而言底部物性好，配合重力分异作用易于水驱油。根据取芯井 GDX5-XT131 井的物性分析，$Ng3^5$、$Ng4^4$ 两个小层平均渗透率为 $3366\times10^{-3}\mu m^2$。西区北孔隙度平均为 34%，渗透率平均为 $3213\times10^{-3}\mu m^2$，总体上储层物性好，属高孔高渗透油藏。

3. 储层非均质性

1）平面非均质性

主力层 $Ng3^5$ 渗透率分布在 $2000\times10^{-3}\sim5000\times10^{-3}\mu m^2$ 之间，平面上非均质性主要受沉积微相的控制，中西部心滩部位物性好，沿河道方向渗透率级差为 1.7，垂直河道方向渗透率级差为 3.2。主要发育在心滩部位和部分河道充填区域，上层系主力层 $Ng3^5$ 的高渗透条带主要发育在中西部，渗透率大于 $4000\times10^{-3}\mu m^2$ 的比例占全区的 37%；下层系主力层 $Ng4^4$ 的高渗透条带发育相对零散，靠近西部断层有小面积连片分布，渗透率大于 $4000\times10^{-3}\mu m^2$ 的比例占全区的 21%。

2）层间非均质性

层间渗透率差异不大，主力层的渗透率值较高，非主力层渗透率相对较小，渗透率级差为 1.2。层系间渗透率差异较小，其中 Ng3 平均渗透率为 $3349\times10^{-3}\mu m^2$，渗透率级差为 1.2，Ng4 平均渗透率为 $2987\times10^{-3}\mu m^2$，渗透率级差为 1.03。

3）层内非均质性

从孤岛西区北取芯井 GDX5-XJ131 井资料可以看出，相对高渗段分布于正韵律叠合分段底部，厚度为 0.5~1.0m，主要发育在主力厚层 $Ng3^5$、$Ng4^4$ 的底部，如图 2-3 所示。

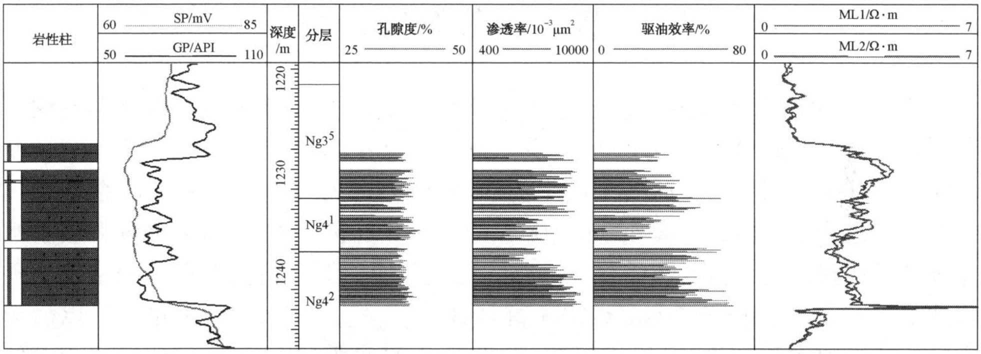

图 2-3　孤岛西区北 GDX5-XJ131 井取芯分析综合剖面图

4）孔喉非均质性

从取芯井（GDX4-J13 井）的岩芯微观孔喉参数统计分析表可以看出，随着渗透率增大，孔喉分选变好，歪度变粗，孔喉半径增大趋势明显。不同微相、不同渗透率区间，微观孔隙平均半径差异大，河道边缘微相孔隙平均半径为 3.49μm，渗透率大于 $2000\times10^{-3}\mu m^2$ 的心滩沉积孔隙的平均半径为 13.04μm，两者差异大。

从取芯井（GDX4-J13 井）的不同渗透率岩芯样品油水相对渗透率可以看出，渗透率较好的岩芯样品水相相对渗透率端点值高于渗透率较低的样品，不同渗透率岩芯水驱渗流规律差异较大。

4. 夹层特征

孤岛西区北主力厚油层 $Ng3^5$、$Ng4^4$ 夹层主要发育在中西部，钻遇比例为75%，主要发育泥质和物性夹层，夹层个数1~3个，单个夹层厚度为30~60cm。

5. 岩性特征

通过薄片及铸体薄片分析，孤岛西区北属岩屑长石砂岩。石英含量为40.75%，钾长石为19.75%，斜长石为16.25%，岩屑为23.25%。

6. 黏土矿物成分

黏土矿物含量为8%~10%，以高岭石和伊利石为主。

（二）油藏特征

地面原油黏度为500~2500mPa·s，地下原油黏度为58~130mPa·s，平面上自东向西逐渐增大，与单元东高西低的构造特点相对应。

地层水以 $NaHCO_3$ 型为主，平均矿化度为6210mg/L，目前产出水矿化度平均为7852mg/L，钙镁离子含量为253mg/L，注入水矿化度为9433mg/L。

原始地层压力为12.35MPa，目前地层压力为10.6MPa，原油饱和压力为9.25MPa，原始地层温度为69℃，油藏为常压、常温系统。

第二节　油藏开发历史

西区北1973年投入开发，经历三次井网调整，1976年转注水以反九点法一套层系开发，1983年细分为两套层系，原反九点法统一上返，水井排上的油井转注，油井排中间加密，此时上层系为300m×175m行列式井网，下层系在原反九点的三角滞留区新打一套400m×400m的五点法井网开发，1987年对上层系水井排进行加密形成北偏西30°300m×175m行列井网，下层系在五点法的基础上加密油水井变成北偏东10°200m×230m行列井网，一直开发到2018年底。以后形成了两套行列式开发井网，上层系 $Ng3^1$—4^1 为北偏西30°300m×175m行列井网，下层系 $Ng4^2$—4^4 为北偏东10°200m×230m行列式井网。

单元历经天然能量开发、注水开发、注聚开发阶段，2002年4月转入后续水驱。层系井网互换实施前单元开油井59口，水井42口，综合含水率为98.1%，采出程度为52.3%，其中上层系含水率为97.7%，采出程度为50.3%；下层系含水率为98.2%，采出程度为53.1%，两套层系差异大。

由于馆 3^1—4^1 单元1987年形成北偏西30度行列式井网300m×175m，馆 4^2—4^4 单元1990年形成北偏东10度行列式井网200m×230m后井网长期未变，单元历经多种开发方式，尤其转后续水驱后含水快速上升，单元产液速度增加，采油速度降低，为保持单元产量一直强注强采，注采比维持在 1.2 左右，经过多年注水开发，主力层 $Ng3^5$ 与 $Ng4^4$ 平面水淹状况差异大，$Ng3^5$ 中西部水淹严重，$Ng4^4$ 中北部水淹严重，主力层 $Ng3^5$ 与 $Ng4^4$ 动用状况存在差异，采出程度不同，结合剩余油认识，极端耗水层带沿水井排及注采主流线方向分布，发育区域剩余油饱和度较低(平均 S_o=0.21，比小层平均低 0.14)，平面上面积占比为 17.8%。特高含水后期剩余油平面上分布差异大，弱驱部位相对富集，主要是油井排及断层边部剩余油饱和度高，平均在 40%~50%之间；水井排及油水井间剩余油饱和度低，平均在 30%~40%之间；而对于注采井间而言，平面上主流线的剩余油饱和度相对较低，非主流线相对较高，剩余油差异化富集主要是由于两套井网间注采流线差异与储层非均质性。

针对不同层系间井网存在差异，井网长期未调整流线固定，极端耗水条带发育与两套层间井网动用状况存在差异，在纵向上卡封极端耗水层、细分注水与层系井网互换来调整高耗水层；在平面上通过转角度变流线避开高耗水带；同时精细矢量化注采调整，促进新流线形成，提高开发效益。层系井网互换完全利用老井，流线整体改变 40°，主要是上层系由下层系井网上返，由 300m×175m 井网转变为 230m×200m 井网；下层系由上层系井网下返，由 230m×200m 井网转变为 300m×175m 井网。

自 2021 年 2 月开始逐步转非均相复合驱，5 月除非主力层及边部完成设计 46 口井中的 43 口转注聚工作，目前处于前置段塞，注入 0.082PV，已有 10 口见效，单元含水逐渐降低。

第三节 小 结

本书以孤岛西区北部馆陶组 3—4 砂组曲流河相特高含水后期油藏为研究对象，研究工区东高西低，构造简单、地层平缓，区内发育一条 NW—SE 向小断层，埋藏深度为 1180~1310m。

研究区为高孔高渗透、强非均质性的河流相疏松砂岩油藏，自 1973 年投入开发，历经水驱、化学驱及后续水驱开发等四个开发阶段和三次井网调整，2002 年 4 月转入后续水驱，综合含水率为 98.1%，采出程度为 53.3%。在长期高强度注采开发中，广泛发育极端耗水层带。同时，存在井网长期固定、流线长期固化、水油比持续升高、经济效益持续下降等问题。本书针对其开展储层描述和极端耗水层带判识，开展井网转换、变流线流场调整，进一步提高油藏经济采收率，以期为特高含水后期油藏的开发提供示范引领作用。

第三章 沉积微相预测与储层构型表征

以密井网区丰富的测井、地震、地质认识为基础，井震联合提高储层描述精度，实现由“沉积模式指导”的定性研究到“井震深度融合”的定量描述，为极端耗水层带定量描述及快速识别提供地质依据。

第一节 基于地震属性机器学习的沉积微相智能预测

以典型研究工区为例，总体表现为从盆缘区到汇水区，主要发育辫状河、曲流河、网状河等连续的河流演化类型。新近系馆陶组上段，储集层为典型的曲流河沉积，具有埋藏浅、单层厚度薄的特点。选择具有完整录井岩性、常规测井曲线、时深关系、沉积微相解释的典型井共 147 个微相层段(包含边滩 57 个、天然堤 32 个、河漫滩 58 个)作为样本点，总结出河漫滩型、天然堤型、边滩型等 3 种主要地震相模式(图 3-1)。

河漫滩型地震相以泥质沉积为主，岩性单一，与边滩、天然堤砂体接触界面处地层反射系数较大，表现为波谷反射特征[图 3-1(a)]。天然堤型地震相以互层型薄砂条为主，厚度较薄，相消干涉并不明显，地震剖面仍为一个同相轴，较河漫滩地震响应振幅及频率略强，表现为弱振幅特征[图 3-1(b)]。边滩型地震相是河床侧向侵蚀、沉积物侧向加积的结果，自下而上具有层理规模变小、粒度由粗变细的正韵律，岩性界面为砂泥岩突变界面，波阻抗差异大，表现为高频中强—强振幅反射特征，其反射强度高于天然堤型的[图 3-1(c)]。

在单井沉积微相划分基础上，依据不同沉积地震相模式拾取井周围同类型沉积微相增加样本点数量，对样本点垂向范围内的地震属性时窗选取及特征值进行规约，采用随机森林方法对样本集进行训练和预测，实现沉积微相砂体的智能识别。随机森林算法是以决策树为基础，通过随机重复采样技术和节点随机分裂技术组建多棵决策树。通过多棵决策树进行集成学习有效克服单棵决策树容易出现过拟合、分类精度较低等问题。

1. 样本点拾取

以井点处沉积微相解释为基础，结合河流相各沉积微相平面发育规律及不同

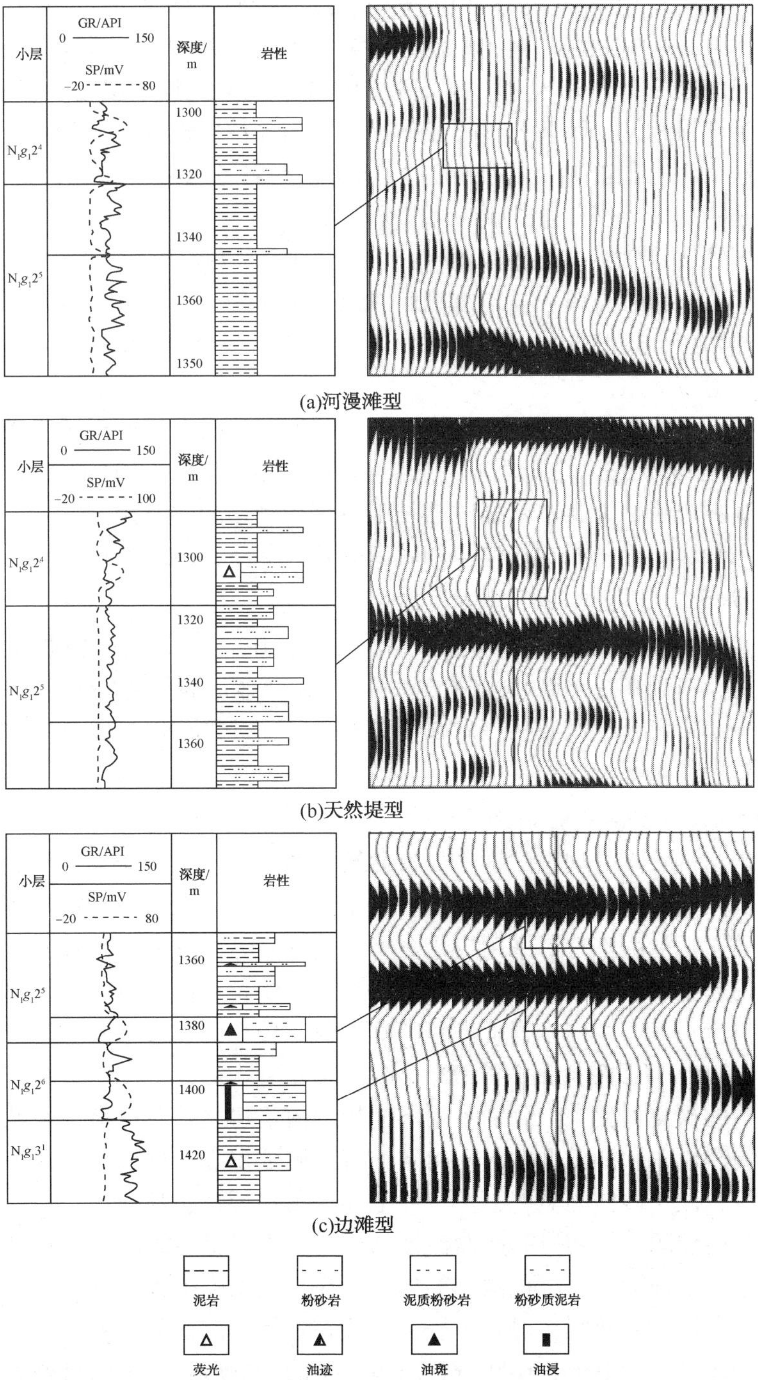

图 3-1　三种主要沉积微相地震相模式图

微相的垂向地震相响应特征，对地震振幅、波形数据体沿层切片分析拾取新的沉积微相样本点。从时间域上共拾取沉积微相样本层段样本点共43464个，其中边滩样本层段16635个、天然堤样本层段7491个、河漫滩样本层段19338个。

不同沉积微相地层性质差异不仅体现在其当前位置地震属性的特征，需从垂向上对地震属性时窗选取及特征值进行规约。本文考虑采用固定长度时窗(w)，分3段5个特征值对当前点地震属性进行规约。

地震属性X在时窗$t-1.5w$到$t+1.5w$范围内可以得到X_C、X_U、X_L、X_D、X_R这5个特征值，能够有效表征地震属性在此范围内的变化趋势，以及可能存在的递增型、递减型、中凸形、中凹形等形态特征，并与不同沉积微相的地震相响应具有很好的对应关系。

针对某一沉积相类型的地震相表征，合适的规约时窗选取至关重要。原始地震记录采样间隔为2ms，分别选取2ms、4ms、6ms、8ms、10ms作为规约时窗，基于随机森林算法估算在不同规约窗长下各沉积微相的分类预测性能，得到研究区边滩、天然堤、河漫滩的最佳规约时窗分别为2ms、4ms、6ms(图3-2)。

2. 沉积微相智能识别样本集构建

基于获得的43426个样本点，分别以2ms、4ms、6ms为时窗长度，针对边滩、天然堤、河漫滩3个微相上述方法，对18个地震属性进行规约，构建各自的训练样本集。每个地震属性提取5个特征，再加上ILINE、XLINE、TIME 3个表示时空位置的坐标。

3. 沉积微相砂体智能预测

由于参与机器学习训练的样本仅有曲流河的边滩、河漫滩、天然堤3种沉积微相，而实际曲流河沉积中的微相类型远不止这些，如果采用确定性判别的方法将会导致与实际情况不符。采用模糊分类智能预测方法进行相关预测，分别求取目的层段内属于边滩、河漫滩、天然堤3种沉积微相的概率值。如果属于某一微相的概率值特别大，则属于其他微相的概率值都较小，如边滩概率为0.88、天然堤概率为0.10，河漫滩概率为0.02。

在具体的预测过程中，分别采用不同规约窗长建立针对边滩、天然堤、河漫滩的沉积微相概率预测模型，对于给定的待预测数据点，分别通过3个模型预测其属于各沉积微相砂体的概率，再按照上述逻辑进行智能判别。

通过智能预测，得到研究区曲流河的边滩、天然堤、河漫滩等不同沉积微相砂体的三维概率预测体，沉积微相的切片，在颜色刻度中将各沉积微相切片中概率较小的部分设置为透明，得到小层沉积微相砂体智能预测结果。

预测的边滩边缘清晰、形状符合河道发育的自然形态，平面接触关系与实际河流相沉积规律相符。利用边滩概率预测数据体，对小层砂体顶底面进行追踪解释，实现了砂体相层双控智能识别和描述，预测误差小于 1.5m。

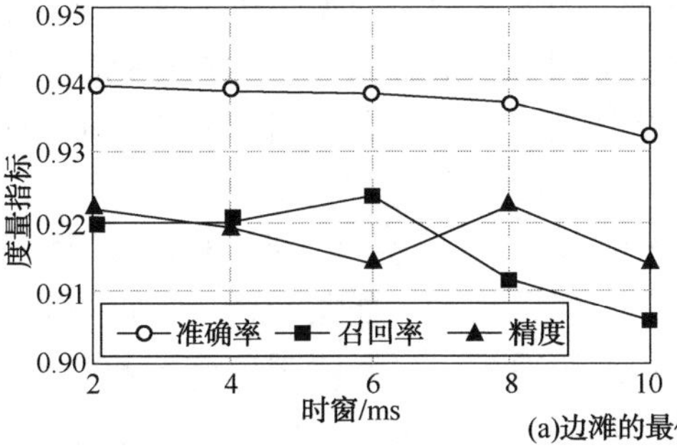

时窗/ms	准确率	召回率	精度
2	0.9391	0.9196	0.9213
4	0.9386	0.9200	0.9191
6	0.9378	0.9234	0.9140
8	0.9367	0.9115	0.9221
10	0.9315	0.9507	0.9140

(a)边滩的最佳规约时窗为2ms

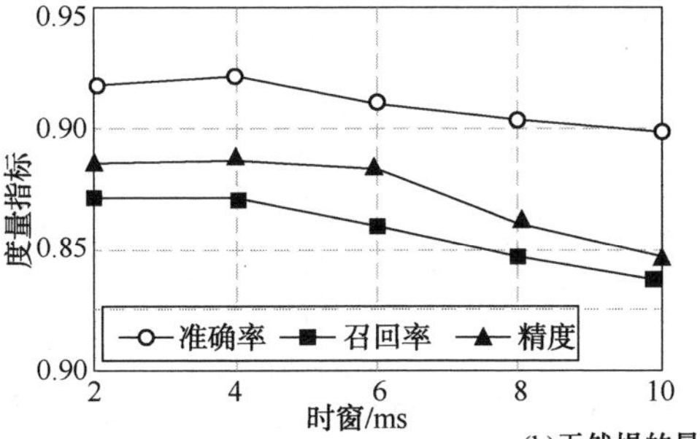

时窗/ms	准确率	召回率	精度
2	0.9170	0.8700	0.8856
4	0.9205	0.8709	0.8861
6	0.9095	0.8595	0.8827
8	0.9031	0.8469	0.8610
10	0.8977	0.8370	0.8466

(b)天然堤的最佳规约时窗为4ms

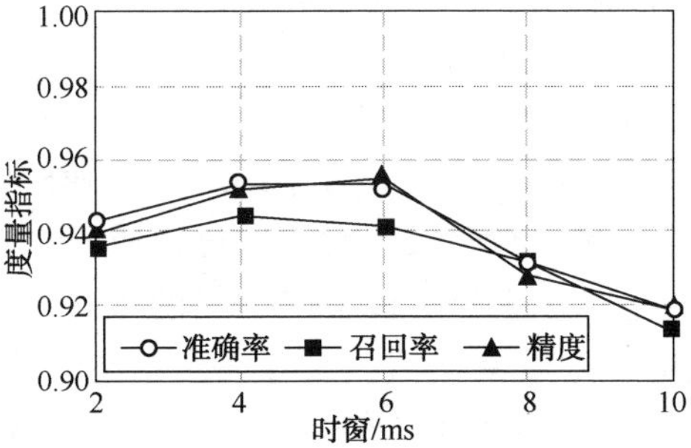

时窗/ms	准确率	召回率	精度
2	0.9427	0.9577	0.9398
4	0.9527	0.9448	0.9510
6	0.9530	0.9415	0.9549
8	0.9314	0.9210	0.9283
10	0.9184	0.9130	0.9180

(c)河漫滩的最佳规约时窗为6ms

图 3-2　各沉积微相属性最佳规约窗长选择

第二节　基于地质统计学反演的河道砂体分布样式解释

密井网区具有钻井数量多、地质认识成熟、主力小层展布明确等特点，但薄储层描述仍存在较大难度。基于精细小层格架约束的地质统计学高分辨率储层反演是充分利用密井网区丰富的地质、测井信息和提高分辨率地震处理资料，依据测井高频旋回将地层划分到小层，并建立精细小层格架模型作为横向约束条件，以大量测井资料开展“拟露头”变差函数分析，在叠后确定性反演的基础上，以纵波阻抗数据作为软约束进行地质统计学反演，大幅提高薄储层预测精度。相较于常规的地质统计学反演采用砂层组格架作为横向约束模型，本方法对测井资料的利用更充分，通过高频旋回划分并建立精细小层格架模型作为约束条件，增强高分辨反演结果的确定性。反演结果可精细刻画砂体边界，指导砂体连通性和注采关系分析，对老区开发后期流场调整具有重要意义。

地质统计学反演是在贝叶斯理论框架下，将地质统计学理论和地震反演理论结合，对储层进行反演，可提高反演结果垂向分辨率，地质统计学理论可在测井数据的基础上，利用空间相关性信息进行地质建模。可利用观测到的地震数据对地质建模进行优化，进而得到储层信息，从而确立随机模拟中空间随机变量之间相关关系。将未知预测点的储层属性值假设为随机变量 Z，通过统计分析随机变量的概率分布特征实现对未知点属性值的预测。

其中 $Z(u)$ 为连续随机变量时，其累积分布表达式如下所示：

$$F(u;\ z)=P\{Z(u)\leqslant z\} \tag{3-1}$$

对于存在 m 个采样点的随机变量，其随机变量形式为 $Z(u_\alpha)=z(u_\alpha)$，$\alpha=1$，…，m。此时 $Z(u)$ 的概率分布表达式是：

$$F[u;\ z\mid(n)]=P\{Z(u)\leqslant z\mid(n)\} \tag{3-2}$$

当 $Z(u)$ 为离散随机变量时，即为一些离散的数值 k，$k=1$，2，3，…，K，这时 $Z(u)$ 的概率分布表达式是：

$$F[u;\ z\mid(n)]=P\{Z(u)=k\mid(n)\} \tag{3-3}$$

公式(3-1)表示样本点 $Z(u)$ 的先验概率分布函数；公式(3-2)表示随机变量 $z(n)$ 在存在信息样品集 (n) 条件下的后验概率分布函数。对于通过地质统计随机模拟实现储层预测目的的过程可以理解为在多次调整先验概率分布的基础上求解后验概率分布。这里的条件累积分布函数值随着采样值、采样大小、空间位置、采样的几何参数的变化而改变。采样点 $z(n)$ 的最优估计值同样可以根据条件累积分布函数计算得出，这些解表示为 $z(u_i)$，$i=1$，2，…，n。

随机模拟过程中，未知采样点 $z(n)$ 值的估算依据来源于对其周围采样点 u' 数值的统计分析，随机模拟过程中的重要的一项操作是对随机样本点 $Z(u)$，$Z(u_\alpha)$，$\alpha=1$，…，n 与普通样本点 $Z(u)$，$Z(u_\alpha)$，$\alpha=1$，…，n；$Y(u',\ \beta)$，$\beta=1$，…，n 进行独立性和相关性分析，确定两者之间的内在联系。所以，随机模拟可以简单概括为是由先验概率分布结合样本数据分布特征得到后验概率分布的过程。随机模拟的关键就是从储层理论模型中选择最佳的样本模型特征值，通过对已知样本点值的分析以计算样本的先验概率分布特征，对未知的随机样本点可由先验概率分布函数匹配修正得到后验概率分布函数，从而实现对未知样本点的模拟。

从速度分布特征看，研究区目的层馆陶上亚段砂、泥岩波阻抗存在较大的重叠区间，难以区分(图3-3、图3-4)。针对这一问题，在储层预测中，比较常见的是采取声波曲线重构的方式放大储层与围岩之间的速度差异。在常规的声波曲线重构中通常会引入伽马、电阻率或自然电位这类对储层响应敏感的测井曲线。但由于地震是弹性信息体，这类曲线反映的是岩性及电性特征，与弹性信息无关，加入了非弹性信息的拟声波曲线可能导致其测井反射系数系列与原始地震通过子波反褶积计算所得到的反射系数道之间的匹配性变差，从而影响到最终的反演结果。

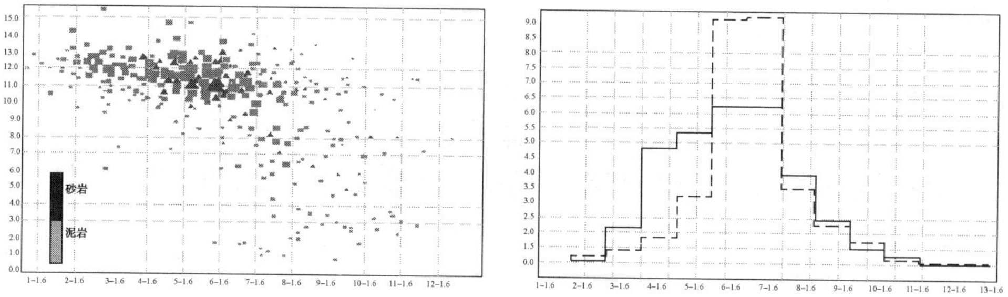

图3-3　砂泥岩的原始波阻抗曲线交汇图及直方图

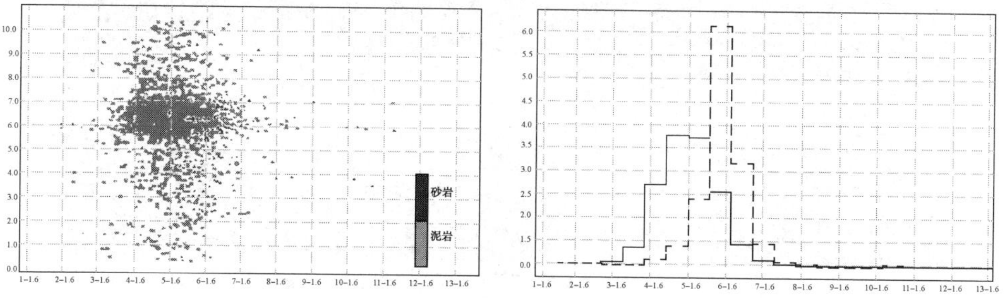

图3-4　去压实处理后砂泥岩的波阻抗曲线交汇图及直方图

针对常规声波曲线重构存在的弊端，在本次研究中采取了波阻抗曲线去压实处理方法放大砂、泥岩波阻抗差异，通过分岩性计算并剔除储层与围岩受压实影响所产生的波阻抗压实趋势，并选取浅层埋深段储层与围岩的波阻抗基值进行各岩性的波阻抗基线回归，从而将浅层埋深段储层与围岩的波阻抗差异合理地引入目的层段中，有效地放大目的层段砂、泥岩的波阻抗差异。波阻抗曲线去压实处理流程包括：①提取各岩性测井纵波阻抗曲线；②计算各岩性纵波阻抗非压实分量；③剔除纵波阻抗非压实分量；④分岩性拟合计算各岩性纵波阻抗压实趋势，并将其剔除，得到去压实趋势后的各岩性纵波阻抗；⑤将各岩性纵波阻抗非压实分量回归到去压实趋势后的各岩性纵波阻抗中；⑥将各岩性去压实趋势后的纵波阻抗分别进行各自岩性的纵波阻抗基线赋值；⑦将基线赋值后的各岩性纵波阻抗进行合并，得到一条去压实趋势处理后的测井纵波阻抗曲线，并参与到后续的纵波阻抗反演中。

本方法从影响中、深层埋深段砂、泥岩波阻抗难以区分的关键性因素着手，相比于现有方法，技术先进性体现在3个方面：①本方法仅单纯剔除压实趋势的影响，并在各岩性纵波阻抗基线回归中，充分结合目的层段储层的沉积相类型进行选取，使得去压实处理后的纵波阻抗曲线与原始地震具良好的匹配性；②能有效放大目的层段储层与围岩的波阻抗差异，大幅提高反演预测精度，与钻井吻合度更高；③该方法可降低反演结果的多解性，适用范围广，预测结果地质意义明确，储层各相带展布规律性强。

通过研究区测井波阻抗曲线去压实处理，有效放大了目的层段砂、泥岩波阻抗差异(图3-4)，将浅层埋深段砂、泥岩速度差异合理引入目的层段中，实现储层与围岩的有效区分，从而提高储层预测精度。

为研究小层格架约束下的地质统计学高分辨率储层反演应用效果，选择研究区平面上平均分布的85口井(8.5口/km^2)开展地质统计学反演，并优选反演中各种参数。研究区主要分为Ng3—4^1和Ng4^2—4^4两套层系开发(图3-5)。

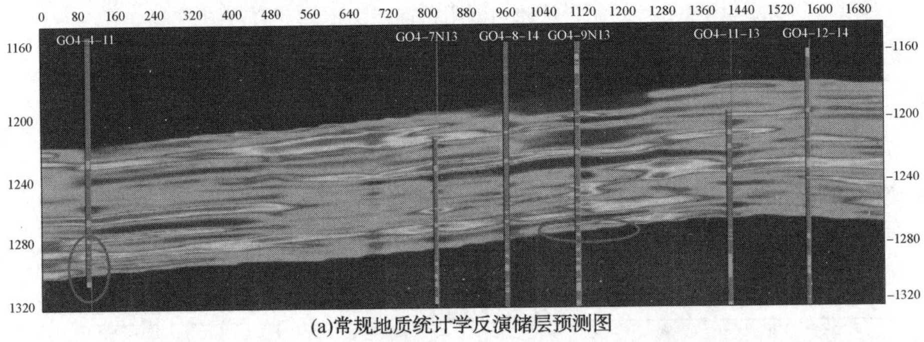

(a)常规地质统计学反演储层预测图

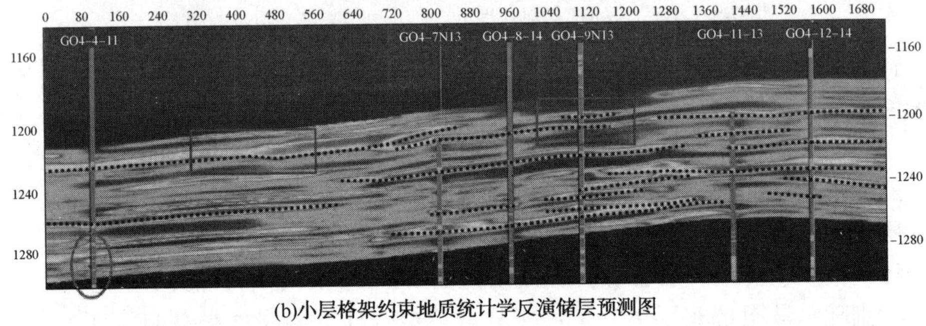

(b)小层格架约束地质统计学反演储层预测图

图3-5　常规地质统计学反演与小层格架约束地质统计学反演对比示意图

研究区主要发育主河道砂体沉积，具有典型的顶平底凸形态，下切河道特征明显。馆上 3 砂组 1 小层主河道砂体厚度为 5~10m，GD4-9N13 井钻遇的决口水道宽度为 97m，砂体厚度为 1~3m，GD4-7N13 井钻遇 3 砂组 5 小层 3~8m 厚的主河道砂体都能很好的刻画。对比常规地质统计学反演方法，纵向上采取小层格架约束后的地质统计学反演分辨率明显提高，最高可有效识别厚度 2m 以上单一成因砂体及宽度 150m 以下的窄河道薄砂体，真正实现了小层级别的储层边界精细刻画，且该反演结果对于河流相砂体的河道边界特征及纵向叠置关系具有较清晰的反映，与实际地质认识一致，进一步证实了该结果的准确性。

另外，将反演结果与钻井统计储层结果进行了比较，吻合率达到 85%以上，储层预测准确性提高了 10%。

为进一步提高储层内部结构认识，基于以上技术研究及应用，以成因砂体精细对比为基础、以点坝砂体结构形态模式为指导，通过井震结合的地震沉积微相智能预测方法约束砂体描述，识别不同河道及点坝间平面叠加位置，建立了连片型、交织状、条带状 3 类单砂体平面组合模式(表 3-1)。

表 3-1　研究区单砂体平面组合模式

特征	连片型	交织状	条带状
岩相	大型槽状交错层理，夹层垂向密度较大，夹层厚度为 5~20cm，泥质含量较低	平行及波状层理，夹层厚度为 5~10cm，泥质含量较低	小型槽状层理，顶部发育波纹层理、夹层垂向密度较小，夹层厚度约为 5cm，泥质含量较高
相带能量变化	砂体厚度大、能量强	横向相带能量变化不明显	砂体厚度、能量均中等
平面分布	单一河道宽度为 600~800m，砂体厚度为 8~15m，两侧依次发育小—中等面积的溢岸砂	单一曲流带砂体彼此交错分布，中-低弯度废弃河道。单一河道宽度为 400~600m，砂体厚度大于 4~6m，两侧中等面积溢岸砂	河道砂体单一条带状，废弃河道不发育。单一河道宽度为 150~200m，砂体厚度为 3~5m。河道-溢岸砂-分流间变化，两侧发育小面积溢岸砂
垂向分布	深度和浅度切叠式	浅度切叠式和叠加式	以独立型为主
测井相	电阻率曲线箱形为主，幅度差高、物性好	电阻率曲线箱形—钟形为主，幅度差较高、物性好	电阻率曲线钟形为主，幅度差中等、物性稍差
发育层位	$Ng3^5$、$Ng4^4$	$Ng4^2$、$Ng4^3$	$Ng3^2$、$Ng3^3$、$Ng3^4$

在分析砂体间叠加结构特征的基础上，建立了不同河流相砂体结构单元侧向和垂向 2 大类 10 小类砂体叠置模式(图 3-6、图 3-7)，实现了 2m 以上单一成因砂体的精细刻画，为注采连通关系判识提供地质基础。

最终，依据研究区单井动态特征，实现了空间复合流动单元连通划分，平面上不同期次河道不连通，纵向复合叠置连通；揭示了层状模型向多单一河道纵向叠置拼接而形成成因砂体流动单元。

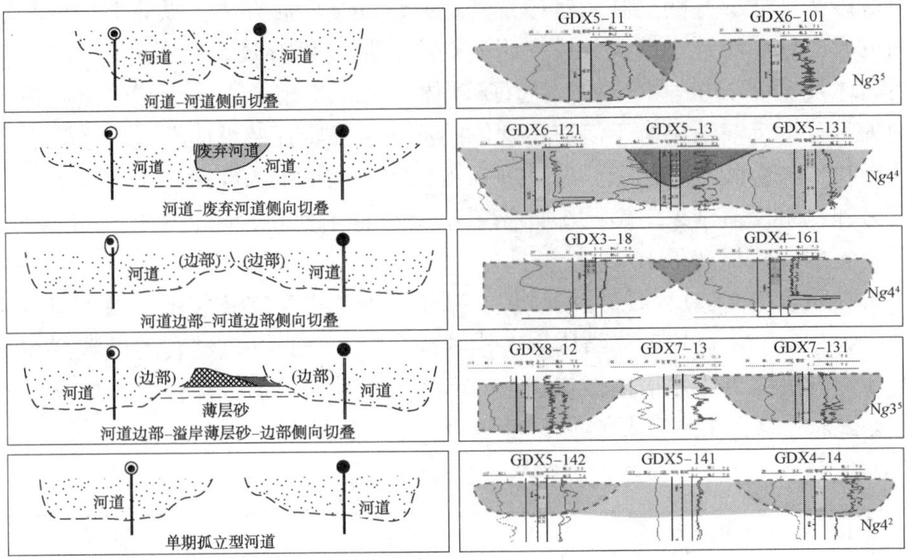

图 3-6　侧向组合模式及接触关系及对应连井剖面

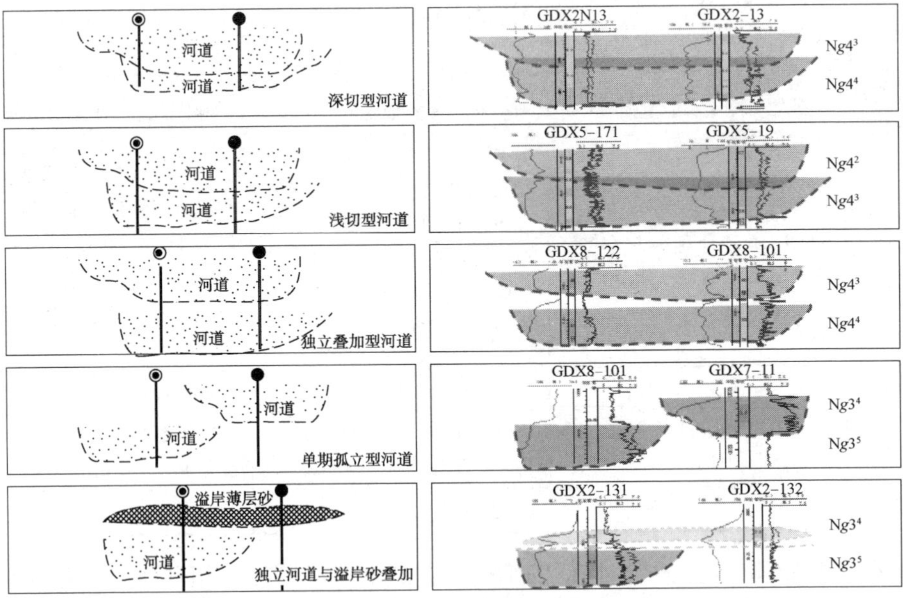

图 3-7　垂向组合模式及接触关系及对应连井剖面

建立了不同类型储层拼叠模式，明确了油水井间注采连通状况的 4 种模式

（图 3-8）：①同河道注采——注采连通好；②跨河道注采——注采弱连通；③不同期次河道——注采对应较差；④复合叠置河道——注采连通好。

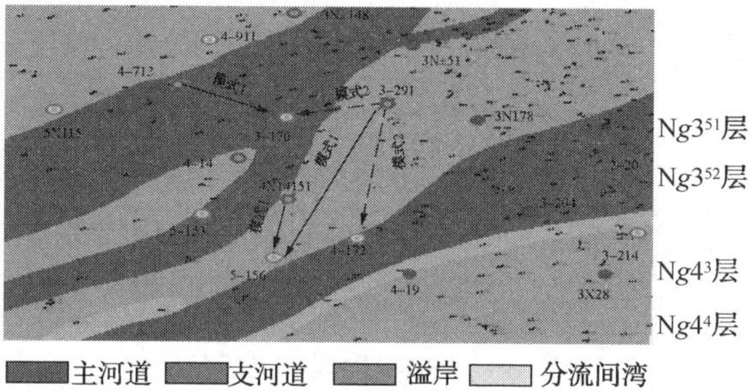

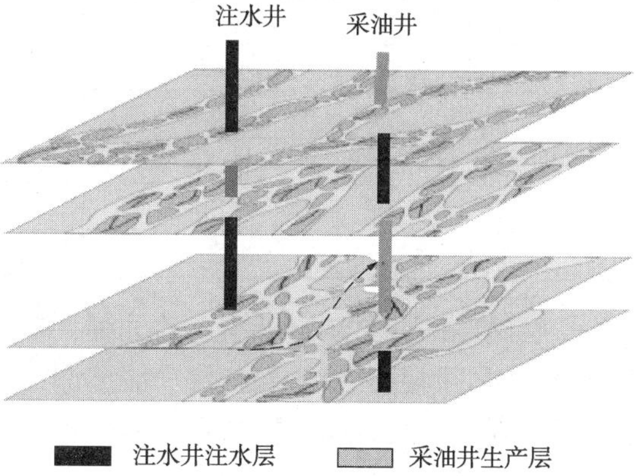

图 3-8　研究区层状几何模型河道纵向叠置成因砂体流动模式示意图

第三节　河流相储层构型表征与构型要素特征

特高含水后期油水两相渗流差异加剧，基于井震结合，储层展布砂体叠置及连通性评价，开展了成因砂体构型及内部油水两相差异渗流描述，建立了成因砂体构型精细刻画及建模、油水两相差异渗流表征方法，实现极端耗水层带及控制下的剩余油分布精准描述，为极端耗水层带定量描述动态差异提供快速判识机理。引入地震沉积学模式，基于传统正演模拟定模式、敏感属性定边界、夹层组合定特征、定量模式定产状的“四定模式”，创新形成井震结合“六定模式”储层构型精细解剖方法：正演模拟定模式识别废弃河道、地震沉积学定规律预测废弃河道、井震结合定边界描述废弃河道、测井岩相组合模式定夹层位置、密井区夹层解剖定构型要素几何参数、废弃河道约束定侧积层产状，实现四级界面（废弃河道）精细刻画，成因砂体内部三级界面定量预测及三维空间的要素表征。

一、测井岩相组合模式定夹层位置

针对常规测井岩相解释无法准确表征薄的构型界面的问题，结合岩芯伽马能谱测试，构建了储层岩相综合识别方法，实现了基于常规测井精准划分储层岩相；同时，建立了典型储层微相岩相的组合模式，指导储层岩相识别与预测，实现了辫状河心滩坝及坝内0.25m级落淤层的描述。侧积层组合对剩余油控制作用强，不同岩性侧积层特征差异大(表3-2)，但侧积层由于厚度薄、展布不连续等问题，常规基于测井曲线的地层对比方法难以实现侧积层的精细刻画。

表3-2　侧积层类型及特征

类型		泥质夹层	钙质夹层	物性夹层
岩性		泥岩为主	钙质泥岩为主	泥质粉砂岩、粉砂质泥岩
厚度		2~75cm	5~55cm	5~40cm
物性	孔隙度	8%~18%	2.5%~5.0%	25%~35%
	渗透率	$(10\sim81)\times10^{-3}\mu m^2$	$<10\times10^{-3}\mu m^2$	$(70\sim600)\times10^{-3}\mu m^2$
对剩余油控制作用		较强—强	较强—强	弱

密井区资料解剖是开展储层构型要素定量描述的关键，针对常规测井岩相解释无法准确表征薄的构型界面的问题，结合岩芯伽马能谱测试，利用常见的测井曲线进行构建储层岩相综合判别曲线，能够提高岩相划分精度。从扫描结果可见(图3-9)，岩芯扫描的高分辨率无铀伽马能谱曲线能够反映岩相变化，实现了精准岩相识别与划分。岩相综合识别曲线结果与测试曲线的相近(图3-10)，反映岩相变化，能够指导储层岩相划分。

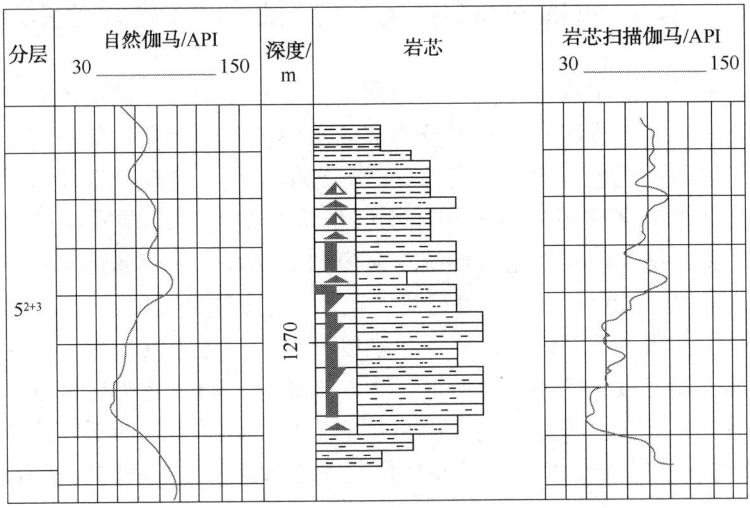

图3-9　岩芯扫描的高分辨率无铀伽马能谱曲线

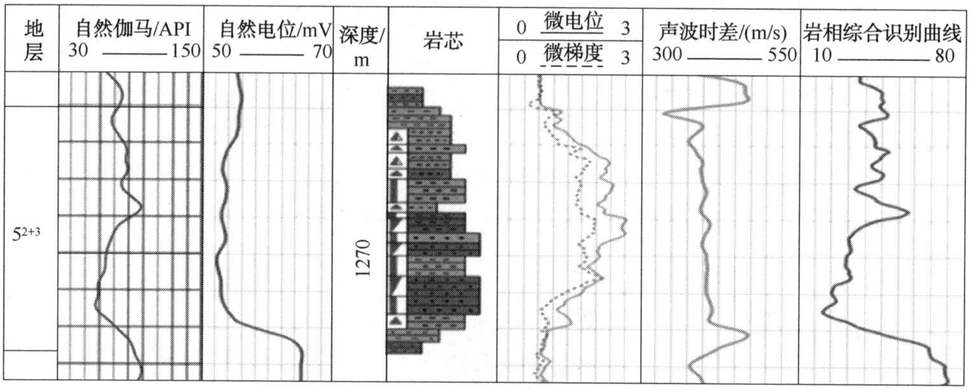

图 3-10 储层岩相综合识别曲线计算结果对比图

在储层岩性精细识别基础上，建立了典型储层微相岩相的组合模式，心滩坝岩相组合模式为多个细砂岩、粉砂岩、泥质粉砂岩的组合[图 3-11(a)]，河道岩相组合模式自下而上依次发育细砂岩、粉砂岩、泥质粉砂岩[图 3-11(b)]。该组合模式能够指导储层岩相识别与预测，实现辫状河心滩坝及坝内 0.25m 级落淤层的描述。

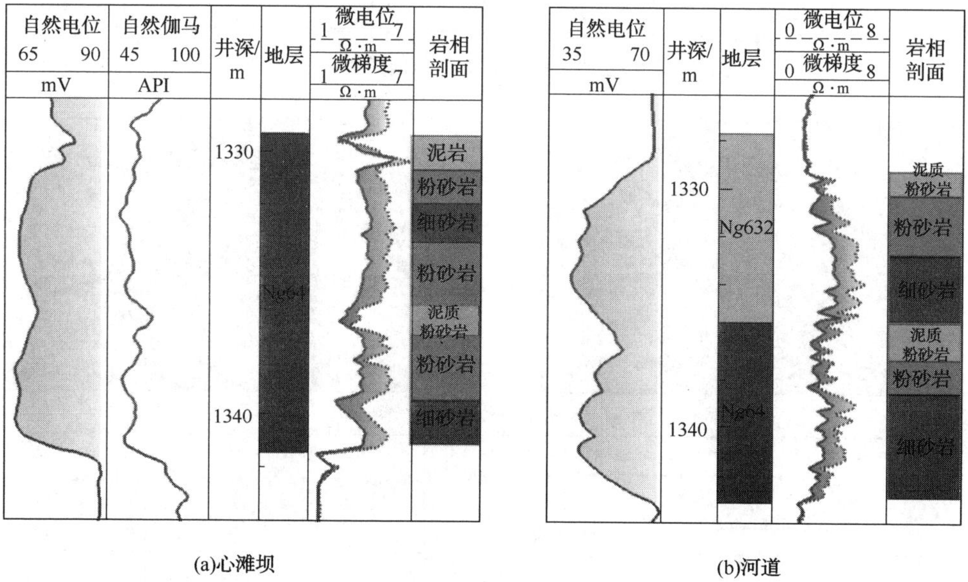

图 3-11 心滩坝及河道岩相组合模式

二、密井区夹层解剖定构型要素几何参数

在测井岩相识别基础上，结合静态油水关系及动态注采对应关系，通过密井

区解剖明确点坝内部构型几何要素参数(图 3-12)，为整个研究区构型描述提供定量指导。同时，揭示了点坝内部构型几何要素学特征(图 3-13)：点坝内部侧积层近斜列式排列，不同时期的夹层倾角上缓中陡下缓，下部连通；各侧积夹层顶面，近水平分布；平行侧积方向，点坝逐渐发育，砂体厚度增大，垂直侧积方向，点坝逐渐发育，砂体厚度减小；起遮挡作用的岩性夹层多分布在砂体中上部，下部发育较少；夹层上部落淤层厚度变化不明显。

点坝内部构型模式图

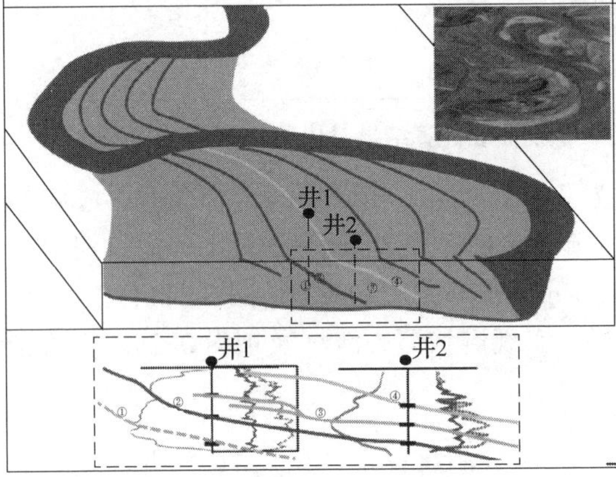

点坝内部构型参数

- 点坝宽度：320 ~ 412m
- 夹层侧积方位角：垂直废弃河道方向
- 夹层倾角：4° ~12°
- 夹层平面密度：0.04~0.09个/m
- 夹层垂向密度：0.33~0.5个/m
- 平均延伸长度：32.1~67.4m
- 侧积体宽度：56~77m
- 生长模式：曲率最大生长模式
- 平面样式：月牙形
- 剖面样式：近斜列式，不同时期的夹层倾角稍有变化，上缓中陡下缓，下部连通

图 3-12　点坝内部构型要素几何参数定量描述

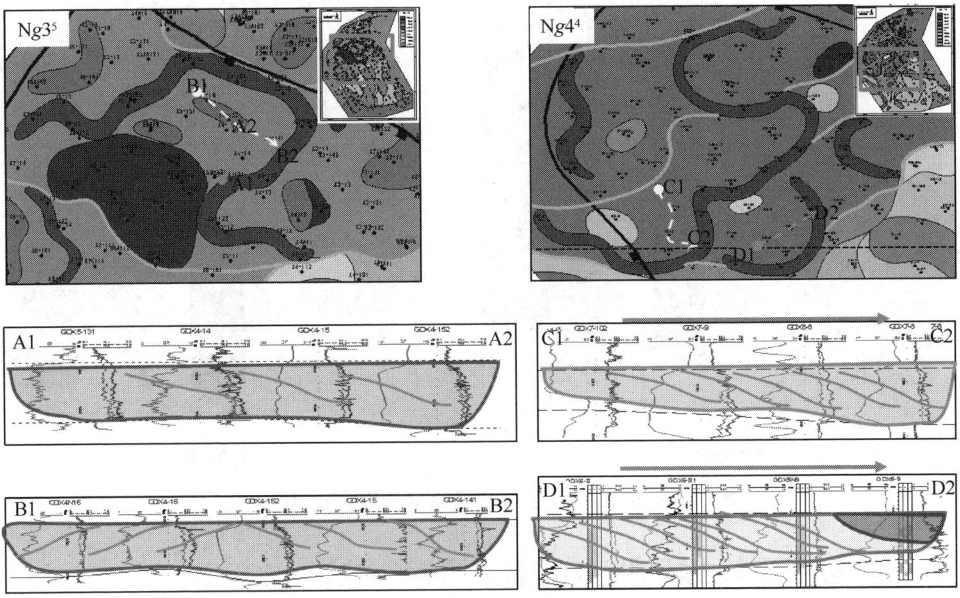

图 3-13　河道砂体侧积体变化特征

三、废弃河道约束定侧积层产状

基于废弃河道定量描述和点坝内部构型要素几何参数，在废弃河道约束下，明确侧积层产状，最终实现成因砂体内部三级构型界面精细表征，为构型级精细地质建模奠定基础。

两组示踪剂实验井组及丰富的钻井和地震资料，对曲流带内部结构单元划分进行论证。以点坝砂体结构形态模式为指导，通过井、震数据可以确定河道侧向叠加位置处点坝砂体类型。

曲流带内河道带间以侧向叠加为主。河道间的泥岩保存下来得较多，但河道间不连续，导致曲流带内部结构更加复杂。

结合工区实钻井进一步对该研究成果进行了验证。

1. 解决了原有认识中的油水矛盾

研究区西部原研究认识存在油水矛盾，GD18-17 井位于低部位，测井解释结论为油层，GD18-12 井位于高部位，测井解释结论为含油水层。根据研究区曲流带内河道分布特征及河道体内点坝分布特征，GD18-17 井与 GD18-12 井之间砂体不连通，存在废弃河道，与实际认识一致，有效解决了原认识中的油水矛盾，进一步验证了研究成果的准确性。

2. 新井资料进一步验证了研究成果的准确性

GD2-11CN7 井于 2020 年 10 月 1 日完钻，钻遇 $Ng3^2$ 小层仅为 1.2m，砂体薄，符合研究认识中的废弃河道特征；另外，该井 $Ng3^2$ 小层电性高、水淹程度低，分析后认为该井附近的弱连通带具有一定遮挡作用，采出程度低，形成了剩余油富集区，进一步证实了储层研究成果的准确性。

第四节　小　　结

（1）以单井沉积微相划分为约束，提取钻井周围不同沉积微相的地震属性，构建曲流河沉积微相智能识别样本集，采用随机森林方法对样本集进行训练和预测，实现了基于地震属性的微相的智能识别，分别求取目的层段内属于边滩、河漫滩、天然堤 3 种沉积微相的概率值。通过智能预测，得到 $Ng2^5$ 曲流河的边滩、天然堤、河漫滩微相砂体的三维概率预测体，按 3 个微相分别提取切片，并进行叠合显示，得到微相砂体智能预测结果、形状符合河道发育的自然形态，平面接触关系与实际河流相沉积规律相符。实钻与预测砂体厚度对比显示，误差小于 1.5m，提高了薄储集层砂体描述的准确性。

（2）在地质统计学反演中采取小层格架进行约束和测井波阻抗曲线去压实处

理，有效放大了目的层段砂、泥岩波阻抗差异，反演分辨率得到明显提高，最高可有效识别厚度 2m 以上单一成因砂体及宽度 150m 以下的窄河道薄砂体，真正实现了小层级别的储层边界精细刻画。反演结果清晰地反映了河流相砂体的河道边界特征及纵向叠置关系，与实际地质认识一致，反演砂体厚度吻合率达到 85% 以上，储层预测准确性提高了 10%。

（3）基于地震属性机器学习、地质统计学反演等技术，提高了储层描述精度，实现由"沉积模式指导"的定性研究到"井震深度融合"的定量描述。以成因砂体精细对比为基础，以点坝砂体结构形态模式为指导，开展河流相储层构型表征，应用自然伽马测井、伽马能谱测井开展岩相组合模式识别并确定夹层位置，通过夹层解剖确定构型要素类型、产状及几何参数，引入废弃河道约束侧积层产状，进一步提高了储层构型表征的精度。

第四章　砂体构型建模及其内部差异渗流表征

特高含水后期油水两相渗流差异加剧，基于井震结合储层展布砂体叠置及连通性评价，深化成因砂体构型及内部油水两相差异渗流描述。针对传统建模不能表征薄夹层及极端高耗水薄层带等问题，使得结果过于模式化、未做圆滑处理等，采用随机建模方法，创新了成因砂体构型精细表征及建模、油水两相差异渗流描述方法，实现极端耗水层带及控制下的剩余油分布精准描述，为极端耗水层带定量描述动态差异提供快速判识机理方法。

第一节　成因砂体构型精细建模

孤岛油田西区北位于孤岛披覆背斜构造西翼，是人为划分的不封闭的开发单元。该区馆3、4砂层组为曲流河沉积。1973年投入开发，开发上分两套层系，目前两套层系均处于特高含水开发后期，同层系间井网存在差异，井网长期未调整流线固定，极端耗水条带发育。胜二区沙二段为辫状河沉积，目前也处于特高含水开发后期，同样存在高耗水条带发育等问题，常规数值模拟剩余油预测结果与取芯井实测结果存在较大差异，取芯井结果表明特高含水开发后期储层内部渗流差异加剧，但目前研究手段限于地质模型描述精度和常规数值模拟针对特高含水后期渗流规律考虑不足等方面的问题，难以获得高精度的剩余油描述结果，极大限制了该类油藏的高质量调整。

常规油藏建模基于地质认识的精细程度，一般可精细到小层或单砂体级别，对成因砂体内部构型一般不考虑。常规油藏建模精度不能满足开发中后期的剩余油定量描述，对特高含水后期剩余油深度开发的精度不够，因此需要在常规油藏地质建模技术基础上，开展成因砂体构型精细建模技术研究，从而实现构型内部剩余油的精细表征。针对常规建模不能表征薄夹层及极端高耗水薄层带，采用随机建模方法对薄夹层产状难以准确表征等问题，创建了“小层砂体确定性控制、多点侧积层再现、相控物性模拟”的点坝构型建模方法，实现了储层构型界面的逐级表征和构型内部非均质性的精细刻画(图4-1)。

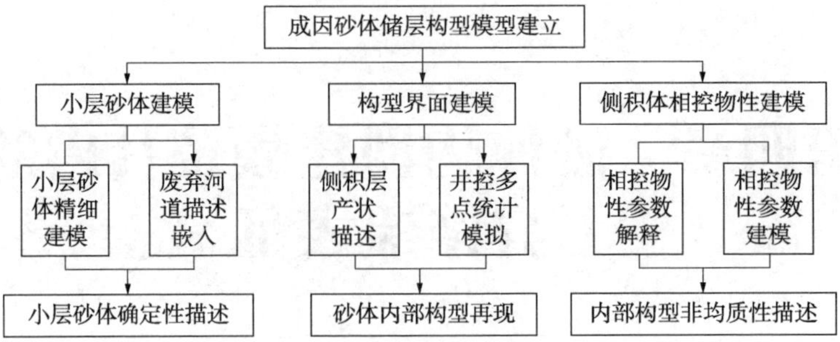

图 4-1　成因砂体构型建模技术路线

一、小层砂体确定性建模

砂体建模是油藏建模的重要组成部分，目前砂体建模方法主要包括两大类：确定性建模方法和随机建模方法。确定性建模是从具有确定性资料的控制点(如井点)出发，推测井间确定且唯一的砂体展布。随机建模是对储层不确定性的评价，基于随机函数理论，产生可选的等概率储层模型的方法。两种方法在勘探开发中均已广泛应用，针对特高含水后期密井网油藏，一般井距较小，地质认识较为确定，因此推荐应用确定性建模方法建立与地质认识一致的小层砂体展布模型。

该建模方法是在小层砂体精细对比基础上，应用确定性建模技术建立砂体展布模型，并进一步结合废弃河道界面识别成果，应用嵌入式建模方法，实现小层单砂体精细建模(图 4-2)，为砂体内部构型精细建模奠定框架基础。

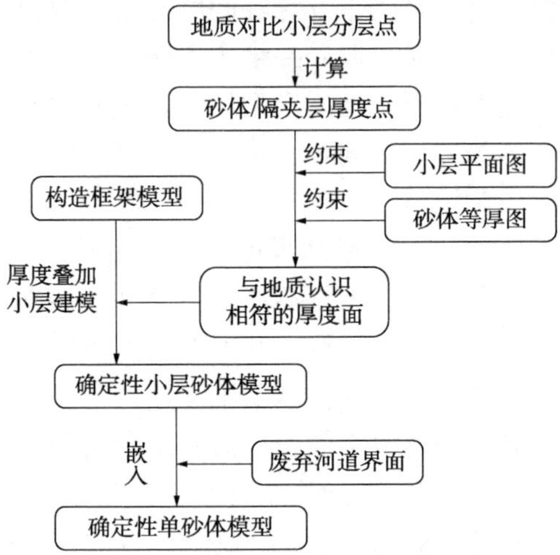

图 4-2　小层砂体确定性建模技术路线

二、砂体内部构型界面建模

砂体内部构型界面建模是构型级精细地质建模的关键和难点。由于单砂体内部构造界面与小层砂体构造顶面是相切的，且构型建模走向在整个研究区是不断变化的，因此将侧积层作为独立小层进行建模几乎是不可行的。同时，应用嵌入式建模方法和基于目标的模拟方法能够较为形象地表达侧积层形态，但与实钻井资料难以精确吻合。因此，需要开展砂体内部构型界面建模技术研究，实现构型界面精细建模。

针对以上问题，提出了基于多点地质统计学的储层构型界面建模方法，建立侧积层模型并嵌入小层砂体模型中，作为训练图像；然后在训练图像指导下，结合密井网夹层解释成果，应用多点地质统计学方法，实现砂体内部构型界面建模。

多点地质统计学建模是应用“训练图像”代替变差函数以建立多点之间的相关性，表达实际储层结构、几何形态及其分布模式，克服了传统地质统计学不能再现目标几何形态的不足，建立的沉积微相模型更具有地质意义。在实际建模过程中，数据事件概率难以通过稀疏的井资料获取，需要借助训练图像。对于沉积相建模，训练图像相当于定量的相模式，并忠实于实际储层内的井信息，反映了一种先验的地质概念。一个给定的数据事件的概率可通过应用该数据事件对训练图像进行扫描获取，如图 4-3(a)和图 4-3(b)，可得到 4 个重复，其中中心点为河道(灰尘色)的重复有 3 个，河道间(细格)的重复为 1 个。

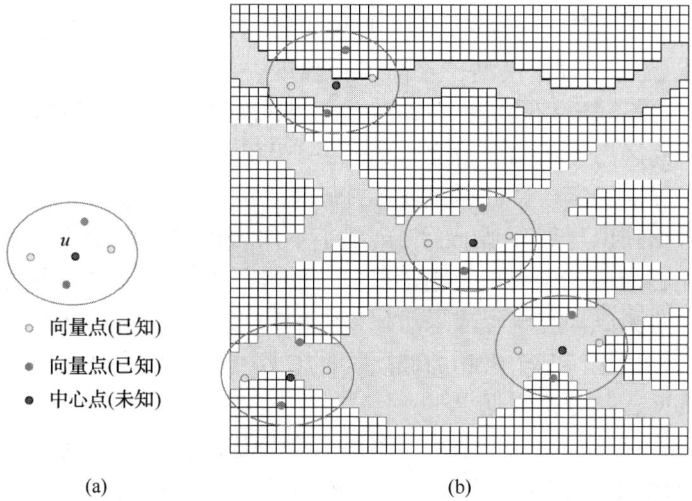

图 4-3　数据事件与训练图像示意图

独立 Zone 描述侧积层产状结合多点地质统计学地质体重构能力强的优势，解决了夹层随机建模不能如实反映侧积层产状的弊端，实现了侧积层空间展布的描述(图 4-4)。

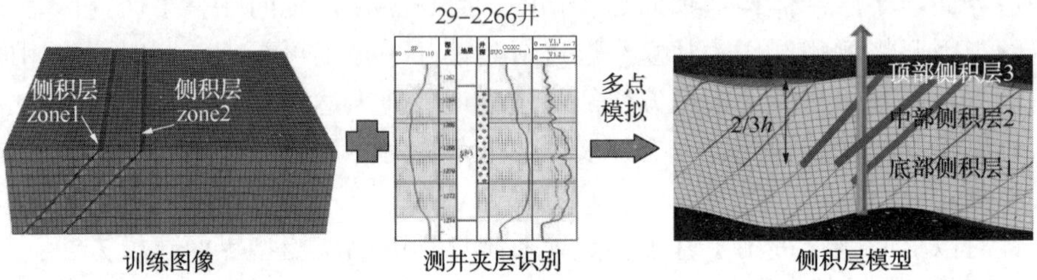

图 4-4　基于多点的侧积层精细建模

三、侧积体相控物性建模

地质油藏三维地质建模的最终目的是建立能够反映油藏储层物性孔隙度、渗透率、含油水饱和度、净毛比空间分布的参数值模型。由于地下储层物性分布的非均质性与各向异性，常规的少数观测点进行插值的确定性建模，不能反映空间变化。这是因为，储层物性参数空间分布具有随机性，储层物性参数的分布又受到储层砂体成因单元的控制。因此在构型模型基础上，应用地质统计学和随机过程的相控模拟方法，是定量描述储层物性空间分布的最佳选择。

另外，基于沉积微相的测井二次解释，对于薄的相对高渗段渗透率解释存在误差，不能准确反映储层非均质性，满足不了极端耗水层带精细表征要求。针对该问题，研究了基于粒度和弗劳德数的岩相判识方法，进而创建了不同岩相储层物性参数测井解释模型，提高了孔隙度、渗透率等储层参数解释精度。

岩相判识与不同岩相储层物性参数预测方法如下。基于研究区 6 口取芯井数据，建立了研究区河流相储层粒度中值测井解释模型(图 4-5)，确定颗粒粒径，根据粒度分级标准确定岩性，通过取芯井验证，岩性识别符合率达到 90%以上。

在单井岩相判识与划分基础上，创建了不同岩相储层物性参数测井解释模型(图 4-6)，能够准确刻画夹层及高渗层段，使储层非均质性表征更加精准。

从开发井实测成果与解释成果对比(图 4-7)可见，与常规基于沉积微相的测井二次解释成果相比，基于岩相的储层物性参数测井解释成果相对高渗段渗透率解释值更加接近岩芯分析数据。

以不同岩相的储层物性参数测井解释成果为基础，针对不同成因砂体物性统计特征的差异化(心滩内平行界面方向的渗透率远大于垂直方向渗透率，河道砂体内部纵向上下部渗透率显著高于上部渗透率，河道、溢岸、河漫滩、泛滥平原物性逐渐变差)，分别设定变差函数，应用相控随机模拟方法建立物性模型，实现构型内部高渗段物性参数非均质性精细建模，更好地反映了研究区储层的强非均质性，为差异渗流研究奠定基础。

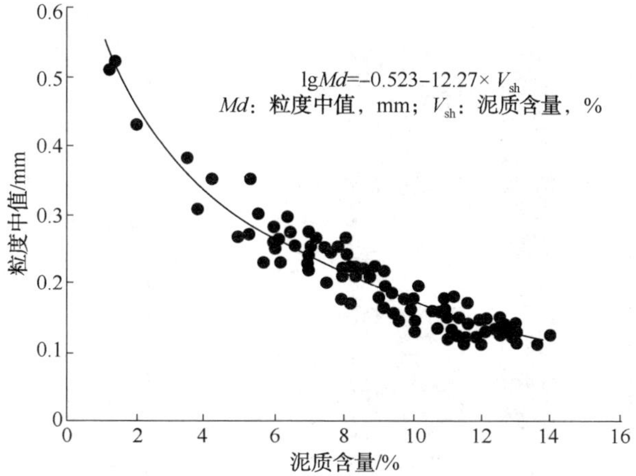

图 4-5　研究区粒度中值解释模型

岩相组合	解释公式	解释图版
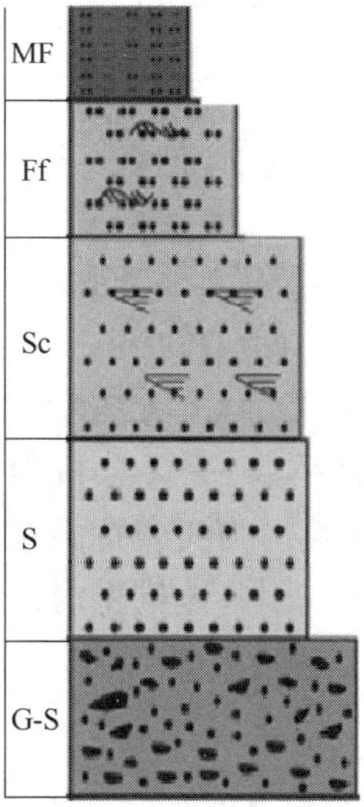	泥质粉砂岩相 $\lg K=0.195\Phi-4.206$ R为0.92	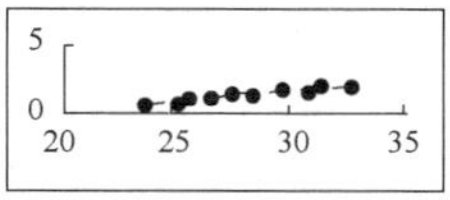
	水平层理粉砂岩相 $\lg K=0.048\Phi+1.353$ R为0.96	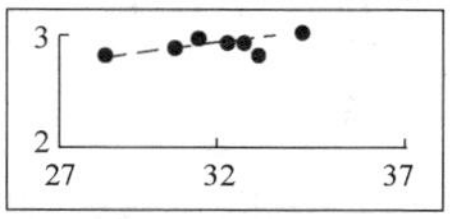
	交错层理砂岩相 $\lg K=0.13\Phi-1.414$ R为0.90	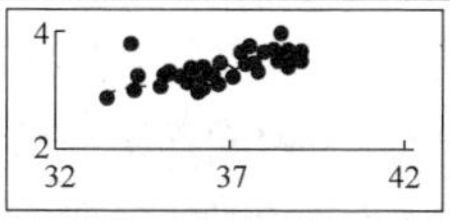
	块状构造细砂岩相 $\lg K=0.149\Phi-2.086$ R为0.91	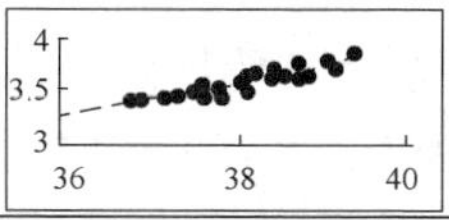
	块状构造砾岩相 $\lg K=0.08\Phi+0.214$ R为0.94	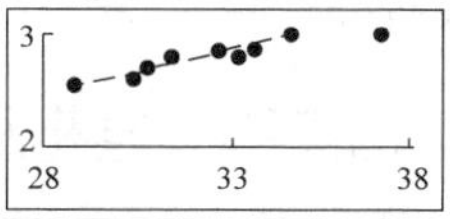

图 4-6　不同岩相储层物性参数测井解释模型

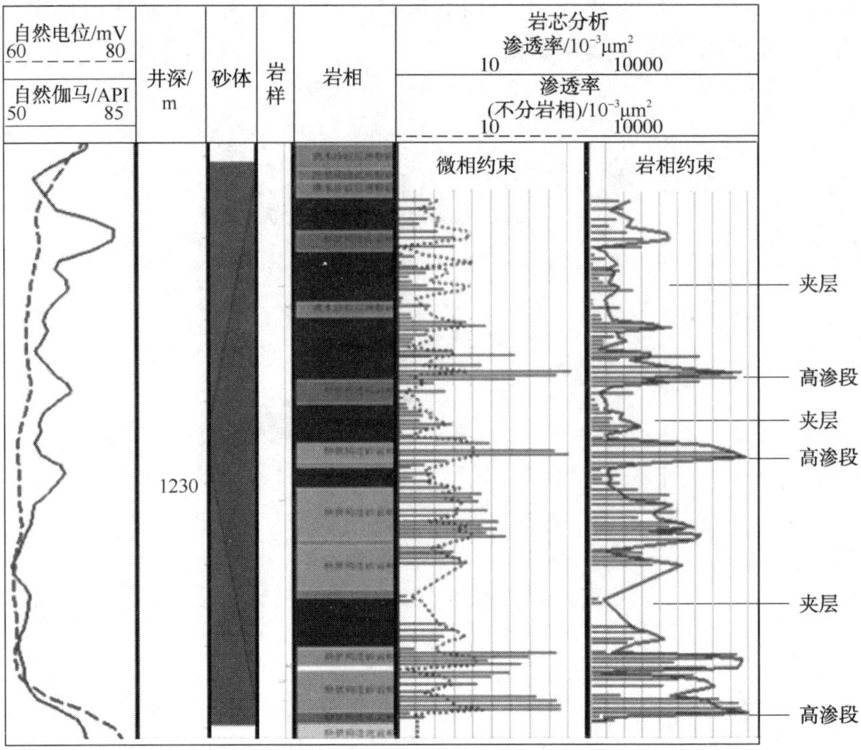

图 4-7 GDX4-J13 井岩芯分析渗透率与解释渗透率对比图

第二节 成因砂体构型内部差异渗流表征

差异渗流可以用流动单元解释，注入水驱动流线长期固定，协同低级次渗流屏障的阻隔，特高含水后期逐渐演化形成稳定的动态渗流界面(图 4-8、图 4-9)。低级次的静态渗流屏障又与储层构型息息相关。传统流动单元划分方法多以静态参数(孔渗、岩性、孔喉特征)和渗流能力参数(流度、渗流系数)聚类分析为主，没有考虑储层静态渗流屏障、动态渗流界面对流动单元的影响。为实现特高含水后期剩余油精细定量表征，在构型级油藏模型基础上，开展了成因砂体构型内部差异渗流描述方法研究。

一、构建不同岩相相对渗透率曲线方法

储层渗流规律的研究是剩余油分布规律研究的基础，常规油藏数值模拟方法均是基于经典渗流理论计算油气水三相流量，从而最终获得每个网格点处的剩余油饱和度。

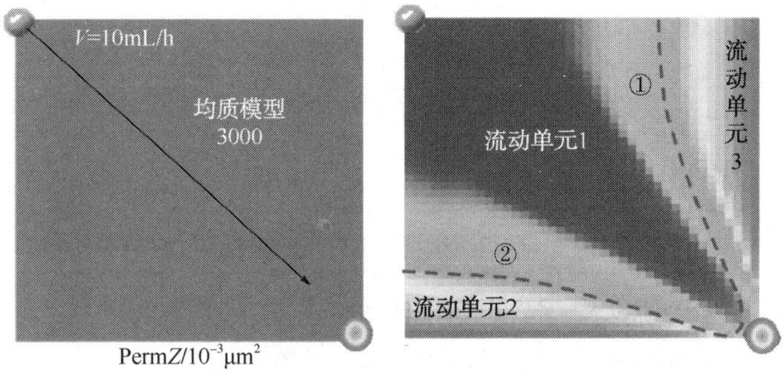

图 4-8　驱动力流线长期固定下形成的动态渗流界面

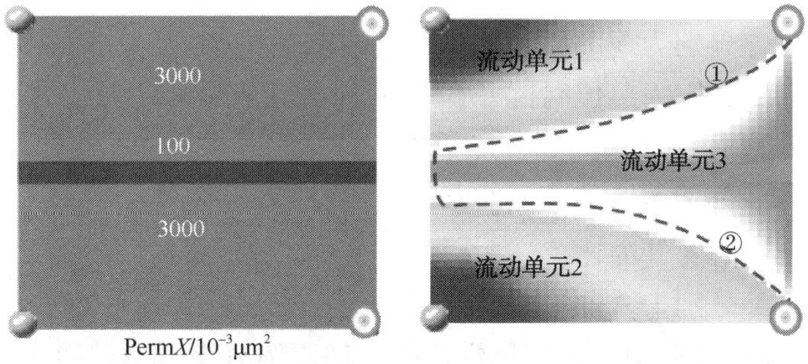

图 4-9　物性渗流屏障控制下形成的动态渗流界面

常规油藏数值模拟描述水驱过程的基本的渗流方程为：

油组分：

$$\nabla\cdot\left[\frac{kk_{\mathrm{ro}}}{B_{\mathrm{o}}\mu_{\mathrm{o}}}(\nabla P_{\mathrm{o}}-\rho_{\mathrm{o}}g\nabla D)\right]+q_{\mathrm{o}}=\frac{\partial}{\partial t}\left(\frac{\varphi S_{\mathrm{o}}}{B_{\mathrm{o}}}\right) \tag{4-1}$$

水组分：

$$\nabla\cdot\left[\frac{kk_{\mathrm{rw}}}{B_{\mathrm{w}}\mu_{\mathrm{w}}}(\nabla P_{\mathrm{w}}-\rho_{\mathrm{w}}g\nabla D)\right]+q_{\mathrm{w}}=\frac{\partial}{\partial t}\left(\frac{\varphi S_{\mathrm{w}}}{B_{\mathrm{w}}}\right) \tag{4-2}$$

气组分：

$$\nabla\cdot\left[\frac{kk_{\mathrm{rg}}}{B_{\mathrm{g}}\mu_{\mathrm{g}}}(\nabla P_{\mathrm{g}}-\rho_{\mathrm{g}}g\nabla D)\right]+\nabla\cdot\left[R_{\mathrm{so}}\frac{kk_{\mathrm{ro}}}{B_{\mathrm{o}}\mu_{\mathrm{o}}}(\nabla P_{\mathrm{o}}-\rho_{\mathrm{o}}g\nabla D)\right]+q_{\mathrm{vg}}=\frac{\partial}{\partial t}\left[\varphi\left(\frac{S_{\mathrm{w}}}{B_{\mathrm{w}}}R_{\mathrm{so}}+\frac{S_{\mathrm{g}}}{B_{\mathrm{g}}}\right)\right] \tag{4-3}$$

辅助方程：

$$\begin{aligned}&S_{\mathrm{o}}+S_{\mathrm{w}}+S_{\mathrm{g}}=1\\&P_{\mathrm{cow}}=P_{\mathrm{o}}-P_{\mathrm{w}}\\&P_{\mathrm{cgo}}=P_{\mathrm{g}}-P_{\mathrm{o}}\end{aligned} \tag{4-4}$$

初始条件：

$$P(x,\ y,\ z)\mid_{t=0}=P_i(x,\ y,\ z) \tag{4-5}$$

边界条件：

$$\left.\frac{\partial P}{\partial \sum}\right|_{\sum \in (x,\ y,\ z)}=0 \tag{4-6}$$

式中　k——渗透率，%；

k_{ro}、k_{rw}、k_{rg}——分别为油、水、气相相对渗透率；

B_o、B_w、B_g——分别为油、水、气相的体积系数；

P_o、P_w、P_g——分别为油、水、气相压力，MPa；

P_i——原始地层压力，MPa；

ρ_o、ρ_w、ρ_g——分别为地下原油、水、气的密度，g/cm^3；

q_o、q_w、q_g——分别为单位时间单位体积油藏注入或采出油、水、气的体积流量，m^2/s；

μ_o、μ_w、μ_g——分别为地下原油、水、气的黏度，mPa·s；

R_{so}——溶解气油比，cm^3/t；

S_o、S_w、S_g——分别为含油、水、气饱和度，%。

从以上渗流公式可知，除流体性质外，储层绝对渗透率和油水两相相对渗透率是影响油水渗流的关键参数。绝对渗透率是储层非均质性研究的范畴，非均质性的精细描述对剩余油预测具有重要影响，尤其是针对特高含水开发后期剩余油精细挖潜意义重大。研究表明，不同微相岩相渗透性存在较大差异，基于不同微相的测井解释方法可以获得不同岩相的渗透率分布，从图 4-10 可见，不同微相岩相的渗透率分布具有明显的区间特征，应用该成果开展相控储层物性建模能够较好地体现构型内部储层物性非均质特征。

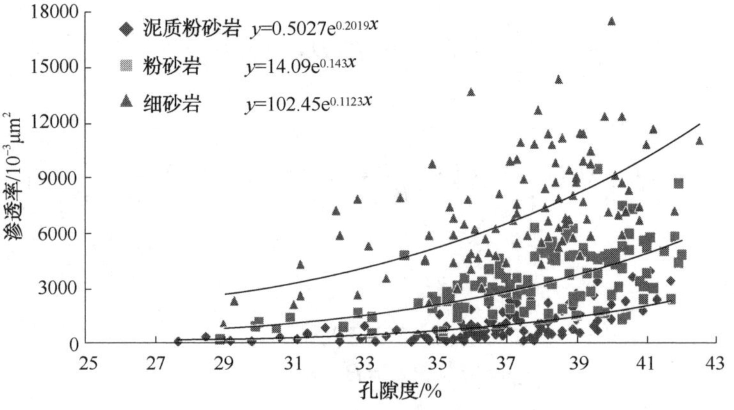

图 4-10　不同岩相的渗透率分布

油水两相相对渗透率属于特殊岩芯分析资料，是目标储层岩石的孔隙结构、渗透率和润湿性等相关参数物理、化学性质的综合反映，可以较为清晰地体现出油、水两相在岩石中的渗流特征。岩石内部的孔隙被流体完全饱和，这时测量到的渗透率即为绝对渗透率，绝对渗透率是岩石本身的性质，与岩石中渗流的流体种类没有关系；有效渗透率则是指在岩石的孔隙喉道中同时包含两种及两种以上的流体时，其中一种流体在岩石中的通过能力，这些数据表现为与流体饱和度之间的变化关系。

从图 4-11 可见，不同微相岩相相对渗透率存在较大差异，其中点坝泥质粉砂岩物性最差，束缚水饱和度最高，可达 0.3 左右，且残余油饱和度也最高；点坝细砂岩物性最好，束缚水饱和度最小，在 0.2 左右，且残余油饱和度最低；点坝粉砂岩渗流能力介于二者之间。从相渗曲线可见，这 3 种岩相驱油效率差别巨大，点坝细砂岩共渗区间明显大于点坝泥质粉砂岩的，对剩余油富集规律将产生较大影响。在实际数值模拟中，由于缺乏不同岩相相渗曲线、油藏模型不够精细等原因，同一油藏一般采用一条相渗曲线进行模拟，无法充分体现不同岩相的渗流差异，从而降低了剩余油定量描述的精度和准确性。

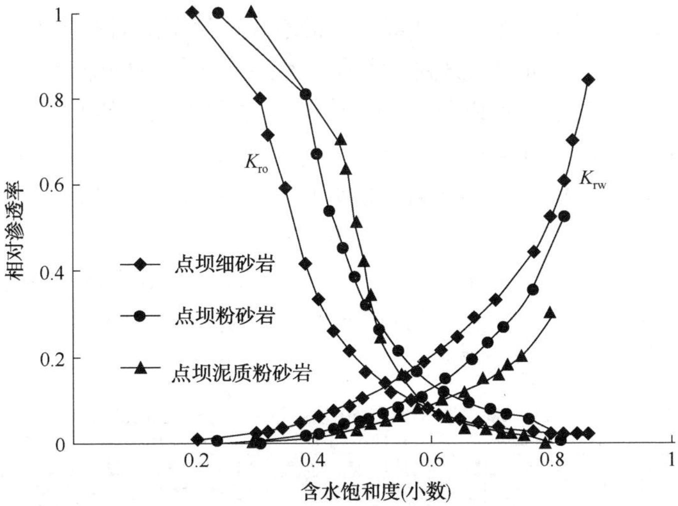

图 4-11　不同岩相油水相对渗透率曲线

为充分体现储层构型内部不同岩相的渗流差异，在岩芯测试基础上，建立了基于 Stone 概率模型的相控油水相渗曲线，该方法通过获取等渗点对应相对渗透率、束缚水饱和度、束缚水对应油相有效渗透率、残余油饱和度和残余油对应水相相对渗透率 5 个特征点进行数据归一拟合处理获得不同岩性的相对渗透率曲线(表 4-1)。

在此基础上，基于相控物性模型，在数值模拟过程中，针对不同岩相进行相渗分区，应用不同的相渗曲线，强化了物性差异控油作用，实现了储层静态渗流屏障的控油作用。

表 4-1　不同岩性相对渗透率曲线特征点数据表

岩性	井号	层位	深度/m	渗透率/$10^{-3}\mu m^2$	孔隙度/%	地下原油黏度/(mPa·s)	等渗点对应含水饱和度/%	等渗点对应相对渗透率	束缚水饱和度/%	束缚水对应油相有效渗透率/$10^{-3}\mu m^2$	残余油对应水相相对渗透率
灰色油斑粉砂岩	G7-26-检 286	$Ng6^4$	1387~1391	311	37.7	46.1	64.5	0.48	35.6	91.5	0.79
砂砾岩	X1	$Ng6^4$	1387~1391	206	35	46.1	58.3	0.24	34.7	53.2	0.75
粉砂岩	X2	$Ng6^4$	1387~1391	2291	39.8	38.2	60.5	0.17	33.5	710	0.88
灰褐色油浸粉砂岩	G2-16-斜检 60	$Ng6^4$	1387~1391	998.9	47.6	41	53.8	0.09	35.8	322	0.91
粗砂岩	G2-16-斜检 60	$Ng6^4$	1387~1391	344.5	33.6	38.2	59.6	0.16	38.3	98.1	0.76

二、成因砂体构型与岩相干扰渗流数值模拟方法

当油田开发进入特高含水期，历经多年的水驱后储层的岩石物理性质发生变化，容易形成优势通道。优势通道及其附近水淹严重，剩余油分布相对较少。同时储层优势通道的形成，对流体的分布和运移起重要作用，控制剩余油的形成和分布。

从不同时期取芯井水淹剖面（图 4-12）可见，综合含水率从 37%增加到 61.1%时，取芯井层段上部和下部含油饱和度从 6%上升到 15%；综合含水率从 61.1%增加到 96.3%时，取芯井层段上部和下部含油饱和度从 15%上升到 17%；综合含水率从 96.3%增加到 97.5%时，取芯井层段上部和下部含油饱和度从 17%上升到 29%；由此可见，在进入特高含水开发后期之后，储层下部含水饱和度急剧上升，储层上下渗流差异加剧。

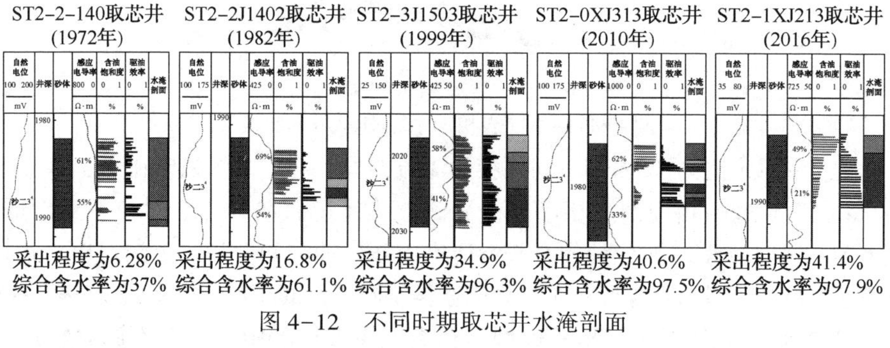

图 4-12　不同时期取芯井水淹剖面

不同时期取芯井水淹剖面表明，受层内非均质影响，正韵律层底部水洗程度

不断增加，层内剩余油差异越来越大，顶部剩余油饱和度比底部的高 10%～15%，进一步加剧了底部水洗程度。

但传统油藏数值模拟方法不能准确描述特高含水后期油藏开发动态差异(图 4-13)，传统数值模拟在特高含水后期开发阶段剩余油精细描述中存在较大的局限性和不适应性，因此，亟须在研究特高含水后期渗流特征基础上，对传统数值模拟方法进行改进。

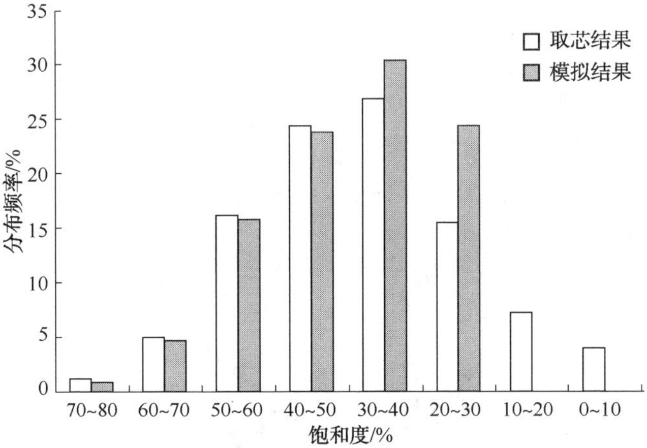

图 4-13　传统数值模拟和取芯井剩余油饱和度对比图

特高含水开发后期，简单的油水两相渗流并不能准确表征特高含水期间储层内流体的流动规律。

实验表明，特高含水后期油水两相渗流特征发生变化，出现极端耗水现象。在室内岩芯驱替实验过程中，当注水倍数达到 50PV 时，驱油效率可达 45%～60%，当注水倍数增大到 1000PV 时，驱油效率为 76.6%。当注水倍数从 50PV 增大到 1000PV 时，岩芯残余油饱和度从 28%降低到 19%，降低了 9 个百分点；水相相对渗透率从 0.2 上升至 0.59(图 4-14、图 4-15、图 4-16)，水油相对渗透率比值从 400 倍左右增至 8000 倍以上，耗水量急剧增加。从高注入倍数实验水相流动阻力变化曲线(图 4-17)可见，随着含水饱和度的增大，水相流动阻力减小，在见水初期含水水相流动阻力下降较快，之后水相流动阻力呈现较长平稳阶段，当含水饱和度达到一定高值后，水相流动阻力急剧减小，水油比急剧上升(图 4-18)，这说明岩芯内部形成了优势通道，产生极端耗水现象。

实验表明，特高含水开发后期油水相渗曲线呈现出非线性特征。但传统相渗曲线驱替 PV 相对较小，在低、中、高含水开发阶段有较好的适应性。然而油藏进入特高含水开发后期以后，油藏局部区域的驱替 PV 数明显上升，若仍然采用传统相渗曲线，则无法准确刻画地下三场变化规律，常规相渗曲线模拟得到的剩余油饱和度分布较均匀，优势渗流通道特征不明显，无法体现特高含水后期剩余油分布的复杂性，因此有必要引入高倍数相渗，进行精细油藏数值模拟。

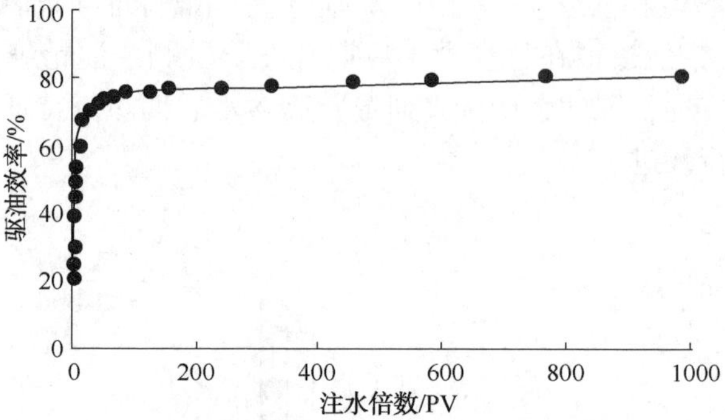

图 4-14　不同注水倍数下的驱油效率

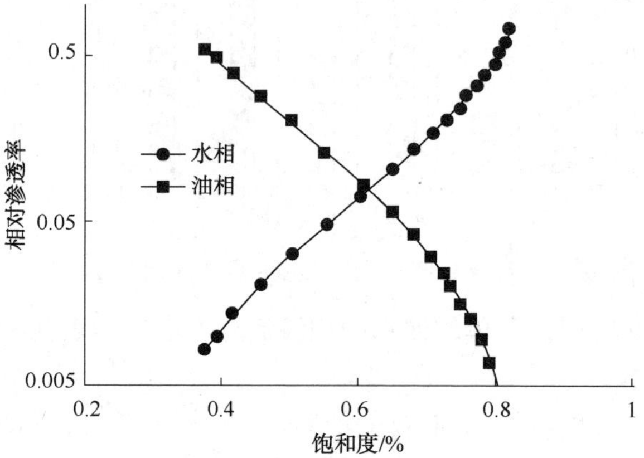

图 4-15　室内油水相对渗透率曲线(1000 倍)

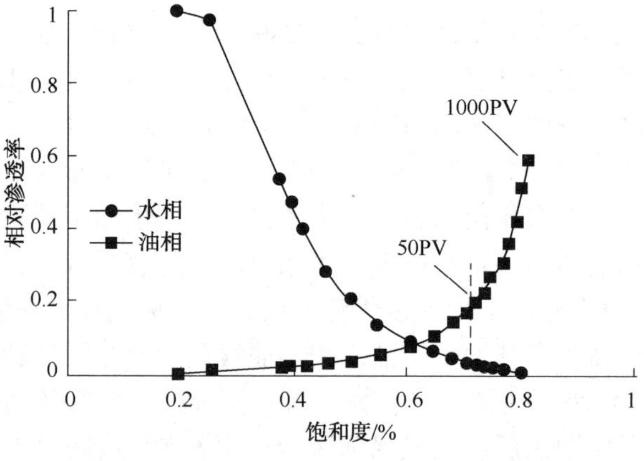

图 4-16　坨 2-0 斜检 313 岩芯室内油水相对渗透率曲线

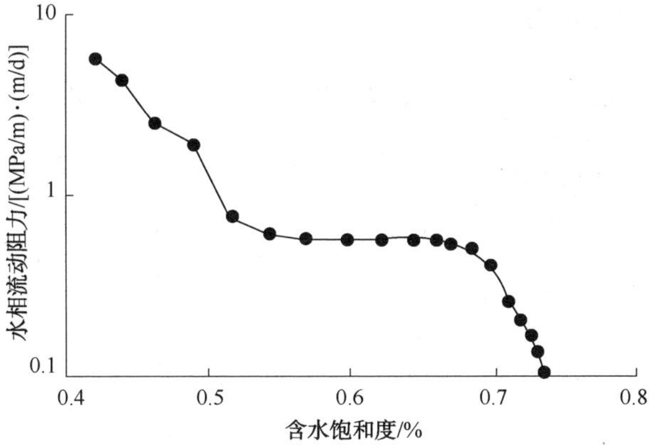

图 4-17　高注入倍数实验水相流动阻力变化曲线(1000PV)

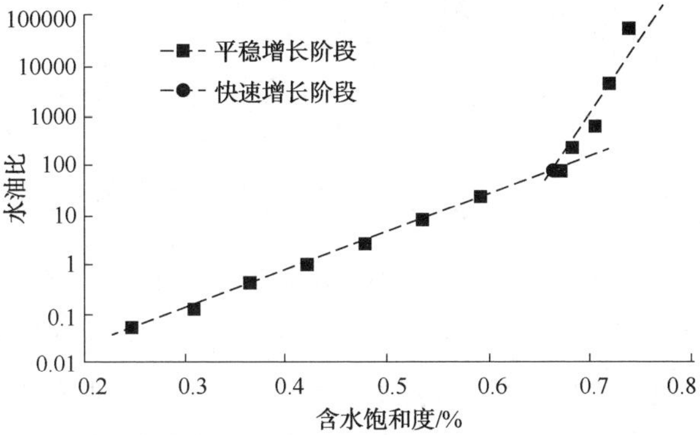

图 4-18　高注入倍数实验水油比变化曲线(1000PV)

从典型井(GD7-31-266 井)的吸水剖面(图 4-19、图 4-20)可知，当含水率为 90%时，常规相渗数值模拟结果与实测吸水剖面结果吻合度较高，高倍相渗数值模拟结果在常规数值模拟结果基础上有所改善，但改善程度不高；当含水率为 98%时，实测吸水剖面显示 4^4 小层高渗透层吸水量达 97%，4^3 小层低渗透层基本不吸水，但常规相渗数值模拟结果 4^3 小层仍有 13%的吸水量，与实测结果误差达 10%以上。应用高倍相渗后，模拟结果改善较大，4^4 小层高渗透层吸水量从 87%提高到 91%，这也充分说明高倍相渗曲线在特高含水后期作用明显。但与实测结果相比，仍存在一定误差，有待进一步深化改进。

针对传统油藏数值模拟方法和简单高倍相渗模拟方法不能准确描述特高含水后期油藏开发动态差异的问题，在高倍相渗理论基础上，基于岩芯驱替实验，研发了特高含水期干扰渗流数值模拟方法，实现了数值模拟过程中渗流特征的动态更新。

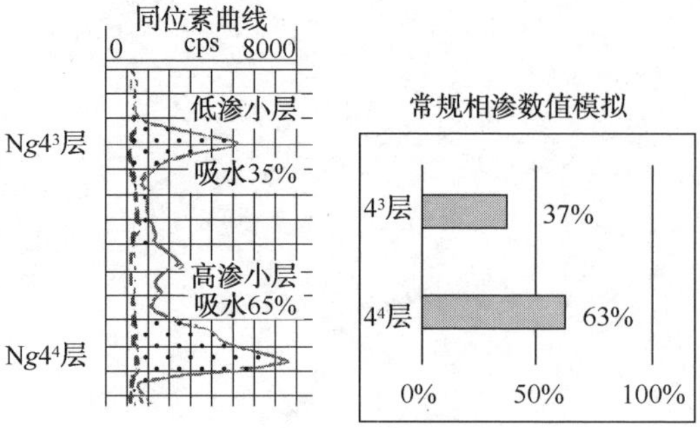

图 4-19　GD7-31-266 井吸水剖面和数值模拟结果对比图(含水率 90%)

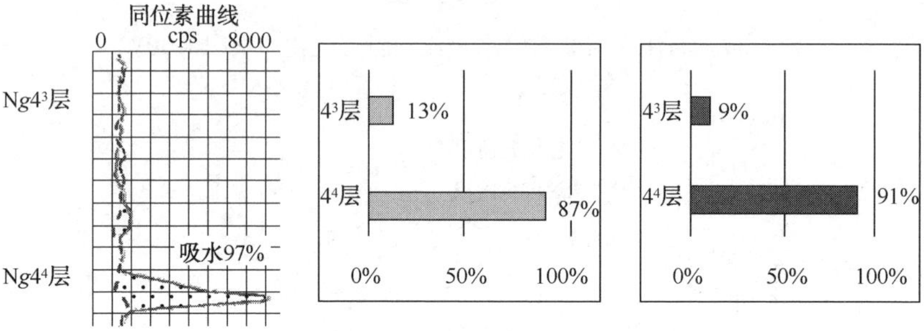

图 4-20　GD7-31-266 井吸水剖面和数值模拟结果对比图(含水率 98%)

为阐明特高含水期油藏的渗流机理，设计并开展了油水两相渗流物理模拟实验(图 4-21)。在油水流量比值稳定的条件下，改变油水两相各自的流量，测定对应的稳定压差，绘制该饱和度下油水流量与压力梯度的关系；在不同的油水流量比值下重复该实验。该实验应用黏度为 45mPa · s 左右的原油，测试不同含水饱和度、不同渗透率下($1130\times10^{-3}\mu m^2$、$1510\times10^{-3}\mu m^2$)，油水两相各自流量与压力梯度的关系。

从含水饱和度为 0. 58 时，油水两相各自流量与压力梯度的关系(图 4-22)可见：油水各自的流量随压力梯度的增大而增大；水相流量与压力梯度的变化关系为过原点的直线，符合达西渗流方程；当压力梯度大于一定值后，油相才能流动，低于该值则不流动，表明存在干扰压力梯度。

从不同含水饱和度时，油水两相各自流量与压力梯度的关系(图 4-23)可见，对于油相来说，干扰压力梯度随含水饱和度的升高而增大，表明油相流动难度越来越大。

从不同渗透率时，油水两相干扰压力梯度关系(图 4-24)可见，油相的干扰压力梯度大，水相的干扰压力梯度很小，基本可以忽略。

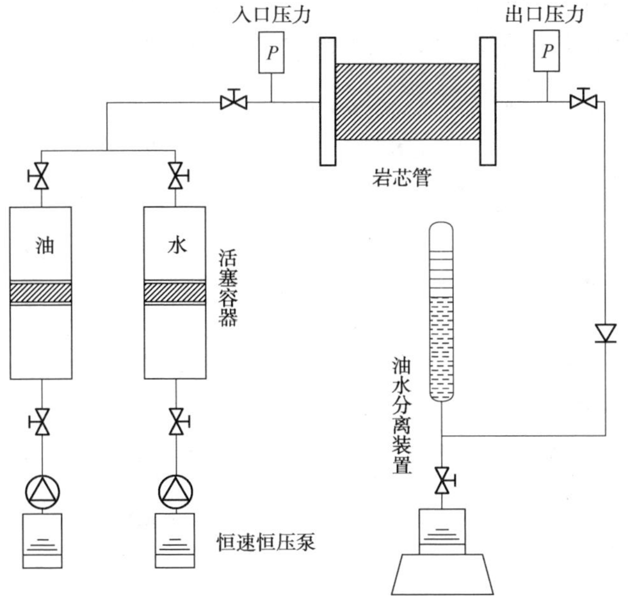

图 4-21　实验装置

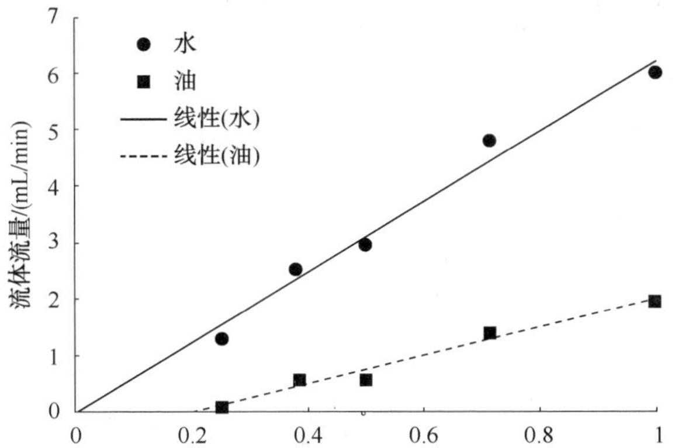

图 4-22　压力梯度随流量变化关系图

通过岩芯驱替实验，揭示了物性干扰对油水两相渗流差异的影响，明确了特高含水后期油水两相流量随含水率、饱和度的变化规律，揭示了油水两相干扰、物性干扰、时变干扰，加剧了油水两相渗流差异影响。同一驱替压力条件下，与高渗透岩芯单独驱替相比，采用高渗透岩芯并联驱替的油水两相渗流能力更强。

与低渗透岩芯单独驱替相比，低渗透岩芯并联驱替导致油水渗流的困难程度增加。特高含水后期物性干扰加剧了油水两相渗流差异。特高含水后期，随着含水率增加，实验高、低渗透岩芯与相应数值模拟岩芯的瞬时产水量差异明显增大。因此，需要对不同含水、渗透率级差条件下的油水两相流量进行修正。

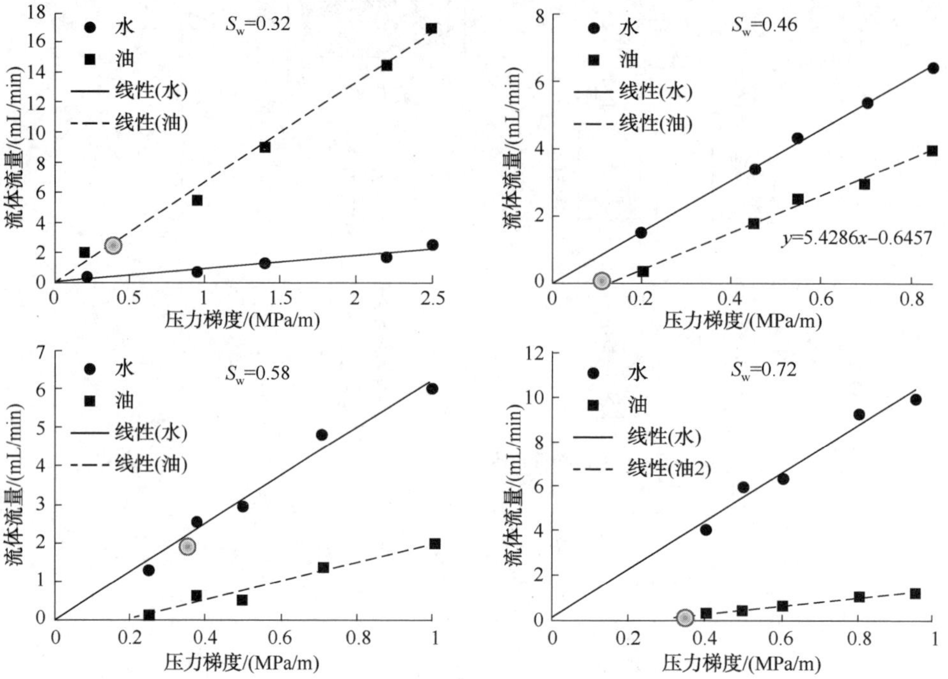

图 4-23　不同含水饱和度下压力梯度随流量变化关系图

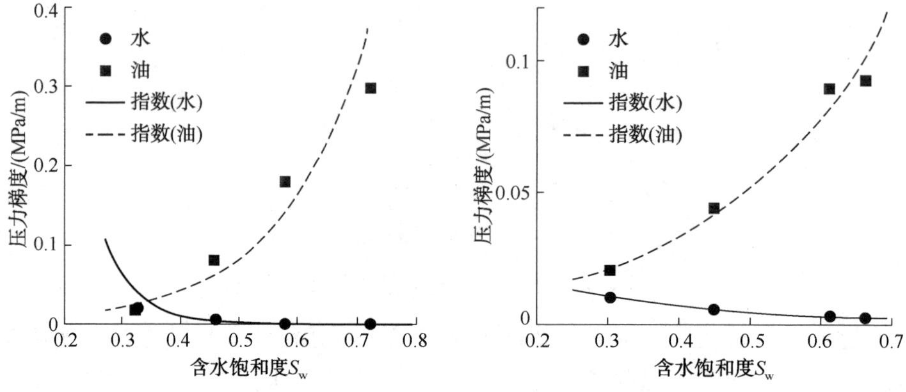

图 4-24　不同渗透率下的干扰压力梯度对比图

基于岩芯渗流定量研究成果，分别建立了高、低渗透储层特高含水后期不同渗透率级差下油水两相渗流修正系数图版(图 4-25、图 4-26)，完善了特高含水期油水两相渗流方程。高、低渗透储层油相和水相流量修正系数图版分别建立了渗透率级差从 1 到 7 之间的 6 条修正曲线，其中高渗透岩芯油相修正系数为大于 1 的曲线，低渗透岩芯水相修正系数为小于 1 的曲线。

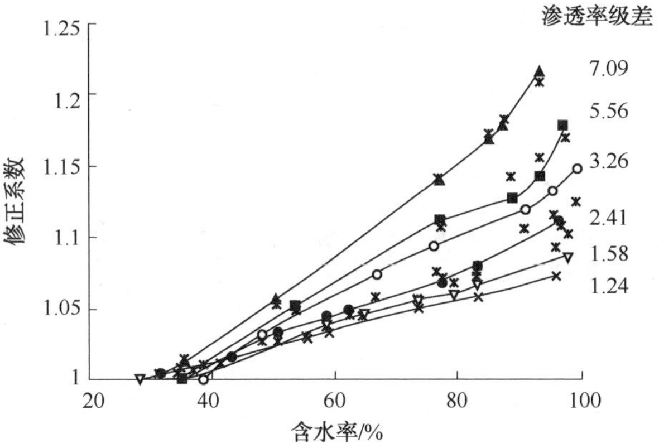

图 4-25　高渗储层油相流量修正系数图版

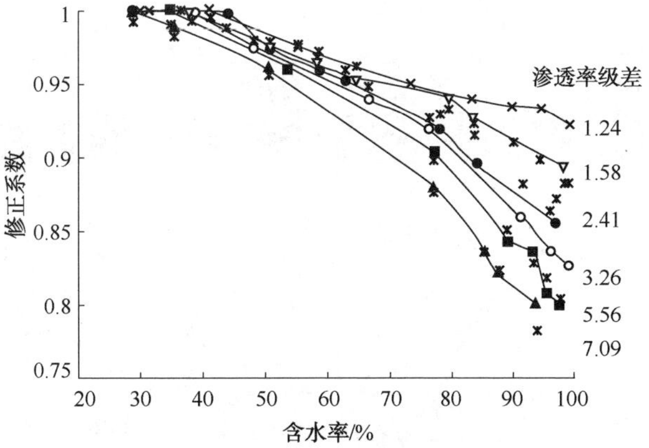

图 4-26　低渗储层水相流量修正系数图版

在油水两相渗流规律研究的基础上，构建了适用于特高含水后期的油藏数值模拟方法，通过修改每个网格各方向的有效压差，将油水两相、岩相物性干扰压力梯度修正系数，考虑进数值模拟方法中，达到网格压力不变而油水流动能力改变的目的。

从方法改进前后的应用效果(图 4-27、图 4-28)可见，与常规数值模拟方法相比，应用以构型和岩相干扰表征为核心的数值模拟分析出的饱和度分布与矿场监测资料的更加接近。考虑油水两相干扰压力梯度后，剩余油分布更加富集。

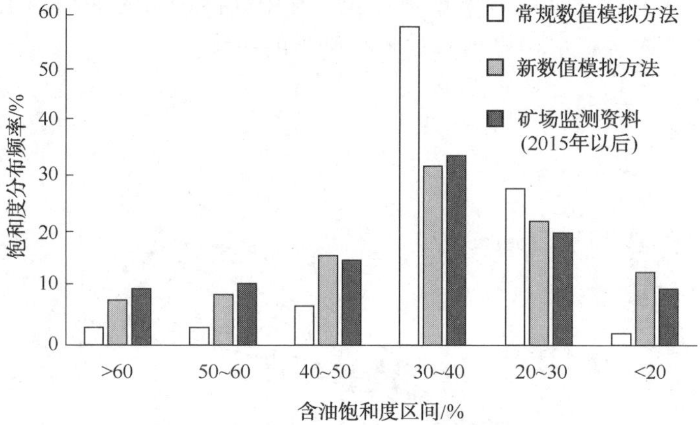

图 4-27　方法改进前后的矿场监测资料拟合结果对比

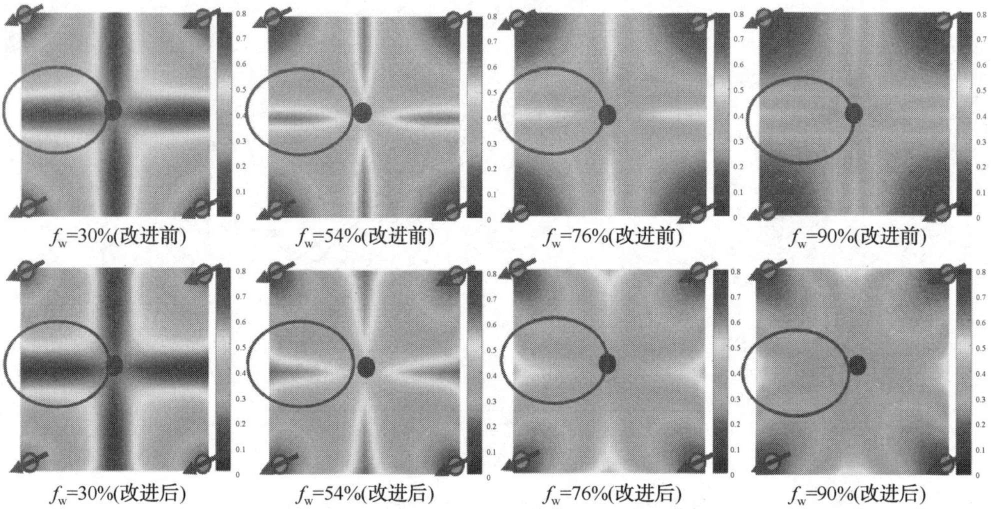

图 4-28　方法改进前后的剩余油分布对比图

第三节　成因砂体构型约束下剩余油富集规律

应用以上适用于特高含水后期的油藏数值模拟方法开展了有构型和无构型约束下的数值模拟研究，从剩余油饱和度对比（图 4-29）可见，平面上有构型控制的剩余油差异化富集规律更加精细，纵向上有构型与无构型饱和度分布差异更大，有构型控制地质模型顶部的剩余油饱和度较无构型控制地质模型顶部的剩余油饱和度增加 5.8%，高剩余油饱和度段砂体厚度增加 2.2m，剩余油局部富集特征更加清晰明确，为进一步揭示成因砂体构型对剩余油富集规律的影响，以河流相储层为例，建立了多种基于成因砂体的构型控制模式，开展了成因砂体构型约束下的河流相储层内部剩余油富集规律研究。

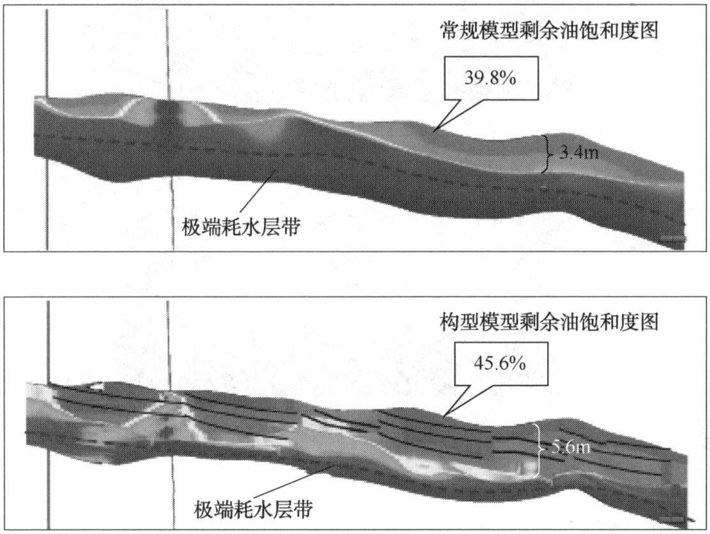

图 4-29 构型约束前后纵向剩余油饱和度对比图

一、单一成因砂体构型控制下的剩余油富集模式

在地质研究基础上提取研究区典型砂体构型模式，该区发育典型的成因砂体构型空间组合方式为辫状河道-泛滥平原组合模式，该时期辫状河水动力充足，辫流带形态呈宽广顺直状，不发育溢岸沉积，辫状河道与泛滥平原直接接触，这一类型是典型的构型要素组合关系。

由于泛滥平原以泥质为主，物性较差，基本不含油。从剩余油富集模式角度分析，该组合模式可简化成为单一辫状河道，通过量化单一辫状河道内物性差异、平面注采和层间差异，研究单一河道成因砂体剩余油分布类型。

通常，单一河道砂体受层内正韵律影响，测井曲线典型形态为钟形，底部突变、顶部渐变，反映水动力逐渐减弱、物源供给量减少，表征河道的侧向迁移和正粒序沉积序列结构特征。层内渗透率级差、水井注水规模、优势通道形成时间导致剩余油富集程度的差异。

从注采井网部署方向与砂体发育形态的和谐性来看，注采井网与主河道方向平行时，由于主河道底部含砾砂体物性较好，上部与下部流动能力差异大，剩余富集储量规模小但富集程度高；垂直河道方向物性较顺河道方向差，驱替相对均衡，剩余富集储量规模大，但富集程度低(图 4-30)。

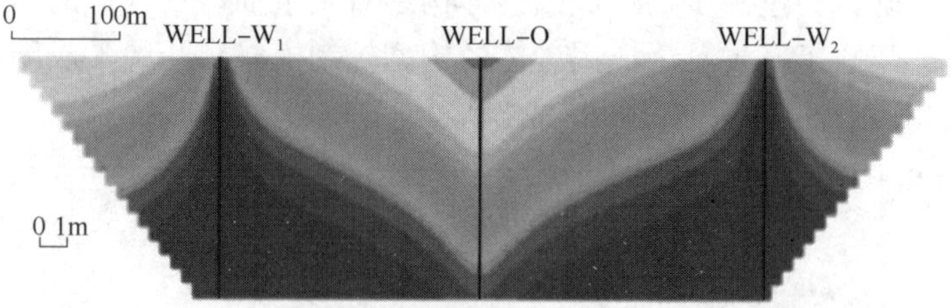

(a)平行河道方向剖面

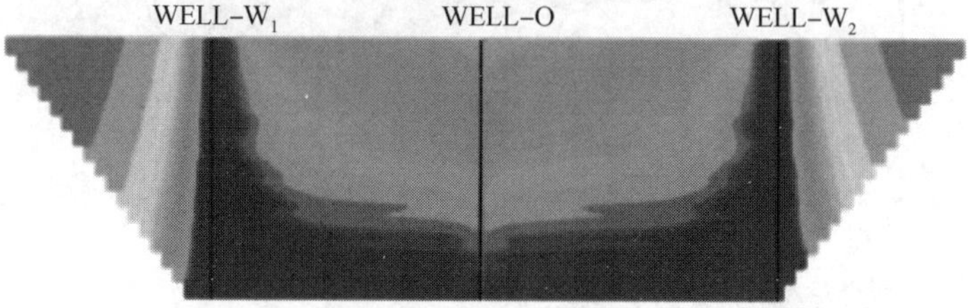

(b)垂直河道方向剖面

图 4-30　单一河道成因砂体注采示意图

该区河道相当较窄，因此部署注采井网多数与河道砂体平行，即沿河道方向部署注采井网。以平面 2 注 1 采为例，通过设计不同的注水井注水强度差异，分析注水强度差异对于平面剩余油富集规律的影响。当 2 口注水井注水强度一致时，即注水强度级差=1 时，沿河道方向纵向剩余油沿生产井左右均衡分布。随着 2 口注水井注水强度的增大，该对称形态逐步发生偏移。因此，平面剩余油受油水井注采强度的影响显著，剩余油明显在弱驱替方向上富集，且受效水井注水强度差异越大，剩余油越倾向于向弱驱替方向富集(图 4-31)。

河道砂成因砂体层内以正韵律、相对均质韵律特征为主，层内渗透率的级差对层内剩余油富集程度也会有一定的影响。在保证对比模型整体渗透率一致的情况下，通过设计不同的层内渗透率级差≤2、级差为 2~5、级差>5 共 3 种情况，分析不同层内渗透率级差下的剩余油富集程度。

从图 4-32 中可以看出，随着储层正韵律特征的逐渐加强，即层内渗透率级差逐渐增大，在储层整体平均渗透率相同条件下，层内剩余油富集特征逐渐加强。以剩余油饱和度大于 0.45 为界限，定义层内剩余油富集厚度占总厚度比例为剩余油富集程度。层内渗透率级差≤2 时，层内剩余油富集程度为 11.7%。当层内渗透率级差为 2~5 时，层内剩余油富集程度为 20.8%。层内渗透率级差>5 时，层内剩余油富集程度为 32.8%。层内渗透率级差越大，剩余油富集程度较高。强正韵律成因砂体(层内渗透率级差>5)较相对均质韵律成因砂体(层内渗透率级差≤2)剩余油富集程度提高 21.1%，剩余油富集程度与渗透率级差大致呈指数上升的关系。

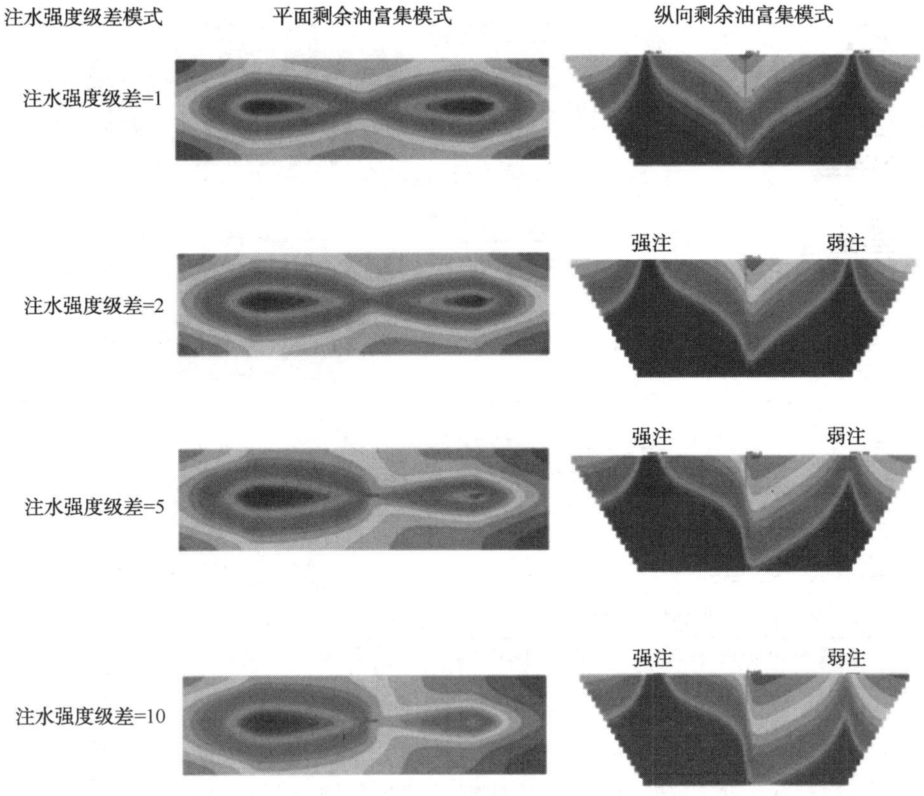

图 4-31　平面注水级差与剩余油富集模式图

辫状河储层中另一重要成因砂体为心滩砂，通常心滩砂垂向上呈底平顶凸，前期研究结果显示，本区心滩砂的宽度与长度比值约为 1∶2.5。该类型成因砂体的正韵律特征表现不明显，心滩内发育连续落淤层，受河道流动冲刷影响，平行流动方向的渗透率远大于垂直方向的渗透率。

从剩余油富集特征可以看出，沿河道流动方向上，注入水呈现快速推进特征，导致平面上剩余油富集在心滩坝侧翼，但心滩坝侧翼砂体厚度薄，剩余储量规模小；纵向上，剩余油受层内落淤层影响显著，油井附近落淤层下部、砂体边部心滩坝侧翼、未形成注采关系的砂体末端剩余油富集特征明显。

二、复合成因砂体构型控制下的剩余油富集模式

孤岛油田西区发育的复合成因砂体主要类型为辫状河道-辫状河道、辫状河道-溢岸、漫溢-泛滥平原，且以辫状河道-辫状河道类型为主(占比为91%)。其中辫状河道-辫状河道为两期河道沉积的垂向叠加或侧向拼接，垂向上可能存在

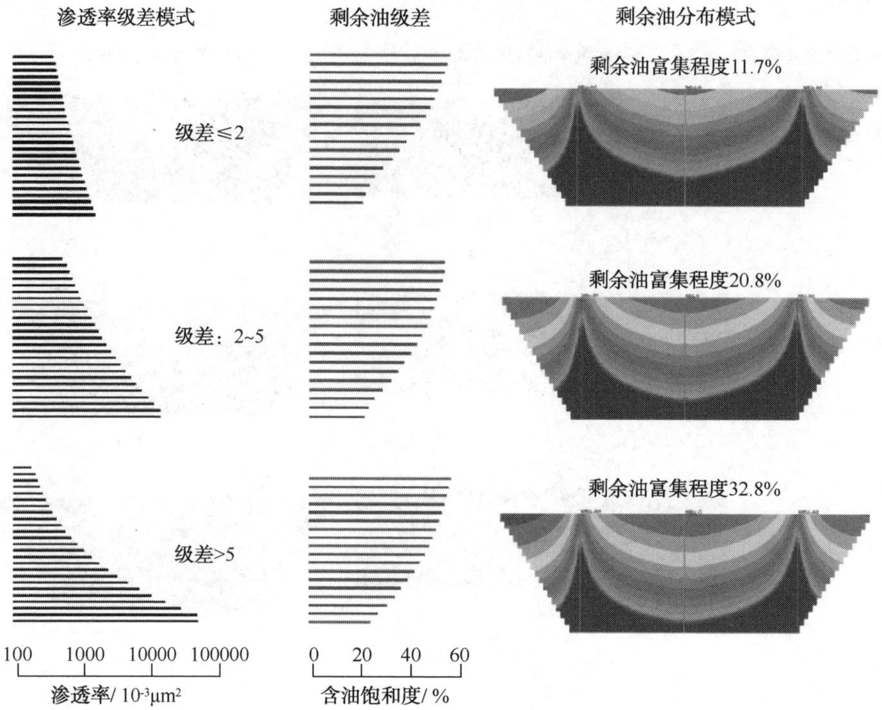

图 4-32　层内渗透率级差与剩余油富集模式图

泥质落淤层隔夹层。辫状河道-溢岸在洪水期，水流漫溢出河道形成溢岸沉积。溢岸沉积与辫状河道相接，发育在其外侧，呈窄条带状分布。该区目的层一般在高弯度河道外侧发育溢岸。

以辫状河道-辫状河道为例开展剩余油富集特征研究，在两期主河道砂体纵向叠加条件下，剩余油主要受夹层(泛滥平原成因)影响，夹层下部剩余油富集特征显著。单期河道内主要受层内正韵律特征影响，上部较下部剩余油更加富集。

辫状河道-辫状河道为典型的复合成因砂体模式，对该层的油藏数值模拟结果显示，岩性遮挡区、韵律层顶部剩余油富集；研究区为正韵律油藏，受岩性遮挡、小层夹层的影响，层内剩余油主要在韵律层顶部、岩性遮挡区富集。

从两期河道剩余油富集对比情况来看，下部辫状河道较上部辫状河道水淹严重，下部辫状河道剩余油饱和度为 38.4%，上部辫状河道剩余油饱和度为 53.6%，上部辫状河道较下部辫状河道剩余油饱和度高出 15.2%。但从局部剩余油富集特征可以看出，部分夹层发育区域下部辫状河道顶部仍然发育一定厚度的剩余油饱和度富集区(图 4-33)。

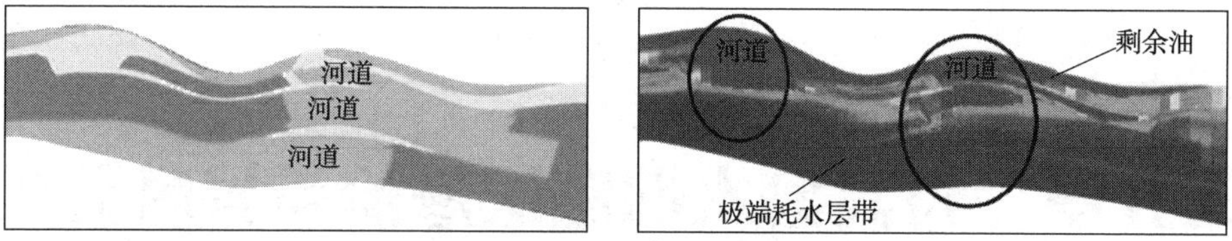

图 4-33　上、下河道局部剩余油饱和度场图

多期河道复杂切叠条件下，剩余油富集特征较目前两期河道更加复杂。以 3 期河道为例，辫状河内河道、心滩较为发育，平面、纵向互相切叠。基于不同成因砂体的物性和渗流特征开展剩余油富集模式研究，由于不同期次河道-心滩等成因砂体储层物性的差异，因此河道-心滩组合模式下的剩余油受沉积界面影响显著，剖面上具有明显的“界面控油”特点。

剩余油富集受沉积界面影响，成因砂体交界面越多，类型越复杂，剩余油富集特征就越显著。

第四节　小　　结

（1）在河流相储层构型及构型要素表征的基础上，从小层单砂体、砂体内部和侧积体 3 个尺度开展了成因砂体构型精细建模。小层单砂体精细建模采用嵌入式建模方法，砂体内部建模采用基于多点地质统计学的储层构型界面建模方法，侧积体建模在单井岩相判识与划分、不同岩相储层物性参数测井解释模型基础上，应用相控随机模拟方法实现了侧积体相控物性建模。

（2）开展成因砂体构型内部差异渗流描述，不同微相岩相相对渗透率存在较大差异，其中点坝泥质粉砂岩物性最差，束缚水饱和度最高。在岩芯测试基础上，建立了基于 Stone 概率模型的相控油水相渗曲线，构建不同岩相相对渗透率曲线，充分体现储层构型内部不同岩相的渗流差异，发展了成因砂体构型与岩相干扰的渗流数值模拟方法，明晰了成因砂体构型约束下剩余油富集规律，为后续储层渗流差异研究奠定了基础。

（3）研究了层内渗透率的级差对层内剩余油富集程度的影响。随着储层正韵律特征的逐渐加强，在储层整体平均渗透率相同条件下，层内剩余油富集特征逐渐加强。强正韵律成因砂体(层内渗透率级差>5)较相对均质韵律成因砂体(层内渗透率级差≤2)剩余油富集程度提高 21.1%。研究了辫状河道-辫状河道、辫状河道-溢岸、漫溢-泛滥平原 3 种成因砂体复合模型下剩余油富集规律。结果显示，以辫状河道为主的复合成因砂体组合中，剩余油富集受沉积界面影响，成因砂体交界面越多，类型越复杂，剩余油富集特征越显著。

第五章　特高含水期储层渗流差异性分析

基于物理模拟实验、高注入倍数相渗，从多管并联及平面非均质模型，开展了特高含水期、后期油水两相差异性及主控因素研究；从微观角度揭示特高含水期油水两相差异渗流机制，对微观剩余油赋存及流动形态类型进行了分析，为遏制极端耗水层带无效低效注入循环流场调整提供依据。

第一节　油水两相差异渗流非均质干扰差异渗流形成机制

纵向上岩芯资料显示层间、层内渗透率差异大，剩余油饱和度分布不均；定点连续吸水剖面资料显示纵向出现极端耗水层段；统计近 5 年 2000 井次吸水剖面资料显示，约 20%的小层中出现极端耗水层段。极端耗水层段岩芯水洗级别为强水洗，驱油效率高(>50%)，厚度小(1~2m 左右)，分布于正韵律底部、复合正韵律分段底部相对高渗透段，是主要的注水推进方向，其形成呈阶段性演变特征。本次从纵向上非均质干扰差异渗流、平面上非均质干扰差异渗流及极端耗水层带形成主控因素 3 个方面进行研究。

一、纵向上非均质干扰差异渗流机制

不同开发阶段，对纵向上非均质干扰差异渗流的研究方法不同，在中高含水开发期研究手段是单管单独驱替实验。

特高含水后期，创新提出了多管并联驱替(图 5-1)，通过实验观察纵向上不同物性岩芯的渗流特征，并总结规律，形成认识。

本次应用多管并联装置，开展了不同渗透性多层并联物理模拟实验，研究特高含水后期储层渗透性差异对渗流差异的影响。

(一) 实验条件

模拟胜利油田的油藏条件，油藏温度是 80℃，实验用水为研究区注入水与地层水；实验用油为脱气原油；地层润湿性为亲水性。

主要仪器设备：Φ2.5cm×100cm 的密闭取芯填砂管；设定压力为 0~6MPa；流量设置为 0.001~60mL/min，误差控制在 10%以内；注入动力则由压力为 0~

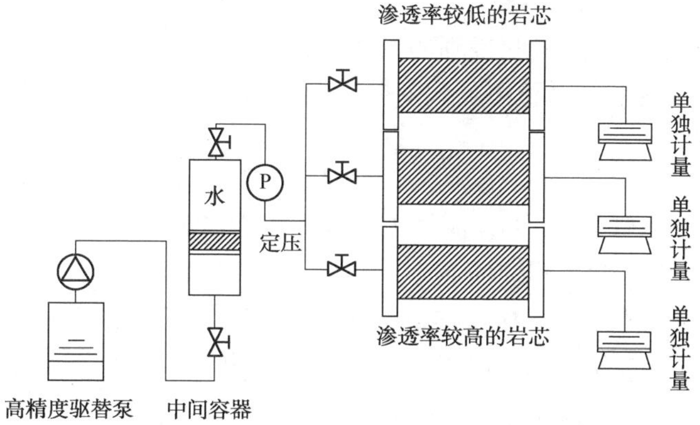

图 5-1　多管并联驱替实验(特高含水开发期)

20MPa，精度在 90%以上的压力泵进行恒压恒速提供；中间仪器的抗压程度达 30MPa，分别由 5L、3L、2L、1L 以及 0.5L 的容器序列组成；测压装置由精度在 99%以上的承压范围在 0~0.1MPa、0~1MPa、0~10MPa 的 3 个压力传感器组成，实验温度区间控制在 0~100℃。

（二）实验步骤

1. 填制填砂管

装滤网：滤网主要为了防止砂管内的砂体被注入液等带出，滤网选取范围为 50~130 目。填砂：针对储层物性，分别设置了渗透率为 K_1、K_2、K_3 与 K_4 的 1#~4# 共 4 种砂管。砂管内的石英砂的颗粒大小以及堆积方式以满足渗透率要求为准。

2. 测定孔隙度和渗透率

完成填砂以后，检查注入管线的连通情况，同时保持中间容器的密闭性，在恒温箱中放入不同序列的砂管进行恒温实验。

在往砂管注入液体之前首先调试仪器到实验要求的压力并排除仪器环空内的气体；同时将填砂管的出气口接入一个放置在密闭水体中带有刻度的倒扣容器内，利用排水采气原理对排出的气体进行收集。

具体实验过程中每 1min 记录一次压力等数据，注入速度为 5mL/min，等到从填砂管内排出注入水呈稳定产出后，利用刻度值计量倒扣容器内气体的体积，进而估算砂管的孔隙度，具体的计算公式如下：

$$\varphi=\frac{4V}{\pi\times d^2\times L}\times 100\% \tag{5-1}$$

式中　φ——砂管孔隙度，%；

L——填砂管长度，cm；

d——填砂管内径，cm；

V——从填砂管出口收集到的气体体积，cm^3。

填砂管的渗透率可以利用下式依据压力稳定时的压力及注入流量求取：

$$K=\frac{Q\times\mu\times L}{A\times\Delta P}\times10^{-1} \tag{5-2}$$

式中 Q——在 ΔP 的压差下，流经填砂管的注入水量，cm^3/s；

A——砂管横截面积，cm^2；

μ——注入填砂管的水黏度，mPa·s；

ΔP——填砂管注入端与产出端的压力差，MPa；

K——砂管的渗透率，μm^2。

基于上述实验流程及对应的计算式，能够较为准确地计算出 1#～4#砂管样品的孔隙度及渗透率，具体样品参数如表 5-1 所示。

表 5-1 不同编号砂管样品孔渗参数表

填砂管编号	孔隙体积/cm^3	平稳压力/MPa	孔隙度/%	渗透率/μm^2
1#	131.0	0.0955	26.06	0.505
2#	149.0	0.0477	30.37	2.151
3#	152.0	0.0315	30.98	3.040
4#	147.0	0.0758	29.96	1.025

3. 饱和油

在以 1mL/min 的流速对砂管样品注入饱和油的时候，首先要排空试验管线中的地层水，保持 1min 采样间隔记录砂管注入端和内部压力传感器的压力值，当排出端液体稳定产出 100%注入油的时候提高注入速度至 2mL/min，稳定后再将注入速度提高至 3mL/min，等到排出端流量稳定后记录相关的注入以及排出端油量数据。

关闭实验仪器之后，保持砂管内压力及温度恒定之后，静置 48h，按照下式分别计算单管实验室各砂管的含油饱和度。

$$S_o=\frac{V_o}{V}\times100\% \tag{5-3}$$

式中 S_o——含油饱和度，%；

V_o——砂管孔隙体积，cm^3；

V——饱和油量后，注入端与排出端油量之差，cm^3。

4. 多管并联实验流程

将饱和油的 4 条砂管按照图 5-2 并联装置安装好后，开泵，排空中间容器和管线，恒定压驱替，同一组不同岩芯渗透率多管并联驱替，分别记录各岩芯的压差和流量。

恒压多管驱替实验显示：到整体含水率 96. 0%时，其中含水率高达 98. 7%的层，吸水量占 64%，产油量仅占 0. 8%，成为极端高耗水层；而含水率为 74. 5%的潜力层，吸水量只有 0. 5%，潜力得不到发挥，渗透率 $500\times10^{-3}\mu m^2$ 管保持原始状态。

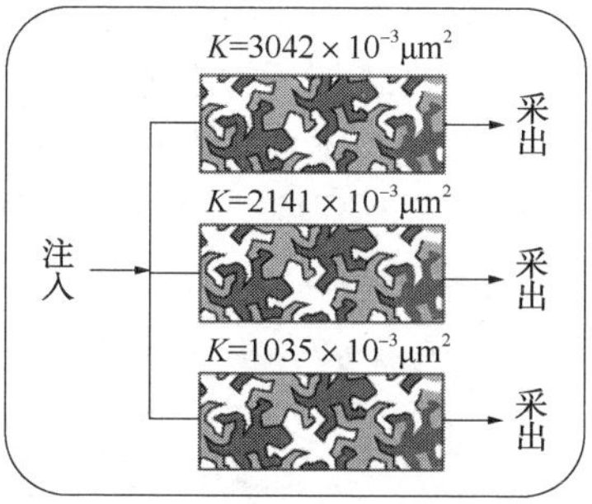

图 5-2　多管并联水驱油实验结构

分别绘制每一个填砂管的甲型水驱特征曲线，结果表明：到整体含水率为 96. 1%时，渗透率 $3042\times10^{-3}\mu m^2$ 的含水率为 98. 7%，水驱特征曲线上翘；渗透率 $2141\times10^{-3}\mu m^2$ 的含水率为 85. 0%，水驱特征曲线不上翘；渗透率 $1035\times10^{-3}\mu m^2$ 的含水率为 74. 5%，水驱特征曲线不上翘；渗透率 $500\times10^{-3}\mu m^2$ 的管保持原始状态未动用；说明整体高含水主要是由于渗透率 $3042\times10^{-3}\mu m^2$ 管出现极端耗水层造成的，而由于物性差异，渗透率 $2141\times10^{-3}\mu m^2$ 管、渗透率 $1035\times10^{-3}\mu m^2$ 管驱油效率低，含水率仍然较低，渗透率 $500\times10^{-3}\mu m^2$ 管中储量并未动用，依然存在潜力区(表 5-2、图 5-3)。

表 5-2　多管并联实验统计结果

序号	渗透率/$10^{-3}\mu m^2$	含水率/%	采出程度/%	注入倍数	是否上翘	瞬间吸水量/(mL/min)
1	3042	98. 7	58. 4	5. 40	是	2. 870
2	2141	85. 0	39. 3	1. 10	否	1. 607
3	1035	74. 5	27. 9	0. 53	否	0. 023
合采	2072	96. 0	46. 6	2. 40	是	4. 500

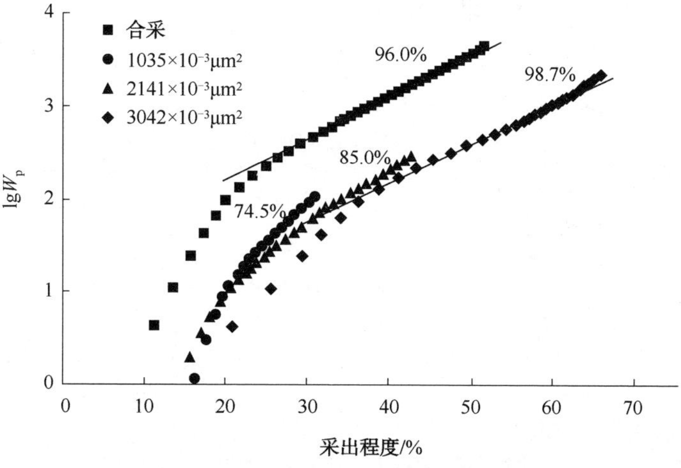

图 5-3　多管并联实验甲型水驱特征曲线

通过观察注入速度为 0.01m/s 时，不同时刻(0.2s、0.4s、0.6s、0.8s、1.0s、1.2s)多管并联驱替实验的微观流体分布示意图(图 5-4)，发现驱替相水主要进入 K_3 填砂管(渗透率 $3042\times10^{-3}\mu m^2$)，驱替实验管中的油，而其他试验管中油流并未被驱替，说明微观物性干扰的存在也进一步加大了特高含水期高低渗透层渗流的差异。

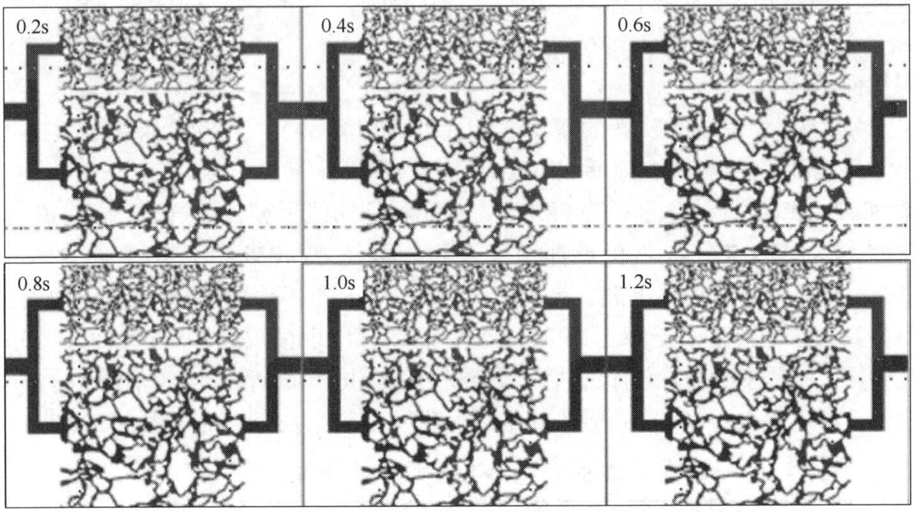

图 5-4　注入速度为 0.01m/s 时不同时刻的流体分布图

当油滴受到的毛细管力差异(贾敏效应)大于驱替动力时，油滴不能移动，此时油藏中形成剩余油。若水平方向驱替压力减小，横向受力平衡打破，油滴恢复近圆形，在浮力、毛细管力作用下，进入较大孔隙中被采出。

(三) 孔隙内微观油水运动的跟踪模型

通过下面的微观数值模型，可以计算出油水的空间分布、压力和速度场在空间的分布油水运动跟踪质量守恒方程：

$$\nabla \cdot \boldsymbol{u}=0 \tag{5-4}$$

式中　$\boldsymbol{u}$——速度，m/s。

水的饱和度跟踪方程：

$$\frac{\partial\alpha}{\partial t}+\nabla \cdot (\alpha\boldsymbol{u})=0 \tag{5-5}$$

式中　α——水的饱和度；

t——时间，s。

油水运动的动量方程：

$$\frac{\partial \rho \boldsymbol{u}}{\partial t}+\nabla\cdot(\rho\boldsymbol{u}\boldsymbol{u})-\nabla\cdot(\mu\tau)=-\nabla p+\rho g+k\nabla\alpha \tag{5-6}$$

式中　ρ——流体密度，$\mathrm{kg/m^3}$；

μ——动力黏性系数，Pa·s；

p——动态压力，Pa；

τ——变形率张量；

g——重力加速度，$\mathrm{m/s^2}$；

k——界面曲度，用下面公式计算：

$$k=\nabla\cdot\left(\frac{\nabla\alpha}{|\nabla\alpha|}\right) \tag{5-7}$$

公式(5-6)左边第3项为黏性力，右边第1项为压力梯度，右边第2项为重力，右边第3项为油水界面张力。

(四) 微观作用力的计算

1. 微观黏性力的计算

对于特定的离散剩余油(油滴、油柱、油膜)，通过下面公式计算其黏性力：

$$\boldsymbol{F}_{\mathrm{vis}}=\int_V \alpha\nabla\cdot(\mu\tau)\mathrm{d}V \tag{5-8}$$

式中　$\boldsymbol{F}_{\mathrm{vis}}$——离散剩余油所受到的黏性力，N；

V——离散剩余油的总体积。

2. 微观压力梯度力

对于特定的离散剩余油(油滴、油柱、油膜)，通过下面公式计算其压力梯度力：

$$F_{\nabla\mathrm{p}}=\int_V \alpha\nabla p\mathrm{d}V \tag{5-9}$$

式中　$\boldsymbol{F}_{\nabla\mathrm{p}}$——宏观尺度压力梯度，N/m；

∇p——离散油覆盖的局部网格的压力梯度，N/m，通过求解微观方程的压力场进行计算。

3. 微观界面张力

对于特定的离散剩余油(油滴、油柱、油膜)，通过下面公式计算其受到的界面张力：

$$\boldsymbol{F}_{\mathrm{st}}=\int_V \alpha k\nabla\alpha\mathrm{d}V \tag{5-10}$$

式中　$\boldsymbol{F}_{\mathrm{st}}$——微观尺度表面张力，N。

公式(5-8)~公式(5-10)通过对离散剩余油覆盖的网格进行积分得到。

对于储层强亲水特征，润湿相流体(水分子)在毛细管力作用下，优先沿小孔隙壁形成水膜，驱替孔隙内油滴以相反方向进入相对较大孔隙中参与流动，油井重新开井后，毛细管力作用下渗吸出的油被采出，从而出现含水率下降现象。

开发初期注入水优先进入中大孔隙，毛细管力很小基本不发挥作用。优势流动通道的形成，注入水逐渐进入物性差、孔隙半径小的正韵律上部储层，毛细管力在驱油动力中占比逐渐增大。对于亲水油藏，水驱油的作用力可表示为：

$$F_w=\frac{\Delta p}{L}+2\sigma\frac{\cos\theta}{r}-\frac{8[\alpha_w\mu_w+(1-\alpha_w)\mu_o]Lv}{r^2} \tag{5-11}$$

式中 F_w——驱替力的合力，N；

Δp——毛细管出入口压差，Pa；

L——毛细管长度，m；

σ——油水界面张力，N/m；

r——毛细管半径，m；

θ——油水骨架的接触角，(°)；

α_w——毛细管中水占的体积比；

μ_w——水的黏度，Pa·s；

μ_o——油的黏度，Pa·s；

v——油水的运动速度，m/s。

上述公式右边第1项为压力梯度力。第2项为毛细管力，在水湿条件下($\theta<90°$)，该值为正，为驱替动力；油湿条件下($\theta>90°$)，该值为负，为驱替阻力。第3项为黏性力，在驱替过程中永远阻碍流体的运动为阻力。

通过矿场生产实践与数值模拟研究西区北馆3—4极端耗水条带分布，由于西区北馆3—4单元为曲流河正韵律油藏，储层底部物性较好，易形成耗水条带，经过多年开发，目前处于特高含水期，矿场生产发现其主力层$Ng3^5$与$Ng4^4$层底部耗水严重，结合数值模拟其极端耗水条带主要集中于生产层底部(图5-5)，证实矿场极端耗水层带受到微相岩相影响。

特高含水后期，储层含水饱和度升高，微小变化水相渗透率剧增，高低渗透区域吸水量差距越来越大，初期多向扩展、中期突破集中、后期稳定固化。从正韵律储层水相渗透率随含水饱和度变化曲线(图5-6)和正韵律储层物理模拟实验高低渗透区域水量比曲线(图5-7)可以看出，特高含水期前剩余油饱和度变化接近40%，特高含水期后剩余油饱和度变化降至20%，水相相对渗透率特高含水期之前变化小于0.1，之后变化超过0.7，对应的高低渗透区域水量比特高含水期前后由小于10倍上升到大于100倍，说明特高含水期极端耗水层带形成。

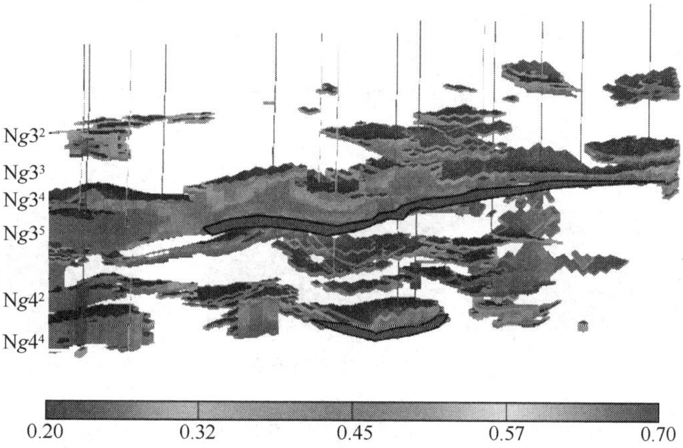

图 5-5 西区北馆 3—4 极端耗水条带分布图

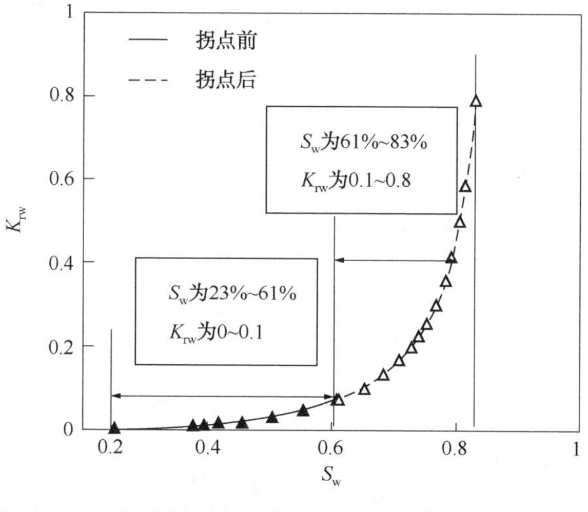

图 5-6 正韵律储层水相渗透率随含水饱和度变化曲线

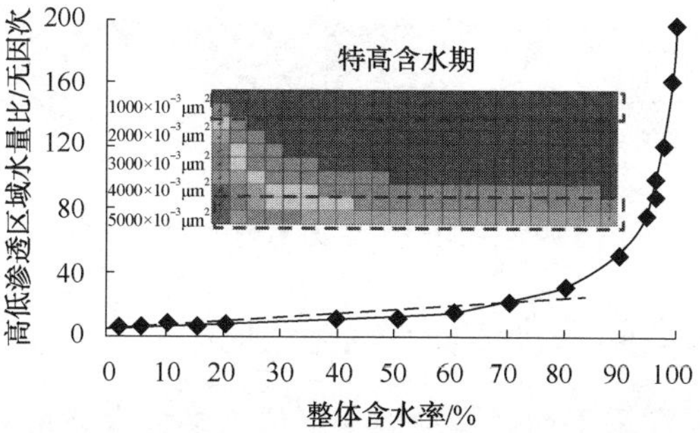

图 5-7 正韵律储层物理模拟实验高低渗透区域水量比曲线

从物理模拟极端高耗水层带纵向演变过程(图 5-8)可以看出，含水率大于95%形成极端高耗水层带，在正韵律底部呈现“宽 L-窄 L”形发育。纵向极端高耗水层带形成呈现起始、成长、稳定性阶段演变规律，稳定形成后发育规模增长越来越小。

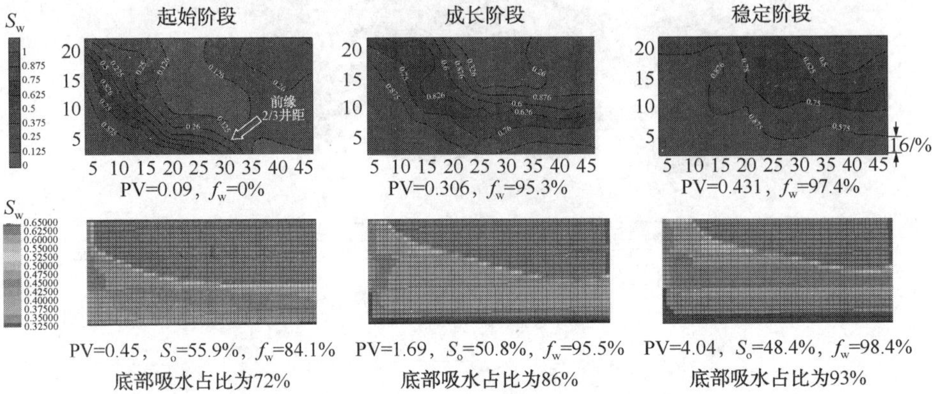

图 5-8　物理模拟和数学模拟极端高耗水层带纵向演变过程图

利用数值模拟对储层纵向渗透率不同比值时剩余油分布情况进行研究(图 5-9)，发现储层纵向渗透率级差越低，驱替越均衡，剩余油富集特征越弱。储层 K_v/K_h>0 开始，剩余油局部富集特征逐渐显现，K_v/K_h>0.5 层内剩余油富集特征非常明显，受正韵律储层特征及重力影响，底部易形成极端耗水层带，极端耗水层带越发育，正韵律储层剩余油顶部富集特征越明显。极端高耗水层带的出现，固化了成因砂体剩余油富集形态，使得驱替作用逐渐减弱，毛细管渗吸作用逐渐成为主要动力。

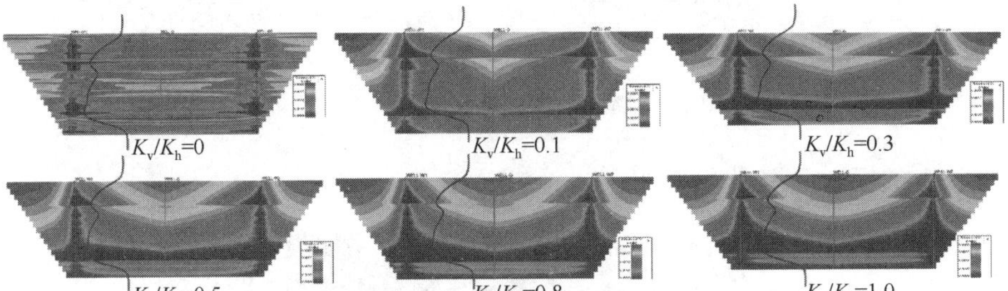

图 5-9　不同纵向渗透率剩余油分布图

二、平面上非均质干扰差异渗流机制

储层非均质性及注采不均衡是平面上形成极端耗水条带的根本原因。通过开展非均质平板模型物理模拟实验(模型尺寸为 60cm×20cm×4cm)分析平面分均质性对极端耗水条带形成的影响。选择研究区发育较多的成因砂体平面拼接形态，基于不同类型成因砂体在储层厚度、储层物性、储层含油性等方面的差异，建立不同成因砂体平面叠加模式(模拟至含水率 98%)。

为研究不同渗透率级差条件下水驱油藏极端耗水层带的发育机制，设计不同渗透率级差下的主河道、河道边缘两种沉积相类型大尺寸平板模型(图 5-10)，第一种平板模型的渗透率分布在 $480\times10^{-3}\sim3000\times10^{-3}\mu m^2$之间，中间的主河道Ⅰ类型渗透率最高大约为 $3000\times10^{-3}\mu m^2$，主河道两侧的河道边缘Ⅱ、Ⅲ类型设计了渗透率大约为 $1000\times10^{-3}\mu m^2$、$500\times10^{-3}\mu m^2$四个条带；第二种平板模型渗透率分布范围在 $496\times10^{-3}\sim5000\times10^{-3}\mu m^2$之间，中间主河道Ⅰ类型渗透率约在 $4990\times10^{-3}\mu m^2$，主河道两侧河道边缘Ⅱ、Ⅲ类型设计了渗透率大约为 $2000\times10^{-3}\mu m^2$、$500\times10^{-3}\mu m^2$四个条带，如表 5-3 所示。实验中采用相同的油水黏度和驱替倍数，通过含油饱和度变化情况分析储层物性对极端耗水层带的影响。

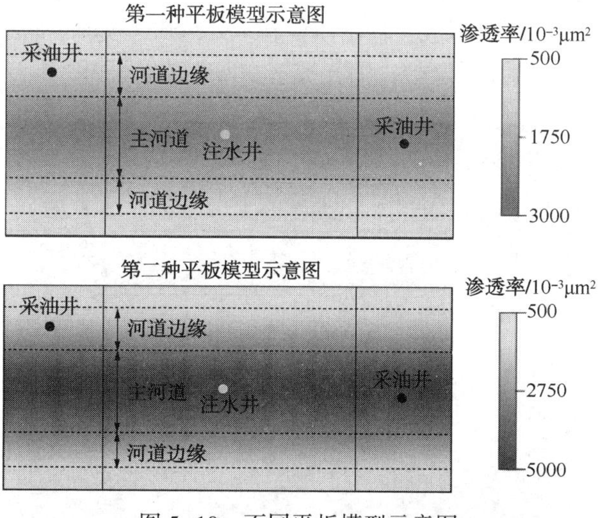

图 5-10　不同平板模型示意图

表 5-3　不同河道渗透率分布范围物理平板模型设计

类型	沉积相	左区渗透率/$10^{-3}\mu m^2$	中区渗透率/$10^{-3}\mu m^2$	右区渗透率/$10^{-3}\mu m^2$
第一种平板模型	河道边缘Ⅲ-1	575	500	571
	河道边缘Ⅱ-1	972	1000	939
	主河道Ⅰ	2830	3000	2940
	河道边缘Ⅱ-2	967	1000	930
	河道边缘Ⅲ-2	480	500	494

续表

类型	沉积相	左区渗透率/$10^{-3}\mu m^2$	中区渗透率/$10^{-3}\mu m^2$	右区渗透率/$10^{-3}\mu m^2$
第二种平板模型	河道边缘Ⅲ-1	496	500	513
	河道边缘Ⅱ-1	2280	2000	2180
	主河道Ⅰ	4990	5000	4950
	河道边缘Ⅱ-2	2140	2000	2250
	河道边缘Ⅲ-2	498	500	506

物模结果显示，由于储层非均质性及注采不均衡，极端耗水带在平面沿优势相带呈条带状优先发育，演变具有阶段性，缓慢生长直至稳定。从极端耗水层带的形成演化过程、效果(图5-11、图5-12)和极端耗水层带平面演变过程(图5-13)可以看出，随着注水开发时间延长，注入水井沿平面渗透率较高的主河道方向逐步突进。其演变过程可以分为酝酿阶段、成长阶段、稳定阶段3个阶段，酝酿阶段在注入体积(PV)为0.4时，含水率为50%左右；成长阶段在PV达到1.2时，含水率为95%左右，此时极端耗水带形成；稳定阶段在PV达到2.5时，含水率为98%左右，此时，10%~15%的极端耗水层带，消耗掉了90%左右注水量。

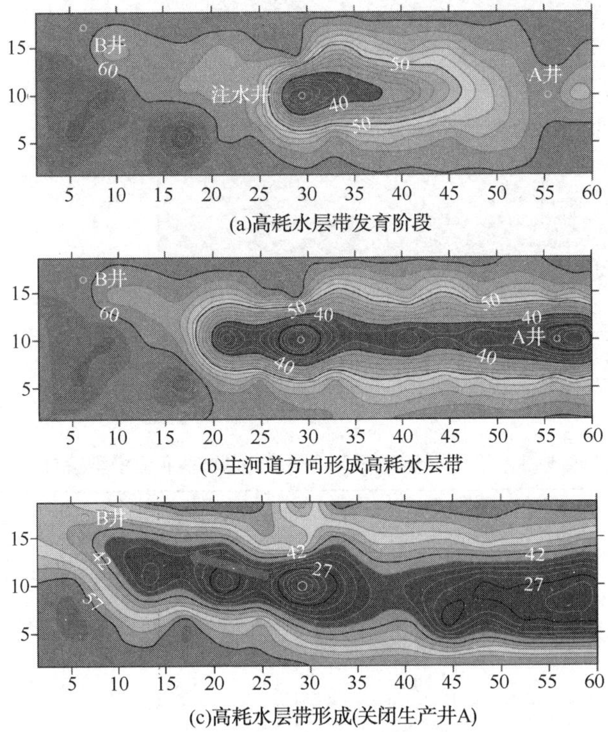

图5-11 高耗水层带形成过程

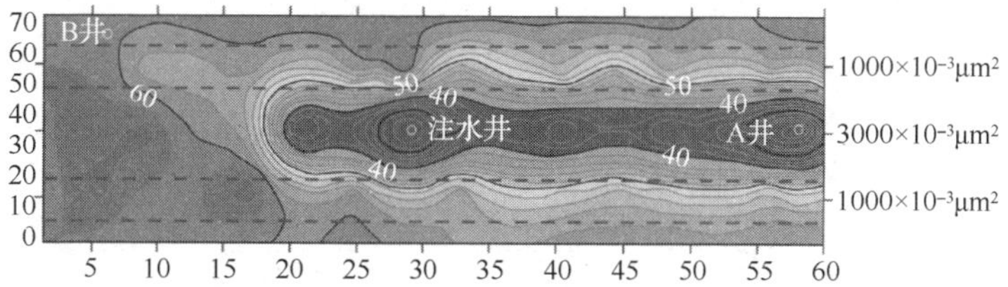

(a)主河道渗透率为$3000\times10^{-3}\mu m^2$

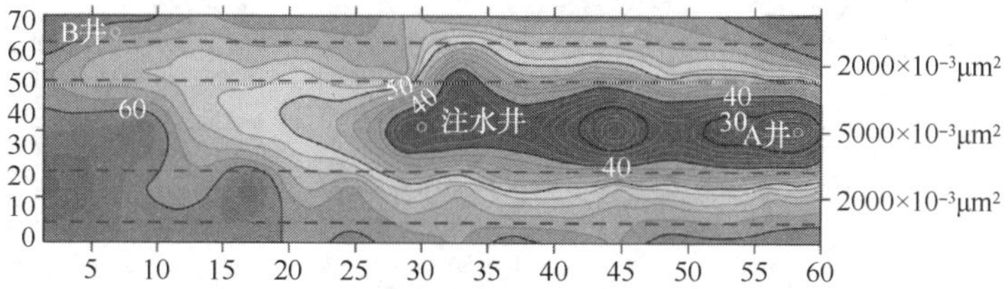

(b)主河道渗透率为$5000\times10^{-3}\mu m^2$

图 5-12　不同河道条件下高耗水层带发育效果

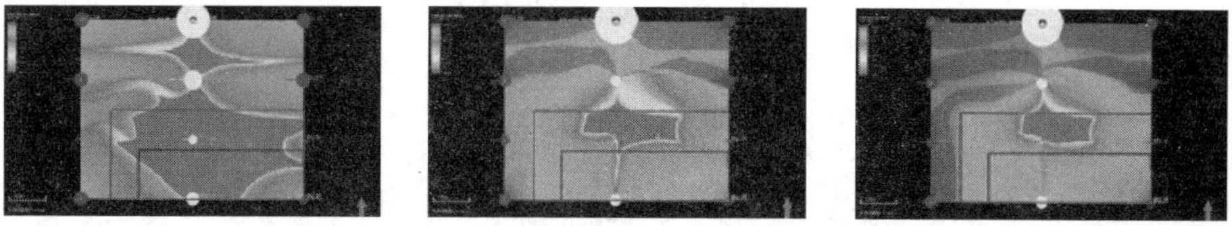

f_w=50%，PV=0.4　　f_w=95%，PV=1.2　　f_w=98%，PV=2.5

图 5-13　物理模拟极端耗水层带平面演变过程

同时，根据物模结果，研究了不同渗透率级差下极端耗水通道特征，结果表明，渗透率级差越大，含水率 98%极端耗水通道越窄，流线收缩幅度越大，动态波及范围越低(图 5-14、图 5-15)。

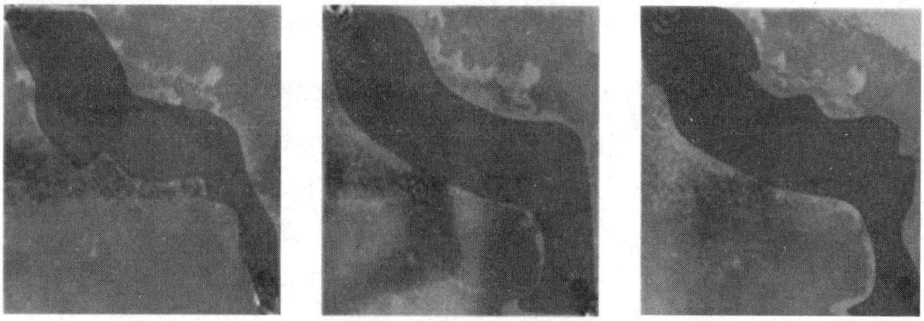

图 5-14　平面渗透率级差为 5 时高渗透条带可视化物理模拟

三、极端耗水层带形成主控因素分析

极端耗水层带的出现，固化了砂体剩余油富集形态，使得驱替作用逐渐减弱，形成优势渗流的程度越高，非优势流动区域剩余油越富集，储层平面剩余油饱和度越高。

单一成因砂体平面上，优势通道极端耗水层带发育区域，流线更加密集，抑制了其他方向的流体流动，优势通道发育逐渐增大，极端耗水层带变窄，强度变大(图 5-16)。

图 5-15　平面渗透率级差为 10 时高渗透条带可视化物理模拟

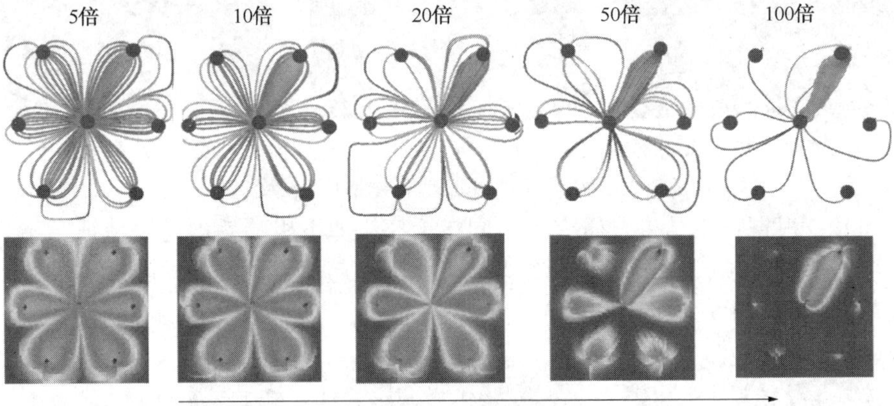

图 5-16　不同注水倍数优势通道变化图

单一成因砂体心滩砂，受河道流动冲刷影响，沿水流方向渗透率远大于垂直方向渗透率。平面上剩余油富集在心滩坝侧翼；纵向上剩余油受层内落淤层影响，油井附近落淤层下部剩余油富集特征明显(图 5-17)。

单一成因砂体剩余油主要有 3 种类型。①顶部富集型，渗透率级差<2，注入水受到重力作用的影响在下部流动，体积波及系数较大，中下部动用程度高。②相对均衡驱替型，渗透率级差为 2~5，注入水在渗流阻力、重力和毛细管力共同作用下，驱替相对均匀，剩余油富集特征不明显。③底部强富集型，渗透率级差>5，注入水沿中上部的高渗透条带相对突进，层内动用不均衡，下部剩余油富集。

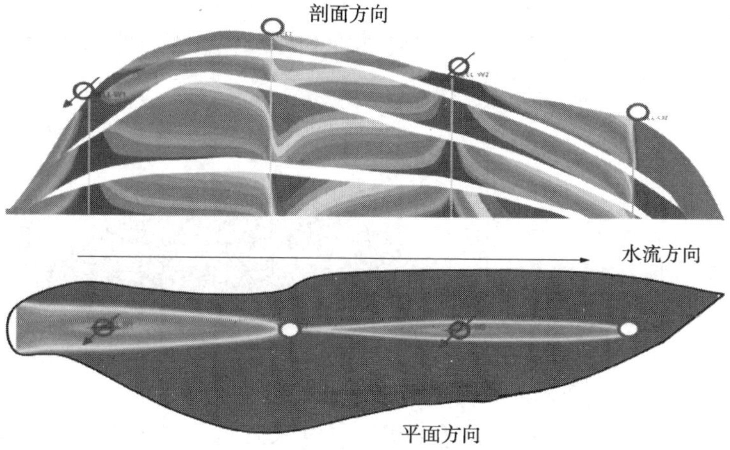

图 5-17　单一成因砂体心滩砂剩余油分布图

复合成因砂体剩余油主要包括 3 种类型：界面分隔的上下两个砂体渗透率级差均较小。储层相对均质，自然电位曲线呈典型的箱形垂向叠加。剩余油主要集中于界面之下的韵律层顶部相对高渗透部位，下部韵律层剩余油整体较上部更加富集(图 5-18)。

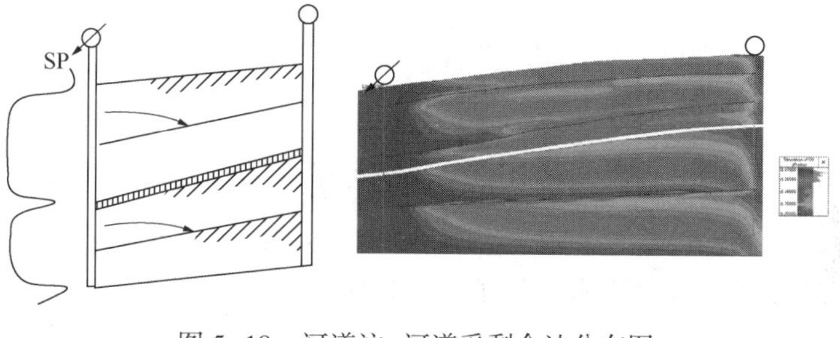

图 5-18　河道注+河道采剩余油分布图

河道边缘物性差导致吸水较差，使河道主体注水受效性差。因此相比于河道主体方向，在河道边缘方向更易形成剩余油富集区(图 5-19)。

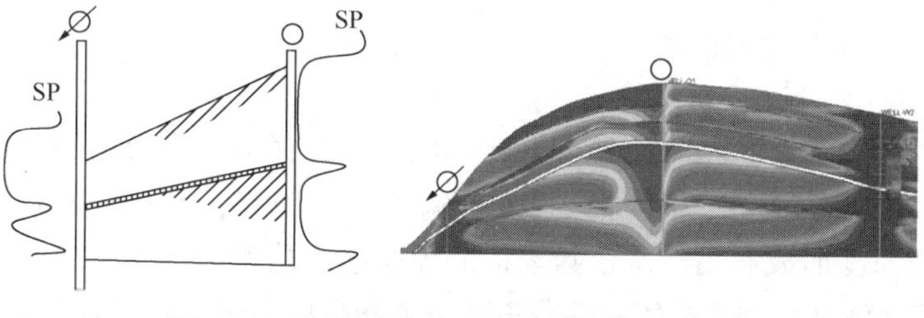

图 5-19　河道边缘注+河道采剩余油分布图

由于河道主体向河道边缘过渡过程中储层物性逐渐变差，因此河道边缘油井通常受效较差。河道边缘油井整体剩余油饱和度较高。剩余油主要集中于连通程度低的砂体和低渗河道边缘部分(图5-20)。

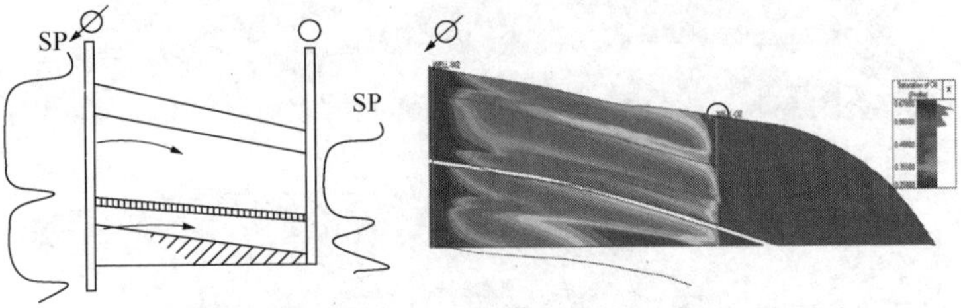

图5-20　河道注+河道边缘采剩余油分布图

基于数值模拟，统计分析渗透率级差、注采强度、油水黏度比、厚度、含水率等不同因素影响下极端耗水层带的发育规律，建立了极端耗水层带发育多因素回归体积预测模型。

$$V_{高耗水}=0.079404\ln\Delta K-0.007915\Delta K+0.00126H-0.001395\ln Q_L+6.9991\times10^{-5}Q_L -0.01582\ln\mu+2.9613\times10^{-6}e^{10.4922f_w}-0.05702 \quad (5-12)$$

式中　ΔK——渗透率级差；

f_w——含水率，%；

Q_L——注采强度，$m^3/(d\cdot m)$；

μ——油水黏度比；

H——厚度，m。

运用模型模拟正韵律储层极端耗水层带地方发育过程，综合考虑了渗透率级差、注采强度、油水黏度比、厚度、含水率等不同因素的影响程度，从而为研究极端耗水层带形成的控制因素提供了科学方法。

通过动静结合，应用模型计算实际油藏极端耗水层带形成时的注入倍数，提出了极端耗水层带形成时机预测模型。

$$PV=7.5\times K^{-0.126}+5.8\times\Delta K^{-0.17}+4.2\times\mu_R^{-0.22}+2.16\times H^{-0.34}+0.01\times Q_L^{-0.45}-8.05 \quad (5-13)$$

式中　PV——油藏注水倍数；

K——绝对渗透率。

上式中$7.5\times K^{-0.126}+5.8\times\Delta K^{-0.17}+4.2\times\mu_R^{-0.22}+2.16\times H^{-0.34}$为受储层影响的静态因素，$0.01\times Q_L^{-0.45}-8.05$为受注采强度影响的动态因素，通过储层物性与油水性质结合注采强度形成利用注水倍数表征的极端耗水层带。

建立实际油藏模型选取实际油藏中的一个井组作为例子研究对比，该井组储量为30×10^4t，油水黏度比为66.8，储层渗透率为$1767\times10^{-3}\mu m^2$，单井日注水量为

$48m^3$，渗透率级差为4，有效厚度为7.2m。模型模拟了两种方案，方案一是不同渗透率级差、储层厚度下极端耗水层带形成时机(图5-21)，方案二是不同渗透率、渗透率级差下极端耗水层带形成时机。

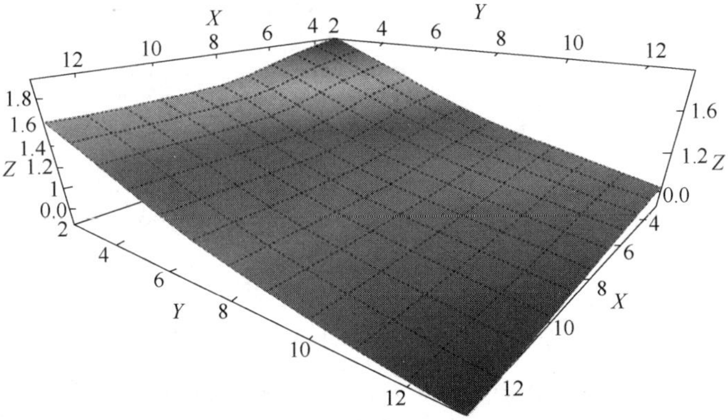

图5-21 不同渗透率级差、储层厚度下极端高耗水层带形成时机

X轴为储层厚度，m；Y轴为渗透率级差；Z轴为注入倍数，PV

建立的模型计算实际油藏出现极端耗水层段的时机为注入倍数是49PV时，油藏出现了极端耗水，建立的模型计算结果为注入倍数是52PV时，油藏出现了极端耗水层带更加明显，证明了模型经验证与实际吻合程度较高。

通过产液量或注水量拟合反演得到井间动态连通系数，该值为水井在各油井方向的劈分系数，引入连通程度偏差系数消除生产井数量对连通系数的影响，初步建立判识极端耗水层带级次划分的方法。该系数反映注水井在各个方向注水劈分的差异化程度，某方向的偏差系数越大，说明存在极端耗水层带的可能性越大。

$$D_{\lambda}=\frac{\lambda_{ij}-\overline{\lambda_{ij}}}{\overline{\lambda_{ij}}} \tag{5-14}$$

根据连通偏差系数的正负和大小判断极端耗水层带是否发育以及发育程度：$D_{\lambda}<0$时，表示耗水层带不发育；$D_{\lambda}>0$时，表示耗水层带发育。$0.1<D_{\lambda}<0.3$时，表示低耗水；$0.7<D_{\lambda}<1.0$时，表示油水井井间发育极端耗水层带。

从数值模拟结果来看，渗透率级差、储层厚度、原油黏度、注采强度是极端耗水层带形成的主控因素。

1. 渗透率级差

纵向上，绝对渗透率越大，级差越大，越容易形成极端耗水层带；绝对渗透率$>5000\times10^{-3}\mu m^2$，级差>5，受非均质影响越窄(图5-22、图5-23)。

平面上，绝对渗透率越高，形成高耗水层带需要的注入倍数越小；绝对渗透率>2000×10^{-3}μm^2、级差>4 时，受非均质影响越窄（图 5-24、图 5-25）。

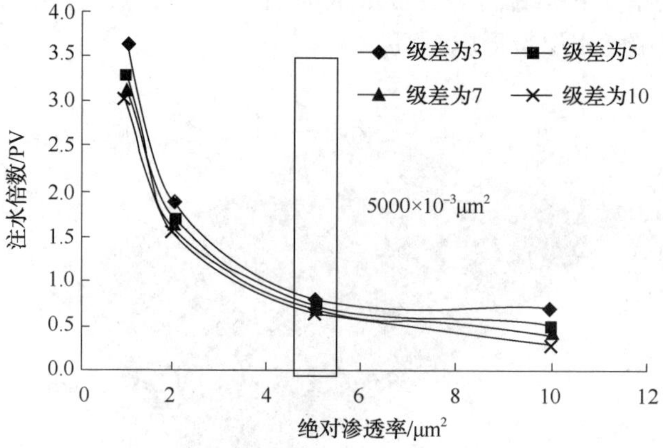

图 5-22　纵向不同渗透率级差形成极端耗水层带时注入倍数与绝对渗透率的关系图

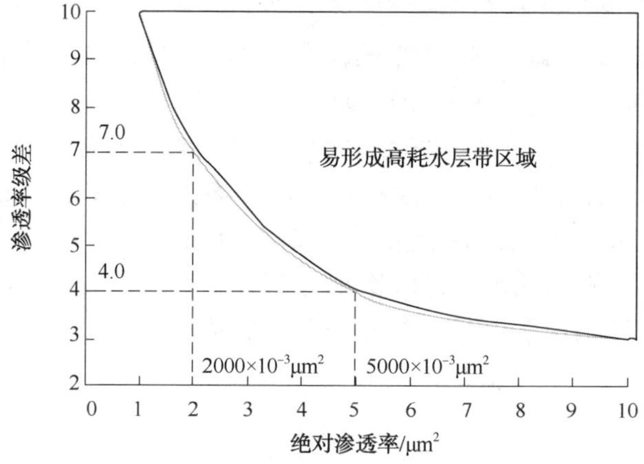

图 5-23　纵向形成极端耗水层带时绝对渗透率-渗透率级差模板图

2. 储层厚度

相同级差条件下，储层厚度越大，极端耗水层带越容易形成；渗透率级差越大，随着储层厚度增加极端耗水层带的形成时注入倍数越小（图 5-26）。

3. 原油黏度

相同注入倍数下，油水黏度比越大，极端耗水层带越容易形成，所需注水倍数越小，如图 5-27 所示。

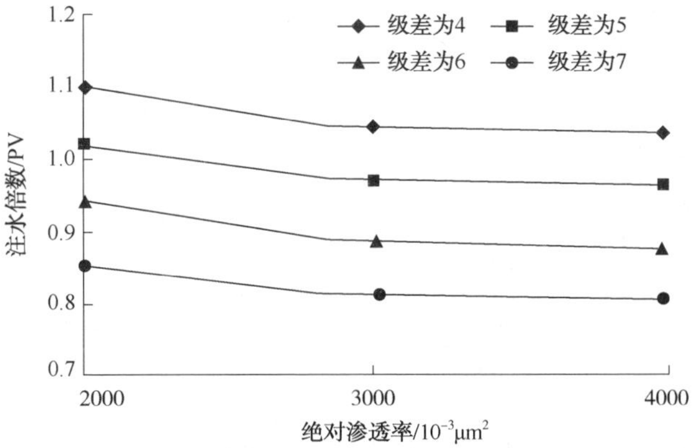

图 5-24　平面不同渗透率级差形成极端耗水层带时
注入倍数与绝对渗透率的关系图

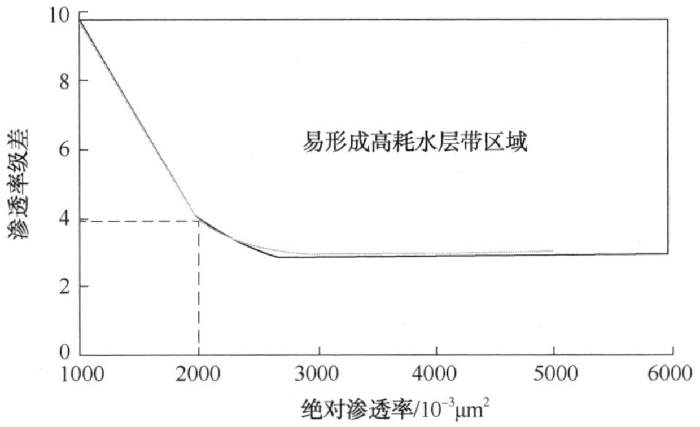

图 5-25　平面形成极端耗水层带时绝对渗透率-渗透率级差模板图

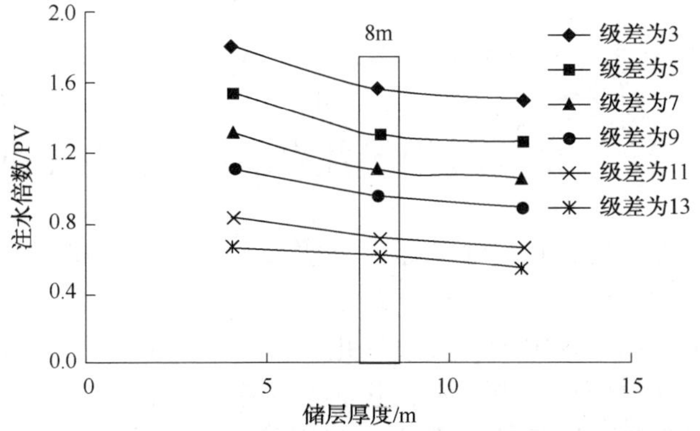

图 5-26　不同级差情况下形成极端耗水层带时注水倍数与储层厚度关系图

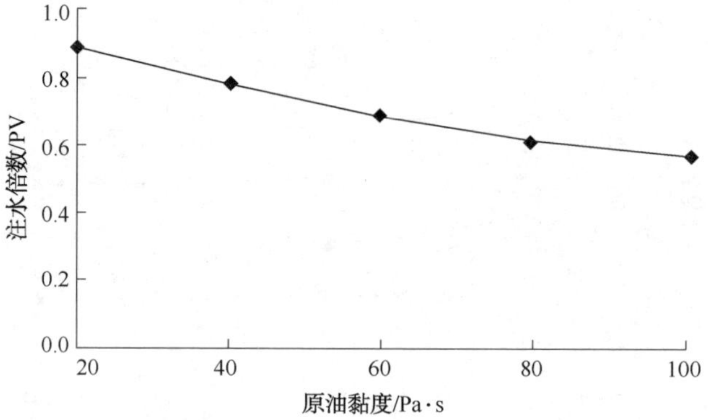

图 5-27　形成极端耗水层带时注水倍数与原油黏度关系图

4. 注采强度

相同注入倍数下，注采强度越高，注入水突破速度越快，极端耗水层带越容易形成；相同注采强度下，注入倍数越大越易形成极端耗水层带，如图 5-28 所示。

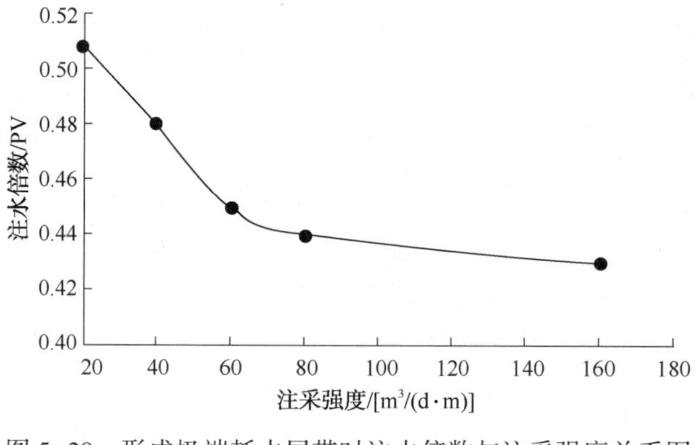

图 5-28　形成极端耗水层带时注水倍数与注采强度关系图

第二节　油水两相渗流相渗突变微观机制

开展了水驱油藏微观剩余油赋存及流动形态类型分析研究，从微观角度揭示特高含水期油水两相差异渗流机制。水驱油藏随着注水开发，剩余油赋存及流动形态类型在注水开发中不断发生变化，呈以下特点：①油藏开发初期，地层能量充足，储层中仅存在束缚水，其油相为连续流；②随后由无水采油期进入低含水期，剩余油为通畅的大孔道所包围的小喉道控制群中的簇状剩余油，为簇状流，其油骨架通过 5 个以上路径；③在中高含水期，剩余油由簇状型变为段塞型，油骨架通过 3~5 个路径，为段塞流；④在特高含水前期剩余油为油柱型和油滴型，油柱型存在于连通孔隙的喉道处，其路径的岩石骨架喉道和油骨架重合，流动态为柱状流，而油滴型剩余油的油骨架为一个点，其流动状态为滴状流；⑤特高含水后期剩余油主要是黏附在岩石表面的油膜或油环，随着含水饱和度增加，水相逐渐为连续流。为了进一步研究微观注水开发过程中，注水能量与油相的能量转化规律，建立微观油水动能计算方法以分析不同流态剩余油注入水的油相动能转换效率，分析油相动能与水相动能间突变机理，结合物理模拟和数值模拟驱替实验来揭示特高含水后期油水相渗比值曲线“突变点”的微观机理。

传统研究往往着重于微观受力，但力具有方向性、瞬时性，进行求和、力学统计分析非常复杂(图 5-29)，微观受力分析只能对某一时刻和某一孔喉内具体问题具体分析，难以与渗流特征建立关系。受流体的黏性和油水两相毛细管力作用的影响，水驱过程中油通常以离散的形式存在，探索性提出了基于微观水动能转换分析渗流特征，建立了微观油水动能计算方法，实现了注入水动能转换效率分析与计算，微观数值模拟可以得到不同位置的压力、油水占比、速度，依据这些量可以计算流体的黏性力、压力梯度力和界面张力。流体的黏性力计算过程，可以根据速度场求解流体的变形率张量，进一步得到离散油(油滴、油膜、油柱)覆盖区域的黏性力分布，最后对油覆盖区域黏性力做体积分得到该离散油(油滴、油膜、油柱)所受到的黏性力的合力。流体的压力梯度的计算过程为，首先根据微观模拟得到的压力场计算梯度场，然后对油覆盖区域的压力梯度力进行体积分，得到该离散油(油滴、油膜、油柱)所受到的压力梯度力的合力。油所受的界面张力的计算过程为，根据油水界面分布计算油水界面的法向和曲度，将两者相乘得到局部界面张力的面分布，最后沿着油水界面对界面张力分布进行面积分，得到该离散油(油滴、油膜、油柱)所受到的界面张力的合力。本次研究提出了基于微观水动能转换分析渗流特征，建立了微观油水动能计算方法，实现了微观数值模拟对物理模拟结果的拓展，明确了水相动能如何更高效地转化为油相动能。

建立了 0.7cm×0.7cm 的物理模型，用黏度为 18mPa·s 的原油模拟水驱油过程中油相受力情况分析，模拟了基础方案为 0.1m/s，提液方案一为 1.5m/s，提液方案二为 2.0m/s 三套方案，如图 5-30 所示。

由于微观受力分析难以与渗流特征建立关系，首次提出了微观油水能量分析法。基于 N-S 微观模拟技术，开展了微观油水两相渗流动能转换分析，实现了注入水动能转换效率分析计算，揭示了油水两相渗流能力突变内在原因。将用微观物理模拟和微观数值模拟技术结合，建立孔隙尺度水驱油能量转换分析方法，研究不同微观流态下水相动能与油相动能之间的转换效率，揭示特高含水后期油水相对渗透率比值非线性变化微观机理，如图5-31所示。

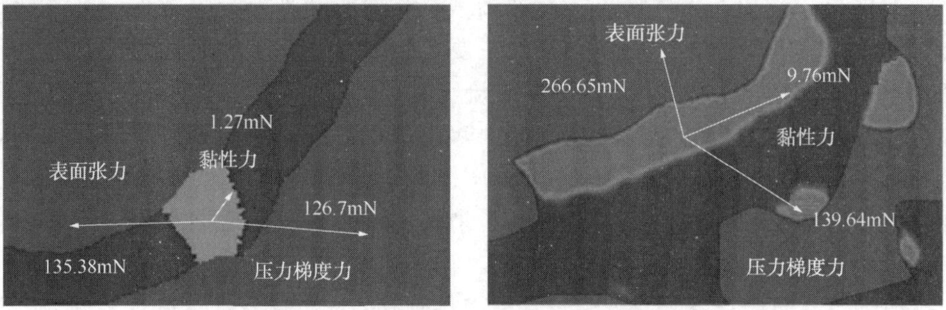

(a)油滴受力矢量图　(b)油膜受力矢量图

图5-29　油相的微观受力分析

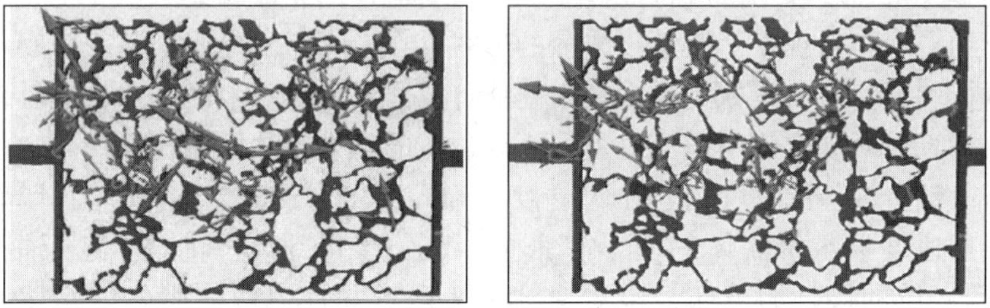

*T*时刻微观受力分析　*T*+0.1s时刻微观受力分析

图5-30　时间间隔内微观受力分析示意图

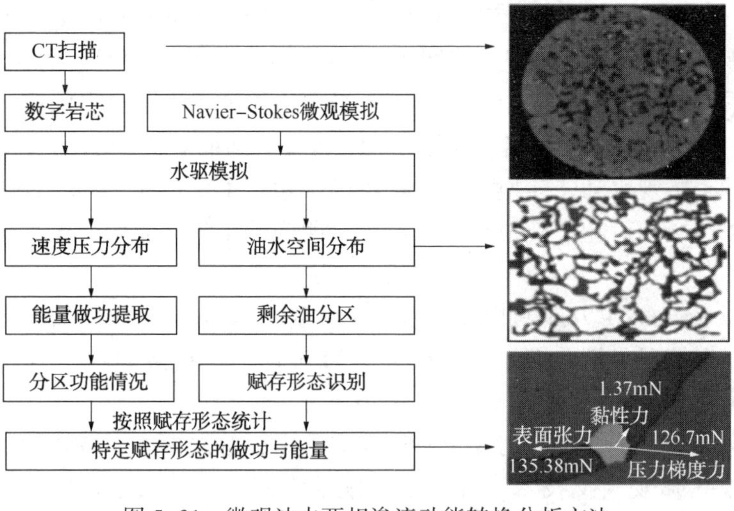

图5-31　微观油水两相渗流动能转换分析方法

基于大量的水驱油微观物理模拟实验，观察发现水驱油过程是油相不断分散的过程，剩余油相以不同的流动形态产出。剩余油流动形态的类型主要是基于实验过程某一时刻静态图像的定性划分，而且不同的学者划分的种类和标准不一致，没有建立微观剩余油类型划分的统一的定量标准，更没有实现驱替过程序列图像或动态图像的微观剩余油类型划分。为了定量化研究水驱油过程微观油相流动形态的变化规律，首先基于剩余油微观赋存状态研究成果，建立了微观油相流动形态描述方法和分类标准，将剩余油的微观流动形态分为 5 种类型：膜状流、滴状流、柱状流、簇状流和多孔流。利用水驱油过程中微观剩余油流动形态的计算机图像采集及自动识别方法，研究了水驱油过程中剩余油流动形态的变化规律。研究结果表明，随着微观模型中水驱油过程的进行，含水饱和度逐渐升高，油相的流动形态由簇状流向多孔流、柱状流、膜状流和滴状流转换，油相流动的非连续程度不断加剧。

通过能量转换分析渗流特征，建立了微观油水能量计算方法，从而实现了微观数值模拟对微观物理模拟的拓展。明确了水相动能如何更高效地转化为油相动能，其表达式为：

$$\Delta p_{\mathrm{w}} U=\frac{1}{2} q_{\mathrm{w,L}} U^2-\frac{1}{2}\left(q_{\mathrm{o,R}}+q_{\mathrm{w,R}}\right) U^2=E_{\mathrm{w,vis}}+E_{\mathrm{o,vis}}+\Delta E_{\mathrm{surf}} \tag{5-15}$$

式中　$\Delta p_{\mathrm{w}} U$——压差做功，J；

$E_{\mathrm{w,vis}}$——水黏性功，J；

$E_{\mathrm{o,vis}}$——油黏性功，J；

ΔE_{surf}——表面能，J；

$\frac{1}{2} q_{\mathrm{w,L}} U^2$——进入的动能，J；

$\frac{1}{2}\left(q_{\mathrm{o,R}}+q_{\mathrm{w,R}}\right) U^2$——出来的动能，J。

提出动能转换效率，实现了注入水动能转换效率分析计算。动能转换效率为油相获得动能除以注入水动能，在微观水驱油的过程中主要是动能、表面能和耗散能量之间的转换。微观物理模拟结合微观数值模拟研究可知，油相流动形态直接影响了水相动能转换效率，为此研究了不同流态水相动能转换效率。

从数值模拟结果来看，微观剩余油流动形态从孔腔孔喉簇状流到多孔喉段塞流、柱状喉道流、滴状膜状流，其动力类型从驱动力逐步转化为剪切力，水动能转换为内能，且占比逐步增大，转化为油相动能比例逐步减小(表 5-4)。例如，当流动形态是孔腔孔喉簇状流时，微观数值模拟发现孔腔孔喉簇状流的驱动力为推动力，而单位体积的推力做功为 2.05E^{-4}J/s，通过动能转效率计算，发现油相动力≈水相推力，65%的注入水动能可以转化为油相动能。

表 5-4　不同流态水相动能转换效率

流动形态	动力类型	阻力类型	水动能转换
孔腔孔喉簇状流	驱动力(推动力)	毛细管力、液固黏附力	水动能转换为内能(30%)、界面能(5%)、油相动能(65%)
多孔喉段塞流	驱动力(推动力)	毛细管力、液固黏附力	水动能转换为内能(50%)、界面能(15%)、油相动能(35%)
柱状喉道流	驱动力(推动力)	毛细管力、液固黏附力	水动能转换为内能(50%)、界面能(25%)、油相动能(25%)
滴状膜状流	剪切力	液固黏附力	水动能转换为内能(90%)、界面能(9.5%)、油相动能(0.5%)

当水油流动形态为滴状膜状流的时候，微观数值模拟发现滴状膜状流的驱动力为剪切力，而单位体积的推力做功为 2.11×10^{-6}J/s，通过动能转效率计算，发现油相动力=水相剪切力，仅有 0.5%的注入水动能转化为油相动能(图 5-32)。

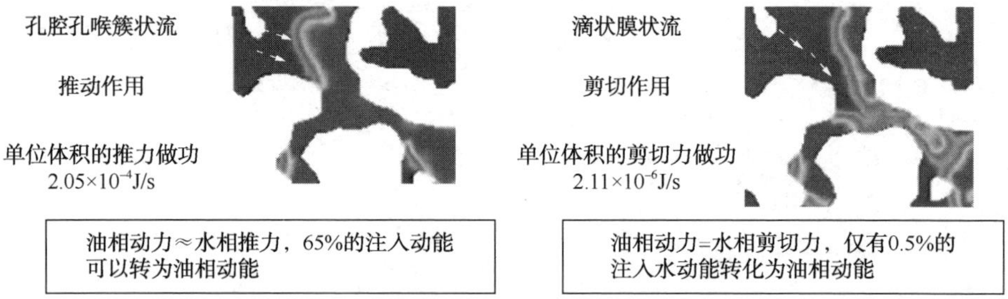

图 5-32　不同流动形态剩余油微观示意图

表明水驱开发过程是油相不断被分割分散的过程，随含水饱和度升高，油相流动非连续程度不断加剧。不同流动形态剩余油、注入水的油相动能转换效率差异很大。通过对水驱油微观研究，发现水驱油呈见水初期多向扩展、中高含水期突破收缩、特高含水期稳定固化的特点，形成局部极端耗水层带是特高含水后期油水两相渗流的必然结果。

基于动能定义及相渗计算公式，油水相渗比值与动能比值具有一致性。当能量转换效率降低到一定程度，出口端油相动能与水相动能的比值在半对数坐标中出现突变点时，含水饱和度大于 0.7，油水两相渗流能力比值曲线出现非线性特征，分散态剩余油比例为 30%左右，变化微小，水相动能转换成油相动能效率急剧降低(图 5-33)。

为此，建立了能量转换效率与油水相渗比值的函数关系式，如式(5-16)所示。

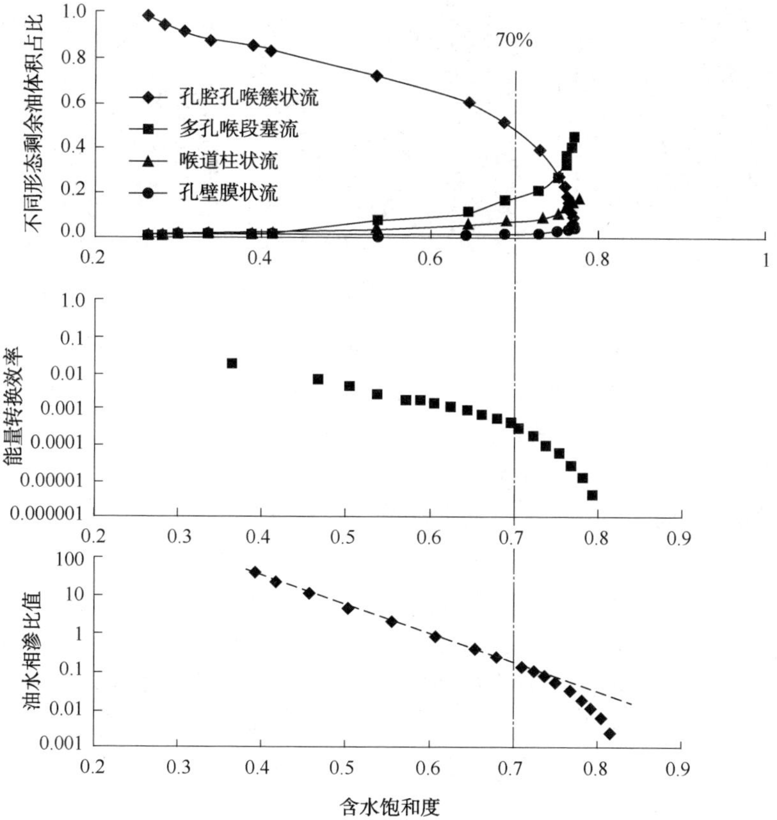

图 5-33　水相动能转换效率与油水相渗比值的对应关系

$$\frac{K_{ro}(\overline{S_w})}{K_{rw}(\overline{S_w})}=\frac{\mu_o}{\mu_w}\times\sqrt[3]{\frac{\rho_w}{\rho_o}}\times\sqrt[3]{\frac{E_o(\overline{S_w})}{E_w(\overline{S_w})}} \tag{5-16}$$

式中，同一油藏，油水黏度和密度不变，可以得知油水相渗与出口处油相动能和注入水相动能的比值的立方根具有对应关系。出口端水相动能的急剧增加，油相动能的急剧减小，意味着水驱过程中注入水相动能转换效率大幅降低，注入水大部分产出，而不是转化为对开发有价值的油相动能，导致特高含水后期能量低效、无效循环。

为了证实能量转换过程中油水相渗比曲线“突变点”，开展岩芯实验和微观流动实验，通过微观流动实验对不同时期的水驱油条件下的岩石孔隙波及特征分析，发现随着注水开发剩余油流态不断发生改变，注水波及的孔隙波及程度不断增大，直至吸附于孔隙表面不再动用的残余油饱和度，如图 5-34 所示。

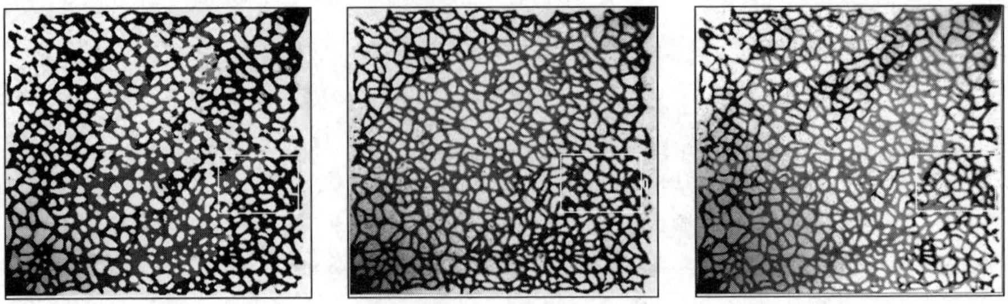

图 5-34 微观驱油条件下的岩石孔隙波及特征

利用压汞驱替实验发现，随着含水饱和度增加，驱替压力不断减小；含汞饱和度不断增加，驱替压力不断增加；相同含水饱和度下，随着孔隙半径减小，驱替压力不断增加。这表明，随着注入压力不断增大，汞会不断进入较小的孔隙。利用核磁共振资料研究水驱开发岩石孔隙波及特征，随着注水开发，注水倍数的增加，孔隙波及范围不断增大，剩余油分布范围变小。

通过岩芯实验和微观流动实验，明确了特高含水后期油水相渗比值曲线“突变点”非线性特征的微观机理。当油滴受到的毛细管力差异(贾敏效应)大于驱替的动力时，该油滴不能移动，此时油藏中形成残余油。驱替压力停止或降低后，横向受力平衡打破，油滴恢复成近圆形，在浮力、毛细管力的作用下，渗吸进入较大孔隙中被采出。随着注水开发的进行，注水倍数和注入压力不断增加，油滴不断进入较小孔隙及连通小孔隙，使孔隙波及范围不断增大，剩余油分散范围不断减小，分散状剩余油不断增加，当分散状剩余油饱和度比例高于临界值(30%)，能量转换效率急剧降低，导致特高含水后期油水相渗比值曲线“突变点”产生，因此通过岩芯实验和微观流动实验，发现特高含水后期孔隙中分散状剩余油不断增加，油水相渗比值曲线“突变点”随着孔隙中分散状剩余油比例高于某一临界值而产生，其微观实质是随着注水开发孔隙波及范围增加。

第三节 小　　结

近 5 年的 2000 井次吸水剖面资料统计结果(2019 年至今)显示，约 20%的小层中出现极端耗水层段，且主要分布于正韵律底部、复合正韵律分段底部相对高渗透段。本章从纵向-非均质干扰差异渗流、平面-非均质干扰差异渗流及极端耗水层带形成主控因素 3 个方面进行了研究。

(1) 纵向-非均质干扰差异渗流。通过实验观察纵向上不同物性岩芯的渗流特征，开展了不同渗透性多层并联物理模拟实验。综合物理模拟实验和数值模拟结果表明，微观物性干扰的存在进一步加大了特高含水期高低渗层渗流的差异；

储层纵向渗透率级差越低，驱替越均衡，剩余油富集特征越弱。储层 $K_v/K_w>0$ 时，剩余油局部富集特征逐渐显现，$K_v/K_w>0.5$ 层内剩余油富集特征非常明显，受正韵律储层特征及重力影响，底部易形成极端耗水层带，极端耗水层带越发育，正韵律储层剩余油顶部富集特征越明显。极端高耗水层带的出现，固化了成因砂体剩余油富集形态，使得驱替作用逐渐减弱，毛细管渗吸作用逐渐成为主要动力。

（2）平面-非均质干扰差异渗流。非均质平板模型物理模拟实验结果表明，由于储层非均质性及注采不均衡，极端耗水层带在平面沿优势相带呈条带状优先发育，演变具有阶段性，缓慢生长直至稳定；注水开发时间延长，注入水井沿平面渗透率较高的主河道方向逐步突进。

（3）极端耗水层带形成主控因素。研究了渗透率级差、储层厚度、原油黏度及注采强度等主控因素的影响，开展了水驱油藏微观剩余油赋存及流动形态类型分析研究，从微观角度揭示了特高含水期油水两项差异渗流机制，诠释了局部极端耗水层带是特高含水后期油水两相高注入倍数渗流的必然结果。

第六章　极端耗水层带快速判识方法及治理调控模式

基于储层展布砂体叠置及连通性评价、成因砂体构型及内部差异渗流深化描述成果，开展特高含水期极端高耗水层带快速判识方法研究，构建极端耗水层带判识流程，实现高耗水层带的类型划分评价，提出了以极端耗水层带、驱替压力梯度场、剩余油饱和度场、含水饱和度场为核心的均衡流场匹配优化方法，形成了极端耗水层带治理调控模式。

第一节　极端耗水层带判识方法

国内外对于极端耗水层带的识别分为静态识别法、动态分析法与数值模拟法，这3种识别方法各存在优缺点，其中静态识别法可直接提供单井、单层的识别结果，但仅反映测井时间状态，不能反映目前生产状态下情况；动态分析法可直接提供单井、单层、单方向的识别结果，受产液剖面等资料限制，采出端因素考虑较少，且未考虑经济效益；数值模拟法可在空间范围内定量识别出各个时间段的极端耗水层带分布，但计算周期较长，储层刻画、油水两相特高含水后期特征影响数值模拟结果。为实现快速、准确、量化的识别，需做进一步完善。为此，在综合多学科、多方法的基础上，提出了“水驱特征非线性上翘单元井组优选、模糊数学评判极端耗水井点起源、极端耗水层带动态资料识别、极端耗水层带发育层段识别井间渗流阻力层带方向表征、物质基础经济指标判识无效低效”五级综合评价方法，实现不同耗水层带定量分级分布评价。

一、水驱特征非线性上翘单元井组优选

将油田单元、井组单井的累积产水量和累积产油量在坐标轴中绘制成半对数曲线，累积产水量和累积产油量会呈现一定的线性关系：

$$\lg W_p = a + bN_p \tag{6-1}$$

式中　b——水驱油田注水开发方式驱油效果的有效程度，如果直线上翘，斜率变大，水驱效果变差，可能出现极端耗水层带。

在相同采出程度下，生产井实际含水率与理论含水率之差和理论含水率之比均能够定量反映出不同采出程度下注入水的无效利用情况，该值越大说明极端耗水层带越严重。这个方法可以分为五步：第一步是建立含水率与含水饱和度之间的关系；第二步是建立采出程度与含水饱和度之间的关系；第三步是绘制综合含水率与采出程度理论关系曲线；第四步是绘制实际含水率与采出程度关系曲线；第五步是计算不同采出程度下的无效注水率。

例如，通过解剖孤岛西区南 Ng3—4 单元，经历了天然能量、水驱、细分层系、聚合物驱、后续水驱等开发阶段，目前采出程度为 53.6%，从传统水驱理论及特高含水后期新型水驱特征曲线来看，出现了“突变点”：①形成正对行列井网前，含水增速较快；②行列井网后到注聚合物前，开发效果较好；③聚合物驱阶段，含水率下降，无效耗水减少，聚合物驱效果明显；④后续水驱阶段，无效耗水急剧上升，极端耗水层带发育(图 6-1)。

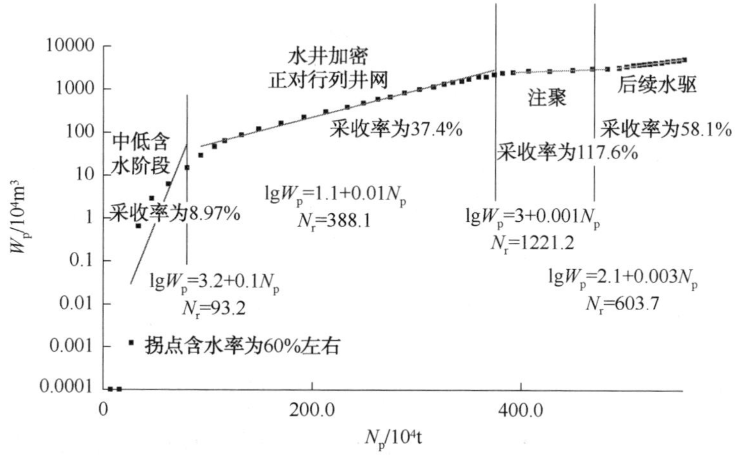

图 6-1　甲型水驱曲线图

经历聚合物驱后，后续的水驱特高含水期，不论是乙型水驱曲线、丙型水驱曲线，还是丁型水驱曲线，相较于注聚合物阶段，水驱特征曲线均出现上翘，说明后续的水驱阶段仍发育高耗水层带。

特高含水期单井水驱特征曲线可分为 3 种类型(图 6-2)：上翘明显(后续水驱)、上翘趋势缓(注聚中后期投产井及断层边部井)、特征曲线平稳(与渤 21 注聚结合部井)，水驱特征曲线与极端高耗水层带有极大相关性。

二、模糊数学评判极端耗水井点起源

针对注水井点，利用多参数模糊数学评判识别极端耗水井点。依据科学性与工程经验，评价影响极端耗水注水井点形成的主控因素渗透率、单位厚度日注水量、

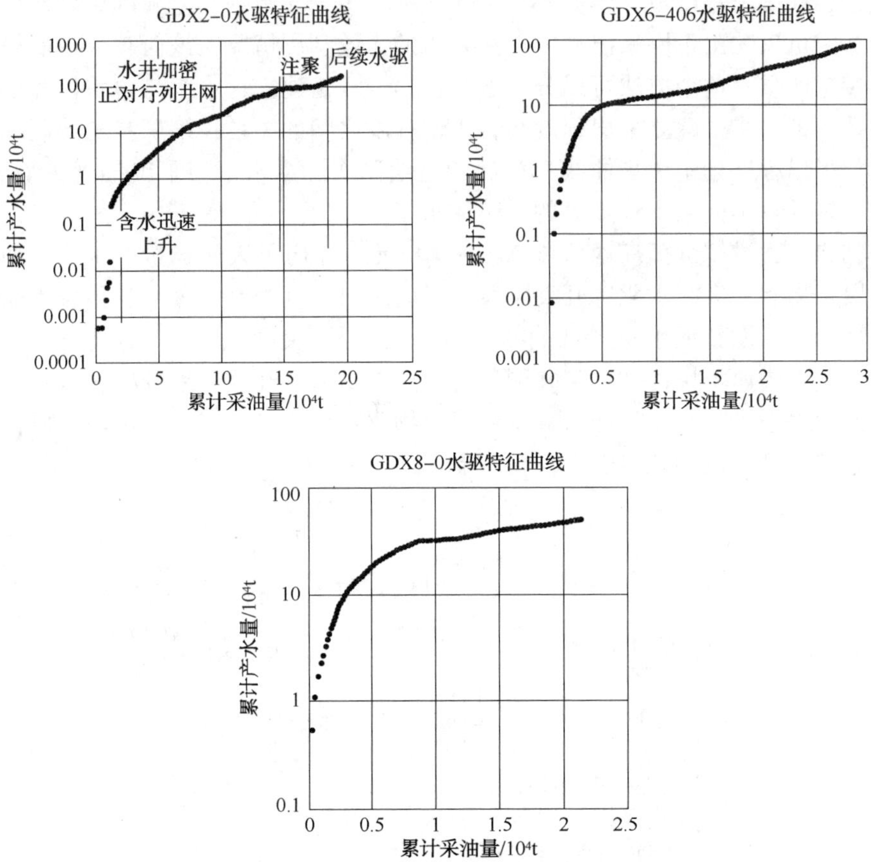

图 6-2　不同单井水驱特征曲线

注水油压、视吸水指数与单位厚度累计注水量。根据各项评价因素的平均值将各因素划分为高耗水和正常注水两个级别，利用层次分析法得到各因素的权重系数。运用模糊数学评判方法，得到注水井的综合评价向量及最大隶属原则，初步判断注水井是否为极端耗水水井，形成井点起源判识技术路线图，如图 6-3 所示。

对于模糊数学评判极端耗水井点具体可以归纳为以下七个步骤。

（1）确定影响极端耗水井点形成因素对应的分级区间，对各评价因素数据进行统计，依据现场经验综合分析划分等级评价表，级别标准的划分按照各种因素的平均值划分成 2 级，大于平均值为 Ⅰ 级（极端耗水），小于平均值为 Ⅱ 级（低耗水），根据注水井等级评价表确定不同单井渗透率（$10^{-3}\mu m^2$）、单位厚度日注水量（m^3/m）、注水油压（MPa）、视吸水指数（m^3/MPa）与单位厚度累积注水量（$10^4m^3/m$）等影响因素所属分级区间，按照耗水级别划分正常注水为 0 与极端耗水为 1。

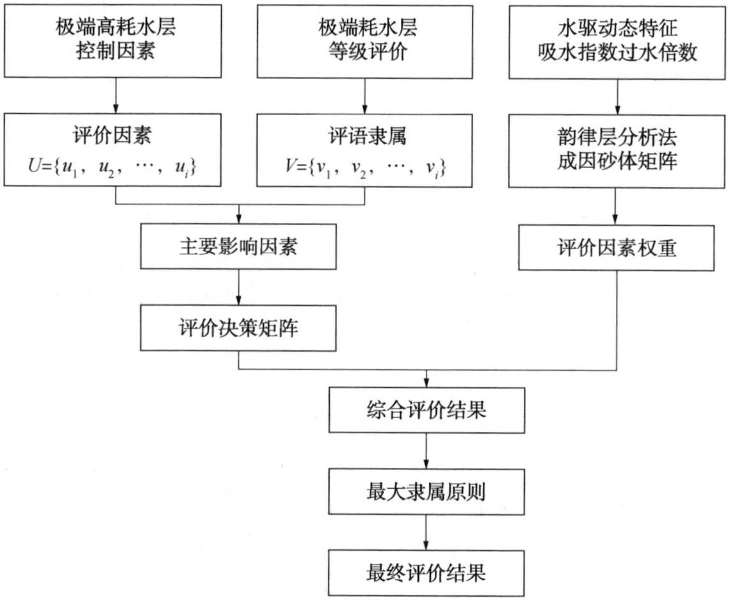

图 6-3　模糊数学评判识别极端耗水井点技术路线图

（2）计算相对评价等级的隶属度。利用正态分布隶属度函数确定不同影响因素相对评价等级的隶属度。

$$r_{ij}=e^{-[(x_{ij}-a)/b]^2} \tag{6-2}$$

式中　a——极端耗水井单井综合评价值；

b——低耗水井单井综合评价值；

x_{ij}——单井分级区间。

（3）构建影响因素与分级区间的行列式矩阵，依据计算的隶属度值进行赋值，对于每个元素无隶属关系赋值为 0。

$$\boldsymbol{R}=\begin{bmatrix} r_{11} & r_{12} \\ r_{21} & r_{22} \\ r_{31} & r_{32} \\ r_{41} & r_{42} \\ r_{51} & r_{52} \\ r_{61} & r_{62} \end{bmatrix} \tag{6-3}$$

（4）利用层次分析法确定各因素权重系数。针对影响极端耗水形成的各控制因素，利用层次分析法定量确定影响极端耗水影响的权重。

（5）模糊运算求取结果向量，利用模糊数学与矩阵性质求取结果向量。

$$B = AR = (r_1,\ \cdots,\ r_2) = \begin{bmatrix} r_{11} & r_{12} \\ r_{21} & r_{22} \\ r_{31} & r_{32} \\ r_{41} & r_{42} \\ r_{51} & r_{52} \\ r_{61} & r_{62} \end{bmatrix} \tag{6-4}$$

(6) 运用最大隶属原则优选结果，根据最大隶属原则优选单井耗水级别，评价结果分为Ⅰ级(极端耗水层)和Ⅱ级(低耗水层)，哪个值高就属于哪个级别，即模糊综合评价结果向量 $\boldsymbol{B}=(b_1,\ b_2)$ 中 b_1 最大，则判别结果为Ⅰ级。

(7) 吸水剖面资料。当储层中存在极端耗水层，总是伴随着某些层位注入不进水，而另一些层位却大量吸水的情况。极端耗水层主要分布在优势渗流发育层段内。引入相对水量突进系数定量识别极端耗水层段。相对水量突进系数表征单层突进现象，即单层相对水量与全井平均单层相对水量的比值。

$$\lambda = d_i / \frac{1}{n}\sum_{i=1}^{n} d_i \tag{6-5}$$

式中　d——单个油层相对吸水量；

　　　n——全井吸水层数。

统计 120 口井同位素测试资料(均为最近一次同位素测试资料)，并绘制最大相对水量突进系数图版(图 6-4)，通过对注入井系统分析，发现注水井最大相对水量突进系数大于等于 2.5 时即为极端耗水层。

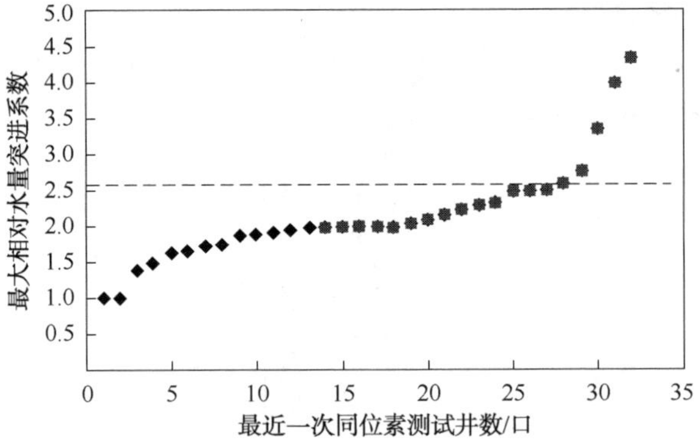

图 6-4　注水井最大相对水量突进系数图版

同时，做出 120 口井 132 层的注水层位相对水量突进系数图版(图 6-5)，分析发现注水井层位相对水量突进系数大于等于 2.0 为极端耗水层。

引入吸水指数突进系数，表征单层突进现象，即分层测试单层吸水指数与全井平均单层吸水指数的比值，注水层位吸水指数突进系数大于 1.5 时存在极端耗水层(图 6-6)。统计分析研究区 44 口井的 113 个注水层位，其中存在极端耗水井 10 口，极端耗水 24 层。

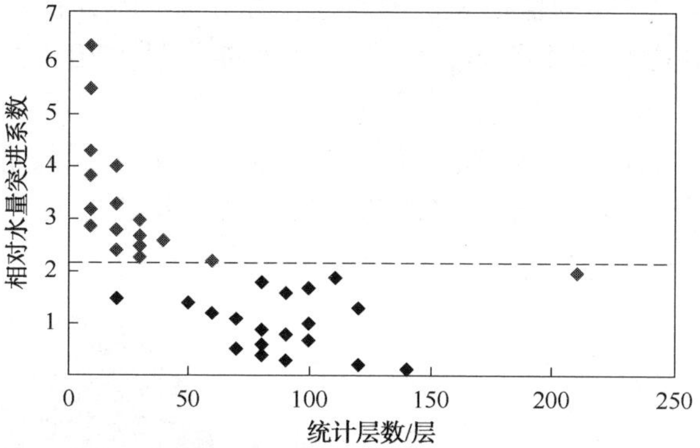

图 6-5 注水层位相对水量突进系数图版

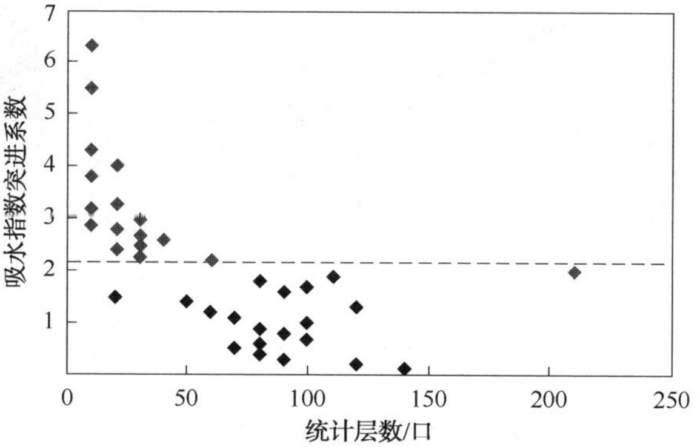

图 6-6 注水层位吸水指数突进系数图版

三、极端耗水层带动态资料识别

用单井注水井数据和单井生产井数据计算井底是否存在无效注水层带，其方法如下：①基于生产井单井产量压力特性的无效注入循环的识别方法，利用生产井的水油比及累积水油比、生产动态资料(水驱特征曲线)、MHI 非均质指数法识别生产井周围是否存在无效区域。②基于注水井单井注入量、压力等特性的无效注入循环的识别方法，根据注水井资料，利用 Hall 曲线及其导数、视吸水指数、实时表皮因子、*Pi* 指数曲线及综合斜率比较值法识别注水井周围是否存在无效区域。

利用油井 IPR 生产曲线形态判识极端耗水油井，利用水井压降曲线分析并识别低效注入井，通过立体监测与压力耦合分析判识极端耗水层带及方向，形成矿场极端耗水动态识别方法。

1. 油井——IPR 曲线分析

IPR 曲线是表示产量与流压关系的曲线，称为流入动态曲线，常规水驱的理论 IPR 曲线，油井静压基本稳定，流压与产液能力呈负相关，IPR 曲线形态单一，如图 6-7 所示。

随着注水开发的进行，局部形成极端耗水，并处于无效低效水循环状态，油井静压受水窜影响不再稳定，流压与产液能力的相关性发生变化，形成多种 IPR 形态，如图 6-8 所示。

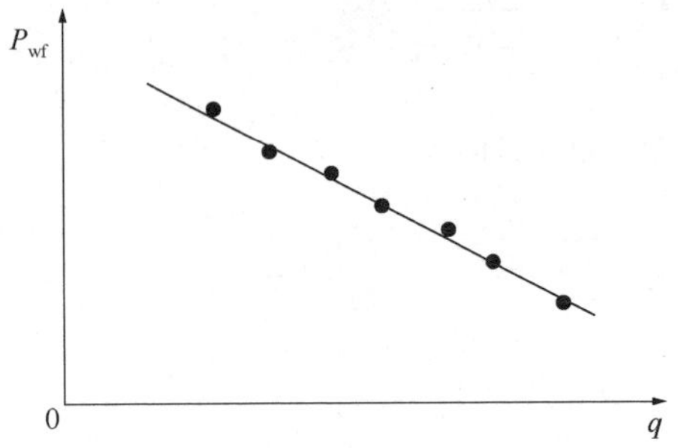

图 6-7　常规水驱理论 IPR 曲线形态

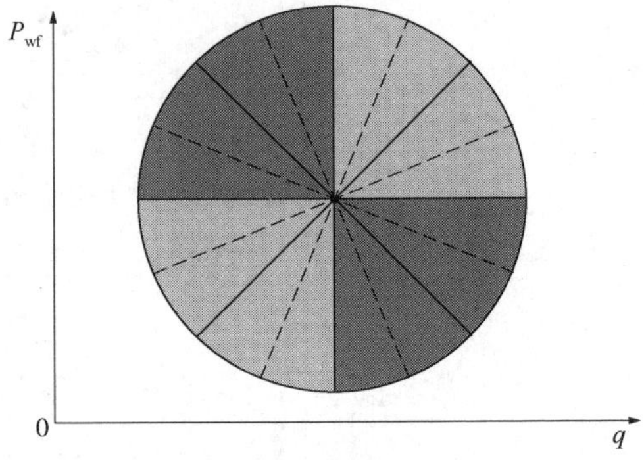

图 6-8　静压不稳定条件下 IPR 曲线形态(无效低效水循环)

利用流入动态曲线异常，并结合油水井注采对应关系，判识无效低效水循环，根据流入动态曲线形态分为负相关、正相关、近水平、近垂直 4 种，相应的曲线形态对应相应的开发意义(图 6-9)。

通过矿场生产动态，流入动态曲线形态不同、流压与液量变化情况，结合开发意义，明确 IPR 曲线类型及判识意义(表 6-1)。

表 6-1　不同流入动态曲线形态特征

类型	主要特征	开发意义
负相关	流压下降，液量上升，反映静压稳定	常规水驱
正相关	流压上升，液量上升，反映静压上升	低效水循环
近水平	流压稳定，液量上升，反映静压上升	低效水循环
近垂直	流压上升，液量稳定，反映静压上升	无效低效水循环

2. 水井——压降曲线分析

通过建立不同渗流方式油水井井间压力分布，利用压降曲线反映注采井间矛盾，矿场动态识别水井注入状况，为注采调整提供依据(图 6-10)。

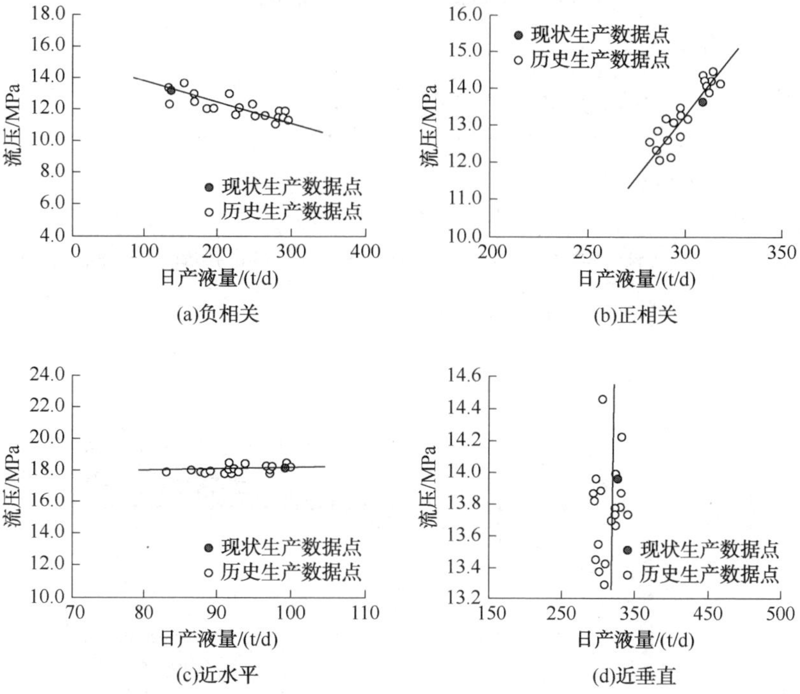

图 6-9　基于阶段生产数据的 IPR 曲线类型

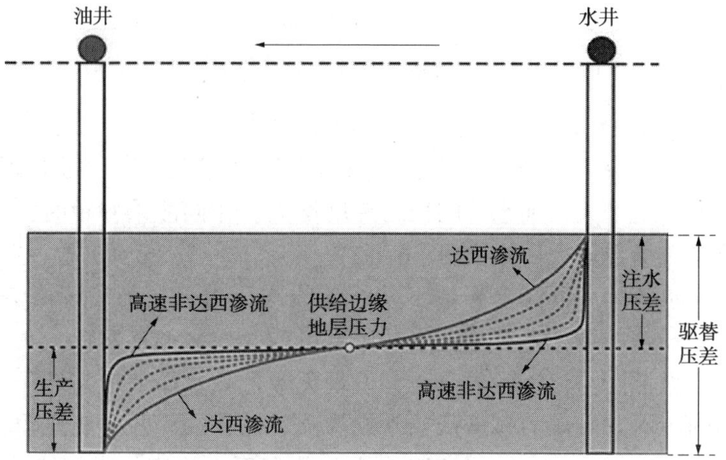

图 6-10　不同渗流方式油水井间压力分布

3. 油水井间——压力耦合分析

通过油水井间压力耦合分析以识别无效低效水循环状态，无效低效水循环时，水井井底压力快速传导至油井，油井端地层压力接近水井端地层压力，通过水井压降-油井静压耦合分析可识别出无效低效水循环。

引入油水井间压力：

$$\frac{dp}{dr}=\left(\frac{Q\mu}{2\pi kh}\right)^{\frac{1}{n}}\times\left(\frac{1}{r}\right)^{\frac{1}{n}}+\left(\frac{Q\mu}{2\pi kh}\right)^{\frac{1}{n}}\times\left(\frac{1}{L-r}\right)^{\frac{1}{n}} \tag{6-6}$$

式中　n——渗流指数。

当注采井距小于150m时，渗流指数不变，随着注采井距增大，压力升高；相同注采井距下，随着渗流指数增加，压力降低；当注采井距大于150m时，相同注采井距下，渗流指数越大，压力越高；随着注采井距增大，压力升高(图6-11)。

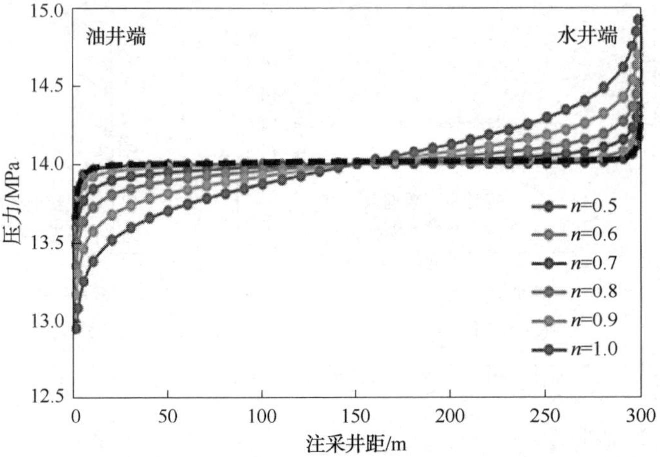

图6-11　不同渗流指数条件下油水井间压力分布图

注采井距小于150m时，随着注采井距增大油水井间压力梯度逐渐减小；相同注采井距下，渗流指数增大，油水井间压力梯度增大。当注采井距大于150m时，随着注采井距增大，油水井间压力梯度增大；相同注采井距时，油水井间压力梯度随着渗流指数增大而增大(图6-12)。

通过对油水井间不同渗流指数下井间流线与压力分析，发现渗流指数越小，无效低效水循环越严重，尤其是油水井底部低效无效水循环发育。

通过对压力梯度与渗流指数分析，发现无效低效水循环油井端压力显著高于常规渗流动的，水井端压力显著低于常规渗流动的，油水井井底压力接近的井间存在无效低效注入循环，井间渗流阻力小，井间压力梯度较常规渗流更小(压力损失小)。

对不同渗流指数下压力梯度与注入倍数和注采井井距关系研究发现，相同渗流指数下，水驱注入倍数越大，压力梯度越小；相同注入倍数下，随着井距的增

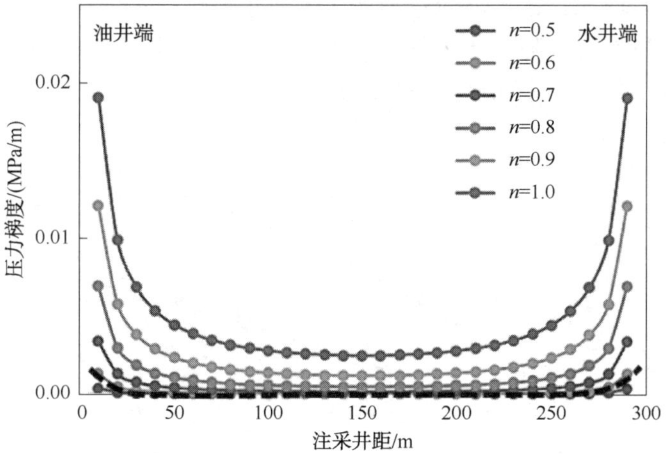

图 6-12　不同渗流指数条件下油水井间压力梯度分布图

大，压力梯度先减小随后增大，到某一值后，压力梯度发生突变，快速增大；相同注入井注入倍数下，渗流指数越小，压力梯度越小；说明无效低效水循环越严重，水窜层流线越集中，水驱倍数越高，产水率越高(图 6-13)。

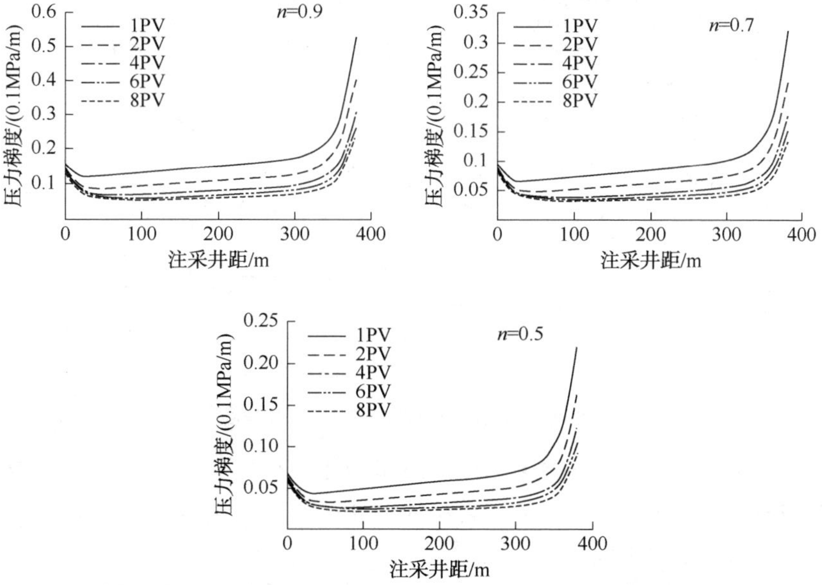

图 6-13　不同渗流指数条件下注采井距与压力梯度关系曲线

引入渗流速度及流量：

$$v=\frac{k}{\mu}\left(\frac{\mathrm{d}p}{\mathrm{d}r}\right)^{n} \tag{6-7}$$

随着压力梯度的增加渗流速度逐渐增加；相同压力梯度时，随着渗流指数的减小，渗流速度增加，常规渗流逐渐变为低效水循环(图 6-14)。

相同渗流指数时，随着压力梯度的增加，流量逐渐增加；相同压力梯度时，流量随着渗流指数的减小而增大(图 6-15)。

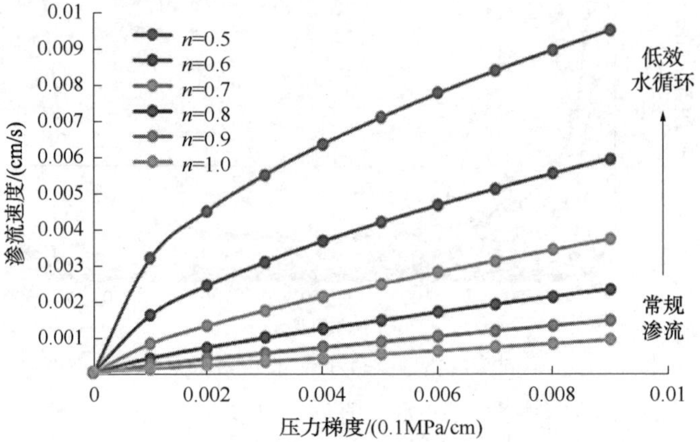

图 6-14　不同渗流指数条件下流速-压力梯度关系图版

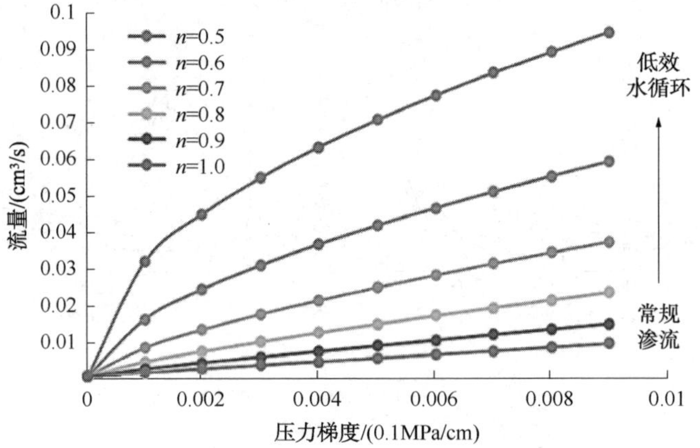

图 6-15　不同渗流指数条件下流量-压力梯度关系图版

通过对不同渗流指数下渗流速度、流量与压力梯度的分析发现，无效低效水循环渗流速度、流量与压力梯度不再呈线性相关。渗流速度及流量较常规渗流更大，产液(注水)能力更强。

基于以上研究，建立了以下无效低效水循环注采动态识别标志：①油水井间压力分布异常，无效低效水循环状态下，油井端地层压力接近水井端地层压力，井间压力损失小，驱替压力梯度小于常规水驱的。②油水井产液注水能力异常，无效低效水循环状态下，油水井压力异常导致油井生产压差和水井注水压差增大，产液能力、注水能力相应增大。③注入水推进速度异常，无效低效水循环状态下，注入水推进速度受储层渗透率和渗流方式共同影响，显著高于常规水驱。④产水率及含水饱和度异常，无效低效水循环状态下，油水井间水驱倍数快速增大，产水率及含水饱和度快速上升。

总体水相渗透率增大，流动阻力减小，油井流动压力上升。采液指数猛增。单位压力下的注水量大幅增加，水驱速度快，注水油压低。油层间吸水强度和吸水剖面差异大，注水井压力指数 Pi 值小，表明油层渗流阻力小，存在高渗透极端耗水层带。

在非均质油藏中，注入水沿大孔道区域或裂缝带突进窜流时，油井的水油比随时间的变化急剧增大；为了解决起伏波动的水油比曲线难以观察的现象，提出累积水油比（$\sum WOR$）的概念，表示油井在观测时间范围内每个时间节点的水油比的累加和。

$$WOR=\frac{W_{\mathrm{p}}}{Q_{\mathrm{o}}} \tag{6-8}$$

$$\sum WOR(t)=\sum_{i=0}^{t}\frac{W_{\mathrm{P}(i)}}{Q_{\mathrm{o}(i)}} \tag{6-9}$$

当 $\sum WOR-t$ 的直线斜率变大时，说明窜流越严重，该油井的无效循环的程度越高。而累积水油比曲线的提出则较好地缓解了以上问题，将以上规律不明显的曲线分析转换为清晰的直线分析，减少了分析的不确定性。

由于水驱油效率指标、剩余储量丰度指标无法直接计算，这里用水油比指标和含油饱和度指标代替二者。

其中，水油比和含油饱和度的计算如下：

$$WOR=\frac{f_{\mathrm{w}}}{1-f_{\mathrm{w}}} \tag{6-10}$$

$$S_{\mathrm{o}}=1-S_{\mathrm{w}}=\left(1-\frac{1}{c}\ln\frac{\mathrm{d}\rho_{\mathrm{o}}B_{\mathrm{w}}\mu_{\mathrm{w}}}{\rho_{\mathrm{w}}B_{\mathrm{o}}\mu_{\mathrm{o}}}\right)-\frac{1}{c}\ln\frac{f_{\mathrm{w}}}{1-f_{\mathrm{w}}} \tag{6-11}$$

$S_{\mathrm{o}}-\left(-\ln\frac{f_{\mathrm{w}}}{1-f_{\mathrm{w}}}\right)$具有正相关关系，因此，可以利用$\left(-\ln\frac{f_{\mathrm{w}}}{1-f_{\mathrm{w}}}\right)$代替表示含油饱和度的变化趋势。经过计算可得出各指标的参数和综合判别参数。

4. 非均质指数法(MHI 法)

Reese 于 1996 年首次提出了非均质指数 HI，后被国内的学者加以改进应用，能反映出单井生产状况比油藏油井平均生产状况是差还是好。

$$HI=\sum_{0}^{t_{\max}}\frac{M-\overline{M}}{\overline{M}} \tag{6-12}$$

$$MHI_{o(i,\ j)} = \sum_{j=1}^{t}\left\{\frac{q_o(i,\ j) - [\sum_{i=1}^{n} q_o(i,\ j)]/n}{[q_o(i)]_{max}|_j - [q_o(i)]_{min}|_j}\right\} \tag{6-13}$$

MHI 指数是经过校正的 *HI* 指数。考虑了 M 的最大值、最小值，具有更高的准确性，当油井日产油量高于平均日产油量时，*MHI*>0；日产油量等于平均值时，*MHI*=0；日产油量小于平均值时，*MHI*<0，此时认为油井可能出现了低效循环情况。

5. 视吸水指数法

吸水指数是指单位注水压差下的日注水量，常用日注水量与井口注水压力之比求得的视吸水指数。

$$I_w = \frac{q_{iw}}{p_{iwh}} \tag{6-14}$$

式中 I_w——视吸水指数，$m^3/(MPa \cdot d)$；

q_{iw}——注水井注入量，m^3/d；

p_{iwh}——井口注水压力，MPa。

假设储层短期内压力变化不大，吸水指数反映了注水井注入能力及油层吸水能力，其值突增可认为储层产生了微裂缝或无效注入循环带，反之储层产生了堵塞。

为了解决起伏波动的视吸水指数曲线难以观察的现象，在此提出累积视吸水指数（$\sum I_w$）的概念，表示注水井在观测时间范围内每个时间节点的视吸水指数的累加和，其定义式为：

$$\sum I_w = \int_0^t I_w \cdot dt = \int_0^t \frac{dt}{m + \frac{p_i}{q_{iw}}} = \frac{t}{m + \frac{p_i}{q_{iw}}} = \frac{1}{\frac{\mu B\left(\ln\frac{r_e}{r_w} + S\right)}{0.5358 \cdot kh} + \frac{p_i}{q_{iw}}} \cdot t \tag{6-15}$$

如果储层未发育优势渗流通道或未发生堵塞时，累积视吸水指数关于时间的曲线（$\sum I_w - t$）理论上应该是一条斜率为 K 的直线，其中：

$$K = \frac{1}{\frac{\mu B\left(\ln\frac{r_e}{r_w}+S\right)}{0.5358 \cdot kh}+\frac{p_i}{q_{iw}}} \tag{6-16}$$

根据（$\sum I_w - t$）曲线的斜率变化，判断表皮因子 S 的变化：当斜率变大时，S 增大，地层渗透性变差可能发生堵塞；斜率变小时，S 减小，地层渗透性变好，表明地层可能发生起裂产生了优势渗流通道。

6. 实时表皮因子法

假设储层均质并且流体渗流满足非稳态流。根据叠加原理，非稳态流注水井在变注入量情况下井底压力解为：

$$p_w - p_i = \frac{2.121 q_n \mu B}{kh} \times \left[\sum_{j=1}^{n} \frac{q_j - q_{j-1}}{q_n} \lg(t - t_{j-1}) + \left(\lg \frac{k}{\phi \mu c_t r_w^2} - 2.0923 + 0.8686S \right) \right] \tag{6-17}$$

式中 q_n——n 时刻的注水量，m^3/d；

n——待求的时刻；

t——时间，d；

ϕ——孔隙度；

c_t——综合压缩系数，MPa^{-1}。

根据不同时刻的注水量、注水压差以及油藏基础参数可以利用上式近似求得不同时刻的表皮因子 S，绘制 $S-t$ 曲线，曲线突降之处可认为储层产生高渗通道，反之，储层产生了堵塞。

为了解决起伏波动的实时表皮因子曲线难以观察的现象，提出累积表皮效应（$\sum S$）的概念，表示注水井在观测时间范围内每个时间节点的实时表皮因子的累加和，其定义式为：

$$\sum S = \int_0^t S \cdot dt = \int_0^t \left[\left(\frac{k}{k_s} - 1 \right) \ln \frac{r_s}{r_w} \right] \cdot dt = \left[\left(\frac{k}{k_s} - 1 \right) \ln \frac{r_s}{r_w} \right] \cdot t \tag{6-18}$$

式中 k——原始的储层渗透率，μm^2；

k_s——地层损害后的渗透率，μm^2；

如果地层的表皮因子保持相对稳定时，累积表皮效应关于时间的曲线（$\sum S - t$）理论上应该是一条斜率为 K 的直线，其中：

$$K = \left(\frac{k}{k_s} - 1 \right) \ln \frac{r_s}{r_w} \tag{6-19}$$

当 $\sum S - t$ 直线的斜率变小时，说明此时 S 减小，地层渗透性变差可能发生堵塞；斜率变大时，说明此时 S 增大，地层渗透性变好表明地层可能发生起裂并产生优势渗流通道。

7. Pi 指数曲线法

一般压力指数（Pi）是由注水井井口压降曲线求出的用于调剖决策的重要参数：

$$Pi = \frac{\int_0^t p(t)\, dt}{t} \tag{6-20}$$

式中 Pi——注水井的压力指数，MPa；

p——随关井时间 t 变化的注水井井口压力，MPa；

t——关井时间，h。

储层渗透率越高，流体黏度越小，则储层内流体的流动能力、吸水能力越强，Pi 值越小。计算注水井不同生产时间的 Pi 值，绘制 $Pi\text{-}t$ 曲线，曲线出现明显突降(或拐点)之处，即储层无效区域存在的大致时刻。

为了能够反映出无效注入循环层带形成前后储层渗透率的变化，提出无因次压力指数(DPi)：

$$DPi=\frac{K_i h_i}{1.842\times10^{-3}q\mu B}\cdot Pi \tag{6-21}$$

式中 DPi——无因次压力指数；

K_i——储层原始渗透率，μm^2；

h_i——原始储层厚度，m。

8. 综合斜率比较值法

针对 Hall 曲线、累积视吸水指数曲线和累积表皮效应曲线，对每一种曲线中两段直线分别使用线性拟合求出两段直线的斜率，假设前一段直线的斜率为 k_1，后一段直线的斜率为 k_2，为了表示斜率的变化情况，在此定义了斜率比较值 $k_{compare}$，其计算公式分别如下：

$$Hall\_k_{compare}=\frac{k_2-k_1}{|k_1|+|k_2|} \tag{6-22}$$

$$\sum I_{w}\_k_{compare}=\frac{k_1-k_2}{|k_1|+|k_2|} \tag{6-23}$$

$$\sum S\_k_{compare}=\frac{k_2-k_1}{|k_1|+|k_2|} \tag{6-24}$$

由以上公式知，当 $Hall\_k_{compare}<0$ 时，或当 $\sum I_{w}\_k_{compare}<0$ 时，或当 $\sum S\_k_{compare}<0$ 时，地层均可能出现优势渗流通道。

通过以上方法，可以分别求出 Hall 曲线、累积视吸水指数曲线和累积表皮效应曲线的直线斜率比较值。然后，利用加权求和计算出综合斜率比较值 $COM\_k_{compare}$。由于以上 3 种曲线拟合直线的斜率均和地层的渗透性有关，所以加权求和中三者的加权值均取 0.333，则综合斜率比较值的计算公式如下：

$$COM\_k_{compare}=0.333Hall\_k_{compare}+0.333\sum I_{w}\_k_{compare}+0.333\sum S\_k_{compare} \tag{6-25}$$

由公式知，当 $COM\_k_{compare}<0$ 时，地层可能出现优势渗流通道；当 $COM\_$

$k_{compare} \geq 0$ 时，地层未发育优势渗流通道。利用水驱特征曲线上翘特征可以初步判定井组是否出现极端耗水，进而分类研究。

1）上翘明显型

以西 2-3 井组为例，从西 2-3 井（射开生产层 $Ng3^1$、$Ng3^3$、$Ng3^4$）的甲型水驱特征曲线可以看出，转入后续水驱开发阶段上翘明显，含水高达 99%，可以判断该生产井某个小层局部出现了极端耗水（图 6-16）。

通过对应水井阻力系数可初步判断阶段极端耗水方向：注水井阻力系数小于 1，显示吸水能力增强。油井西 2-3 井对应水井 4 口，分别是西 3-更 3、西 3-2、西 3-1 和西 2-更 41 井，从 4 口井的阻力系数可以初步判断极端耗水的注水井点为西 3-2 和西 2-41 位于高渗透层带，这两口井的阻力系数小于 1，表明吸水性变强，如图 6-17 所示。

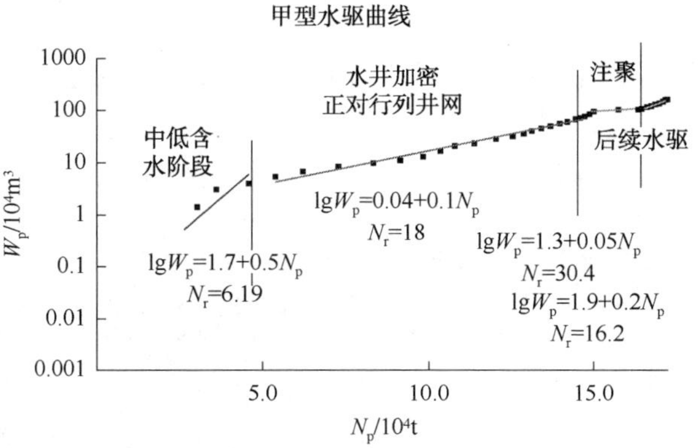

图 6-16 西 2-3 井水驱特征曲线

判断出注水井点后，动静结合进一步判断出到底是哪个层吸水变强导致极端耗水的现场，在矿场上，利用水井分层测试、吸水剖面等动态监测资料判断水井注入井段吸水能力，据此判断极端耗水井点中的极端耗水小层。通过分层测试和吸水剖面等动态监测资料分析，$Ng3^3$ 层吸水能力增强，为极端耗水。利用静态资料分析 $Ng3^3$ 层内发育的高渗透层带（图 6-18）。$Ng3^1$—3^4 小层合采，从纵向和平面的孔隙度与渗透率大小来看，$Ng3^3$ 层厚度大，层内孔渗性好，是主要产量贡献层，近东西向主河道存在一个高渗透层带，后期发育演变成极端耗水层带。

综合吸水剖面和多功能测井曲线以及平面与纵向渗透率图分析得出西 3-2 井的 $Ng3^3$ 底部吸水能力增强，为极端耗水层带（图 6-19）。

另外两个驱替方向上（西 2-更 41 和西 3-更 3 井）的 $Ng3^3$ 吸水能力变差，阻力系数大于 1 的水井 $Ng3^3$ 层吸水量较少，各方向驱替不均匀。

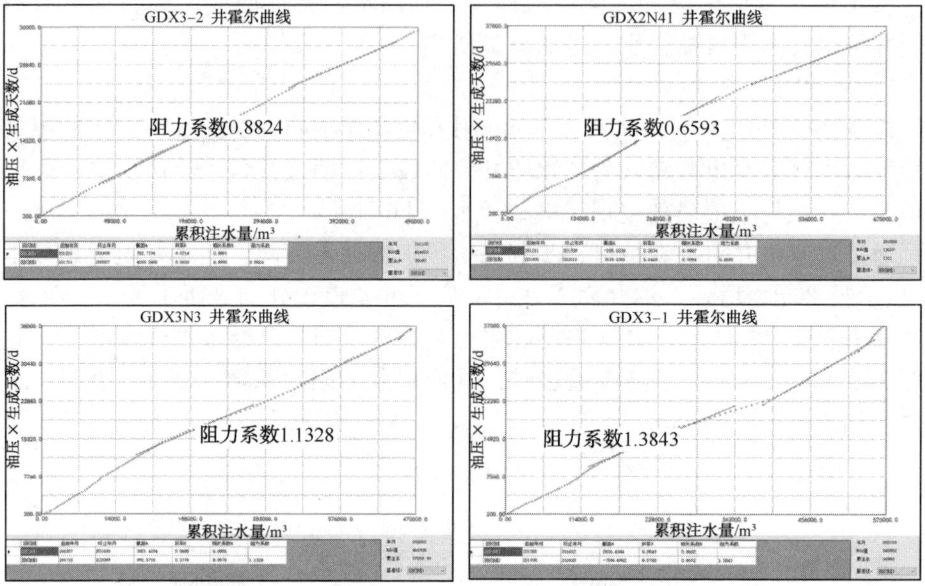

图 6-17 西 2-3 井组注水井阻力系数情况图

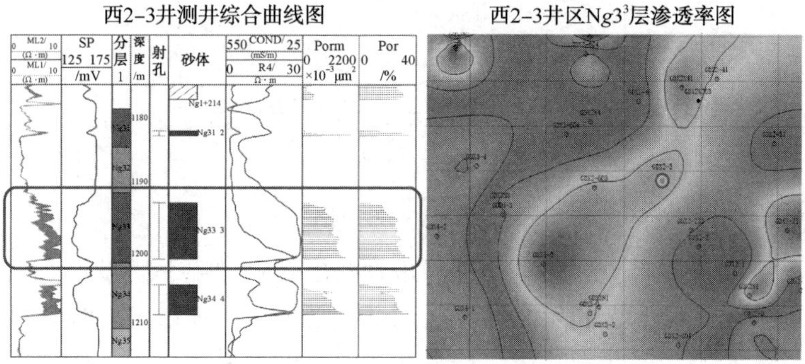

图 6-18 西 2-3 井测井综合曲线图

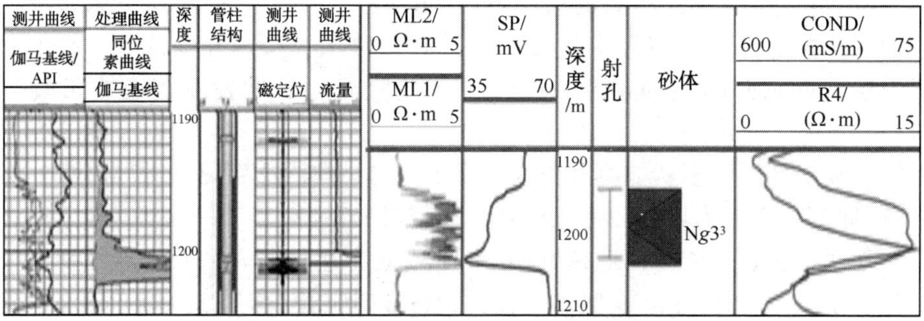

图 6-19 西 3-2 井吸水剖面及测井图对应关系图

2）上翘不明显型

以西 8-5 井组为例，从采油井西 8-5 井(射开生产层 Ng4^3、Ng4^4)的甲型水驱特征曲线(图 6-20)可以看出，该井投产较晚，转入后续水驱开发阶段，水驱特征曲线上翘不明显。

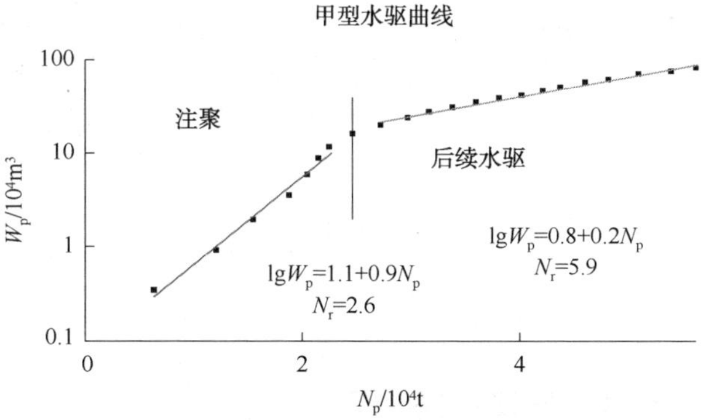

图 6-20　西 8-5 井水驱特征曲线图

通过对应水井阻力系数可初步判断阶段极端耗水井点。油井西 8-5 井对应水井西 7-6 和西 7-5 井，从这 2 口井阻力系数可以初步判断极端耗水的注水井点为西 7-5 井(这口水井也是位于高渗层带上)。通过对不同阶段动态资料分析，发现西 7-5 井的 Ng4^4 层吸水能力强，吸水量相对较大，但与注聚时对比差异不明显，极端耗水层带正在形成。同时利用动静结合的方法，测井曲线对储层物性与吸水剖面结合对比，判定 Ng4^4 层底部为极端耗水层带，而分层测试资料对比发现 Ng4^4 层吸水指数相对较大。结合霍尔曲线的阻力系数大小判定西 7-5 井位于高渗透层上，如图 6-21 所示。

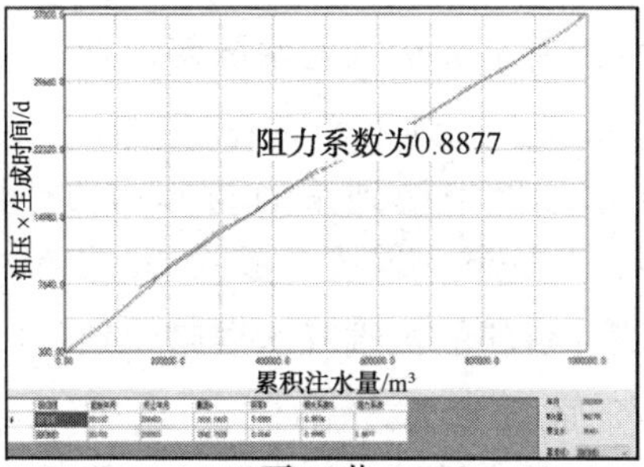

(a)西7-5井

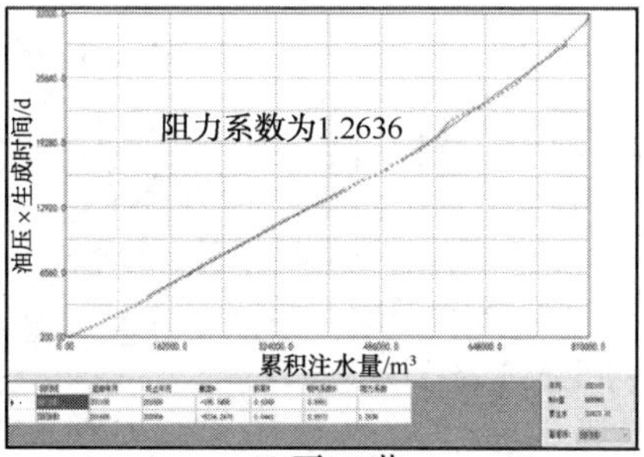

(b)西7-6井

图 6-21　西 7-5 井与西 7-6 井霍尔曲线

综合以上矿场经验，建立了极端耗水层带单元井点判识应用流程(图 6-22)。借助于该流程，现场技术人员能够利用手上的静态及生产动态与监测资料综合判定极高耗水层带最大可能出现的井点。

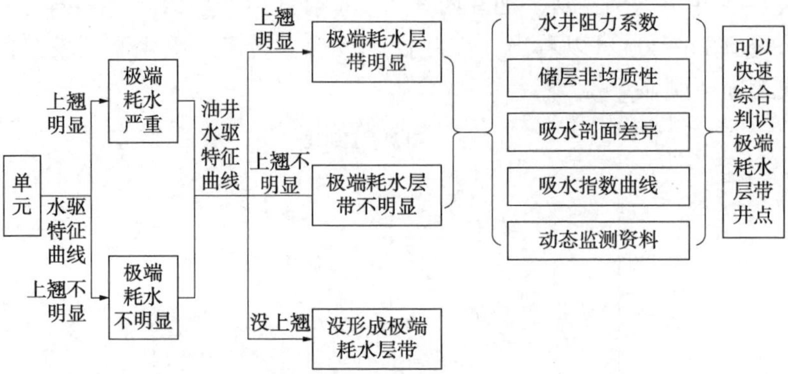

图 6-22　极端耗水层带单元井点判识应用流程图

四、极端耗水层带发育层段识别

针对注水层段，利用多资料定性识别、定量表征极端耗水层段，确定了储层物性、测井特征、水淹特征识别与储层微相岩相定性识别极端耗水层带，借助监测资料、密闭取芯与油水相渗曲线定量表征极端耗水层带的发育层段确定技术路线（图 6-23）。

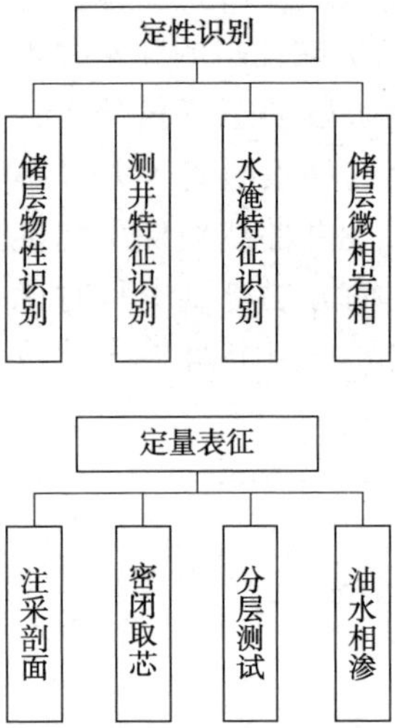

图 6-23　发育层段确定技术路线图

（一）基于岩芯资料的极端耗水层带识别

岩芯在极端耗水层被冲洗得比较干净，驱油效率较高，水洗级别为强水洗。结合岩芯水洗特征及其韵律性判断极端耗水层带分布。

（二）基于水淹特征的极端耗水层带识别

对于正韵律油藏由上到下渗透逐渐减小，底部渗透率较高，在注水开发中受到重力与非均质性影响，其强水淹层一般为其底部，厚度一般为 2m 左右。

（三）基于测井资料的极端耗水层带识别

当某一层位形成低效无效循环后，由于注入水的长期冲刷，其含水率会比上下围岩的高，这样就会造成 R_w 值比围岩的低，从而导致 Ed 值的增加，所以在低效无效循环的部位，自然电位值应该比围岩的有所增加。另外，经过注入水长时间强力冲刷形成低效无效循环，油层的泥质含量和含油量大幅降低，大大减少了离子交换的阻力，使低效无效循环油层具有了某些水层的特征，从而引起自然电位上升。高耗水层段的测井曲线具备两个特征：

①泥质与油质含量下降，离子交换阻力减小，自然电位幅度上升；②孔隙流体以水为主，岩性向亲水转变，电阻率幅度差下降。

本次研究建立了密闭取芯井饱和度分级耗水层带标准。根据取芯井含油饱和度进行分级，按照一般油藏饱和度差异值在10个点以上进行划分，以西区北馆3—4为例，该取芯井位于油水井排间，通过含油饱和度分析发现含油饱和度小于30%，其耗水级别为极端耗水层带；含油饱和度介于30%～45%，为高耗水层带；含油饱和度大于45%为低耗水层带(图6-24)。

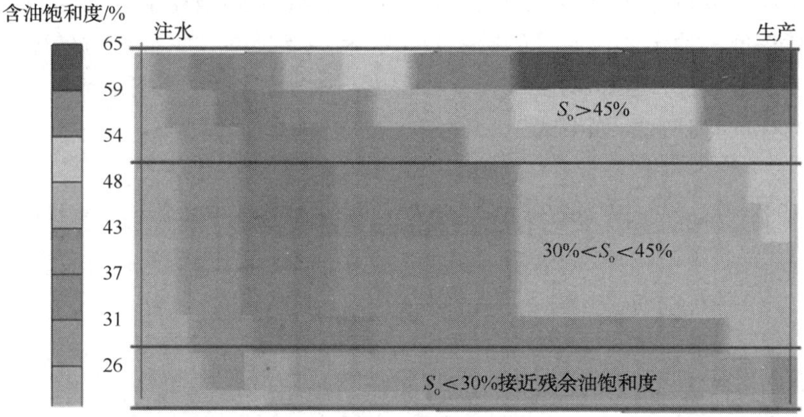

图6-24　油水井间含油饱和度分布

根据特高含水后期水洗特征，创建了层内极端耗水定量划分三级模式，其中高耗水带的残余油饱和度与水驱前缘剩余油饱和度较为接近(图6-25)。

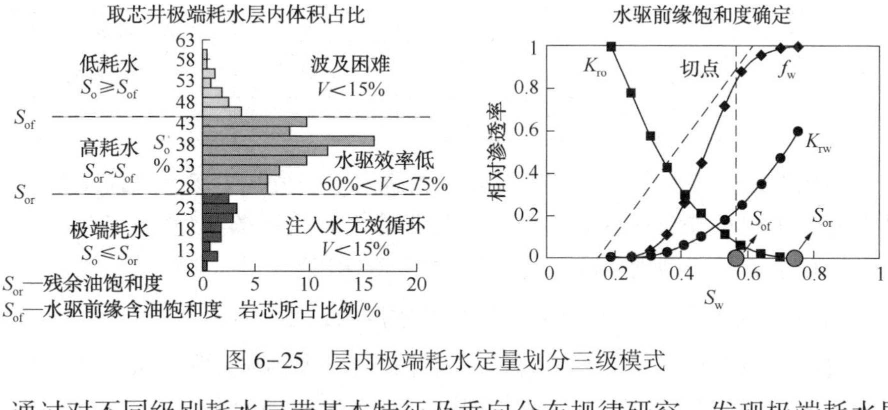

图6-25　层内极端耗水定量划分三级模式

通过对不同级别耗水层带基本特征及垂向分布规律研究，发现极端耗水层带渗透率较大，单段厚度仅为0.2～0.5m，占总厚度比为5%～10%，高耗水层段单段厚度为9.7～12.4m，占总厚度的75%～85%，渗透率介于最高渗透与最低渗透之间，而低耗水区占比较小，渗透率最小。从取芯井含油饱和度高低对应的渗透率大小说明极端耗水层带主要集中于高渗透带，但是占比很少，含油饱和度较低，也说明油井高含水仅反映了生产层段中较小部分的高渗透层段，极端耗水层带的识别与治理是特高含水后期挖潜增油的方向。

为进一步研究储层静态物性差异和油水渗流动态差异造成的无效低效水循环，基于密闭取芯建立了极端耗水层带综合评价指数，由于渗透率反映储层非均质性；驱替压力梯度反映瞬时注采井网系统对流场的控制程度，即驱替控制程度；相对渗透率比值反映油水渗流动态差异，据此建立耗水层带综合评价指数。

对于动态分析耗水级别，利用层系分析法确定了影响耗水级别的储层非均质性、驱替程度与油水渗流差异的影响权重，利用渗透率、驱替压力梯度与相对渗透率比值定量表征储层非均质性、驱替程度与油水渗流差异的影响，其参数采用对数函数标准化处理，如下式：

$$k'=\log(k)/\log(k_{\max}) \tag{6-26}$$

$$\left(\frac{\Delta P}{L}\right)'=\log\left(\frac{\Delta P}{L}\right)/\log\left[\left(\frac{\Delta P}{L}\right)_{\max}\right] \tag{6-27}$$

$$\left[\frac{k_{\mathrm{rw}}(s_{\mathrm{w}})}{k_{\mathrm{ro}}(s_{\mathrm{w}})}\right]'=\log\left[\frac{k_{\mathrm{rw}}(s_{\mathrm{w}})}{k_{\mathrm{ro}}(s_{\mathrm{w}})}\right]/\log\left\{\left[\frac{k_{\mathrm{rw}}(s_{\mathrm{w}})}{k_{\mathrm{ro}}(s_{\mathrm{w}})}\right]_{\max}\right\} \tag{6-28}$$

则标准化处理后的耗水层带综合评价指数，如下式：

$$c'=k'\cdot\left(\frac{\Delta P}{L}\right)'\cdot\left(\frac{k_{\mathrm{rw}}(s_{\mathrm{w}})}{k_{\mathrm{ro}}(s_{\mathrm{w}})}\right)' \tag{6-29}$$

建立了耗水层带分级标准，如表 6-2 所示。

表 6-2　耗水层带分级标准

耗水层带级别	耗水层带综合判识指数	耗水层带级别	耗水层带综合判识指数
低耗水层带	≤0.6	极端耗水层带	≥0.85
高耗水层带	0.6~0.85		

极端耗水层段在水洗特征上一般表现为强水洗，利用 GDX5-XJ131 和 GDX5-J142 取芯井不同水洗级别对应的渗透率与驱油效率关系图版(图 6-26)，得出研究区极端耗水层段的判别标准：渗透率大于 $703\times10^{-3}\mu m^2$，驱油效率大于 35%。

(四) 基于岩相及其组合特征的极端耗水层带识别

通过统计监测资料显示高耗水发育层段与沉积相的关系，认为相类别级别越高越容易形成高耗水层段，一般按照一类河道>二类河道>三类河道>废弃河道>决口河道>溢岸砂的顺序形成高耗水层段。因此，依据垂向砂体组合关系，在垂向上确定注水井的极端耗水层段。如 GDX5-142 井 $Ng3^5$ 单元为一类河道相，为井段内的最优势相，吸水剖面显示该层段 100%吸水，为该井的极端耗水层段(图6-27)。

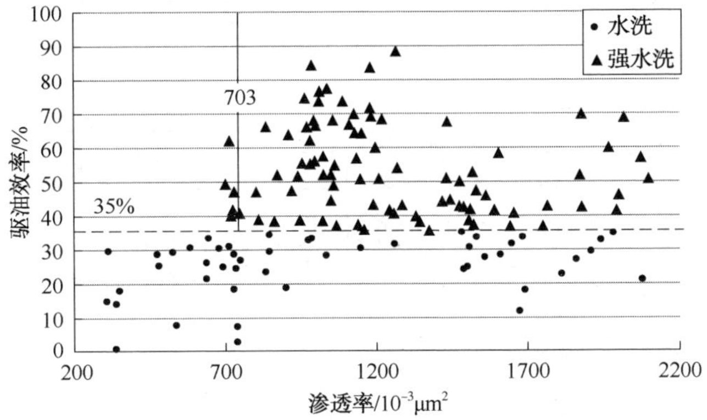

图6-26　不同水洗级别对应的渗透率与驱油效率关系图

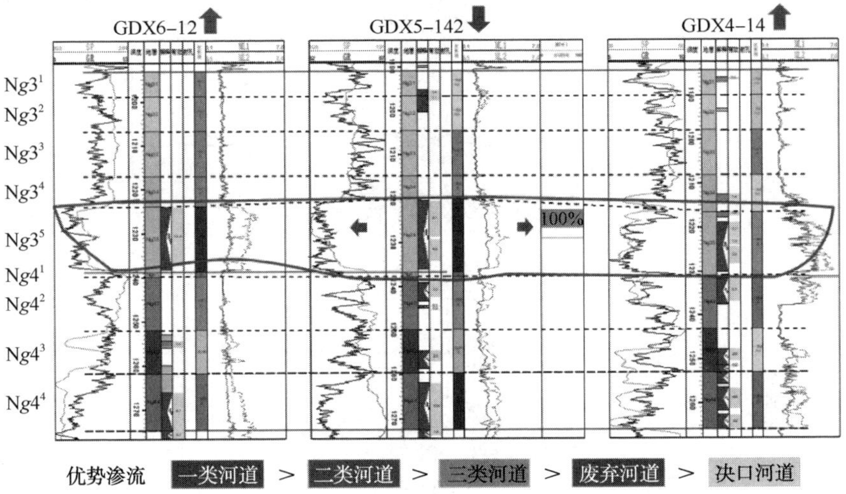

图6-27　优势相与极端耗水层关系

五、井间渗流阻力层带方向表征

以渗流力学理论为基础，基于达西公式和水电相似性原理，计算任一小层、注采井间的渗流阻力、注水强度等指标，基于极端耗水流方向判识标准，进而判断出极端耗水流方向，最终结合极端耗水井点、极端耗水层段及极端耗水区带，综合判识油藏中极端耗水层带(图6-28)。

(一) 分层注采流动关系判别

考虑注采井是否在同一砂体、井间是否存在连通路径、是否在同一时间生产、流动路线上是否存在其他生产井正在生产以及油水流动方向是否与其他油水流向一致5个方面的问题。定义出5个判别条件都满足时，则认为这两口注采井在该小层具有流动关系。基本思路如图6-29所示。

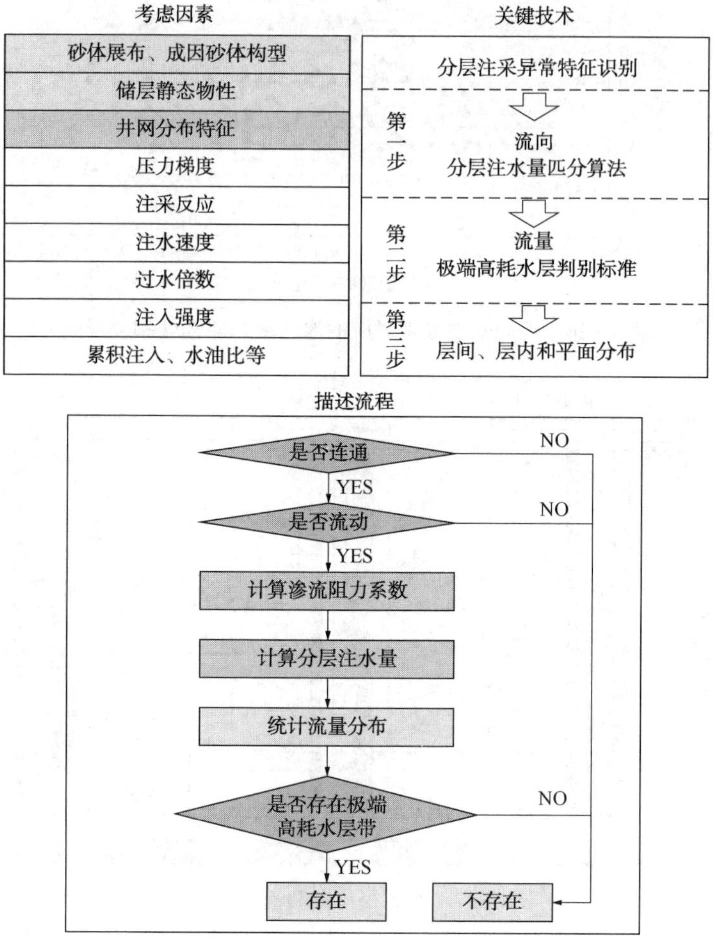

图6-28　层带方向描述技术路线

（二）分层注水量劈分技术

由于油藏平面上和纵向上的非均质性、油水黏度的差别及注采井组内部的不平衡，势必造成注入水在平面上向生产井方向的舌进指进现象。特别是在特高含水后期，由于注入水的长期冲刷，油藏孔隙结构和物理参数发生较大变化，在注水井和采油井之间可能产生特高渗透薄层，造成注入水在注水井和采油井之间的循环流动，水驱油的效率极差。

根据渗流阻力，分析各条“通路”上的水流量等参数。其相关参数包括井间

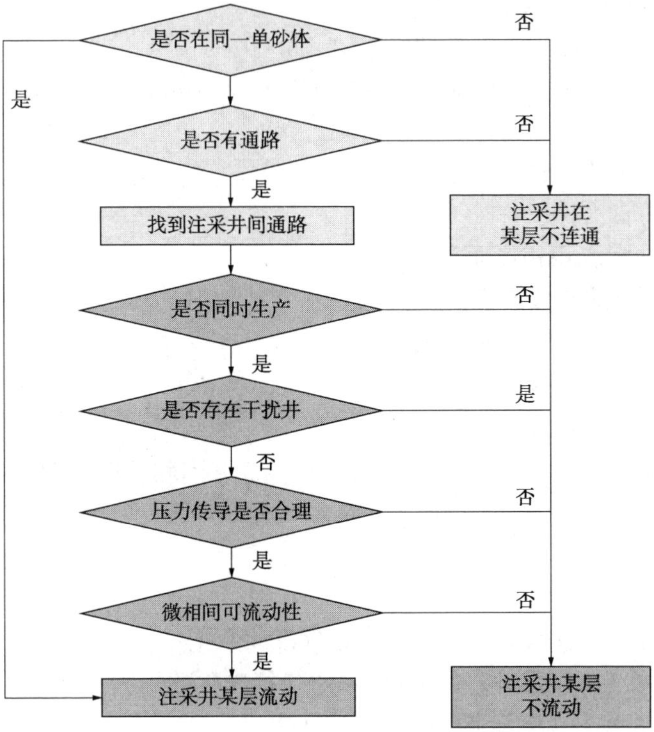

图 6-29　判别某层两口注采井间是否存在流动关系流程图

微相类型、连通有效厚度、渗透率、井距、连通井数。

利用达西公式，计算注水井第 i 层与第 j 口油井的渗流阻力 R_{ij}：

$$R_{ij}=\frac{2L_{ij}}{\alpha_{平面ij}\times(H_i+H_j)^2}\times\left(\frac{H_i}{K_i}+\frac{H_j}{K_j}\right) \tag{6-30}$$

利用水电相似性原理，计算注水井第 i 层平面总渗流阻力 $R_{平面i}$：

$$R_{平面i} = 1/\left(\sum_{j=1}^{m}\frac{1}{R_{ij}}\right) \tag{6-31}$$

则注水井第 i 层注到受效第 j 口油井的注水比例系数为：

$$\lambda_{平面ij}=\frac{R_{平面i}}{R_{ij}} \tag{6-32}$$

注水井总阻力为：

$$R_{总阻力} = 1/\left(\sum_{i=1}^{n}\frac{1}{R_{平面i}}\right) \tag{6-33}$$

注水井第 i 层劈分注水比例系数：

$$\lambda_{纵向i}=R_{总阻力}/R_{平面i} \tag{6-34}$$

注水井注到第 i 层水量：

$$W_{纵向i}=\lambda_{纵向ij}\times Q_w \tag{6-35}$$

注水井第 i 层注到第 j 口受效油井的水量，即计算瞬时注水量：

$$W_{ij}=\lambda_{平面ij}\times W_i \tag{6-36}$$

式中 R_{ij}——ij 两点间阻力，$m^3/(Pa\cdot s)$；

L_{ij}——ij 间井距，m；

α_{ij}——ij 间沉积相连通系数；

H_i——i 点的有效厚度，m；

H_j——j 点的有效厚度，m；

K_i——i 点的渗透率，μm^2；

K_j——j 点的渗透率，μm^2。

基于数据挖掘技术与油藏工程相关原理建立井间相关性模型。

$$\rho_{ij\tau}=\frac{1}{n}\sum_{t=1}^{n}I_i^*(t)\times P_j^*(t+\tau) \tag{6-37}$$

式中 $\rho_{ij\tau}$——油水井间相关系数；

$I_i^*(t)$——在 t 时刻注水井 i 的注水量标准化数据；

$P_j^*(t+\tau)$——在 $(t+\tau)$ 时刻生产井 j 的产水量标准化数据；

τ——注水井见效延迟因子，天(月)。

结合实际生产数据的相应特点，采用 z-score(standard score)标准化方法进行数据处理，其标准化处理公式为：

$$I_i^*(t)=\frac{I_i(t)-\overline{I_i}}{\sqrt{\frac{1}{n}\sum_{t=1}^{n}[I_i(t)-\overline{I_t}]^2}} \tag{6-38}$$

$$P_j^*(t+\tau)=\frac{P_j(t+\tau)-\overline{P_j}}{\sqrt{\frac{1}{n}\sum_{t=1}^{n}[P_j(t+\tau)-\overline{P_j}]^2}} \tag{6-39}$$

式中 $I_i(t)$——在 t 时刻注水井 i 的注水量，t；

$\overline{I_i}$——注水井 i 的平均注水量，t；

$P_j(t+\tau)$——在 $(t+\tau)$ 时刻生产井 j 的产水量，t；

$\overline{P_j}$——生产井 j 的平均产水量，t；

n——选取数据的时间范围，月优选 3 项评价参数：①瞬时注水量，反映了不同方向的注水流量；②累积注水量，反映了注入水沿某一方向的主要流向；③注入强度，是判识极端耗水层带的重要参数之一。

（三）无效低效循环快速定量识别方法

将油藏动态资料、静态资料与信息技术结合，基于容量阻力模型（质量守恒原理），将注水井作为输入系统、采油井作为输出系统，综合考虑油井自身产量递减、井底流压影响，注水井注水影响，建立质量守恒微分方程；综合考虑油水井渗透率、油层厚度及油水黏度等，通过井间注采响应系数和吸水剖面、示踪剂监测校正，寻找注水井与周围采油井间有规律性和趋势性的关系，从而识别出注采井间优势渗流方向，定量评价注采方向注水量。构建形成平面各井间、纵向各小层及各方向的无效低效循环快速定量识别方法。

第 k 层 i 水井到 j 油井方向两相渗流阻力：

$$R_{kij}=\sum_{i=1}^{n}\frac{\Delta L}{Kh\left[\frac{K_{ro}(S_w)}{\mu_o}+\frac{K_{rw}(S_w)}{\mu_w}\right]} \tag{6-40}$$

第 i 水井到 j 油井方向注采响应校正：

$$\beta_{kij}=\lambda_{i,j}\times\alpha_{kij} \tag{6-41}$$

其中 α_{kij} 见下式：

$$\alpha_{kij}=\frac{\Delta P/R_{kji}}{\sum_{k=1}^{K}\Delta P/R_{kji}} \tag{6-42}$$

第 k 层吸水剖面（选择使用）校正：

$$r_{kij}=(\beta_{kij}\times n_{kij})/\sum_{j=1}^{n}\beta_{kij} \tag{6-43}$$

根据优势水流方向以及平面砂体发育情况，圈定极端耗水区带。极端耗水层带主要以网状交织型、连续条带型和断续条带型 3 种形态分布，西区北馆 3—4 单元运用此方法，并结合沉积单元与水流方向判断极端耗水层带，如图 6-30 所示。

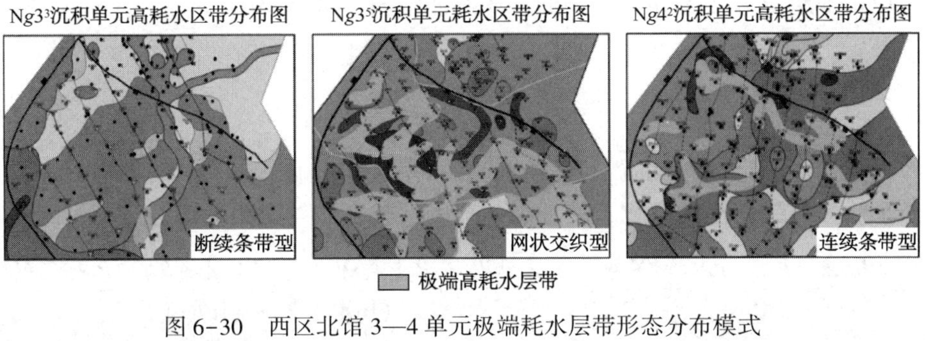

图 6-30　西区北馆 3—4 单元极端耗水层带形态分布模式

六、无效低效水循环判识

针对低效无效水循环，引入无效注入层带指数 R 动态表征无效低效水循环，对于稳态流，假设储层均质等厚，满足径向流，根据达西公式，对于每个时刻点来说满足稳态流，存在下式：

$$\sum(p_{wj}-p_i)\times\Delta t_j=\sum\frac{q_j\mu B\left(\ln\frac{r_e}{r_w}+S\right)}{0.5358kh}\times\Delta t_j=\frac{\mu B\left(\ln\frac{r_e}{r_w}+S\right)}{0.5358kh}W_i \tag{6-44}$$

式中 p_{wj}——井底压力，MPa；

p_i——原始地层压力，MPa；

q——注入量，m^3；

B——体积系数；

r_e——径向流外半径，m；

r_w——井筒半径，m；

S——表皮因子；

h——储层厚度，m。

若以 W_i 为横坐标，$\sum(p_{wj}-p_i)\times\Delta t_j$ 为纵坐标，其曲线斜率 K 为：

$$K=\frac{\mu B\left(\ln\frac{r_e}{r_w}+S\right)}{0.5358kh} \tag{6-45}$$

通过稳态流的某时刻累积注入量 W_i 与某时刻井底压力与原始地层压力之差和此时刻的乘积的曲线斜率进行分析，可以判断表皮因子 S 的变化，当斜率变大时，表皮因子 S 增大，地层发生堵塞；斜率变小时，表皮因子 S 减小，地层起裂，产生微裂缝或大孔道，由此造成无效注水循环。

基于稳态流渗流方程，建立拟稳态的某时刻累积注入量 W_i 与某时刻井底压力与原始地层压力之差和此时刻的乘积的曲线斜率 K 公式：

$$K=\frac{\mu B\left(\ln\frac{r_e}{r_w}-\frac{1}{2}+S\right)}{0.5358kh} \tag{6-46}$$

根据导数的定义与性质，为研究曲线斜率 K 的变化，通过渗流方程计算其导数，来放大曲线斜率的变化，使地层状况的变化在图示上更为敏感，见下式：

$$D_{HI}=\frac{d\left[\sum(p_{wj}-p_i)\times\Delta t_j\right]}{d\ln W_i}=\frac{\left[\sum(p_{wj}-p_i)\times\Delta t_j\right]^{n+1}-\left[\sum(p_{wj}-p_i)\times\Delta t_j\right]^{n}}{(\ln W_i)^{n+1}-(\ln W_i)^{n}} \tag{6-47}$$

通过稳态流的某时刻累积注入量 W_i 与某时刻井底压力与原始地层压力之差和此时刻的乘积的曲线斜率 K 进行分析，发现曲线斜率 K 是一条斜率不变的直线，但当注水井附近存在大孔道或微裂缝时，直线会向下发生偏转斜率变小；当地层发生堵塞时，直线会向上偏转斜率变大(图 6-31)；由此定义无效注入层带指数(R)为特征曲线发生偏折时后一直线段斜率(K_2)与前一直线段斜率(K_1)的比值，见下式：

$$R=\frac{K_2}{K_1} \tag{6-48}$$

式中　K_1——堵塞特征曲线中前一段直线的斜率；

K_2——起裂特征曲线中前一段直线的斜率。

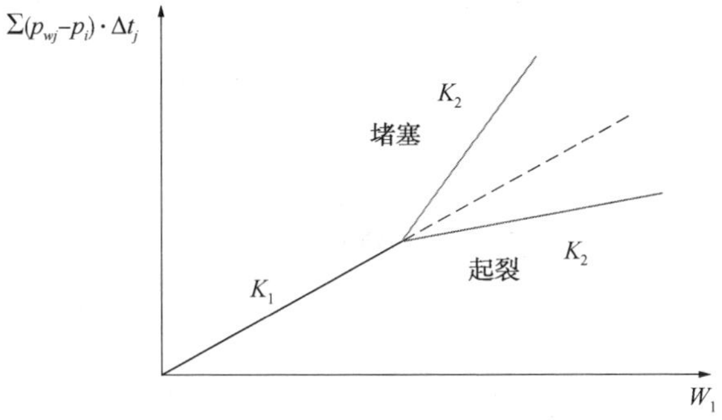

图 6-31　注水井堵塞起裂特征曲线

为进一步研究储层静态物性差异和油水渗流动态差异造成的无效低效水循环，基于物性参数、油水饱和度、相对渗透率比值，建立洛伦兹曲线。利用绝对渗透率比值反映储层静态物性差异，相对渗透率比值反映油水渗流动态差异，构建洛伦兹系数为非均质模型曲线面积与均质模型曲线面积的比值(0~1)表征储层动态非均质性。当洛伦兹系数为 0 时，为完全均质，其洛伦兹曲线为直线；当洛伦兹系数为 0.7 时，为强非均质性，为凸性曲线；当洛伦兹系数为 1.0 时，完全非均质性，曲线形态为直角形，说明洛伦兹曲线越弯曲(洛伦兹系数越大)，动态非均质性越强(图 6-32)。

考虑特高含水后期耗水、剩余油特征，引入剩余可动系数评价指标，反映剩余油可动潜力大小。

剩余可动系数：

$$R=\Omega_{or}\times M\times E_{\phi}=\frac{\mu_w}{\mu_o}=\frac{100h\phi S_o\ (c-S_w)^2 e^{a+bS_w}\rho_o}{B_o}\frac{S_o-S_{or}}{S_{oi}-S_{or}} \tag{6-49}$$

剩余驱油效率：

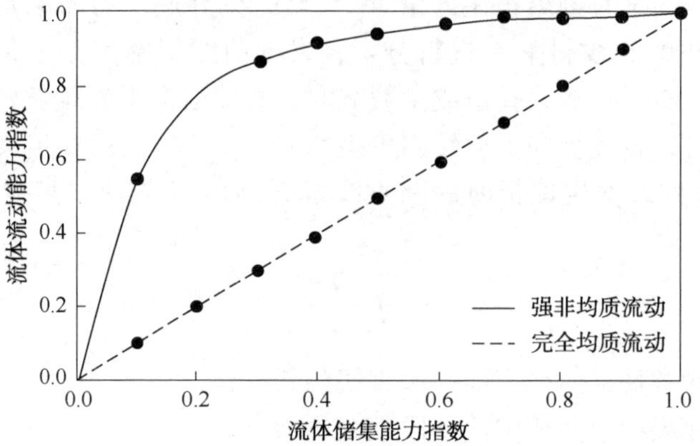

图 6-32　不同洛伦兹曲线形态

$$E_{\phi}=\frac{S_{o}-S_{or}}{S_{oi}-S_{or}} \tag{6-50}$$

剩余储量丰度：

$$\Omega_{or}=\frac{100h\phi S_{o}\rho_{o}}{B_{o}} \tag{6-51}$$

油水流度比：

$$M=\frac{K_{ro}\mu_{w}}{K_{rw}\mu_{o}}=\frac{\mu_{w}}{\mu_{o}}(c-S_{w})^{2}e^{a+bS_{w}} \tag{6-52}$$

建立了原油生产无效循环经济指标、剩余油潜力控制程度指标、产油耗水指数指标、剩余油储量丰度等 4 个指标判识无效低效。

1. 原油生产无效循环经济指标

判断油井是否有效生产，主要取决于其目前生产状态是否产生经济利润。以含水率 98%为界限，当原油生产达到该经济极限值时，可认为无效循环严重。基于盈亏平衡理论，建立原油收入与生产成本之间的关系式，推导出单元、井组、油井生产的经济极限含水率公式，见下式：

$$f_{wc}=1-\frac{C_{M}+C_{W}+(C_{P}+C_{T})\times Q_{1}}{I\times(P-T)\times Q_{1}} \tag{6-53}$$

式中　f_{wc}——单井经济极限含水率，%；

C_{M}——材料费，万元；

C_{W}——作业费，万元；

C_{P}——动力费，万元；

C_{T}——处理费，万元；

I——原油商品率，%；

P——原油售价，元/吨；

T——税费，元/吨。

2. 剩余油潜力控制程度指标

针对水驱油藏，尤其是特高含水油藏，基于流线流量、流线条数与产油率及储层物质基础建立剩余油潜力控制程度因子表征剩余油储量控制程度，见下式：

$$ET_{i,j,k}=q_{\mathrm{sl}}\times n_{i,j,z}\times f_{oi,j,z} \tag{6-54}$$

式中　$ET_{i,j,k}$——剩余油潜力控制程度；

q_{sl}——流线流量；

$n_{i,j,z}$——流线条数；

$f_{oi,j,z}$——基于物质基础的产油率。

水驱油藏剩余油控制程度为各个方向剩余油控制之和，见下式：

$$ET=\sum_{z=1}^{z=N_z,}\sum_{i=1,\ j=1}^{i=N_x,\ j=N_y} q_{sl}\times n_{i,\ j,\ z}\times f_{oi,\ j,\ z} \tag{6-55}$$

通过对剩余油控制程度分析认为，当 ET 越大，注采系统对剩余储量控制能力越大，适用性越好。

3. 产油耗水指数指标

基于水驱油藏流线条数与耗水能力及流动状态建立产油耗水指数表征注水利用率，见下式：

$$WT_{i,j,z}=n_{i,j,z}\times\frac{f_{\mathrm{w}i,j,z}}{f_{\mathrm{o}i,j,z}} \tag{6-56}$$

式中　$WT_{i,j,z}$——耗水指数；

$n_{i,j,z}$——流线条数；

$f_{\mathrm{o}i,j,z}$——基于物质基础的产油率；

$f_{\mathrm{w}i,j,z}$——基于物质基础的含水率。

水驱油藏产油耗水指数为各个方向产油耗水指数之和，见下式：

$$WT=\frac{\sum_{z=1}^{z=N_z,}\sum_{j=1}^{j=N_y}\sum_{i=1,\ j=1}^{i=N_x}WT_{i,\ j,\ z}}{N_x\times N_y\times N_z} \tag{6-57}$$

通过对产油耗水指数分析认为：当 WT 越大，注水利用率越低，注采效果越差。

4. 剩余油储量丰度指标

反映了油藏剩余储量的分布，一般而言，水驱程度越高的部位，剩余油储量丰度越低，对应部位的注入水利用率也越低，注水无效循环的程度越高。剩余储量丰度计算公式见下式：

$$\Omega_{res}=\frac{N_{res}}{A_o}=\frac{h\varphi S_o\rho_{os}}{B_{oi}} \tag{6-58}$$

式中 Ω_{res}——油藏剩余储量丰度，$10^4t/km^2$；

N_{res}——剩余油量，t；

A_o——油藏含油面积，km^2；

ρ_{os}——地面脱气原油密度，t/m^3；

B_{oi}——地层原始条件下的原油体积系数，小数。

剩余储量丰度与储层的有效厚度和孔隙度相关。因此，油藏中有的层位尽管含油饱和度低、采出程度高、水淹严重，但由于储层有效厚度大、储集空间大，仍可能有较多的剩余油没有被采出，此时注水依然有效。

基于边际效益井、无效井经济评价方法，结合剩余油饱和度进行各方向含水率计算。构建经济极限含水率计算模型，定量给出无效低效循环界限，利用最大类间差分法确定单井、小层、方向的无效循环分类评价标准(表6-3)，确定了不同油价水油比作为极端耗水层带识别关键参数。

表6-3　不同类型耗水层带划分标准表

油价/$	分类	水油比	对应含水率/%
50	极端耗水层带	>49	>98
	高含水带	19~49	95~98
	低含水带	<19	<95
70	极端耗水层带	>99	>99
	高含水带	32~99	97~99
	低含水带	<32	<97

七、极端耗水层带控制下剩余油分布规律

通过对32口饱和度测井资料分析，发现层内剩余油以顶部富集型为主，其次为均匀分布型和夹层控制型。

顶部富集型：在正韵律油层、渗透率级差小于3的反韵律、复合韵律油层，受重力作用影响，剩余油在顶部富集(图6-33)。

对比分析同一区块不同时期取芯井，发现随着注水开发，正韵律油藏储层底部先见水，最终强水洗，剩余油饱和度低；顶部弱见水，剩余油相对富集(图6-34)。

研究表明特高含水后期，受极端耗水层带控制影响，剩余油分布由原来高度分散、差异富集向界面控油、弱驱富集，认识转变。剩余油类型主要分为以下3类(图6-35)。

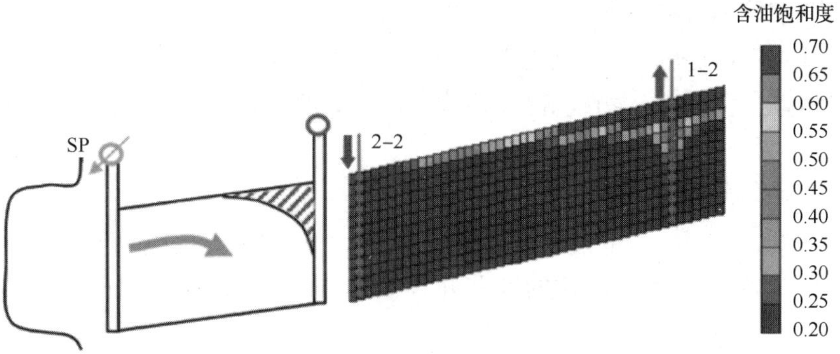

图 6-33　正韵律层内顶部富集型模式图

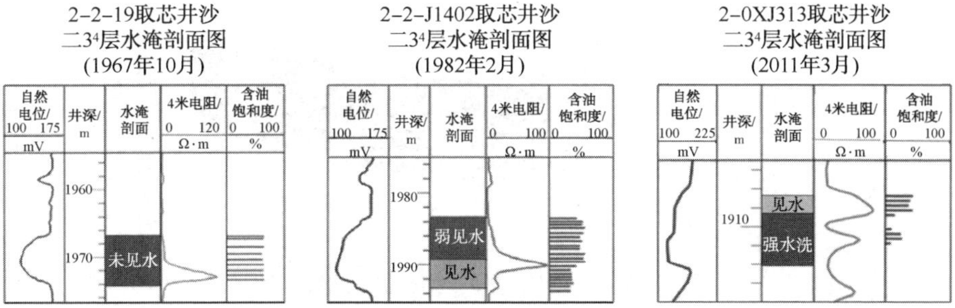

图 6-34　不同开发阶段正韵律油藏含油饱和度变化

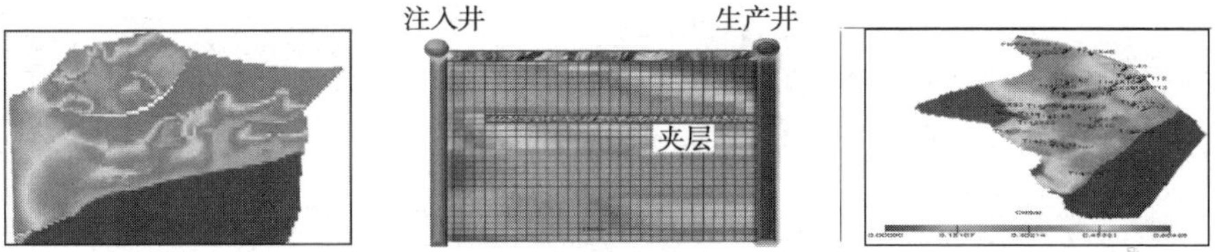

(a)断层遮挡剩余油　(b)夹层顶部剩余油　(c)砂体边界剩余油

图 6-35　不同类型的剩余油形成特征

（一）断层遮挡剩余油

由于断层遮挡造成注水开发过程中，注入水波及不到，断层遮挡使得剩余油富集，其控油面积受断层长度、与断层距离影响，根据其特点，发展形成了低序级断层控制剩余油模式。

（二）夹层顶部剩余油

水驱开发中，由于储层中夹层的存在加剧层间干扰使得夹层顶部或底部剩余油富集，其控油高度受到隔夹层面积、渗透率的影响，根据其特点，发展形成了层内夹层控制剩余油模式。

（三）砂体边界剩余油

由于砂体叠置和砂体展布变化在砂体边界处造成剩余油富集，其控油规模受砂体边界长度、渗透率影响，根据其特点，发展形成了单成因砂体叠置界面控油模式。

（四）均匀分布型

渗透率级差为3~5的反韵律油层，驱替相对均匀，剩余油以均匀分布为主（图6-36）。矿场反韵律油藏的取芯井含油饱和度监测资料也证明了这一论据（图6-37）。

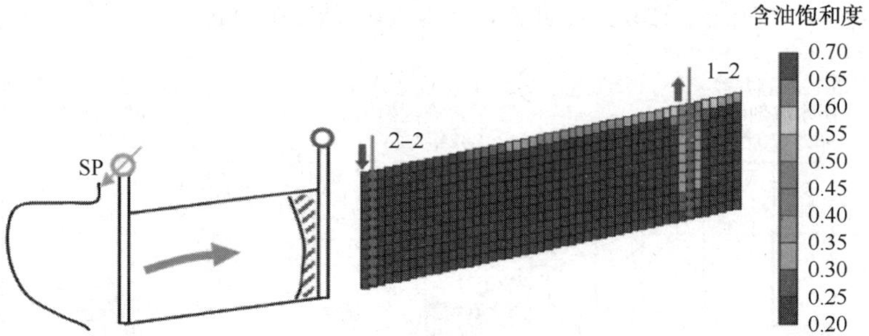

图6-36　层内均匀分布型模式图-反韵律

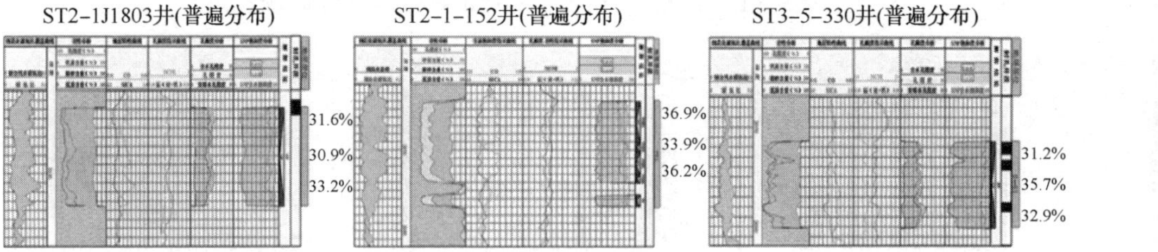

图6-37　不同反韵律油藏油井含油饱和度分布

夹层控制型的顶部韵律富集型占55%，底部韵律富集型占9%（图6-38），各韵律层均匀分布型占36%（图6-39）。

为明确极端耗水层带控制下剩余油分布规律，与密闭取芯井、动态监测资料以及数据模拟相互验证，构建了研究区不同类型流动单元分布特征。在分布形态上：Ⅰ类流动单元以条带状、土豆状分布形态为主，孔隙体积占比为25.7%；Ⅱ类流动单元以连片状、条带状分布形态为主，孔隙体积占比最高，达41.6%；Ⅲ、Ⅳ类流动单元以条带、土豆状为主，孔隙体积占比相对较小，共32.8%。在分布位置上：Ⅰ、Ⅱ类流动单元主要分布在块状构造细砂岩相、交错层理砂岩相，区域注采强度高；Ⅲ类流动单元以交错层理砂岩相为主，主要分布在油水井排间；Ⅳ

类流动单元以水平层理粉砂岩相为主，平面区域以断层边部及砂体边部为主。

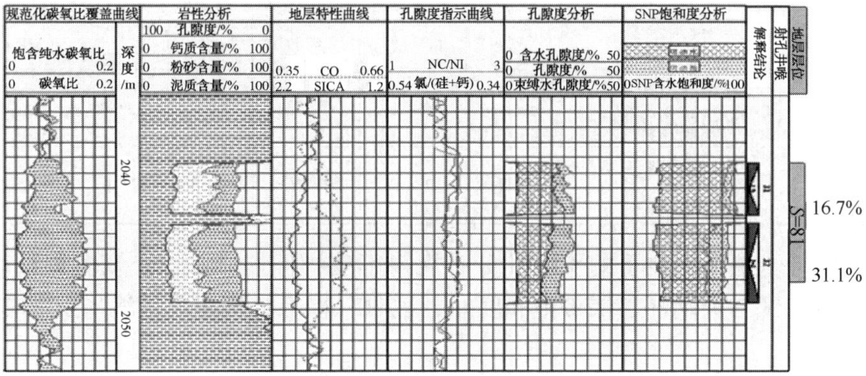

图 6-38　夹层控制底部韵律剩余油富集

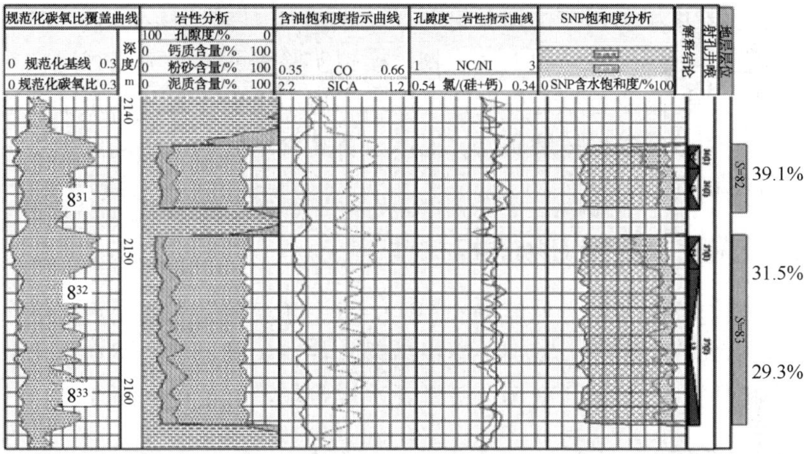

图 6-39　3-10-170 井夹层控制顶部韵律剩余油富集

结果（表 6-4）表明，Ⅰ类流动单元极端耗水发育，剩余可动系数低，所需驱替压力梯度大，剩余潜力集中在Ⅱ、Ⅲ类流动单元。

表 6-4　不同流动单元剩余潜力统计表

流动单元类型	主要岩相类型	耗水特征	耗水率/(m^3/m^3)	剩余可动系数	剩余地质储量/		驱替压力梯度/(MPa/m)
					10^4t	%	
Ⅰ	块状细砂岩相 交错层理砂岩相	极端耗水	65.6	0.29	68.1	21.8	0.035
Ⅱ	块状细砂岩相 交错层理砂岩相	高耗水	48.9	0.41	123.2	39.5	0.015

续表

流动单元类型	主要岩相类型	耗水特征	耗水率/(m^3/m^3)	剩余可动系数	剩余地质储量/		驱替压力梯度/(MPa/m)
					10^4t	%	
Ⅲ	块状砾岩相 砾质砂岩相	一般耗水	39.2	0.53	74.4	23.9	0.011
Ⅳ	水平层理 粉砂岩相	一般耗水	24.1	0.76	41.5	13.3	0.005

极端耗水层带控制下的剩余油分布规律不变，但差异加大，富集规模增加，剩余油潜力区与极端耗水层带饱和度差异达30%以上，富集规模增加10%以上。

第二节　极端耗水层带流场调控机理与效果

揭示基于老井流场调控机理关键是解决驱替压力梯度场与剩余油饱和度场、极端高耗水层带不匹配的问题。微观物理模拟实验表明，水流路径定向突进，流道会集中固化。提高驱替压力梯度，可以动用更小级别孔喉的剩余油。通过大型物理模拟实验和数值模拟拓展研究，揭示了特高含水后期基于老井的变流线转流场提高采收率机理。

一、极端耗水层带流场调控机理

从剩余油饱和度与压力梯度分布(图6-40)可以看出，低耗水带剩余油饱和度高、压力梯度低，因此，要进一步提高采收率，关键是解决驱替压力梯度场与剩余油饱和度场、含水饱和度场、极端耗水层带场不匹配的问题。

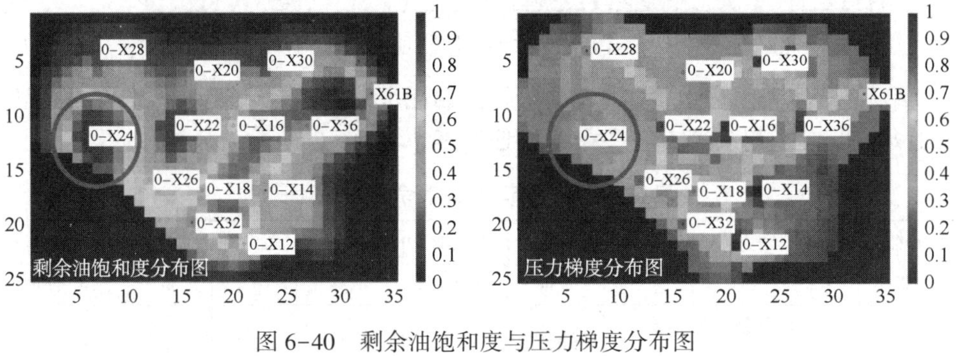

图6-40　剩余油饱和度与压力梯度分布图

角点注采和边部注采的微观物理模拟实验表明，注采主流线上，水流路径定向突进，流道集中固化，形成高流速通道(图6-41)。

微观揭示流场调控提高采收率致效机理：微观模拟实验显示，通过变流线转

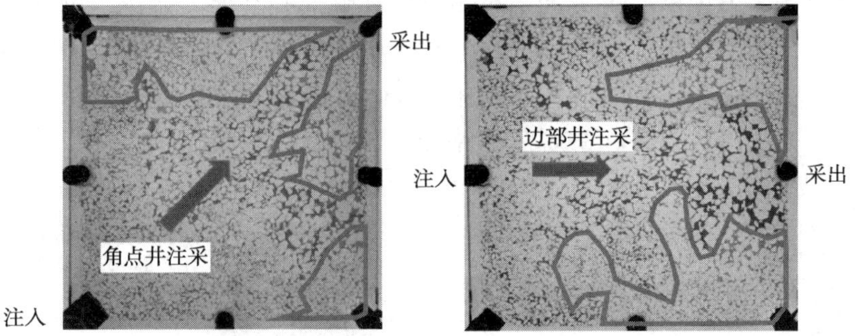

图 6-41 微观物理模拟实验

流场，可以重构压力场，抑水驱油，扩大波及。变流线转流场可以打破固化水流路径，重建新的水驱液流方向。遏制极端耗水层带无效注入循环，提高未动用剩余油富集区孔隙波及体积，使压力梯度场与剩余油饱和度场更加匹配。

对比流场转化前后微观模拟图(图 6-42、图 6-43)发现，流场转换扩大了水驱波及系数，采出程度由 42.5%增大到 55.6%，说明变流线可以打破固化水流路径，重建新的水驱液流方向。遏制极端耗水层带无效注入循环，提高未动用剩余油富集区孔隙波及体积，使压力梯度场与剩余油饱和度场更加匹配。通过对一维线性岩芯下注入倍数与驱油效率研究发现，随着注入倍数的增加，驱油效率逐渐增加，达到 76.6%。

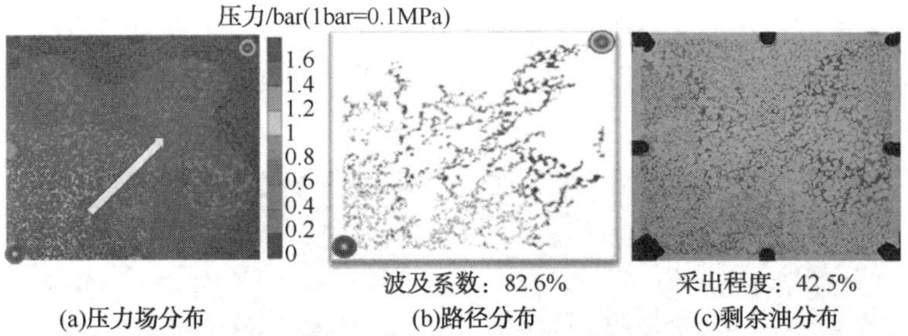

图 6-42 流场转变前调控机理示意图

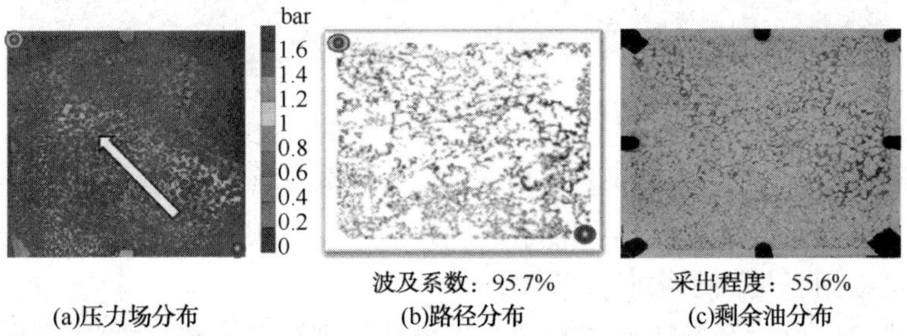

图 6-43 流场转变后调控机理示意图

提高驱替压力梯度，可以动用更小级别孔喉的剩余油。对比一维线性岩芯模型、径向流模型、平板大模型、四注一采大模型发现，在高注入倍数、驱替压力梯度下，水驱油效率达到70%左右(图 6-44)。微观可视化物模显示，高驱替压力梯度下，改变注入方式和微观流动路径，驱油效率更高。

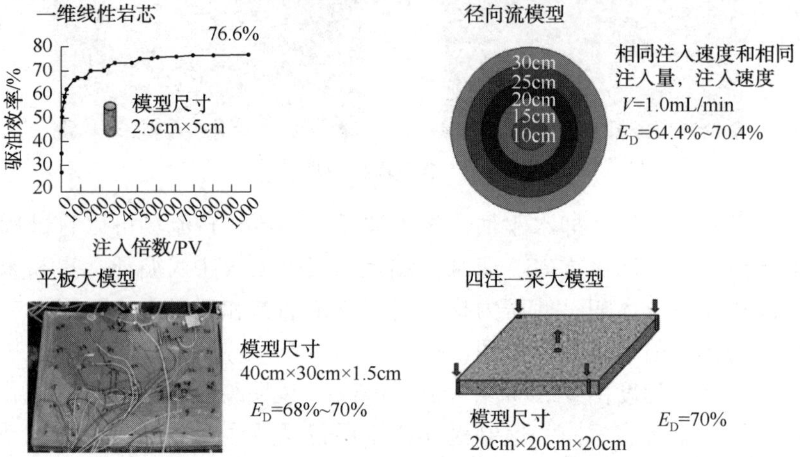

图 6-44 不同模型岩芯驱替图

在注水开发中，通过变注水方式与变注水路径两种方式改善驱替，提高注水开发采收率。利用不稳定注水技术，进行 5 次注采交替，水驱油效率由 26%提高到 77%；通过转变注采流线，转流线 90°后，水驱采出程度由 28.5%上升到 52.6%。说明通过转变注采流线的强弱与方向可以提高水驱油藏的动用程度(图 6-45、图 6-46)。

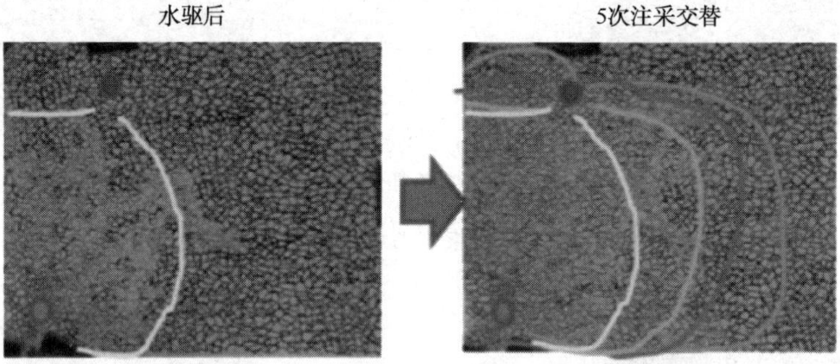

图 6-45 不稳定注采交替效果对比

从不同压力梯度下的微观物模剩余油分布(图 6-47)可以看出，随着驱替压力的提高，注入水逐渐进入小孔喉驱替剩余油，在微观上无法动用的孔隙残余油逐渐变成可动用，提高了水驱油效率。

根据研究区单元开发特征和井网形式设计物理模型，建立大型三维填砂均质

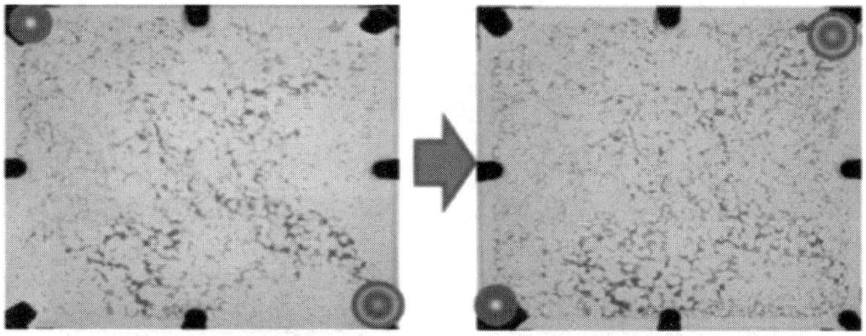

图 6-46　转变注采流线前后效果对比

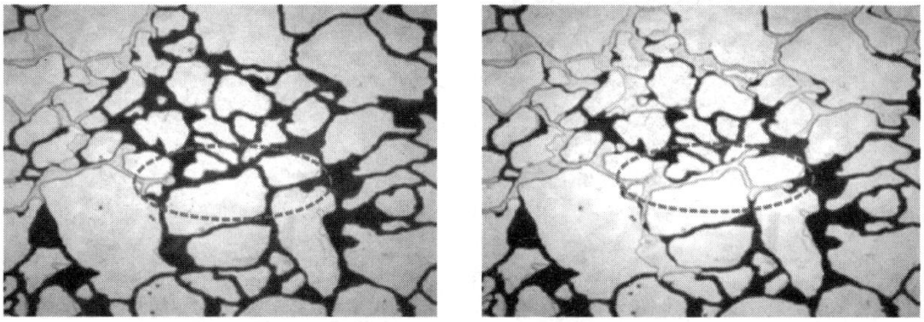

(a)提压前微观物模剩余油分布图　　(b)提压1倍后微观物模剩余油分布图

图 6-47　不同压力梯度下的微观物模剩余油分布图

模型(三维尺寸：800mm×800mm×90mm，渗透率为 $2000\times10^{-3}\mu m^2$)，开展井网转换流场调整实验，并监测井网转换前后不同流线位置上饱和度及出口端含水和产油，分析井网转换流场调整效果。实验内容包括：①3 组大型填砂模型水驱油实验，采用正对行列井网(6 口注水井在模型边部，3 口采油井在模型中间)，排距与井距之比为 1∶1，驱替至含水率为 95%；②开展井网转换流场调整实验，含水率为 95%时分别采用原行列井网、转换为九点法井网、转换为五点法井网，继续水驱至含水率为 98%，对比调整效果。建立与物理模拟模型相似的数值模拟模型，对物理模拟实验结果进行拟合并进行井网转换流场调整拓展数值模拟研究。

在特高含水后期，利用现有井网转变流线可以有效改变液流方向和驱替方向，改变驱替压力梯度，改善均衡驱替程度，提高驱油效率。

通过井网转换物理模拟和数值模拟研究，揭示了“井网转换变流线、强化弱驱扩波及、均衡流场提效率”的井网转换流场调整提高采收率致效机理，明确了特高含水后期充分利用老井转变流线，改善油藏驱替状况的调整技术方向，其中引水是关键，驱油是核心，提效是目标。

通过井网转换改变流线，促使注入水流向弱势流场，提高注入水利用效率。

井网转换，促使液流转向，可以改变流线和驱替方向。原正对行列井网主流线方向为水平方向，转换成五点法井网，增加 2 个垂直方向主流线，原弱驱部位流线面积增加 16.7%，转换成九点法井网，主流线除水平方向和垂直方向外，增加 4 个转 45°方向流线，原弱驱部位流线面积增加 35.5%，如图 6-48 所示。

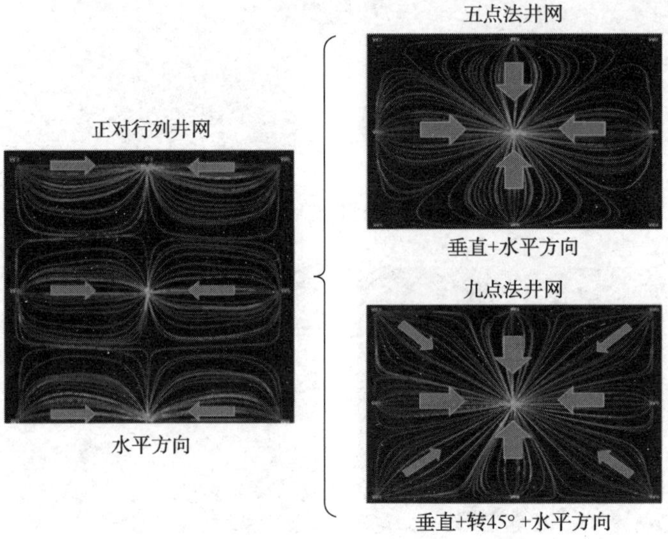

图 6-48　井网转换前后流线分布图

模拟设计了行列式井网水驱至含水率为 95%时，原井网水驱至含水率为 98%和转五点井网后水驱至含水率为 98%两套方案，结果表明，转五点井网后，主要增加油井间驱替，驱油效率增幅在 30%以上(图 6-49)。

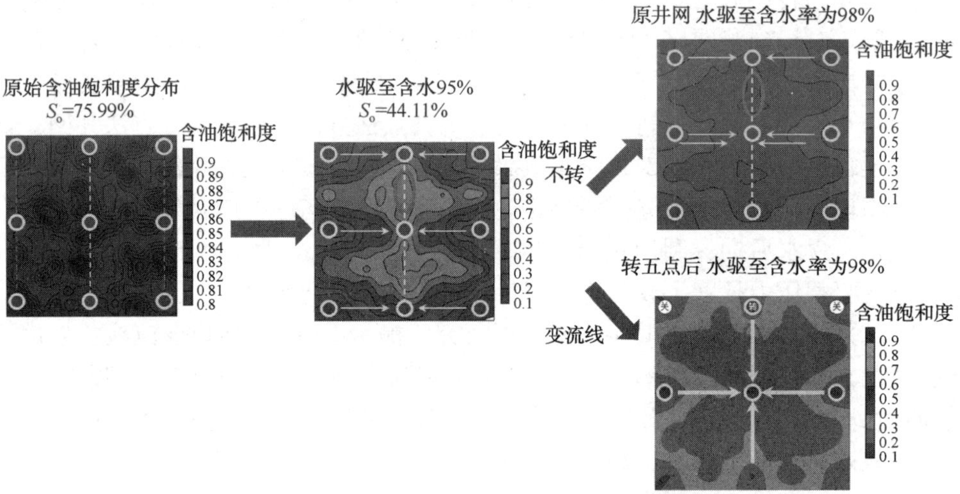

图 6-49　行列式井网转面积法井网模型分区与含油饱和度分布

同时，模拟了水井增注、油井提液和油水井联动 3 种变压力梯度驱替模式。通过压力梯度变化，提高了注入水波及效率，其中油水井联动压力梯度最高，驱油效果改善，但是由于流线长期固定，增注-提液稳产经济效益不能得到提高，不能遏制单位操作成本的上升。

对孤岛西区北 Ng3—4 单元 2 套层系井网重构变流线提高采收率机理进行了模拟。根据研究区典型油藏地质、开发特征、井网形式，设计非均质大尺寸相似物理模拟模型，开展 2 套层系井网重构变流线致效机理研究。

模型尺寸：60cm×35cm×2cm；

模型填充：依据现实中孔隙度及初始含油饱和度，计算孔隙体积为 1675mL，饱和油量为 1396mL，初始含油饱度为 83. 4%；

过程设计：水驱至综合含水率为 95%，上下层系互换井网转变流线(图 6-50)，水驱至综合含水率为 99%。

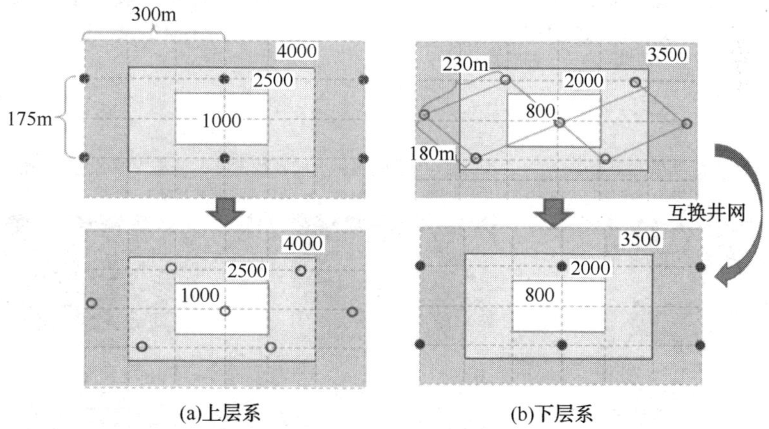

图 6-50　西区北馆 3—4 单元上下层系井网物理模拟模型设计(渗透率)互换示意图

从模拟结果(图 6-51)来看，转换流动单元，变老井为拟新井，实现了靶向引流扩波及，老井互换层系后，由本层系潜力小流动单元老井，转变为另一套层系潜力大流动单元拟新井，实现剩余油富集区靶向引流，扩大了波及区域。

从流动单元和剩余油分布(图 6-52)来看，互换井网后，打破了流动单元，消除边界影响，实现了转向驱替扩波及。互换层系，转换井网，改变注采流线，打破了原固化流动单元边界，有效驱替滞留剩余油，提高波及程度。

考虑地质特征、开发特征、井筒状况等，开展层系互换变流线技术筛选条件和政策界限优化论证，建立了 2 套层系井网重构变流线筛选标准。

地质特征影响因素包括含油面积及形态、纵向油层跨度、纵向砂体叠合程度及隔夹层厚度。开发特征影响因素包括分层系采出程度、综合含水、流动指数、地层压力保持水平、剩余储量丰度、驱动方式。井筒状况影响因素包括套管状况、封堵工艺状况。

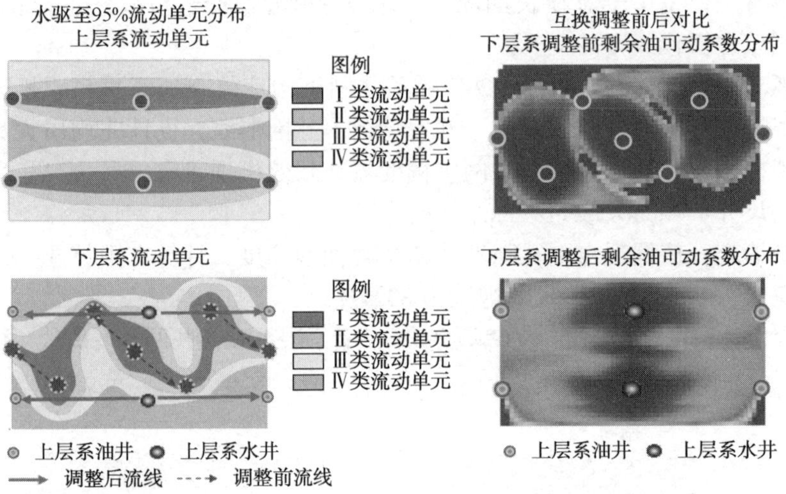

图 6-51　西区北馆 3—4 单元上下层系井网互换后剩余油可动系数分布图

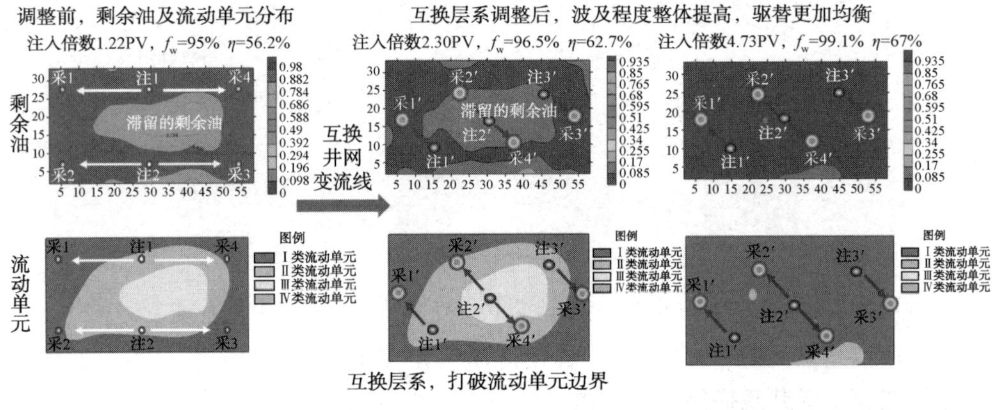

图 6-52　西区北 N*g*3—4 单元上下层系井网互换后流动单元及剩余油分布图

二、“三场匹配”的流场调控优化方法

影响流场的参数很多，主要包括孔隙度、渗透率、压力、过水倍数、累积注水量、流体饱和度及流体流速等；采用主成分分析法对各项指标进行筛选，按照主成分贡献率确定主要的影响因素。经过筛选确定控制场，采用压力、驱替压力梯度、流线密度进行表征，3 个参数合并计算采用权重为(0.539, 0.296, 0.164)；油相驱替场采用剩余油可采储量丰度、油相流动系数表征，

水相驱替场采用过水倍数、水相流动系数表征，两者采用的权重向量分别为0.667、0.333。在特高含水后期，通过研究控制参数场与驱替参数场的匹配性，可以对流场适用性做出定量评价。由于参数均以场分布形式出现，所以在评价适用性时分为整体匹配度评价和分布匹配度评价，其中整体匹配度评价采用余弦相似性度量。

基于流场评价的结果，提出了以剩余储量控制程度最大为主优化目标、耗水指数最小化为辅助优化目标的流场调控优化方法，并采用余弦相似度计算控制参数和驱替参数整体匹配度、差分进化方法求解目标函数。大量典型单元油藏数值模拟研究表明：流场匹配程度与采收率增加值呈正相关；流场匹配度越高，采出程度提高幅度越大，以此作为流场调控的原则和依据(图6-53)。

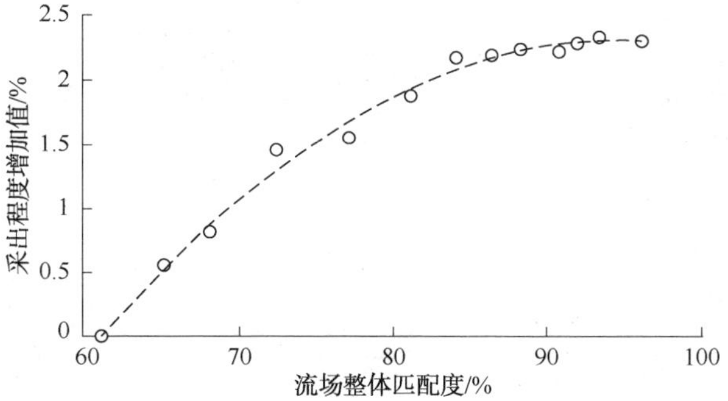

图6-53　典型单元流场整体匹配度与采出程度增加值关系

流场整体匹配度公式：

$$\cos\theta = \frac{\sum_{i=1}^{n}(A_i - B_i)}{\sqrt{\sum_{i=1}^{n}(A_i)^2} \times \sqrt{\sum_{i=1}^{n}(B_i)^2}} = \frac{A \times B}{|A| \times |B|} \tag{6-59}$$

根据流场整体匹配公式优化目标，最大化控制剩余油，最小化降低对无效耗水层带控制。

$$ET = \max\left(\sum_{z=1}^{z=N_z}\sum_{i=1,\ j=1}^{i=N_x,\ j=N_y} q_{sl} \times n_{i,j,z} \times f_{oi,j,z}\right) \tag{6-60}$$

$$WT = \min\left[\sum_{z=1}^{z=N_z}\sum_{i=1,\ j=1}^{i=N_x,\ j=N_y} n_{i,j,z} \times (f_{wi,j,z}/f_{oi,j,z})\right] \tag{6-61}$$

式中　q_{sl}——流线流量；

$n_{i,j,z}$——单元体流线密度；

$f_{oi,j,z}$——单元体产油量；

$f_{wi,j,z}$——单元体产水量。

建立了驱替控制场匹配剩余可动潜力的技术界限，驱替控制与剩余可动潜力匹配性评价方法。

$$T(\nabla P, R) = \sum_{i=1}^{N} \left| \frac{\sum \nabla P_i R}{\sqrt{\sum \nabla P_i} + \sqrt{\sum R} - \sum \nabla P_i R} \right| \tag{6-62}$$

式中 ∇P——驱替压力梯度，表征状态场驱替控制特征；

R——剩余可动系数，表征可动剩余油潜力特征。

匹配度越高，提高单位采出程度对应的流动指数变化越小，无效耗水越低，效果越好(图 6-54)。

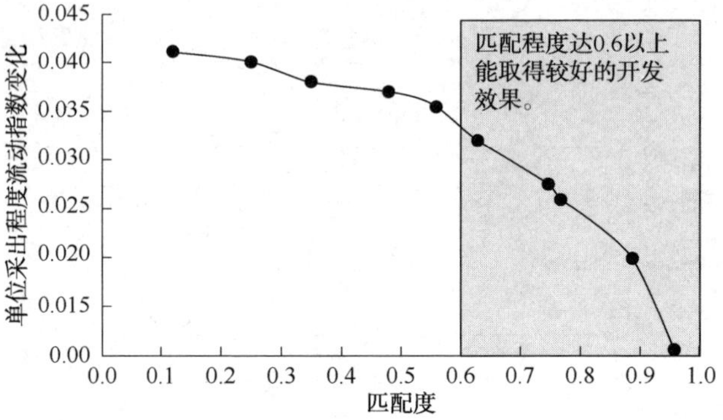

图 6-54 单位采出程度流动指数与匹配度关系曲线

基于数值模拟模型，考虑渗透率、过水倍数、饱和度等动静态参数，引入水通量和压力梯度，提出了多参数流场定量表征方法。建立不同网格尺度的一注一采模型模拟不同网格尺寸下过水倍数分布(图 6-55)，发现过水倍数受网格尺寸影响较大，不同尺寸过水倍数井间分布和均值差异明显，网格尺度越小，过水倍数越大。

通过对网格尺度与平均过水倍数分析，随着网格尺度的增加平均过水倍数增加，而网格尺度为 30m×30m×2m 与 2. 5m×2. 5m×2m 的过水倍数相差 13 倍(图 6-56)。

水通量是为了更精确地反映流场累积及瞬时表现特征，过水倍数仅仅反映累积冲刷强度，但受网格尺寸影响；而渗流速度没有考虑累积影响，但不受网格尺寸影响，因此将两者结合起来引入水通量 M，如下式所示：

$$M = \frac{Q_w}{A} \tag{6-63}$$

通过对不同网格尺寸水通量分布及平均值研究对比发现，不同网格尺寸水通量分布及平均值基本一致，说明水通量消除网格划分影响，表征累积冲刷强度（图 6-57）。

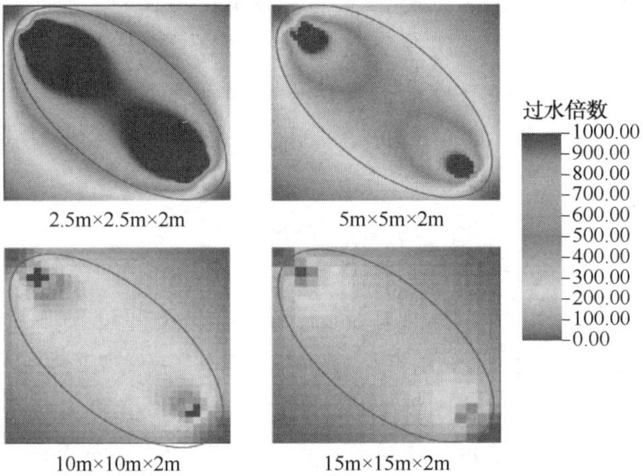

图 6-55　一注一采模型不同网格尺寸下过水倍数分布

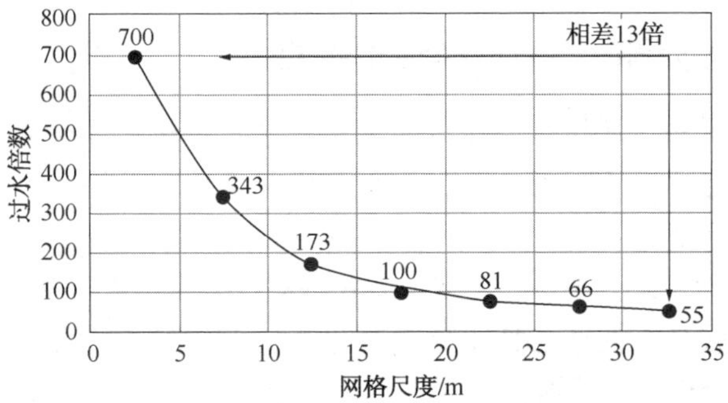

图 6-56　不同网格尺寸平均过水倍数

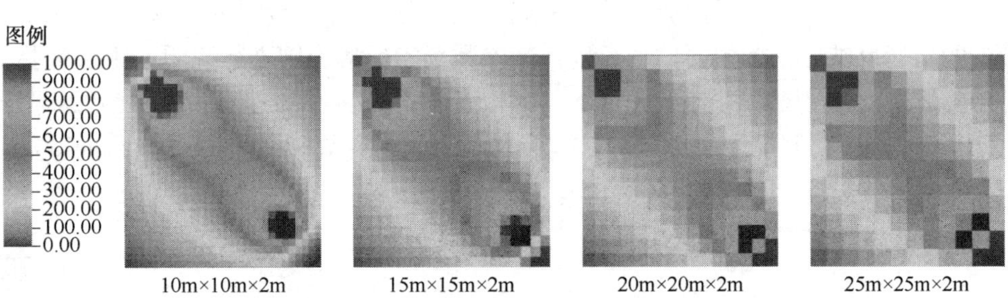

图 6-57　不同网格尺寸水通量分布

压力梯度的分布能够较好地反映瞬时注采井网系统对流场控制程度。油井附近的泄压半径明显受与其他注采井的相对位置的影响。5 点式注采井网油井附近的压力梯度变化也成两个转动45°的矩形叠置式分布，油水井间压裂梯度变化较大，油井之间压力梯度变化幅度较小。

在上述分析的基础上建立了水驱油流场分级评价模型：为了动态分析耗水级别，利用层系分析法确定了渗透率(8.5%)、水通量(47.4%)、含油饱和度(16.3%)与压力梯度(27.8%)权重，然后运用隶属函数法标准化参数，如下式：

$$K'=\log(K)/\log(K_{\max}) \tag{6-64}$$

$$M'=1/(1+a\times M^{b}) \tag{6-65}$$

$$S'_{o}=1-S_{o} \tag{6-66}$$

$$\Delta P'=\log(\Delta P)/\log(\Delta P_{\max}) \tag{6-67}$$

引入水驱油流场分级评价因子 E_i 对流场进行分级评价，如下式：

$$E_i=0.085\times K'+0.474\times M'+0.163\times S'_{o}+0.278\times\Delta P' \tag{6-68}$$

提出了流场分级评价标准：将水驱油流场按照水驱油流场分级评价因子 E_i 分为3种评价：当 $E_i\geqslant 0.8$ 时，极端耗水，水驱低效无效循环，剩余油饱和度低；当 $0.8>E_i\geqslant 0.5$ 时，高耗水，水驱相对有效，剩余油相对较高；当 $E_i<0.5$ 时，低耗水，水驱高效，剩余油局部富集。

三、老井流场调控经济效益评价模型

基于逻辑分析法，从指标计算方法入手，根据指标之间的逻辑关系，考虑水驱指数、水油比与耗水比三者关系，剔除其中具有因果关系、等价关系的指标以及过程指标，得到下式：

$$M=D\times B_{ro}+K \tag{6-69}$$

其中水驱指数是水油比与耗水比计算过程中的指标，因此可以去掉。

基于主成分分析法，降维的思路，基于线性变换，把具有错综复杂关系的指标，组合成相互独立的、少数几个能充分反映总体信息的指标，对影响因素进行降维。为了使评价指标体系简捷有效，采用主成分分析法进行流场指标筛选，用最优最少的指标反映原指标主要信息。以控制参数场指标集为例进行说明，主要的指标有压力 P、压力梯度 P_g、流线密度 N、水相流速 v_w 和油相流速 v_o，表示为 $\Omega K=\{P, P_g, N, v_w, v_o\}$，假设油藏共有 n 个单元体，则每个指标数据就构成 $n\times 1$ 维向量：

$$\begin{bmatrix} P_{11} & P_{g12} & N_{13} & v_{w14} & v_{o15} \\ P_{21} & P_{g22} & N_{23} & v_{w24} & v_{o25} \\ \cdots & \cdots & \cdots & \cdots & \cdots \\ P_{n1} & P_{gn2} & N_{n3} & v_{wn4} & v_{on5} \end{bmatrix} \tag{6-70}$$

Z_1，Z_2，Z_3，Z_4，Z_5 为原变量组合的5个主成分，主成分就是满足一定条件的原变量指标的线性组合。

$$\begin{cases} z_1 = l_{11}P + l_{12}P_g + l_{13}N + l_{14}v_w + l_{15}v_o \\ z_2 = l_{21}P + l_{22}P_g + l_{23}N + l_{24}v_w + l_{25}v_o \\ z_3 = l_{31}P + l_{32}P_g + l_{33}N + l_{34}v_w + l_{35}v_o \\ z_4 = l_{41}P + l_{42}P_g + l_{43}N + l_{44}v_w + l_{45}v_o \\ z_5 = l_{51}P + l_{52}P_g + l_{53}N + l_{54}v_w + l_{55}v_o \end{cases} \tag{6-71}$$

主成分分析关键在于确定主成分 Z_i 上的载荷 l_{ij}，载荷 l_{ij}分别是与相关矩阵的 m 个较大特征值对应的特征向量，特征值 λ_i 对应的特征向量 l_i 就是该特征值 λ_i 对应主成分的线性组合系数。

$$R' = \begin{bmatrix} r'_{11} & r'_{12} & r'_{13} & \cdots & r'_{1n} \\ r'_{21} & r'_{22} & r'_{23} & \cdots & r'_{2n} \\ \vdots & \vdots & \vdots & \vdots & \vdots \\ r'_{m1} & r'_{m2} & r'_{m3} & \cdots & r'_{mn} \end{bmatrix} \tag{6-72}$$

r'_{ij}表示 r_i 与 r_j 的相关系数，计算公式如下：

$$r_{\mathrm{sl}} = \frac{\sum_{i=1}^{p}(r_{is} - \overline{r_s})(r_{it} - \overline{r_t})}{\sqrt{\sum_{i=1}^{m}(r_{it} - \overline{r_t})^2 (r_{is} - \overline{r_s})^2}} \tag{6-73}$$

计算控制参数场主成分贡献率及累积贡献率，一般累积贡献率大于 85%时，特征值所对应的成分即为所需的主成分。

$$\alpha = \sum_{i=1}^{k}\lambda_i / \sum_{i=1}^{p}\lambda_i \tag{6-74}$$

基于边际效益井、无效井经济评价方法，结合剩余油饱和度进行各方向含水率计算。构建经济极限含水率计算模型，定量给出无效低效循环界限，利用最大类间差分法确定单井、小层、方向的无效循环分类评价标准。

水驱油田注水开发中，通过建立不同油价水油比作为极端耗水层带识别的关键，无效开发表示销售收入等于产液操作成本，低效开发表示销售收入等于产液操作成本与人员费用和税金之和。

$$f_{w无效} = 1 - \frac{C_{\mathrm{dy}}}{IPq_1} \tag{6-75}$$

式中　P——原油价格，万元；

q_1——单井日产液量，t；

C_{dy}——产液操作成本，万元。

$$f_{w无效} = 1 - \frac{C_{\mathrm{dy}} + C_{\mathrm{ry}}}{I(P-R)q_1} \tag{6-76}$$

式中 C_{ry}——人员费用，万元；

R——吨油税金，万元；

I——原油商品率，%。

通过引入水相修正系数 φ_w 与 φ_o 修正油水两相流动时相互干扰，建立下式：

$$WOR=\frac{q_w}{q_o}=\frac{\dfrac{A\times K\times\varphi_w\times K_{rw}\times\Delta P}{\mu_w\times L}}{\dfrac{A\times K\times\varphi_o\times K_{ro}\times\Delta P}{\mu_o\times L}} \tag{6-77}$$

在不同油价下考虑经济开发效益(表 6-5)，明确了经济寿命期主控因素，针对水驱油田注水开发，整合考虑经济开采年限、经济界限产油量、油田递减率、操作成本等影响油田开发因素研究油田开发效益。明确油田经济开发寿命期的主控因素包括评价期起始产量 q_o，递减率 D，操作成本、税费(国家政策)、原油价格等，在一定技术经济条件下，以当前时间为基准，包括已生产时间和剩余经济开采年限(剩余经济寿命期)，如图 6-58 所示。

表 6-5　不同类型耗水层带划分标准表

油价/ $	分类	水油比	对应含水率/%
50	极端耗水层带	>49	>98
	高含水带	19~49	95~98
	低含水带	<19	<95
70	极端耗水层带	>99	>99
	高含水带	32~99	97~99
	低含水带	<32	<97

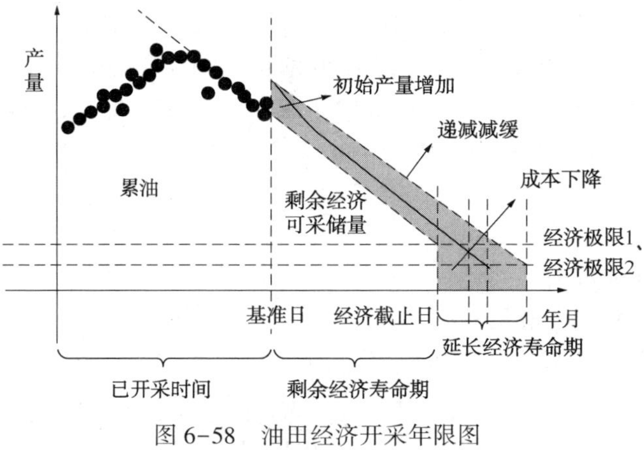

图 6-58　油田经济开采年限图

四、流场调控模式与调控效果分析

（一）流场调控模式

针对特高含水后期油藏流线长期固定、极端耗水层带发育导致的驱替压力场与油水饱和度场不匹配的问题，基于老井，依据三场特征，调控驱替压力，提高驱油效率；调控驱替方向，扩大波及体积；调控驱替方式，降低干扰效应，形成“转引用、细分卡、深堵调”等流场调控模式，如表6-6所示。

表6-6　治理极端耗水层带流场调控方式

<table>
<tr><td>耗水特征</td><td>极端耗水带</td><td>极端耗水层</td><td>极端耗水段</td></tr>
<tr><td>剩余油特征</td><td>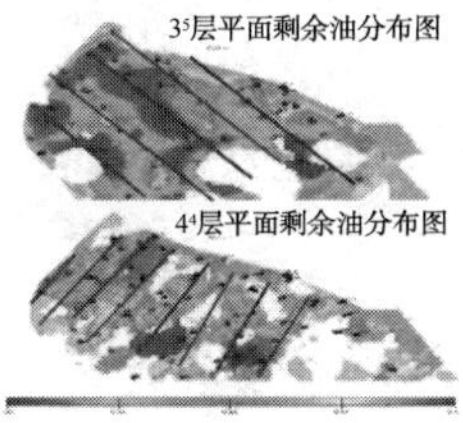
</td><td>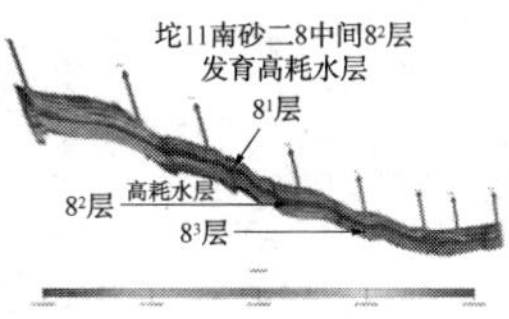
</td><td>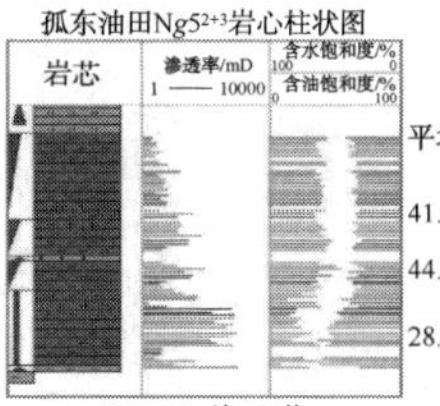

G07-29-检254井</td></tr>
<tr><td>调控模式</td><td>转引用</td><td>细分卡</td><td>深堵调</td></tr>
<tr><td>调控手段</td><td>流场重构</td><td>流场重塑</td><td>流场可控</td></tr>
</table>

针对平面极端耗水带，以“层系互换、井网重构”为主要调控模式：①多层系油藏不同层系间动用状况差异大，极端耗水层带和流线方向存在差异，通过上下层系井网互换，避开极端耗水带，强化对剩余油富集区的重点挖潜；②单层系油藏不同区域驱替程度差异大，通过油水井井网形式转换等进行井网重构，遏制极端耗水带，降低无效低效注水。

针对层间极端耗水层，以“卡封调堵、层系细分重组”为主要的调控模式：①对整体极端耗水主力层进行卡封，老井换到其他主力层或非主力层，减少无效低效注水；②通过层系细分、层系重组、细分注水等进行遏制极端耗水层，充分发挥低耗水层潜力。试验区主力与非主力层韵律层间渗透率级差大，随着注水倍数增加，含水率升高，韵律层间动用差异大，平面流线长期固定，驱替不均衡。充分利用老井，纵向上多级多段韵律层细分注水，平面上井网转换变流线，实施后分注率提高，含水率下降。

针对层内极端耗水段，以“整体侧钻、层内调堵”为主要调控模式，正韵律厚层底部及分段韵律底部相对高渗透段极端耗水，剩余油在厚层顶部及油井间滞留，充分利用老井侧钻、层内高效堵调大角度变流线优势，避开平面注采主流线极端耗水带和厚层内极端耗水段，构建新流线，形成新井网，改善开发效果，提高经济效益。油藏数值模拟优化表明，典型正韵律厚层油藏侧钻水平段长度为140~160m且侧钻方向与主流线夹角45°~60°转变流线效果较好。

实现了注采调整由层状模型下一线水井向空间复合流动单元调控的转变。在利用老井实现井网转化变流线时，对于注采调整由层状模型下一线水井向空间复合流动单元调控的转变，提高了水驱波及效率，如图6-59所示。

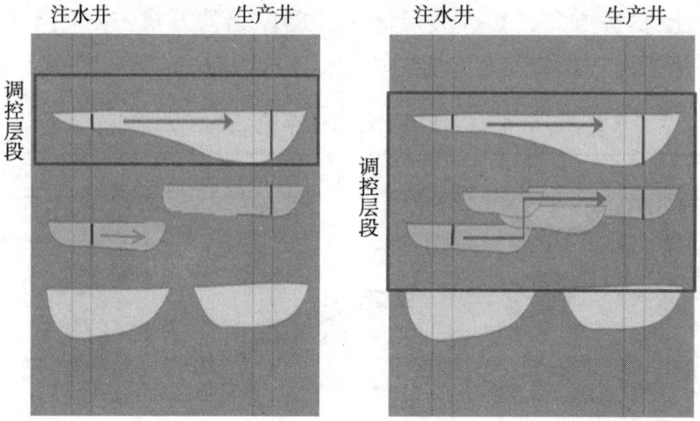

图6-59　注采调整模式转化

特高含水后期由于注采井网、注采流线长期固定，导致极端耗水层带发育，针对极端耗水层带发育机制及主控因素，提出了“卡、堵、控、用”四字法遏制及调控极端耗水层带矿场治理技术(图6-60)。卡是指卡封水窜层，阻断极端耗水渗流通道，强化潜力层、潜力区域水驱程度；堵是指水窜层深部堵调，阻断极端耗水渗流通道，使注入水转向非主流线方向油井；控是指控制水窜层注采强度，强化弱驱方向注采强度；用是指极端耗水部位油井转注，对顶式注水流线转向。

针对特高含水期油藏转化学驱与特高含水期油藏调整再转化学驱进行数值模拟比较发现，水驱前置再转化学驱波及面积更大，驱替更均匀，剩余油饱和度更低，模型对比结果如图6-61与表6-7所示。

表6-7　数值模拟模型对比结果　　%

项目	含水率	提高采收率	剩余油饱和度
前置调整+化学驱	98.1	10.1	34.40
化学驱	98	8.67	36.5

通过两种不同方式水驱转化学驱，进行数值模拟含水预测发现，水驱前置调整后转化学驱见效更早，含水率下降幅度更大，说明实施水驱转流场前置调整然后实施化学驱，化学驱阶段的驱替更均衡，波及范围更广，见效更早，含水率下降幅度更大(图6-62)。

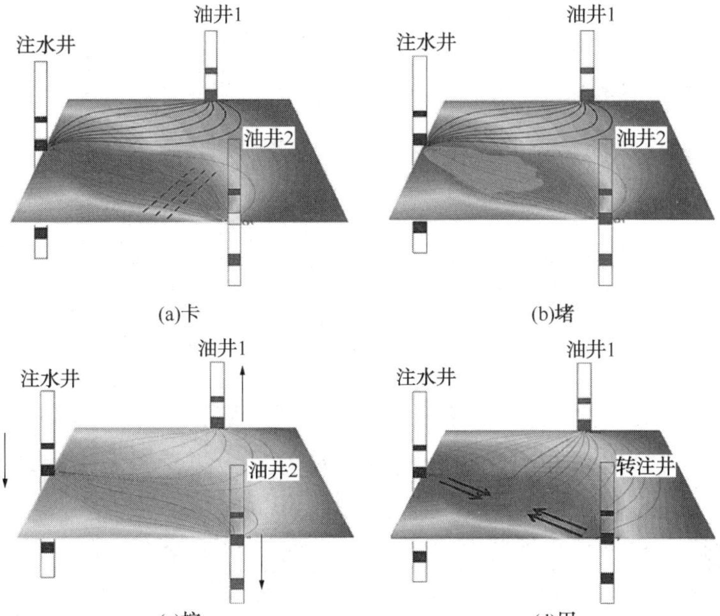

图 6-60　极端高耗水层带矿场治理技术

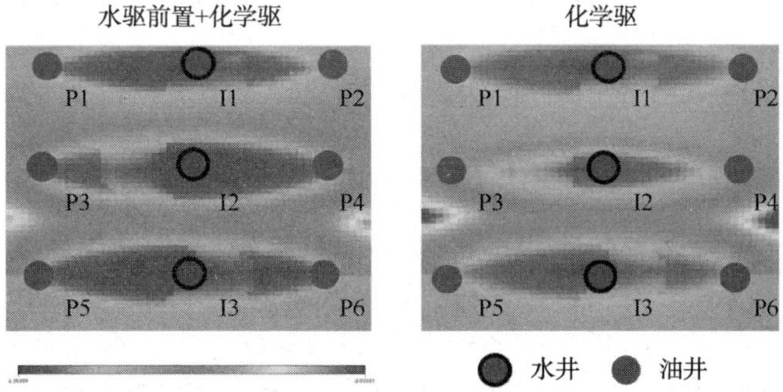

图 6-61　水驱转化学驱不同模式剩余油分布

（二）流场调控效果分析

成果应用于西区北馆 3—4 单元变流线转流场调控先导试验，取得良好效果。油藏埋深为 1180～1300m，含油面积为 3. 26km^2，有效厚度为 24. 2m，地质储量为 1384. 3×10^{4}t，属于构造岩性层状油藏。经过 46 年的开发，主要面临以下几个方面的问题。

（1）井网形式长期固定，注采流线长期不变。孤岛西区自 1987～1990 年全区分层系加密调整至今已有 30 年未整体调整，井网长期固定，注采流线也长期固定。

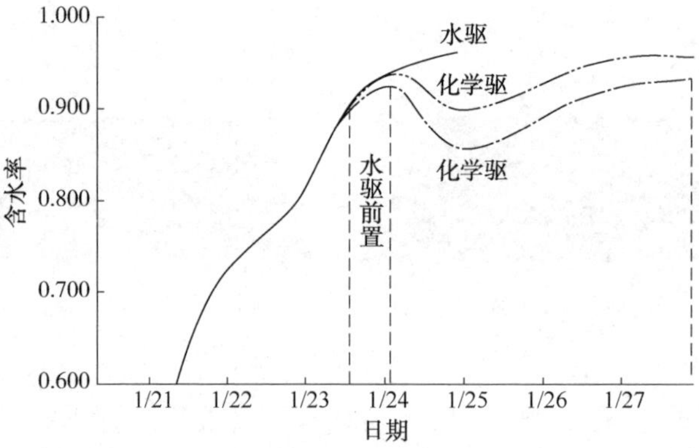

图 6-62　不同调整模式数值模拟预测含水率对比曲线

（2）上下两套层系井网交错，流线存在差异，两套层系主流线形成了 40°夹角。

（3）两套层系间开发现状存在差异，平面纵向驱替不均衡，注采结构不均衡。上层系 $Ng3^1$—4^1 层系平均排距为 300m，平均井距为 175m；下层系 $Ng4^2$—4^4 层系平均排距为 200m，平均井距为 230m。截至 2018 年 6 月，上层系综合含水率为 97.9%，采出程度为 50.3%，采油速度为 0.35%；下层系综合含水率为 98.2%，采出程度为 53.1%，采油速度为 0.40%，两套层系动用状况存在一定差异。

（4）层系间注采强度及水淹状况差异明显，注采强度大的主体部位水淹严重。

基于流场结构调整三场匹配，建立了通过调控均衡压力梯度开发新体系，有效遏制极端耗水层带无效循环，有效提高剩余油富集层带动用程度。

考虑试验区内有密闭取芯井资料，以及大量的老井动态监测和新井饱和度测试资料，在综合利用上述开发现场动态数据的基础上，开展油藏数值模拟研究，并将多种资料进行结合，互相指导与验证，形成了多层系单元流场分布特征方法，进行流场定量评价，描述了不同级别流场剩余油和极端耗水层带特征，对耗水层带定量定性统计如表 6-8 所示。

表 6-8　孤岛西区北 $Ng3^5$、4^4 层流场比例统计表

小层	流场分级	剩余油饱和度	水油比	孔隙体积占比/%	累积过水量/PV
3^5	极端耗水层	0.22	99.3	12.40	65.7
	高耗水层	0.32	30	62.30	10.2
	低耗水层	0.6	0.8	25.30	1.8

续表

小层	流场分级	剩余油饱和度	水油比	孔隙体积占比/%	累积过水量/PV
4^4	极端耗水层	0.21	106.2	14.10	79.2
	高耗水层	0.3	32	55.30	11.8
	低耗水层	0.58	1	30.60	2.4

根据数值模拟研究结果，Ng3^5 层极端耗水层带厚度约占 9.6%，累积耗水量为 83.2PV，剩余油饱和度为 0.22；Ng4^4 层极端耗水层带厚度约占 8.2%，累积耗水量为 94.3PV，剩余油饱和度为 0.2。主力层 Ng3^5 层平面水淹状况差异较大，上层系 3^5 极端耗水层带沿注水井排(西北—东南向)及注采主流线方向分布，极端耗水层带发育区域剩余油饱和度较低(平均 S_o = 0.22，较小层平均低 0.16)，平面上面积占比为 15.5%。Ng4^4 层总体上较 Ng3^5 层水淹严重，极端耗水层带沿水井排(北东—西南向)及注采主流线方向分布，极端耗水层带发育区域剩余油饱和度较低(平均 S_o = 0.21，较小层平均低 0.14)，平面上面积占比为 17.8%。通过高倍相渗数值模拟，极端耗水区占油藏的 15%，过水倍数为 63.9，消耗注入水量占 90%左右(图 6-63)。

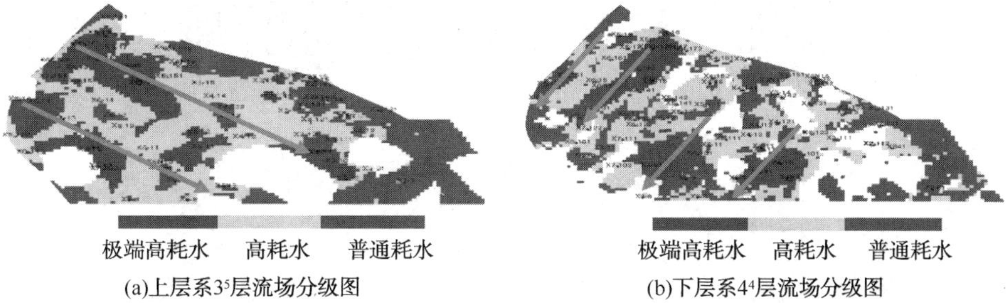

图 6-63　西区北不同层系不同级别耗水带分布图

特高含水后期剩余油分布更加复杂，整装油藏中储层构型对剩余油控制作用强，从取芯井来看，夹层集中连续的地方，剩余油厚度大，饱和度高。在地层精细对比的基础上，结合岩芯资料，描述砂体与隔夹层，实现构型精细解剖，在储层岩相及内部构型表征的基础上，描述极端耗水层带发育特征。

充分利用老井，应用高效封堵、快速液压修井、长效防砂等工艺技术，实现上、下两套层系互换变流线，即上层系 3^1—4^1 层转换成 230m×200m 北偏东行列井网，下层系 4^2—4^4 层转换成北偏西行列井网，有效遏制极端耗水层带，减少无效水循环。层系井网互换，转变流线 40°，进一步提高水驱油藏采收率。

矿场调整实施老井换层系工作量 89 井次(快速修井 15 口、长效防砂 23 口)，实施后有效地抑制了原主流线极端耗水层带，降水增油效果明显。不同类型流动单元的井网与剩余可动潜力匹配度均明显提高(表6-9)，剩余油得到有效动用，极端耗水得到有效抑制。两套层系流动单元呈交错叠置分布，层系井网互换，驱替控制场与剩余可动潜力匹配度高(图6-64)。

表6-9　西区北馆3^5调整前后不同类型流动单元指标对比

流动单元类型	调整前					调整后				
	油井数/口	耗水率/%	剩余可动系数	压力梯度/(MPa/m)	匹配度	油井数/口	耗水率/%	剩余可动系数	压力梯度/(MPa/m)	匹配度
Ⅰ	10	65.6	0.29	0.035	0.42	5	35.1	0.27	0.02	0.75
Ⅱ	21	48.9	0.41	0.015	0.50	24	25.1	0.37	0.05	0.79
Ⅲ	2	39.2	0.53	0.011	0.53	3	12.3	0.44	0.02	0.80
Ⅳ	2	24.1	0.76	0.005	0.54	3	10.5	0.56	0.01	0.81

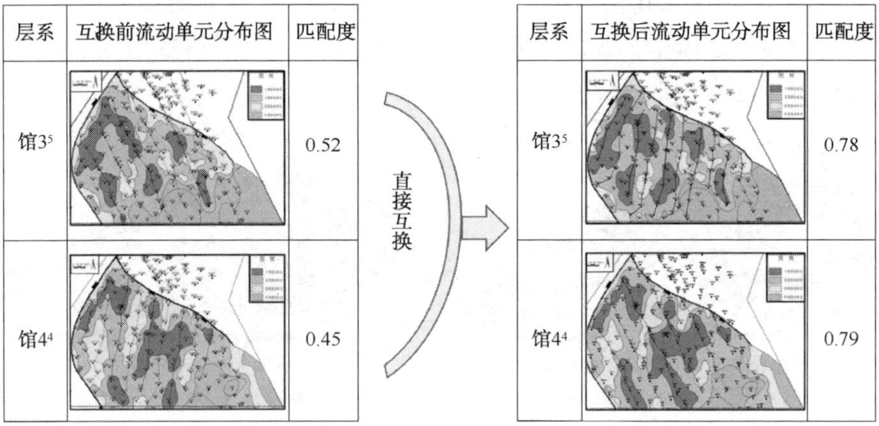

图6-64　西区北层系井网互换前后匹配度变化图

从数值模拟结果来看，研究区调整后整体提高了潜力区压力梯度，平均压力梯度上涨了3倍，不同类型的流动单元耗水率均大幅降低，降低幅度最大的为Ⅰ类流动单元，降低了30个百分点。不同类型的流动单元匹配度也大幅提高，其中Ⅳ类流动单元的匹配度直接提升到81%，Ⅰ类流动单元的匹配度也由42%提升到75%，改善了开发效果，降低了人工调剖调参等区块单元的工作量及相关的运行成本。通过井网互换变流线后无效注水和无效产液量减少，吨油耗水率下降39%，吨油运行成本降低25%，日产油量上升44%，提高采收率2.1个百分点，平衡油价33.5美元每桶，延长经济寿命期10.1年。

(三)层系井网重构与变流线转流场的方法

首先，基于经济效益开展层系井网重构，实现对储量的有效控制。对数值模拟研究极端耗水层带与剩余油分布层系井网互换重组中，利用定向井与侧钻井挖潜局部分布和断层附近剩余油；利用水平井和径向钻孔技术挖潜受沉积韵律控制剩余油；借助大斜度井与侧钻水平井提高对多薄层储层剩余油的控制程度，提高单井控制储量，从而实现对储量的全面有效控制。

其次，基于提质增效如何深化变流线转流场调整，提出了“九字”增强有效注水作用。通过转井网变流线实现流场调整技术可以提高有效注水利用率与注水波及效率，针对高潜力区通过新井“补”流线、侧钻“增”流线、转注“填”流线挖潜剩余油；中低潜力区通过增注“推”流线、控液“压”流线、提液“拉”流线促进均衡驱替，扩大水驱波及面积；针对无潜力区通过换层“减”流线、调剖“改”流线、关井“停”流线避水驱油。

西区北层系井网互换中，基于储层构型研究剩余油分布，转井网时变顺侧积层倾斜方向注水为逆侧积层倾斜方向注水，扩大注入水波及体积。矿场与数值模拟资料表明，顺夹层注水方向油井水驱程度越高，采出程度越高，剩余油饱和度越低；逆夹层注水方向受效油井因侧积层的作用，水驱程度相对低，采出程度较低，剩余油饱和度高(图 6-65)。

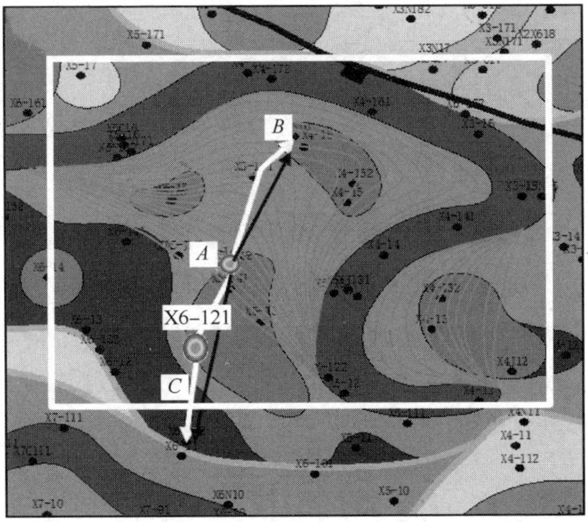

图 6-65 N$g3^5$ 典型井组的沉积相带分布特征及构型样式

垂直夹层方向注水(顺倾斜方向)注水仅波及点坝中下部，新井点坝中上部含油饱和度相对较高，证实了顺倾斜方向注水仅波及点坝中下部(图 6-66)。

垂直夹层方向注水(逆倾斜方向)注水波及体积不大，井间上中部含油饱和度差距不大，通过剩余油分析发现井间上中部含油饱和度差距不大(图 6-67)。

基于构型控油，改善驱替机制效果明显以 N$g3^5$ 层点坝内的西 6-121 井组为例，将其补空上返，变从逆向注水转变为顺向注水，目前累计增油量达 7700t，效果显著，西区北转井网过程中基于储层构型研究，将其应用于矿场实践效果良好。对于西区北层系井网互换开发效果良好，为老油田特高含水后期效益开发指明了方向。

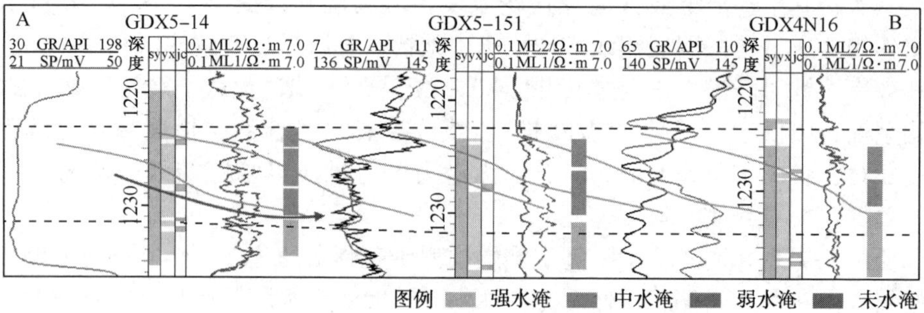

图 6-66　顺倾斜方向注水后剩余油纵向分布

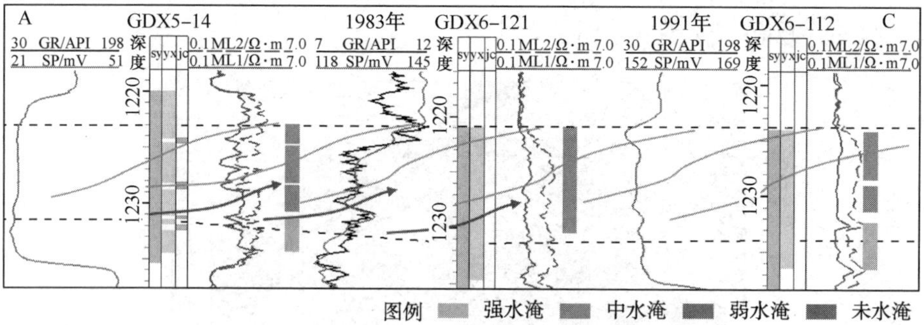

图 6-67　逆倾斜方向注水后剩余油纵向分布

对特高含水后期油藏极端耗水层带形成机制认识丰富了特高含水期提高采收率水驱开发理论，形成的特高含水后期油藏效益开发关键技术，对同类特高含水后期油藏效益开发具有示范引领意义。

第三节　小　　结

（1）围绕矿场应用，开展极端耗水层带判识方法研究。创新了“水驱特征非线性上翘单元井组优选、模糊数学评判极端耗水井点起源、极端耗水层带动态资料识别、极端耗水层带发育层段识别井间渗流阻力层带方向表征、物质基础经济指标判识无效低效”五级综合评价方法，实现不同耗水层带定量分级分布评价。

（2）深化了极端耗水层带控制下的剩余油分布规律认识。通过对 32 口饱和度测井资料分析，发现层内剩余油以顶部富集型为主，其次为均匀分布型和夹层控制型。在正韵律油层、渗透率级差小于3的反韵律、复合韵律油层，受重力作用影响，剩余油在顶部富集；而在渗透率级差为3~5的反韵律油层，驱替相对均匀，剩余油以均匀分布为主。特高含水后期，受极端耗水层带控制影响，剩余油分布由原来高度分散、差异富集向界面控油、弱驱富集认识转变，不同类型的流动单元中剩余潜力存在差异。

（3）基于储层构型建模和储层非均质性干扰下差异渗流研究，开展极端耗水层带调控机理及方法研究，创建了基于压力梯度场等“三场匹配”为核心的流场调控优化方法，建立了基于老井流场调控经济效益评价模型，形成了“转引用、细分卡、深堵调”等流场调控模式，在矿场应用中取得了显著的实践效果。

第七章　结论与认识

本书以胜利油田典型工区为研究对象，对特高含水后期储层描述技术及极端耗水层带判识方法展开了研究，主要包括沉积微相预测与储层构型表征、成因砂体构型与差异渗流表征、特高含水期储层流体差异性渗流机制及极端耗水层带判识与调控。

（1）井震结合，在沉积相、测井相、地震相三相共同约束下，开展了沉积微相的智能预测；结合统计学高分辨率反演，实现了储层空间叠置展布、小级别砂体边界和储层连通体的精细刻画。依据动态特征，完成了空间复合流动单元连通体的划分。

（2）结合密井区丰富的井资料，采用随机建模方法，创新了成因砂体储层构型三级建模方法，实现了储层构型界面的逐级表征，内部非均质性的精细刻画建模(属性展布合理)；考虑储层静态渗流屏障、动态渗流界面对流动单元的影响，提出了基于岩相的储层非均质表征方法，构建不同岩相相对渗透率曲线。

（3）针对传统油藏数值模拟方法不能准确描述特高含水后期油藏开发动态差异的问题，基于高注入倍数岩芯驱替实验，创新了特高含水后期油水两相及岩相物性干扰渗流数值模拟方法，实现了数值模拟过程中渗流特征的动态更新。以储层构型与岩相干扰表征为核心的数值模拟结果，充分体现了构型级静态渗流屏障作用及动态差异渗流过程，剩余油预测结果与实测资料吻合率更高。

（4）形成了特高含水后期极端耗水层带矿场快速识别方法。在综合多学科、多方法的基础上，提出了五级综合评价方法，实现不同耗水层带定量分级分布评价，可指导矿场精准快速识别极端耗水层带。

（5）形成了特高含水后期极端耗水层带矿场治理流场调控模式。以“三场匹配”为核心，提出了流场调控优化方法，开发了驱替控制场匹配剩余可动潜力的技术界限，建立了水驱油流场分级评价模型；基于老井的流场调控，建立了经济效益评价体系模型，依据三场特征，提出了调控驱替压力，提高驱油效率；调控驱替方向，扩大波及体积；调控驱替方式，降低干扰效应三种技术对策，形成“转引用、细分卡、深堵调”等流场调控模式，实现了注采调整由层状模型下一线水井向空间复合流动单元调控的转变，研究成果应用于孤岛油田西区并取得了良好效果。

（6）特高含水后期“拐点”之前，单位注水量下的产油量呈规律性下降（图 7-1）；“拐点”之后，单位注水量下的产油量急剧下降，耗水量大幅增加（图 7-1），已有的标定可采储量评价方法，不能真实反映油藏实际开发效果和水平。孔隙波及系数越大，则剩余油饱和度越低，当孔隙波及系数趋近于 1 时，剩余油饱和度趋近于残余油饱和度，所以在水驱过程中应尽量扩大孔隙波及系数，从而降低剩余油饱和度，达到提高采收率的目的。增大孔隙波及系数是特高含水后期提高水驱采收率的主要方向，这是一个漫长的开发阶段，更是一个技术上和经济上具有挑战性的阶段，寻找剩余油富集规律是提高采收率的物质基础，遏制极端耗水层带无效注入循环是提质增效的关键。

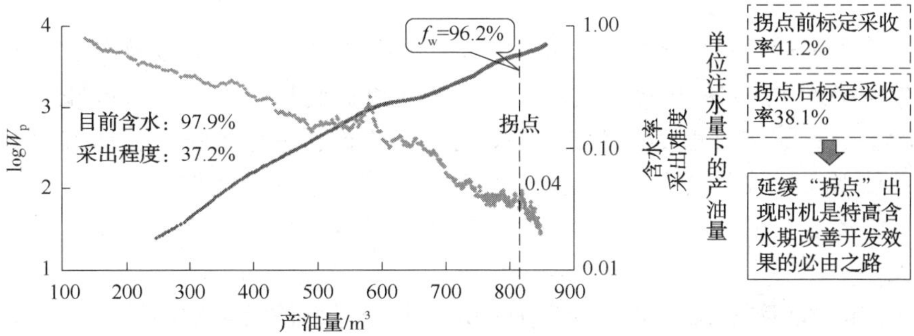

图 7-1 胜二区 8^{3-5} 单元水驱曲线及单位注水量下的产油量变化曲线

对传统驱油效率与驱替程度有了新认识：

驱油效率：

$$E_D = \frac{S_{oi} - S_{or}}{S_{oi}} \tag{7-1}$$

式中 E_D——驱油效率；

S_{oi}——原始含油饱和；

S_{or}——残余油饱和度。

驱替程度：

$$E_R = \frac{S_{oi} - S_o}{S_{oi}} \tag{7-2}$$

式中 E_R——驱替程度。

水驱是一个不断扩大波及系数，降低剩余油饱和度，使其向残余油饱和度趋近的过程。在此过程中将某一时刻的剩余油饱和度所对应的采油量与原始油量的比值定义为驱替程度，当剩余油饱和度等于残余油饱和度时，驱替程度即为驱油效率。

传统理论采收率：

$$E_R = E_D \times E_V \tag{7-3}$$

式中　E_V——波及系数。

驱油效率：

在油藏特征和开发方式确定的情况下，原始含油饱和度和残余油饱和度是定值，由驱油效率定义可知，驱油效率也是确定的。

波及系数：

$$E_V = E_A \times E_Z \tag{7-4}$$

式中　E_A——平面波及系数；

E_Z——纵向波及系数。

若水驱开发方式不变，提高采收率的途径就是提高水驱波及系数或水驱波及体积。

特高含水期，平面上处处含水、纵向上层层含水，即平面波及系数和纵向波及系数均接近1，如何再提高波及系数？如何再提高采收率？分析可知，驱替过程实际上是孔隙波及程度不断增大的过程：一方面，一些在小驱替动力和小注水倍数条件下无法波及的孔隙，随着驱替动力和注水倍数的增加，也会进一步被波及而参与渗流；另一方面，随着驱替剂的继续注入，已波及孔隙的波及范围在不断变大。

传统的体积波及系数定义为平面波及系数与纵向波及系数的乘积，没有反映驱替过程中的孔隙波及变化特征，因而体积波及系数中应引入孔隙波及系数：

假设油藏为均质油藏并且刚性水驱。令油藏的含油面积为 A，有效厚度为 h，有效孔隙度为 φ，原始含油饱和度为 S_{oi}，则油藏的原始含油体积 V_{oi} 为：

$$V_{oi} = A \times h \times \varphi \times S_{oi} \tag{7-5}$$

令油藏水驱波及区内的波及面积为 A_s，波及厚度为 h_s，剩余油饱和度为 S_o，则采出的原油体积(地下) V_{op} 为：

$$V_{op} = A_s \times h_s \times \varphi \times (S_{oi} - S_o) \tag{7-6}$$

$$E_E = \frac{V_{op}}{V_{oi}} = \frac{A_s \times h_s \times \varphi \times (S_{oi} - S_o)}{A \times h \times \varphi \times S_{oi}} \tag{7-7}$$

$$E_R = E_A \times E_z \times \frac{S_{oi} - S_o}{S_{oi}} = E_A \times E_Z \times \frac{S_{oi} - S_o}{S_{oi} - S_{or}} \frac{S_{oi} - S_{or}}{S_{oi}} \tag{7-8}$$

$$E_D = \frac{S_{oi} - S_{or}}{S_{oi}} \tag{7-9}$$

孔隙波及系数：

$$E_\varphi = \frac{S_{oi} - S_o}{S_{oi} - S_{or}} \tag{7-10}$$

式中　S_{oi}——原始含油饱和度；

S_{or}——残余油饱和度；

S_o——剩余油饱和度。

由公式(7-11)可以看出，孔隙波及系数越大，则剩余油饱和度越低，当孔隙波及系数趋近于1时，剩余油饱和度趋近于残余油饱和度，所以在水驱过程中应尽量扩大孔隙波及系数，从而降低剩余油饱和度，达到提高采收率的目的。

新的理论采收率公式：

$$E_R = E_A \times E_Z \times E_\varphi \times E_D \tag{7-11}$$

在水驱开发特高含水后期，即平面波及系数、纵向波及系数达到较高水平，甚至接近1以后，还可以通过改变液流方向、增大注水压差、增大注水倍数等方式，使未波及的孔道被波及，使已波及孔道的波及范围更大，从而扩大孔隙波及系数达到提高采收率的目的。

参考文献

[1] 王海峰，范廷恩，胡光义，等. 海上油田开发中后期砂岩储层构型剖析与表征[J]. 海洋地质与第四纪地质，2019，40(1)：114-125.

[2] 何康，张鹏志，周军良，等. 复合曲流带内部构型界面识别新方法及其应用[J]. 岩性油气藏，2020，32(4)：126-135.

[3] McArdle N J，Iacopini D，KunleDare M A，et al. The use of geologic expression workflows for basin scale reconnaissance：a case study from the ExmouthSubbasin[J]. North Carnarvon Basin，Northwestern Australia. Interpretation-A Journal of Subsurface Characterization，2014，2(1)：SA163-SA177.

[4] Yue D，Li W，Wang W，et al. Fused spectral decomposition seismic attributes and forward seismic modelling to predict sand bodies in meandering fluvial reservoirs[J]. Marine and Petroleum geology，2019，99：27-44.

[5] Sun Z，Lin C，Du D，et al. Quantitative architectural characteristics of deep-lake turbidites：taking block 146 of Shinan Oilfeld in Dongying Depression in China as anexample[J]. Marine and Petroleum Geology，2020，112：104046.

[6] Sun Z，Lin C，Zhang X，et al. Architectural analysis of subsurface meander-belt sandstones：A case study of a densely drilled oil field，Zhanhua sag，east of Bohai Bay Basin[J]. AAPG Bulletin，2020，104(8)：1649-1677.

[7] 张会卿，邹拓，王少波. 曲流河砂体刻画及内部构型技术研究与应用[J]. 新疆石油天然气，2014，10(4)：46-49.

[8] 岳大力，李伟，王军，等. 基于分频融合地震属性的曲流带预测与点坝识别：以渤海湾盆地埕岛油田馆陶组为例[J]. 古地理学报，2018，20(6)：941-950.

[9] 张翔宇，侯加根，李春晓，等. 王官屯油田官 195 断块扇三角洲储层构型表征[J]. 油气地质与采收率，2018，25(3)：43-49.

[10] 江远鹏，张岚，吴穹螈，等. 渤海南部海域朵叶状浅水三角洲储层构型表征[J]. 特种油气藏，2020，27(6)：88-95.

[11] Sun Z，Lin C，Du D，et al. Application of seismic architecture interpretation in enhancing oil recovery in late development Stage-Taking meandering river reservoir in Dongying depression as an example[J]. Journal of Petroleum Science and Engineering，2020，187：106769.

[12] Flint I，Bryant S. Quantitative clastic reservoir geological modelling；problems and perspectives[J]. The Geological Modelling of Hydrocarbon Reservoirs and Outcrop Analogues，1993，15：3-20.

[13] Dai Z，Ritzi R，Dominic D. Improving permeability semivariograms with transition probability models of hierarchical sedimentary architecture derived from outcrop analog studies[J]. Water Resources Research，2005，41：7-32.

[14] Bayer P，Huggenberger P，Renard P，et al. Three-dimensional high resolution fluvio-glacial aquifer analog：Part 1：field study[J]. Journal of Hydrology（Amsterdam），2011，405：1-9.

[15] Rittersbacher A，Howell A，Buckley S. Analysis of fluvial architecture in the Blackhawk Formation，Wasatch Plateau，Utah，U. S. A.，using large3D photorealistic models[J]. Journal of Sedimentary Research，2014，84：72-87.

[16] Srisunthon P，Choowong M. Quaternary meandering evolution and architecture of a point bar in the Mun River on the sandstone-dominated Khorat Plateau from northeastern Thailand[J]. Quaternary International，2019，525：25-35.

[17] Niu B，Bao Z，Yu D，et al. Hierarchical modeling method based on multilevel architecture surface restriction and its application in point-bar internal architecture of a complex meandering river[J]. Journal of Petroleum Science and Engineering，2021，205：108808.

[18] Montero J M，Colombera L，Yan N，et al. A workflow for modelling fluvial meander-belt successions：Combining forward stratigraphic modelling and multi-point geostatistics[J]. Journal of Petroleum Science and Engineering，2021，201：108411.

[19] 岳大力，吴胜和，谭河清，等. 曲流河古河道储层构型精细解剖——以孤东油田七区西馆陶组为例[J]. 地学前缘，2008，(1)：101-109.

[20] 吴胜和，岳大力，刘建民，等. 地下古河道储层构型的层次建模研究[J]. 中国科学：D辑　地球科学，2008(S1)：111-121.

[21] 尹艳树，张昌民，李少华，等. 一种新的曲流河点坝侧积层建模方法[J]. 石油学报，2011，32(2)：315-319.

[22] 周银邦，吴胜和，岳大力，等. 萨北油田北二西区点坝内部侧积层定量表征[J]. 断块油气田，2011，18(2)：137-141.

[23] Sun Z，Lin C，Zhu P，et al. Analysis and modeling of fluvial-reservoir petrophysical heterogeneity based on sealed coring wells and their test data，Guantao Formation，Shengli oilfield[J]. Journal of Petroleum Science and Engineering，2018，162：785-800.

[24] 王珏，高兴军，周新茂. 曲流河点坝储层构型表征与剩余油分布模式[J]. 中国石油大学学报：自然科学版，2019，43(3)：13-24.

[25] 陈德坡，刘焕成，陈姝宁. 孤东油田七区西馆五段曲流河点坝内部构型[J]. 新疆石油地质，2019，40(2)：188-193.

[26] 牛博，赵家宏，付平，等. 曲流河废弃河道走向判定与单砂体构型表征——以渤海湾盆地埕宁隆起石臼坨凸起西部新近系明化镇组下段为例[J]. 石油勘探与开发，2019，46(5)：891-901.

[27] 卢勉. 基于地层地震属性切片技术的储层精细描述方法——以长垣北一区断东西块高Ⅰ油层组为例[J]. 东北石油大学学报，2015，39(4)：63-70.

[28] 王延君，白宝玲，周永炳. 多属性分析优化方法在南苏丹 Greater Unity 油田的应用[J]. 大庆石油地质与开发，2016，35(1)：145-149.

[29] 石荣. 地震属性分析技术在储层精细描述中的应用[J]. 大庆石油地质与开发，2019，38(3)：138-143.

[30] 郝兰英，郭亚杰，李杰，等. 地震沉积学在大庆长垣密井网条件下储层精细描述中的初步应用[J]. 地学前缘，2012，19(2)：81-86.

[31] 蔡东梅，韩阳. 大庆长垣油田密井网区井震结合储层描述方法[J]. 大庆石油地质与开发，2015，34(2)：148-153.

[32] 李文龙. 密井网区井震结合储层描述方法[J]. 大庆石油地质与开发，2016，35(4)：137-142.

[33] 连晓亮，郭波，闫巧洁，等. 大情字井地区葡萄花油层储层砂体地震描述技术[J]. 吉林大学学报：地球科学版，2016，46(5)：1561-1570.

[34] Bosch M. Lithologic tomography：From plural geophysical data to lithology estimation[J]. Journal of Geophysical Research Solid Earth，1999，104：749-766.

[35] Grana D，Fjeldstad T，More H. Bayesian Gaussian mixture linear inversion for geophysical inverse problems[J]. Mathematical Geosciences，2017，49 (4)：493-515.

[36] Mattia A. Applying a probabilistic seismic-petrophysical inversion and two different rock-physics models for reservoir characterization in offshore NileDelta[J]. Journal of Applied Geophysics，2018，148：272-286.

[37] Li W，Yue D L，Wu S H，et al. Characterization of meander belts and point bars in fluvial reservoirs by combining spectral decomposition and genetic inversion[J]. Marine and Petroleum Geology，2019，105：168-184.

[38] Abdel-Fattah M I，Pigott J D，El-Sadek M S. Integrated seismic attributes and stochastic inversion for reservoir characterization：Insights from Wadi field (NE Abu-Gharadig Basin，Egypt)[J]. Journal of African Earth Sciences，2020，161：1-14.

[39] 李令喜，苏云，唐娟，等. 东濮凹陷西南洼沙二下砂泥岩薄互层地震描述技术[J]. 断块油气田，2021，28(4)：493-497.

[40] Liu G Q，Gong R，Shi Y，et al. Construction of well logging knowledge graph and intelligent identification method of hydrocarbon-bearing formation[J]. Petroleum Exploration and Development，2022，49(3)：572-585.

[41] 杨帆，林琛，周绮凤，等. 基于随机森林的潜在 k 近邻算法及其在基因表达数据分类中的应用[J]. 系统工程理论与实践，2012，32(4)：815-825.

[42] 杜昕，范廷恩，董建华. 基于多层感知机网络的薄储层预测[J]. 石油地球物理勘探，2020，55(6)：1178-1187.

[43] 孔垂显，王志章，冯赫青，等. 复杂火山岩油藏岩性智能识别及预测[J]. 地球科学前沿，2020，10(11)：1118-1136.

[44] 汪敏，赵飞，闵帆. 储层预测的代价敏感主动学习算法[J]. 南京大学学报：自然科学版，2020，56(4)：561-569.

[45] Amin S，Mehrdad S M，Vinesh T，et al. Integration of knowledge-based seismic inversion and

sedimentological investigations for heterogeneous reservoir[J]. Journal of Asian Earth Sciences, 2020, 202: 1-23.

[46] Song L, Yin X Y, Zong Z Y, et al. Two-stage semi-supervised learning inversion for reservoir physical parameters[J]. Journal of Petroleum Science and Engineering, 2022, 216: 1-11.

[47] 邴绍献. 特高含水期相渗关系表征研究[J]. 石油天然气学报, 2012, 34(10): 118-120.

[48] Song Z J, Li Z P, Lai F P, et al. Derivation of water flooding characteristic curve for high water-cut oilfields[J]. Petroleum Exploration and Development, 2013, 40(2): 201-208.

[49] 崔传智, 徐建鹏, 王端平, 等. 特高含水阶段新型水驱特征曲线[J]. 石油学报, 2015, 36(10): 1267-1271.

[50] 崔传智, 徐建鹏, 丁志莹, 等. 特高含水阶段水驱油藏开发指标计算方法研究[J]. 科学技术与工程, 2016, 16(4): 22-27.

[51] 黄迎松. 特高含水阶段油藏水驱规律研究[J]. 特种油气藏, 2018, 25(1): 95-99.

[52] Bryant S L, Mellor D W, Cade C A. Physically representative network models of transport in porous media[J]. AICHE Journal, 1993, 39(3): 387-396.

[53] Oren P-E, Bakke S. Process Based Reconstruction of Sandstones and Prediction of Transport Properties[J]. Transport in Porous Media, 2002, 46(2): 197-207.

[54] Blunt M J, Jackson M D, Piri M, et al. Detailed physics, predictive capabilities and macroscopic consequences for pore-network models of multiphase flow[J]. Advance in Water Resources, 2002, 25(8): 1069-1089.

[55] Valnatne P H, Blunt M J. Predictive pore-scale modeling of two-phase flow in mixed wet media [J]. Water Resources Research, 2001, 40(7): 233-242.

[56] Shu N K, Su C G, Shi X G, et al. Seismic description and fluid identification of thin reservoirs in Shengli Chengdao extra-shallow sea oilfield[J]. Petroleum Exploration and Development, 2021, 48(4): 889-899.

[57] 尚朝辉. 大孔道非均质油藏调堵封窜参数优化模拟研究[J]. 油气地质与采收率, 2014, 21(3): 62-65.

[58] 张志超, 柏明星, 黄延忠. 高含水期油藏优势流场识别与调整研究[J]. 油气勘探与开发, 2017, 35(5): 51-55.

[59] 陈朝晖, 谢一婷, 王凤兰. 一种非均质油藏高含水期调堵效果的简易测算方法[J]. 断块油气田, 2017, 24(5): 662-665.

[60] 王美洁, 韩力, 邓伟兵, 等. 区块整体调驱优化设计技术研究与应用[J]. 新疆石油科技, 2018, 28(1): 19-24.

[61] 张乔良, 姜瑞忠, 姜平, 等. 油藏流场评价体系的建立与应用[J]. 大庆石油地质与开发, 2014, 33(3): 86-89.

[62] 熊春明, 刘玉章, 黄伟, 等. 深部液流转向与调驱技术现状与对策[J]. 石油钻采工艺, 2016, 38(4): 504-509.

[63] 柏明星，张志超，梁健巍. 中高渗透砂岩油田优势流场识别与调整[J]. 油气地质与采收率，2017，24(1)：100-105.

[64] 芦凤明，武玺，朱红云，等. 油藏流场定量表征方法及应用[J]. 西南石油大学学报：自然科学版，2020，42(4)：111-120.

[65] Li G J，Liang J，Li W. A study on the method to identify large pore paths using well logging data[J]. Oil-Gasfield Surface Engineering，2008，9：11-12.

[66] Brigham W E，Dehganl M A. Tracer testing for reservoir description[C]. SPE 14102，1987.

[67] Chetri H B，AL-Anzi E，Al-Rabah A，et al. Lessons learnt and experiences gained during two years of Field Monitoring，data integration and reservoir management：A case history of the Mauddud Waterflood[C]. North Kuwait. SPE 83961，Offshore Europe，Aberdenn，UK，September，2003.

[68] Vargas-Guzman J A，AI-Gaoud A，Datta-Gupta A，et al. Identification of high permeability zones from dynamic data using streamline simulation and inverse modeling of geology[J]. Journal of Petroleum Science and Engineering，2009，69(3)：283-291.

[69] Martin F. How to diagnose a thief zone[J]. Journal of Petroleum Technology，1973，24(3)：145-156.

[70] Felsenthal M，Gangle F J. A case study of thief zones in a California Waterflood[J]. Journal of Petroleum Technology，1975，27(11)：1385-1391.

[71] Bane R K，Parker R A，Storbeck W G. Reservoir management of the Fullerton Clearfork Unit [C]. SPE 27640，1994.

[72] Chan K S. Water control diagnostic plots[J]. Journal of Petroleum Technology，1995，21(3)：35-38.

[73] Heffer K J，Fox R J，Mcgill C A. Novel techniques show links between reservoir flow directionality，earth stress，fault structure and geomechanical changes in mature waterfloods[J]. Society of Petroleum Engineers Journal，1997，2(2)：91.

[74] Albertoni A，Lake L W. Inferring interwell connectivity only from well-rate fluctuations in waterfloods[J]. Spe Reservoir Evaluation & Engineering，2002，6(1)：6-16.

[75] Yousef A A. Investigation statistical techniques to infer interwell connectivity from production and injection rate fluctuations[D]. Ph. D Dissertation，The University of Texas at Austin，2005.

[76] Gentil P H. The use of multilinear regression models in patterned waterfloods：physical meaning of the regression coefficients[D]. Austin：The University of Texas，2005.

[77] Kaviani D，Valkó P P. Inferring interwell connectivity using multiwell productivity index (MPI) [J]. Journal of Petroleum Science & Engineering，2010，73(1)：48-58.

[78] 孟凡顺，黄伏生，宋德才，等. 费歇判别法识别大孔道[J]. 中国海洋大学学报：自然科学版，2007，卷(1)：121-124.

[79] 郝金克. 利用无因次压力指数定性识别优势通道[J]. 特种油气藏，2014，21(4)：123-125.

[80] 刘志宏，朱奇，冯其红，等. 高耗水层带的级别划分方法[J]. 特种油气藏，2018，25(6)：114-119.

[81] 王端平. 考虑孔隙波及特征的水驱理论采收率计算方法[J]. 油气地质与采收率，2013，20(5)：1-3.

[82] 王端平. 对胜利油区提高原油采收率潜力及转变开发方式的思考[J]. 油气地质与采收率，2014，21(4)：1-4.

[83] 冯其红，齐俊罗，尹晓梅，等. 大孔道形成与演化过程流固耦合模拟[J]. 石油勘探与开发，2009，36(4)：498-502.

[84] 冯其红，史树彬，王森，等. 利用动态资料计算大孔道参数的方法[J]. 油气地质与采收率，2011，18(1)：74-76.

[85] 刘太勋，陶自强. 界面约束法在曲流河储层构型建模中的应用[J]. 中国石油大学学报：自然科学版，2011，35(3)：26-35.

[86] 刘可可，侯加根，刘钰铭，等. 多点地质统计学在点坝内部构型三维建模中的应用[J]. 石油与天然气地质，2016，37(4)：577-583.

[87] 王立鑫，尹艳树，王晖，等. 基于自适应空间抽样由二维剖面重构三维地质模型的方法——以加拿大某区块 McMurray 组储集层为例[J]. 石油勘探与开发，2021，48(2)：347-359.

[88] 束宁凯，汪卫东，曹嫣镔，等. 化学驱聚合物溶液配注工艺技术及矿场应用效果[J]. 石油学报，2022，43(5)：668-679.

[89] 刘卫，丁亚军，彭光艳，等. 基于界面约束法的曲流河点坝内部构型建模[J]. 油气地质与采收率，2014，21(3)：33-40.

[90] Zhang T F. Incorporating geological conceptual models and interpretations into reservoir modeling using multiple-point geostatistics[J]. 地学前缘，2008，卷(1)：28-37.

[91] Deutsch C V, Cockerham P W. Practical considerations in the application of simulated annealing to stochastic simulation[J]. Mathematical Geology，1994，26(1)：67-82.

[92] Deutsch C V，Tran T T. FLUVSIM：a program for object-based stochastic modeling of fluvial depositional systems[J]. Computers & Geosciences，2002，28(4)：525-535.

[93] Shu N K，Xu Z C，Gong Q T，et al. Effect of electrolyte on the surface dilational rheological properties of branched cationic surfactant[J]. Colloids and Surfaces A：Physicochemical and Engineering Aspects，2021，627：1-8.

[94] Pyrcz M J，Boisvert J B，Deutsch C V. ALLUVSIM：A program for event-based stochastic modeling of fluvial depositional systems[J]. Computers and Geosciences，2009，35(8)：1671-1685.

[95] 袁庆峰，庞彦明，杜庆龙，等. 砂岩油藏特高含水期开发规律[J]. 大庆石油地质与开发，2017，36(3)：49-55.

[96] 曹亚明，郑家朋，孙桂玲，等. 南堡陆地中浅层油藏优势渗流储层特征研究[J]. 石油天

然气学报，2013，35(4)：114-117.
[97] 胡迅，尹艳树，冯文杰，等. 深水浊积水道训练图像建立与多点地质统计建模应用[J]. 石油与天然气地质，2019，40(5)：1126-1134.
[98] Strebelle S. Conditional simulation of complex geological structures using multiple-point statistics [J]. Mathematical Geology, 2002, 34(1): 1-21.
[99] Harding A, Strebelle S, Levy M, et al. Reservoir facies modelling: New advances in MPS [M]. Dordrecht: Springer Netherlands, 2005: 559-568.
[100] Boisvert J B, Leuangthong O, Ortiz J M, et al. A methodology to construct training images for vein-type deposits[J]. Computers & Geosciences, 2008, 34(5): 491-502.
[101] Maharaja A. TiGenerator: Object-based training image generator[J]. Computers & Geosciences, 2008, 34(12): 1753-1761.
[102] 高慧梅，姜汉桥，陈民锋. 储层孔隙结构对油水两相相对渗透率影响微观模拟研究[J]. 西安石油大学学报：自然科学版，2007，22(2)：56-65.
[103] Calhoun J C J. Fundamentals of reservoir engineering [M]. Norman: U. of Oklahoma Press, 1976.
[104] 刘薇薇，龚丽荣，罗福全，等. 水驱砂岩油藏优势渗流通道识别[J]. 复杂油气藏，2020，13(1)：42-47.
[105] Abbaszadeh-Dehghani M, Brigham W E. Analysis of well-to-well tracer flow to determine reservoir layering[J]. Journal of Petroleum Technology, 1984, 36(10): 1753-1762.
[106] 方越，李洪生，于春生，等. 高注入倍数油水两相渗流特征研究[J]. 石油地质与工程，2019，33(1)：56-59.
[107] 于春磊，糜利栋，王川，等. 水驱油藏特高含水期微观剩余油渗流特征研究[J]. 断块油气田，2016，23(5)：592-598.
[108] Albertoni A, Lake L W. Inferring interwell connectivity only from well-rate fluctuations in waterfloods[J]. SPE Reservoir Evaluation and Engineering, 2003, 6(1): 6-16.
[109] Jamali A, Ettehadtavakkol A. Application of capacitance resistance models to interwell connectivity of large-scale mature oil fields[J]. Petroleum Exploration And Development, 2017, 44(1): 130-136.
[110] 朱丽红，王海涛，魏丽影，等. 基于容量阻力模型的低效无效循环场定量识别[J]. 大庆石油地质与开发，2019，38(5)：239-245.
[111] 邓晓娟，张晓磊，王朱静，等. 储层水流优势通道模式及识别分析[J]. 石油钻采工艺，2014，36(5)：69-74.
[112] 张航，李治平，郝振宪. 利用动态数据判断优势渗流通道[J]. 石油天然气学报，2014，36(12)：158-161.
[113] Yousef A A, Gentil P H, Jensen J L, et al. A capacitance model to infer interwell connectivity from production and injection rate fluctuations [J]. Spe Reservoir Evaluation & Engineering,

2006，9(6)：630-646.

[114] 管错，李宜强，石成方，等. 对特高含水期水驱特征曲线上翘问题的新认识[J]. 大庆石油地质与开发，2017，36(2)：64-68.

[115] Kaviani D，Valko P P，Jensen J L. Application of the multiwell productivity index-based method to evaluate interwell connectivity[C]. 会址：SPE-129965-MS，2010.

[116] 贾云林，王冰，刘月田，等. 基于生产实际的大孔道模糊识别模型及评价体系研究[J]. 石油钻采工艺，2013，35(5)：88-91.

[117] 赵鑫，刘月田，丁耀，等. 海上油田优势水流通道模糊综合识别模型[J]. 断块油气田，2017，24(1)：91-95.

[118] Kaviani D，Jensen J L. Reliable connectivity evaluation in conventional and heavy oil reservoirs：A case study from senlac heavy oil pool，western saskatchewan[C]. 会址：SPE-137504-MS，2010.

[119] 孙明，李治平. 注水开发砂岩油藏优势渗流通道识别与描述技术[J]. 新疆石油天然气，2009，5(1)：51-56.

[120] Krasnov V. A robust method to quantify reservoir connectivity using field performance data[C]. 会址：SPE-162053-MS，2012.

[121] 高慧梅，姜汉桥，陈民锋. 疏松砂岩油藏大孔道识别的典型曲线方法[J]. 石油天然气学报，2009，31(1)：108-111.

[122] Izgec B，Kabir S. Identification and characterization of high-conductive layers in waterfloods[J]. Spe Reservoir Evaluation & Engineering，2009，14(1)：113-119.

[123] 吴忠维，崔传智，杨勇，等. 高含水期大孔道渗流特征及定量描述方法[J]. 石油与天然气地质，2018，39(4)：839-844.

[124] 崔传智，杨勇，曹刚，等. 疏松砂岩油藏大孔道中高速非达西渗流[J]. 石油天然气学报，2009，31(3)：122-129.

[125] Singh A，Khan H，Majhi S，et al. Integration of PLT and tracer data using pattern recognition for efficient assisted history matching of heterogeneous north kuwait carbonate reservoir：Abu Dhabi International Petroleum Exhibition & Conference[Z]. Abu Dhabi，UAE：Society of Petroleum Engineers，2016.

[126] 杨二龙，闫伟，王健，等. 非均质指数法识别低效循环油水井[J]. 特种油气藏，2018，25(6)：4-9.

[127] 丁乐芳，朱维耀，王鸣川，等. 高含水油田大孔道参数计算新方法[J]. 石油地质与采油率，2013，20(5)：92-95.

[128] 于九政，刘易非，唐长久. 对储层大孔道识别方法的再认识与构想[J]. 油气地质与采油率，2009，16(3)：34-37.

[129] 李科星，蒲万芬，赵军，等. 疏松砂岩油藏大孔道识别综述[J]. 西南石油大学学报：自然科学版，2007，29(5)：42-44.

[130] 闫坤，韩培慧，曹瑞波，等. 聚驱后优势渗流通道流线数值模拟识别方法的建立与应用[J]. 油气藏评价与开发，2019，9(2)：33-37.
[131] 李顺明，宋新民，蒋有伟，等. 高尚堡油田砂质辫状河储集层构型与剩余油分布[J]. 石油勘探与开发，2011，38(4)：474-482.
[132] 禹影. 聚合物驱后油层优势渗流通道识别与治理[J]. 大庆石油地质与开发，2017，36(4)：101-105.
[133] 王美洁，韩力，邓伟兵，等. 区块整体调驱优化设计技术研究与应用[J]. 新疆石油科技，2018，28(1)：19-24.
[134] 窦让林. 大孔道识别方法及聚合物微球调驱在文中油田的应用[J]. 西安石油大学学报：自然科学版，2011，26(4)：50-52. 刘